软岩隧道
衬砌结构开裂力学机理及防治技术研究

孙洋 张承客 吴江鹏 李志强 戴红涛 熊含威 胡致远 ⊙ 编著

Research on Cracking Mechanics and
Prevention Technology of
Soft Rock Tunnel Lining Structure

中南大学出版社
www.csupress.com.cn
·长沙·

前 言 Preface

随着国内社会经济的发展，公路及铁路运输在客运和货运的过程中承担着无可替代的作用。然而中国是一个多山的国家，山地面积占全国陆地面积的1/3，如果加上丘陵、高原等起伏地形，那么国内的山地面积占到了全国陆地面积的2/3。山区公路不可避免地要修建隧道。山区修建隧道不仅能克服地形高差障碍，缩短里程、改善线路、节省时间，还能减少对山体植被的破坏。所以隧道作为交通运输线上的工程结构，具有重大的社会和经济效益。

目前，我国的隧道与地下工程，无论是数量、分布范围、工程规模还是发展速度，均位于世界前列，通过对地质条件和结构形式复杂的工程的修建，我国的修建技术已经得到快速、高质量的发展，各领域的隧道总数与总长度均呈现快速增长的趋势。我国隧道施工中以矿山法施工为主，其设计和施工普遍遵循新奥法理念，隧道支护结构以锚喷支护(即初期支护)和模筑混凝土(即二次衬砌，简称二衬)组成的复合式衬砌结构为主流形式。对于围岩条件复杂的区域，二衬结构主要承担大部分或者全部围岩荷载作用。因此，二衬结构作为隧道工程中的重要组成部分，其结构安全性对隧道施工及运营影响重大。目前，隧道二衬结构一般采用素混凝土或钢筋混凝土结构，在工程地质条件及不良因素的作用下，极易产生结构开裂，造成结构破坏。

本书就软岩隧道二衬开裂力学机制及裂缝演化规律对服务性能的影响展开研究，同以往的隧道二衬开裂机理研究相比，本书通过室内外试验、现场监控量测、理论分析及数值模拟计算等方法，以理论研究与实际应用相结合的模式展开工作。本书从围岩工程地质条件、围岩特性、水文地质条件、地形地貌、地应力、施工因素、设计因素等方面出发，多角度、多方位探讨二衬结构开裂的影响因素及其成因与机理，采用多种研究手段相结合的方法，综合分析不同影响因素下的二衬开裂特征及力学机制，揭示二衬开裂机理，探明不同条件下二衬裂缝扩展规律，为软岩乃至具备相似工程特性的隧道二衬开裂问题的研究提供了参考依据，对系统、全面认识二衬开裂成因与机理具有重要的理论和实际意义；通过修正现有裂缝安全评价标准，提出了针对不同类型裂缝的安全等级评价标准，同时采用荷载结构法对裂缝扩展规律进行预测和安全评估，阐明二衬裂缝对结构服务性能的影响规律，以建立一套适用于研究软岩隧道二衬裂缝的安全评价标准。

本书的编撰得到了国家自然科学基金项目（52068033）、江西省交通运输厅科技项目（2021Z0002、2021C0006）、江西省自然科学基金项目（20181BAB216028）的支持，同时，在研究的过程中得到了江西省交通科学研究院有限公司、江西省地下工程探（检）测技术设备工程研究中心及江西省交通运输行业公路隧道安全工程技术研究中心等单位的大力协助与支持，在此表示衷心的感谢。

由于作者学识所限，不当和错误之处在所难免，恳请读者批评指正。

作　者

2022 年 4 月 20 日

目 录 *Contents*

第 1 章

绪 论

▶ 1.1 软岩及片岩工程特性研究现状

软岩是介于松散介质和坚硬岩石之间的岩类,其可以是松散介质经沉积作用、成岩作用向坚硬岩石过渡的岩类,也可以是坚硬岩石经构造作用或风化作用向松散介质转化的岩类。在软岩定义的研究中,具有代表性的是国际岩石力学学会(ISRM)的定义和我国颁发的《工程岩体分级标准》(GB 50218—94)以及由中国原煤炭部软岩专家组和煤矿软岩工程技术研究推广中心组织专家讨论提出的定义和分类。国际岩石力学学会将软岩定义为单轴抗压强度在 0.5~25 MPa 范围内的一类岩石,如泥岩、泥灰岩、页岩、砂页岩,煤系地层和变质岩中的片岩、千枚岩、板岩等。软岩一般具备易膨胀、流变、遇水软化等特性,常使得施工中变形量大、变形速率快,造成围岩完整性的破坏,易诱发大变形,产生较大的围岩压力,导致二衬结构承担过大荷载,造成干裂破坏。以下就国内外对软岩及片岩特性的相关研究进行总结以供参考。

1.1.1 片岩力学特性研究

Behrestaghi 等和 Nasseri 等(1996—2003 年)对 4 种片岩进行了单轴和三轴等围压试验,研究了软弱变形各向异性与弱面倾角和围压的关系。Liu 等和 Read 等利用单轴压缩试验研究了片岩变形各向异性特征。Cassell 研究了软岩切方在 27~70 年后发生滑坡的现象,通过大量的试验发现,软岩滑坡处滑动面上岩土材料的抗剪强度降低为原来的 1/26~1/5,他认为产生这种现象的原因是软岩遇水崩解。

单治钢等对丹巴水电站 CPD1 平洞内石英云母片岩进行了单轴压缩试验和现场真三轴试验,试验表明石英云母片岩的天然单轴抗压强度、弹性模量和泊松比随着加载方向与片理面方向夹角的变化而变化,变形破坏方式各异。在现场真三轴试验中,低围压下石英云母片岩具有各向异性特征,随着围压的增大,各向异性逐渐呈衰减趋势,因此,他提出了石英云母片岩为"似块状"结构的观点。

韩庚友等为研究丹巴水电站薄层状岩石二云石英片岩的蠕变特性,在 RLW-2000 微机控制岩石三轴蠕变试验机上对试样进行加载方向分别为平行于片理面(0°)、垂直于片理面(90°)及与片理面成 30°夹角的单轴蠕变试验,研究结果表明三种加载方式下的蠕变曲线相似,片理面影响甚微,但瞬时应变随夹角的增大而增大,且与应力均成线性关系。

崔炳伟对龙泉山一号隧道断层破碎带内的膨胀性软岩进行了击实试验、界限含水率试验和土的承载比(CBR)试验，研究了膨胀性软岩的可塑性、胀缩性、崩解性、易扰动性和流变性，得出了各特征参数指标值。

刘建等在对谷竹高速公路现场原状片岩进行了沿其层理面的室内天然状态直剪试验和饱水状态直剪试验后得出，水对片岩抗剪强度特别是残余抗剪强度具有显著的弱化效应。破坏的延性特征和片理面上润滑作用是导致武当群片岩长期浸水后抗剪强度弱化的主要原因。

张宇等针对武当群片岩开展了大量的现场点荷载试验，运用统计学的分析方法分析了不同风化程度的片岩点荷载强度特性、风化分组区间以及平行岩层和垂直岩层的点荷载强度的相关性，确定了该种片岩的各向异性指数，提出了点荷载强度与单轴抗压强度的经验关系式。

陈文玲等对云母石英片岩的工程特性进行了系统深入的研究，基于宏观三轴压缩蠕变试验和微观电子显微镜扫描测试，研究了云母石英片岩的三轴蠕变机制、蠕变参数、蠕变模型，将云母石英片岩蠕变变形的各阶段微观结构变化在岩体内产生的效应归结为空隙率的变化和岩体的损伤效应，建立了蠕变损伤变量，得出了三轴压缩蠕变情况下空隙率、损伤变量和宏观应力、应变的关系，并分析了该蠕变损伤变量在蠕变变形过程中的变化规律。

刘石等利用液压伺服压力试验机和波形整形器改进后的 $\phi100$ mm 分离式霍普金森压杆(SHPB)试验装置，研究了绢云母石英片岩在 $50\sim160$ s^{-1} 应变率等级下的准静态力学性能及其在不同冲击压缩荷载作用下的波形曲线、动态抗压强度、比能量吸收以及破坏形态的应变率效应问题。研究表明，随着平均应变率的提高，绢云母石英片岩的动态抗压强度、比能量吸收等均有明显的增加，体现了显著的应变率相关性，但弹性模量的应变率相关性较弱。另外，其还从微观结构和能量的角度分析了岩石破坏过程。

1.1.2　软岩水理特性研究

关于岩体水理性质的研究主要集中于岩石和地下水的相互作用过程，通过实验分析岩石在不同含水状态下的变形和强度以及确定岩石的本构关系。

吴景浓研究了地壳岩石的渗透性状和孔隙水对岩石力学性质的影响，指出了孔隙压的形成及分布，孔隙度、渗透率与孔隙压的关系。葛洪魁等通过对 8 块砂岩岩样的测试，得出了饱和水砂岩波速和动静态弹性参数随应力状态变化的基本规律。曾云通过有围压作用的软岩三轴压缩试验，分别测定第三系软弱岩石在天然、饱和两种状态下的强度、变形，论证了浸水软化对其主要力学特性的影响。兰光裕分析了水对岩石力学参数的影响，主要为板岩经水饱和后，其抗压、抗拉强度和弹性模量均有不同程度的降低。冯启言等采用 X 射线衍射仪、扫描电镜、压汞仪及液压伺服机等手段进行了红层软岩的物质组成、微孔结构及渗透性的试验研究，探讨了红层软岩的渗透机理及遇水失稳机理。刘新荣等研究了水对岩石力学特性的影响，研究表明水对岩石力学特性的影响主要与岩石的硬石膏含量和岩芯采取率有关。

1.1.3　软岩蠕变特性研究

关于岩石的蠕变现象，早在 18 世纪就引起了学者们的注意，之后岩石的蠕变现象受到国内外学者的广泛关注。纵观国内外关于蠕变的众多研究，主要集中于蠕变本构模型的建立和蠕变试验。岩石蠕变本构模型分为两大类：元件组合模型和数学模型（经验模型）。元件组合模型是用模型元件的组合来模拟岩土体的流变行为。肖树芳在研究岩体泥化夹层的蠕变时，提出了采用黏滞系数可随时改变的牛顿黏壶和开尔文–宾汉姆体并联来描述岩体泥化夹层全过程的非线性蠕变。宋德彰等提出了基本弹黏塑性元件模型的牛顿体黏滞系数是加载应力大小和加载持续作用时间的非线性函数。袁静等基于岩土流变模型的研究现状，把各种流变模型分成元件模型、屈服面模型、内时模型和经验模型 4 类，并从横向和纵向两个方面对各类模型进行了比较研究。曹树刚通过对岩石的全应力–应变曲线和蠕变曲线的分析，将黏滞性体模型中的黏滞系数修正为非线性，提出了一种改进的西原正夫模型，能较好地反映岩石的非衰减蠕变特性。这些模型的提出，初步形成了岩石流变的非线性模型理论。

1.1.4　软岩结构面各向异性研究

软岩岩体作为一种典型的复杂岩体，通常具有显著的各向异性特征。广义的各向异性是指材料的性质及有关行为在物质空间相同一点会随方向的变化而发生变化，表现为工程性质与其产状的关系，这种结构面效应对岩体的变形和稳定性具有显著的影响。Amadei 对弹性各向异性参数的室内和现场试验方法及其变化规律进行了总结；Pomeroy 等对硬质煤分别进行了三轴压缩试验；Liao 等对泥质板岩进行了直接拉伸试验；Behrestaghi 等和 Nasseri 等对 4 种片岩进行了单轴和三轴等围压试验，研究了变形各向异性与弱面倾角和围压的关系；Tao 等与 Homand 等分别通过实验室内板岩及几种其他岩石声波速度试验测定，证明了板岩具有明显的各向异性，通过分析弹性模量、泊松比等随着倾角 θ 的变化规律，建立了 E、G、μ 等参数随 θ 的变化规律。Attewell 等对北威尔士板岩加工后，测定不同方向的 P 波和 S 波，结果显示，波速的最值方位及动弹性模量的变化与板岩内部黏土矿物的受地应力作用定向排列相当一致，此结果与此前的微观几何特征研究相符合。还有一些学者对板岩的磁性分布的各向异性、对 X 射线吸收的各向异性及软岩的力学特性进行了相应的研究。曾纪全等通过结构面剪切试验，分析研究不同倾角作用下结构面力学参数与倾角间的相互关系。许强等运用断裂力学理论推导了含节理岩体的初裂强度公式，定量地讨论了节理方向、长度对岩石强度的影响，阐明了节理岩体强度各向异性的实质；陈沅江进行了软岩的不含结构面、含倾角为 0°、15°、30°、45°的结构面试件的相似材料逐级加卸载蠕变试验，由此提出了一种新的非线性复合流变力学模型，并以此模型为基础拟合出各参数随结构面倾角值变化而变化的回归关系，得出结构面的存在使软岩的流变性大大增强，且其产状对软岩流变变形的各种成分亦具有较大影响的结论。

▶ 1.2 隧道二衬开裂问题国内外研究现状

1.2.1 隧道裂缝病害研究现状

隧道衬砌开裂时，衬砌结构的承载特征和安全性是研究人员最关心的问题，也是隧道安全评价的核心内容，还是隧道健康诊断和加固、维修的工程参考依据。对于结构裂缝，国外研究起步相对要早一些，特别是对温度与裂缝的研究。早在 1934 年，苏联马斯洛夫为解决水坝的温度应力问题，应用弹性力学得出浇筑在基岩上的矩形平面墙体的温度应力计算公式。

日本的森忠次通过对温度与裂缝相互关系的研究分析，得出了温度场作用下的结构应力计算方法。

近年来，国外对纤维混凝土在隧道衬砌抗裂中的应用研究较多。Bernardino 等建立了隧道纤维钢筋混凝土衬砌的评价模型，利用这一模型可以相对准确地预测裂缝产生的宽度、间距和深度。

Richards 认为公路隧道衬砌因开裂和变形而劣化是衬砌围岩压力过大、衬砌混凝土材料劣化和衬砌后接触非密实甚至在衬砌背后出现空洞造成的。从调查资料来看，大约 60% 的隧道衬砌劣化的原因是衬砌后接触条件恶化导致的。

Wei 和 Wu 建立抛物线软土隧道受压计算模型，提出受压断裂能的概念，用来解释变形隧道的受压失效机理。结果表明，混凝土抗压强度对隧道的结构变形行为和承载能力影响很大。

Nanakorn 和 Horii 基于断裂力学理论对钢纤维混凝土隧道衬砌设计进行了研究，认为衬砌裂缝的长度受最大荷载和纤维的材料特性影响，而现有设计方法没有考虑纤维材料特性对裂缝的影响，应该对纤维质量进行控制，并提出对现有设计方法加入考虑不同的衬砌厚度、纤维抗拉强度和体积率的改进建议。

Singh 和 Goel 认为衬砌厚度不足和衬砌后空洞的存在对隧道衬砌结构的承载特性有不可忽略的影响，并进行了模型试验，研究了不同荷载状态下衬砌厚度、背后空洞与衬砌承载力之间的关系。

国内在隧道衬砌开裂的裂缝和温度方面的研究也取得了丰硕成果。我国工程院院士朱伯芳开辟了混凝土温度应力、混凝土徐变和拱坝优化等新的研究领域，在温度场、温度应力以及有限元解决大体积混凝土裂缝控制问题的研究方面，做出了突出贡献。

我国专家王铁梦经过多年的研究，把计算温度裂缝中的基本假定移植到荷载裂缝计算中，从而探索出了钢筋混凝土结构裂缝控制理论计算方法。

蒲春平等推导隧道温度应力的计算公式，给出由温度应力引起的裂缝间距和宽度的计算公式，得出温差和混凝土的膨胀系数对温度应力的影响呈线性关系，以温差影响最为显著，由温度应力产生的裂缝一般沿隧道环形方向分布，且间距相等。

戴成元等探讨了隧道混凝土衬砌开裂原因，应用断裂力学应力强度因子开裂准则研究了裂缝扩展规律，得出衬砌开裂的主要原因是混凝土干缩与温度变化。

郑国江等建立有限元模型对衬砌裂缝的形成进行模拟分析，并针对病害程度，按分类治理的原则，提出了相应的整治措施。

宋瑞刚等基于地层-结构方法，采用平面弹塑性模型，对 V 级围岩条件下衬砌背后存在空洞的情况做了数值模拟，得出不同位置、不同大小的空洞以及空洞群对结构各截面安全影响的系统认识，明确提出衬砌结构与围岩结合不紧密是恶化衬砌受力，导致围岩松动，进而造成衬砌裂损的重要原因。

张玉军等以平面有限元位移法分析了带裂纹隧道二次衬砌(下文简称二衬)裂纹尖端的应力强度因子及衬砌承载安全系数，其中主要考虑了裂纹深度、宽度及条数的影响。从计算结果得知，随着裂纹深度、条数的增加，应力强度因子增大，衬砌承载安全系数减小，而裂纹宽度的影响不太明显。

潘洪科等结合隧道监测数据与实际地质情况，对裂缝产生原因及其发展变化从力学角度进行正、反演分析和归纳，分析隧道某断面二衬内力状况，并进行强度校核以解释其裂缝成因，得出隧道衬砌产生裂缝的主要原因是存在较大偏压。

冯晓燕用断裂力学理论和平面有限元法对带有裂缝拱墙二衬混凝土上的隧道稳定性进行了定量分析，计算出隧道二衬开裂裂纹深度、宽度和条数不同时，其应力强度因子和结构承载能力安全性的变化规律。

刘海京根据隧道病害现状，提出基于隧道健康诊断和结构计算模型的隧道病害分类方法和参数量化方法，利用荷载-结构方法建立衬砌裂缝、材料劣化、厚度不足、背后空洞四类病害的简化力学模型，对隧道病害结构力学做了初步研究，提出基于地层-结构方法的背后空洞、衬砌厚度不足、材料劣化等隧道病害计算模型，分析了衬砌病害参数对结构安全性的影响规律。

1.2.2 隧道衬砌开裂成因和机理研究现状

隧道衬砌作为钢筋混凝土结构，其结构上裂缝的形成是内外因素共同作用的结果。研究者将钢筋混凝土结构裂缝分为两类：由混凝土自身收缩引起的裂缝及由外荷载引起的裂缝。隧道围岩偏压及不均匀沉降是导致衬砌出现裂缝的直接外部原因，而混凝土温度应力的不均匀释放则是导致衬砌出现裂缝的内部原因。

在钢筋混凝土结构裂缝的自身影响因素方面，方孝伍通过研究发现，水泥的类型及细度对衬砌混凝土的收缩性能有不同程度的影响。徐琳通过研究发现，在混凝土结构中添加外加剂，可大致抵消混凝土在硬化过程中因干缩和温度产生的拉应力，从而防止混凝土收缩裂缝。张小萍等通过实验发现，混凝土抗拉强度以及拉压比受粗骨料最大粒径及大粒径石子相对含量的影响较为显著，骨料粒径过小，会导致用水量及所需水泥量明显增加，所产生的水化热也相应明显升高，从而导致混凝土产生裂缝。王铁梦通过研究指出，适当配筋能够约束混凝土塑性变形，分担混凝土内应力，提高混凝土的极限拉伸能力，大量工程实践也证明了这一点。刘智等指出不合理的施工工艺会引起衬砌结构混凝土开裂，主要有拌和方式、运输方式及混凝土浇筑方式。耿伟指出混凝土构件开裂与结构设置形式有关，衬砌每循环越长，衬砌越易产生裂缝。

在隧道衬砌开裂外因方面，学者们也做了大量的研究。傅鹤林等通过分析隧道衬砌开裂的原因，得出隧道走向与岩层走向的夹角是造成倾斜岩层隧道衬砌开裂的主要原因。朱根桥等从场地工程地质条件、衬砌温度应力、偏压、纵向沉降差、拆模时间、施工方法等方面较为详尽地剖析了岩石隧道衬砌裂缝的形成机理。于伟达根据隧道实际监测数据,建立隧道复合衬砌有限元计算模型,研究不同围岩荷载、不同降温条件下衬砌内部应力及裂纹应力强度因子的变化规律。罗勇运用 ANSYS 对隧道衬砌开裂进行数值模拟计算,通过对不同情况下的计算结果进行比较,分析隧道衬砌开裂机理。冯龙飞等应用 MIDAS/GTS 数值模拟软件,分析了广州某深基坑施工过程中,邻近地铁隧道二衬靠近基坑一侧开裂的原因,并提出了相应的控制措施。李勇锋等以在建竹山隧道为例,从隧址区岩性、围岩结构组合、偏压三个方面对浅埋偏压软岩隧道二衬开裂进行力学分析,并采用有限元法对三个方面进行验证。张连成等结合现场调查,对某浅埋偏压隧道二衬开裂进行分析,指出二衬开裂的主要原因为混凝土施工质量缺陷使二衬厚度不足、二衬背后存在空洞。陈飞熊等应用引进的岩土工程仿真分析软件 FINAL 对隧洞施工期的围岩变形与薄拱片钢筋混凝土衬砌结构的内力、强度特性进行了较系统的数值仿真分析,结果表明,顶部超挖且回填不密实是衬砌出现裂缝的主要原因。

王建秀等指出,一般而言,结构裂缝主要有:①由外荷载作用的直接应力引起的裂缝;②由外荷载作用的结构次应力引起的裂缝;③由变形变化引起的裂缝,即由温度、收缩和膨胀、不均匀沉陷引起的结构裂缝。其结合隧道的裂缝监测工作,指出混凝土温度、不均匀沉降、偏压荷载、不合理的施工工序是双连拱隧道裂缝的主要成因。

苏生瑞等以云南某公路隧道为例,研究了连拱隧道衬砌病害的特点及产生的原因,包括地址、设计、施工等方面。

邹育麟等对裂缝的几何形态和闭合度、渗漏水的形式以及渗漏部位进行了统计分析,总结了各种裂缝产生的原因,最后根据对隧道地勘、设计、施工等资料的统计,得出 4 点原因:不良地质条件、施工因素、防排水设施以及地下水的腐蚀性。

杨成忠等通过现场检测某深埋长大公路隧道交叉口段二衬的开裂状况,分析裂缝产生的原因。陈东柱分别针对偏压、隧道衬砌背后存在空洞及衬砌厚度不足几种情况下的隧道建立了有限元空间模型,计算分析了各种情况下隧道衬砌的变形及开裂情况,得到各种情况下隧道衬砌的开裂模式。周强利用 ABAQUS 软件对隧道背后空洞位置、空洞大小及隧道埋深不同等病害特征参数开展相应的数值模拟,总结衬砌背后空洞对隧道结构、衬砌安全性的影响规律。苏生根据国内近年来隧道二衬裂缝调查资料以及现场调查,分析二衬开裂原因,并进行分类和归纳总结,包括衬砌外力的作用、衬砌材质的劣化、施工工艺与质量控制和水文地质因素。吴启勇结合现场监测,研究影响连拱隧道衬砌裂缝产生的各种因素,使用 ANSYS 软件进行衬砌裂缝数值模拟,得出连拱隧道衬砌裂缝的分布及发展规律等。王金昌等以某隧道为工程背景,建立了基于弹簧–接触隧道复合衬砌的有限元模型,分析了隧道二衬在变温及偏载作用下损伤因子的分布。肖建章等通过室内试验和现场监测资料,采用数值模拟方法模拟开挖过程,对二衬开裂机理进行了力学分析。

1.2.3 隧道衬砌病害全评价及开裂治理措施研究现状

(1)隧道衬砌病害安全评价研究

国内外对隧道衬砌病害的评估主要通过对病害的检测,利用有限元、边界元、数学计算、力学模型等方法对其耐久性、稳定性、裂损状况、承载力、抗震能力等进行有效模拟。这些计算方法都建立在精确的测量数据上,有很强的针对性。但是隧道修建在地下岩土介质中，属于半隐蔽工程，与地面结构相比，其"隐蔽性"使人们无法迅速发现它的变异，增大了判断隧道衬砌变异原因的难度；而且隧道衬砌除受到自然环境的影响外，还受到地下环境，如围岩和地下水条件变动等的影响，使得对隧道衬砌病害的诊断比地面结构更为困难，其数据取舍随机性较大，具有一定的误差；同时，模拟仅限于单个病害，很难对隧道衬砌病害有全面认识。而在既有隧道衬砌维修方案决策方面，由于国内对既有隧道衬砌病害的评估与维修方法的综合性认识程度不够，目前基本处于起步阶段。

日本铁路隧道利用健全度指标将隧道的安全等级分为 A、B、C、S 四级，并按照隧道总体检查和个别检查方法对劣化、渗漏水、剥落、开裂错动等病害制定了健全度判定基准；日本公路隧道利用健全度指标将隧道划分为 3A、2A、A、B 四个安全等级，并根据经验将病害分为外力、材料劣化、渗漏水病害三类，分别提出了外力崩塌、变形、开裂剥落、错台、开裂的变形判断基准。

德国隧道设计、施工与养护规范（DS853）中的《人工建筑物的监控和检查规范》规定，对隧道要进行定期检查，内容包括隧道所有部位及所有设备，以判断隧道的安全、运营和工作状态。由检查者做出评价，用损坏数码"1""2""3"作为评价的尺度。检查规范仅对单个缺陷进行了判定，对各种缺陷的检测结果并没有综合判定的标准。

美国的《公路和铁路交通隧道检查手册》中，给出了隧道的检测方法和程序。其将一些隧道缺陷分为轻度、中度和严重三个等级，给出了定量的判定标准；建立隧道结构状态分级标准，将隧道结构单元的状态分为 0~9 共十级，该分级方法是一种定性和定量相结合的隧道健康状态判定标准。

我国《公路隧道养护技术规范》（JTG H12—2003）也针对衬砌结构病害检测方法、检测项目、灾害类型以及病害指标等进行了规定，按严重程度将病害分为 B、A、2A、3A 四个安全等级。

国内外学者通过开展大量的病害调查研究工作，对衬砌结构病害进行了安全评价。Akira Inokuma 等通过对日本公路隧道病害情况的调查统计分析，对不同类型的病害及其分布比例进行研究。

根据目前的研究进展可知，隧道衬砌结构的安全性是研究者普遍关注的重点问题，对于公路隧道衬砌结构状态的评定，目前已有的评估方法基本上是将工程经验与定性分析相结合，而且评价指标也多侧重于一些表观现象。随着技术的进步，仅仅采用这些比较初步的评价指标对隧道衬砌状态进行评估显然已经不能满足目前的使用和养护要求。

（2）隧道衬砌病害防治研究

公路隧道二衬开裂一直以来都是工程中常见的病害，也是隧道施工中质量控制的关键。国内外在防治隧道二衬开裂方面开展了许多研究，在施工工程方面也积累了大量经验。

白国权、李德宏等以飞鱼泽隧道为工程背景，详述了对该隧道裂缝进行处治的措施：支护脱空、积水及空洞区域注浆回填，裂缝集中、中墙顶等围岩松动区域注浆固结；渗水部位做了渗水引排，裂缝位置灌浆修补，内防水系统损坏处采用水泥基渗透结晶型防水涂料；二衬混凝土采用粘贴碳纤维布加固补强；最后还建立了一个隧道健康诊断监测系统。

王华牢、刘学增等通过对隧道主要裂缝进行安全评价，提出了采用钢拱架加喷射混凝土形成套拱的加固方案，并采用开槽埋管的排水法。

　　张昌伟针对双连拱隧道开裂的原因进行分析，提出了针对性的处理措施：对基础下沉不均造成的开裂采用注浆补强的方法；对主压应力过大造成的剪切开裂，设置纵向剪力工字钢嵌入砼结构，在钢结构上设置深长注浆锚杆，对钢结构进行接触灌浆；对张拉开裂采用嵌入环向工字钢，并注高强度环氧树脂砂浆；对局部由施工缝不整齐造成的开裂，先将原施工缝不整齐部分的缝隙采用环氧树脂封堵，再重新沿施工缝切割一条假缝，并按照施工缝的填塞方法塞填。

　　张义红对隧道衬砌裂缝的整治原则及处理措施进行了详细介绍，不同的裂缝应采取相对应的措施才能达到理想的处理效果；对隧道衬砌背后存在的空洞的处理措施进行了详细介绍，不同规模的空洞应采取不同的注浆加固措施以达到良好的加固效果。

　　侯建斌提出了衬砌裂损的整治原则：整治衬砌裂损病害，首先要消灭已有的衬砌裂损对结构及运营的一切危害，并防止裂损扩大；其次是采取以稳固围岩为主，稳固岩体与加固衬砌相结合的综合治理措施。

　　李云提出对于既有隧道衬砌病害，整治方法有多种，要考虑衬砌裂损原因、裂损程度、隧道净空、渗漏情况、腐蚀程度、对运营干扰的限度、整治费用等因素，视具体情况，采取科学的整治方法与措施。

　　王战兵通过分析检测数据，得出拱顶变化及围岩应变基本趋于稳定，产生病害的主要原因是当时的施工工艺不足及衬砌硅厚度不匀，确定治理原则为在不出现冒顶和塌方的前提下，以加固为主，以封堵、整修裂缝和防渗、防漏为辅，达到综合治理的目的。

　　周念结合隧道的地质情况对病害产生的原因进行分析，然后在此基础上对隧道不同段的衬砌裂损进行不同措施的整治。对隧道衬砌裂损的整治措施主要是分为两大类：对隧道围岩进行加固稳定，加固补强衬砌本身。

　　为了降低隧道建设期和运营期的风险，提高隧道结构的可靠性，使隧道达到较长的使用年限，满足设计要求，要针对隧道衬砌裂缝具体特征和性质，采取相应的预防和治理措施。各种措施均有其自身的特性和一定的适用条件，针对具体的隧道工程，在选择预防或治理措施时可针对其病害特征采用单一的防护，也可采用复合的手段达到衬砌结构风险控制的目的。同时，应综合考虑各种经济技术指标，既要满足风险控制的要求，又要具有一定的经济性。通过总结国内外研究成果和经验可知，对待隧道二衬应遵循"以防为主、及时治理、综合治理、防治结合"的原则。

▶ 1.3　主要研究内容

　　本书综合运用岩体力学、弹塑性力学、断裂力学、非连续介质力学、地下工程、工程地质学及现代数学等学科的相关理论，着力研究软弱片岩隧道二衬开裂机理及评价，其主要内容如下：

　　①对现场二衬裂缝进行调查和监测，统计分析二衬开裂调查资料，分析二衬裂缝的形态(类型、大小、分布)及影响因素，掌握裂缝类型、形态以及发展规律，分析不同类型裂缝的开裂特征及成因。

　　②调集现场不同类型二衬裂缝影响区域内典型隧道断面围岩变形位移及压力监测数据，并进行跟踪监测，掌握裂缝扩展过程中衬砌荷载分布特征及位移相应的变化规律；运

用数学统计方法对压力监测数据进行分析，得到初衬、二衬承担荷载比例，从而进行隧道二衬开裂力学机理的探讨。

③结合前期的研究工作，采用数值模拟软件建立地层-结构、结构-荷载计算模型，分别探讨不同地质构造环境下（片岩结构特征、偏压、空洞、不均匀沉降、二衬厚度、二衬设计参数等）的二衬结构应力、位移以及裂缝的产生及发展情况等，进而总结不同影响因素下二衬开裂特性及机理。

④在上述调查成果及数值验证计算的基础上，进一步计算不同地质构造环境下，已有裂缝的开裂深度及裂缝位置对二衬裂缝的发展趋势以及对隧道二衬结构安全性的影响，并尝试构建一套已有裂缝扩展趋势判别标准，对隧道衬砌结构安全性进行评价与预测；结合上述开裂机理，对不同类型的裂缝，针对地质条件的特殊性，提出相应的防治对策。

第 2 章

大断裂带软弱片岩区隧道围岩特性研究

二衬结构作为隧道工程永久性结构物,对确保隧道施工及运营安全意义重大。对隧道工程而言,围岩是二衬结构的主要外荷载源,围岩的工程特性与力学特征决定了作用在二衬结构上的荷载分布规律,研究围岩的工程特性和力学特征对揭示二衬结构开裂机理至关重要。因此,本章节通过地质调查、室内物理力学试验以及理论研究,对大断裂带片岩区隧道围岩工程地质条件、围岩的物理力学性质以及工程特性进行了研究,为后续二衬结构开裂机理的研究提供相关依据。

▶ 2.1 研究区工程地质条件

2.1.1 区域地质背景

武当山推覆构造是秦岭造山带和扬子板块之间的一个巨型逆冲韧性推覆构造,是在东秦岭的印支期至燕山早期的剪切造山过程中,在挤压剪切的基础上形成的韧性推覆构造。根据几何结构形态和构造性质的差异,将武当山褶皱-逆冲推覆构造划分成 4 个构造带,即主滑脱面-青峰断裂带、前缘叠瓦褶-断带、中央褶皱-推覆带、后缘挤压-拉张带。中央褶皱-推覆带又分为 7 个推覆体,它们由南而北分别为大巴山推覆体、镇坪推覆体、平利推覆体、凤凰山推覆体、武当山推覆体、圣母山推覆体和两郧推覆体,在形成时间上依次变新。所以武当山推覆构造具有后展式的特点,其几何构造为鳞片叠覆模式,扩展模式如图 2-1 所示。

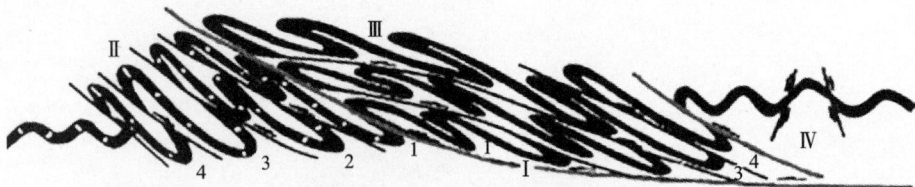

Ⅰ—主滑脱面(或滑脱带);Ⅱ—前缘叠瓦褶-断带;Ⅲ—中央褶皱-推覆带;Ⅳ—后缘挤压-拉张带;
1、2、3、4 分别代表断片和推覆体扩张顺序。

图 2-1 武当山推覆构造鳞片叠覆模式示意图

推覆体发展示意图如图 2-2 所示。推覆体由中上元古界武当群中酸性火山喷发-沉积变质岩系和下震旦统跃岭河群变火山岩系组成,主要为一套中浅变质岩系。推覆体的中西部以发育北西向的倒转褶皱和断裂构造为主,东部以发育北东向的褶皱构造和断裂构造为主,推覆体中的褶皱构造使得隧道围岩反复陡转、产状多变且破碎(见图 2-3),断裂构造形成的两条与隧道斜交的破碎带对隧道围岩的稳定性影响很大。

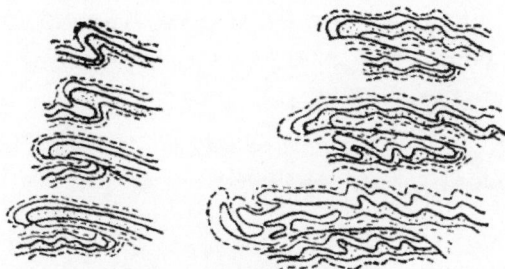

图 2-2　推覆体发展示意图

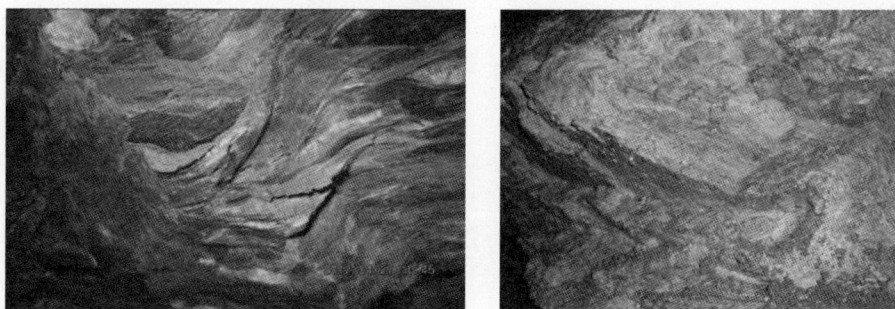

(a) 内经推覆构造后的岩体一　　　　　　(b) 内经推覆构造后的岩体二

图 2-3　研究区隧道内经推覆构造后的岩体

2.1.2　地形地貌

研究区隧道群位于鄂西北中山—低山区,属于构造剥蚀低山—中山地貌,处于武当山脉西南坡与大巴山脉东段东北坡的连接地带,沿线山体海拔高度一般为 400~1240 m,路线经过区域海拔高度多为 500~800 m,地形波状起伏;各隧道进出口处多有植被覆盖,发育冲沟,部分地段人工活动导致植被破坏较严重;地表为第四系覆盖,部分地段基岩出露。研究区有省道穿过,交通便利。

本区河流主要有两大水系:南河、堵河。南河发源于大巴山脉东段东北坡的神龙架以及武当山脉西南坡,在房县辖内(化龙、军店、青峰一线)称马栏河,于寺坪汇入南河,向东北经龙滩于谷城注入汉江。堵河发源于大巴山脉东段西北坡的神龙架以及武当山脉西南坡,路线区分两大支流:一支在竹溪县(路线终点的佛台片、水坪一线)称竹溪河,于竹山县官渡河段下游的两河口汇入堵河;另一支在房县称秦口河,流经房县与竹山接壤地区,在竹山辖内称霍河,在竹山县城汇入堵河,向北经竹山、黄龙滩后注入汉江。

2.1.3 地层岩性

路线区以青峰断裂为界，北侧出露南秦岭—大别地层区的中元古代—早古生代的浅变质地层（片岩、千枚岩、板岩等）；南侧出露扬子地层区晚震旦纪—志留纪海相沉积地层（白云岩、灰岩、页岩等）。晚白垩纪—第三纪为陆相红色河湖相沉积，挽近时期，在河流、沟谷和山麓缓坡地带，则为第四系河流冲积和残坡积相松散堆积。本区武当山南坡发育有元古代南华纪基性侵入体，位于新元古代青白口纪武当山岩群变质地层之中。在竹溪一带，见有早古生代志留纪基性、碱性、酸性侵入体，呈似层状态、脉状等形态产出，为浅成、超浅成侵入岩体。路线区变质岩分布于青峰断裂以北，主要为武当山岩群及其上覆的震旦纪—志留纪海相沉积（变质）盖层，变质程度较低，为中压低绿片岩相；在青峰断裂带两侧，则分布动力变质岩。

2.1.4 地质构造

1. 地震

根据《中国地震动参数区划图》（GB 18306—2001），区内大部位于地震动峰值加速度 $0.10g$ 区，相应地震基本烈度为Ⅶ度，属强震区；起点靠近谷城方向地震动峰值加速度为 $0.05g$，相应地震基本烈度为Ⅵ度。

2. 新构造运动

路线段在大地构造位置上以青峰—房县一线为界，南、北分属扬子克拉通（扬子准地台）与南秦岭构造带两个一级大地构造单元。其中，青峰一带处于两个一级大地构造单元的接壤部位，并分布有著名的青峰断裂带；在房县以西，分布有竹山断裂带，地质构造复杂。根据沉积建造、岩浆活动、变质作用和构造变形等特征，将本区划分为北大巴山褶皱束、武当山复背斜、襄枣断陷、青峰台褶束四个次级构造单元。其中北大巴山褶皱束、武当山复背斜、襄枣断陷三个次级构造单元位于南秦岭构造带中，青峰台褶束位于扬子准地台中。

2.1.5 水文地质条件

区内地处变质岩区，水文地质条件简单，地下水可分为孔隙潜水、基岩裂隙水、构造裂隙水。孔隙潜水赋存于山体表层与山涧盆地表层松散-半松散残坡积、崩坡积层内以及冲积层内的碎-块石土、含砾粉土中，主要受大气降水补给，在山涧盆地地带水量较丰，局部具有承压水性质，地下水位埋深 $1.5 \sim 2.5$ m，泉流量为 $0.10 \sim 2.00$ L/s；基岩裂隙水主要赋存于武当山岩群，志留系变火山岩、变沉积岩-细碎屑岩岩石中，地下水仅沿其细小的层间裂隙、岩体节理运动，水量不大，多为下降泉，泉流量为 $0.30 \sim 0.80$ L/s；构造裂隙水主要赋存于青峰断裂带、NE 向断裂带的构造破碎带中，受大气降水和地表水补给，水量丰富，多为下降泉，泉流量为 $0.60 \sim 3.60$ L/s。

2.1.6 片岩区隧道区域工程地质评价

谷竹高速线路段在大地构造位置上,处于扬子克拉通北缘和秦岭—大别造山带的交接部位,属上扬子板块及北缘构造带的一部分。在长期的地质发展演化进程中,其经历了多期次、多阶段的变形变质作用和岩浆活动,地质构造复杂。结合隧址区的构造纲要图可知:

①隧址区在地质历史时期发生过多次推覆作用,致使隧址区围岩经受多次挤压,出现揉皱现场,储存大量的构造地应力。隧道开挖后,围岩虽发生卸荷回弹,释放一定的地应力,但仍然存在较大的残余构造应力作用于初期支护,致使初期支护变形与破坏。

②隧址区经历推覆体的滑落及张拉构造,断裂发育,分布范围广,断裂走向主要有两个方向,一个与隧道走向平行或者小角度相交,一个与隧道近于正交。受断层影响的隧道段围岩较破碎,开挖扰动后松动圈大,围岩强度低、稳定性差,易出现大变形和塌方事故。张拉作用使围岩产生张裂缝,成为地下水的良好储存介质,受风化和构造作用的进一步影响,裂隙向围岩深部发展并贯通,形成良好的地下水运移通道。地下水与围岩接触时,软化、劣化围岩,使围岩变形失稳,严重时还可导致大变形、塌方和涌水。

③区域地质构造作用导致隧址区围岩具有松散破碎、含水量大、强度低、完整性差、存在残余构造应力、云母矿物含量高等特性。隧道围岩在各种工程地质条件的交互影响下,极易使支护结构发生塌方、大变形及涌水等不良工程现象。不良的工程地质灾害作用下,产生了极大的围岩压力,造成初期支护及二衬结构的破坏,影响隧道的施工及安全运营。

▶ 2.2 岩石矿物成分及物理力学特性

对变质岩物理力学特性的研究是其工程地质特性研究的重要组成部分。通过室内试验对武当群片岩自身的物理力学性质以及各向异性特征进行研究,以获取武当群片岩基本的物理力学指标及其随着片理倾角变化的规律,为隧道区变质岩工程特性分析提供室内试验依据。

2.2.1 试验设计及过程

试验设计中考虑微观和宏观两个方面。从微观角度,对武当群片岩进行矿物分析,以研究其工程特性的机理。从宏观角度,对武当群片岩的物理力学性质安排了常规物理力学试验,对武当群片岩的各向异性则安排了不同角度的力学试验。

其中矿物分析试验是在中国地质大学(武汉)地质过程与矿产资源国家重点实验室完成的,而其余试验是在中国地质大学(武汉)工程学院地质工程试验教学中心完成的。

1. 主要试验仪器

片岩力学试验采用英国 INSTRON-1346 型电液伺服岩石试验仪,试验仪是一套技术先进、功能齐全的岩石、混凝土力学性质试验设备(见图 2-4)。试验仪由主机、液压源、伺服控制系统、计算机控制与处理系统四大部分组成,主要用于岩石、混凝土动静态单轴与三轴抗压试验，并能输出应力-应变全过程曲线和相应数据。试验仪最大轴向荷载为2000 kN，围压为50 MPa，疲劳试验最大振动频率为5 Hz，活塞行程为100 mm。同时，其具有多种控制方式（位移、应变及荷载控制）、多种加载方式（正弦波、三角波和方波等），还有荷载大、刚度大、自动化程度高等特点。试验完全在计算机的控制下进行，由于采用了先进的自适应控制方式和后处理软件，所以，无论试件的力学特性如何变化，都能获得令人满意的结果。试验数据由计算机采集并保存，同时在计算机屏幕上实时显示试验曲线和数据，或由打印机打印出试验结果（见表2-1）。

图2-4 INSTRON-1346型电液伺服岩石试验仪

表2-1 片岩物理力学特性试验设计

试验类型	试验内容	试验目的
矿物分析	X射线衍射矿物分析	获取片岩矿物成分
物性试验	块体密度试验	获取片岩物理性质指标
	含水率试验	
	波速试验	
力学试验	单轴压缩试验	通过不同角度的单轴、三轴压缩试验获取片岩力学参数以及各向异性指标
	三轴压缩试验	
	剪切试验	获得结构面抗剪强度及抗剪应力特征

2.试验流程

（1）取样及制样

武当群片岩试样取自研究区隧道现场块样，然后在长江科学院实验室进行切割制样。制样时按照切割方向（也是主应力的加载方向）与片理垂直、平行及45°斜交加工成三组50 mm×100 mm的圆柱体试样，如图2-5所示（本书采用地质定义的倾角 α 描述试验中片理的产状）。

（2）物理性质试验

对制取好的试样进行物性试验，采用量积法测取片岩岩块密度，采用真空抽气法测定片岩饱和吸水率，试验过程严格按照《公路工程岩石试验规程》（JTG E41—2005）进行，并取部分代表性岩样进行X射线衍射矿物分析。另外，对试样进行波速试验，试验过程中由试样两端的探头发射和接收纵波，根据时差计算得到纵波波速。

（3）力学试验

根据片岩物理性质试验结果，对垂直（ $\alpha = 0°$ ）、斜交（ $\alpha = 45°$ ）、平行（ $\alpha = 90°$ ）三组片

岩试样进行组间整理，将物理性质相近的试样作为一组力学试样，以此减小试验结果的差异性。对垂直、斜交、平行三组片岩进行单轴压缩试验和在 5 MPa、10 MPa、15 MPa、20 MPa 围压下进行三轴压缩试验。对试验结果进行整理，即可得到片岩力学参数及其各向异性特征。

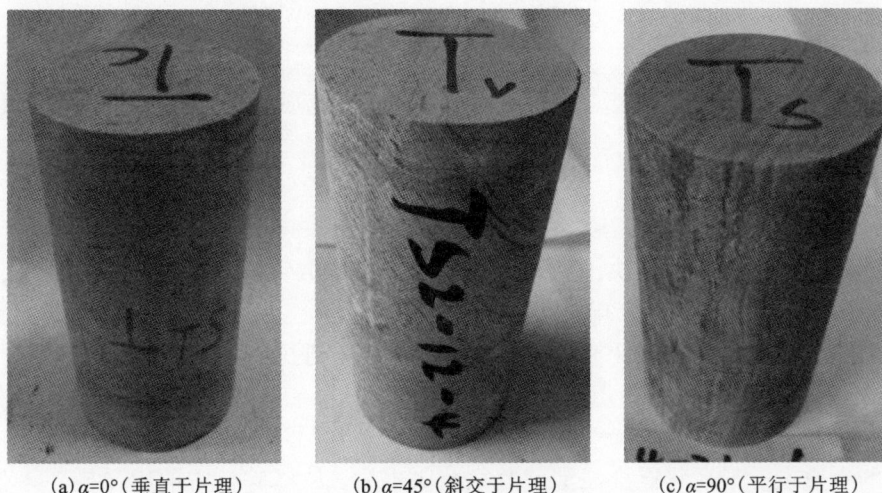

(a) $\alpha=0°$（垂直于片理）　　(b) $\alpha=45°$（斜交于片理）　　(c) $\alpha=90°$（平行于片理）

图 2-5　不同片理倾角的片岩试样

2.2.2　矿物成分分析

矿物分析试验采用荷兰帕纳科公司生产的 X 射线衍射仪进行矿物成分和能谱分析。测试试样选自隧道群三处代表性的岩样：TS-K9 为某隧道进口段掌子面岩块，该处片理发育，层间结合差，片理微张，层间光滑，手搓具有滑腻感；TS-Y6 为某隧道出口段掌子面岩块，该处为灰白色岩样，片理发育，但层间结合较进口段稍好，层间稍具颗粒感；TS-10M 为某隧道出口段掌子面发育的条带状软弱泥化夹层，呈土状，手能搓成粉末。三组试样的矿物成分相对含量见表 2-2。

表 2-2　隧道区片岩矿物成分及含量

样品编号	矿物成分及含量/%							
	云母	石英	长石	方解石	蒙脱石	绿泥石	伊利石	白云石
TS-K9	—	26	22	2	—	35	15	—
TS-Y6	—	41	14	2	—	—	30	—
TS-10M	15	36	5	—	30	10	—	4

矿物分析的结果表明：武当群片岩主要矿物成分为石英、长石、伊利石（或绿泥石），相对含量在隧道区有一定变化。进口段片岩中绿泥石的矿物成分相对含量高，绿泥石是层状矿物，强度不高，进口段的岩体质量会比较差。出口段片岩由于石英的含量很高，且石

英的强度也很高，所以出口段的岩体质量将会比较好。但出口段片岩中伊利石的含量也很高，而伊利石是黏土矿物，强度低、遇水软化且具有膨胀性，因此出口段的岩体遇水后质量将迅速变差。出口段软弱夹层的矿物含量已经说明了这个问题，原岩中的伊利石进一步风化为蒙脱石，而蒙脱石的强度较伊利石小、塑性指数较伊利石大，且更具膨胀性，这决定了软弱夹层的强度将远小于原岩的强度。

2.2.3 物理性质分析

与研究区公路隧道二衬开裂破坏密切相关的物理性质为吸水性、密度、软化性和崩解性。

1. 吸水性及密度

岩石的吸水率大小主要取决于岩石中孔隙和裂隙的数量、大小及其开启程度，同时还受到岩石成因、时代及岩性的影响。

考虑到隧道围岩处于大气压和近室温状态，所以只进行了吸水率测试。每种岩性制备3份试样，通过自然吸水法来测定，最后求取其平均值。首先测得每个试样天然状态下的含水量，将试样放入烘箱，在105~110 ℃下烘12 h，然后取出放在干燥器中冷却至室温，称取试样的干重量。最后将试样浸泡使其完全吸水后，从试验杯中取出试样，称取饱水试样的质量，计算求得的吸水率值见表2-3。

表 2-3　隧道围岩的吸水率

岩性	绢云母石英片岩	绢云钠长石英片岩
吸水率/%	1.8	0.5

岩石密度是岩石基本集合相(固相、液相和气相)的单位体积质量。岩石的密度与岩石的组成矿物及岩石的结构有关。一般用直接测量方法量出岩样的体积 V，称出原岩样或饱和或烘干岩样质量，质量与体积之比即为岩石的密度。通过密度试验测得谷竹片岩隧道武当群变质软岩的天然密度为 2.690 g/cm³，饱和密度为 2.695 g/cm³，干密度为 2.684 g/cm³。

2. 软化性

对不同岩性软岩各取具有代表性的岩块制取试件数件，为保证测试的准确性，从同一岩块上取2份试样，分别进行饱水抗压和干抗压测试，然后计算软化系数，结果见表2-4。

表 2-4　隧道围岩的软化系数

岩性	绢云母石英片岩	绿泥石英片岩	绢云钠长石英片岩
软化系数	0.51	0.58	0.72

从表2-4可以看出，各试样遇水软化系数均小于0.75，尤其是绢云母石英片岩，遇水后强度几乎降低一半。需要特别指出的是，试件都是取自容易制备的岩石，现场围岩中存

在大量的软弱夹层，采取困难，不易制成规则试件，但其遇水软化更加明显，并伴有泥化现象。因此，遇水软化是影响谷竹片岩隧道围岩大变形的重要因素之一。

3. 崩解性

岩石的崩解性是指岩石试样经过干燥和湿润两个标准循环后，抵抗软化及崩解的能力，该特性也是岩石水理性的重要特征之一。质地疏松、含亲水性黏土矿物的岩石，在水中容易发生崩解脱落现象，据此可获得岩石在一定条件下的崩解性指标。崩解试验主要为静水试验（泡水试验），是测定具有原状结构的岩石在水中的崩解速度，从而鉴别岩石胶结程度和膨胀性能强弱的方法。试验前先将凸出的边棱和松动部分除去，并去掉表面附着物。同时，对试样进行描述，描述内容包括试样的尺寸大小、结构、构造、裂隙及风化程度等特征。表 2-5 给出了两组典型试样的描述记录。

表 2-5　隧道围岩崩解试样描述

编号	岩性	试样尺寸/(cm×cm×cm)	特征描述
1	绢云母石英片岩	7.2×2×3.1	强风化绢云母石英片岩，岩体较松散，表面有挤压错动擦痕，硬度低，手指划有划痕，试样浸入水中呈块状崩裂，伴有少量气泡产生，一般在 1~2 d 崩解完毕，崩解物为碎岩块
2	钠长石英片岩	10.5×4×2	土黄色微风化岩体，岩石较致密，略坚硬，片理面粗糙呈波纹状

现场岩石经过地下水浸泡崩解的前后对比如图 2-6 所示。

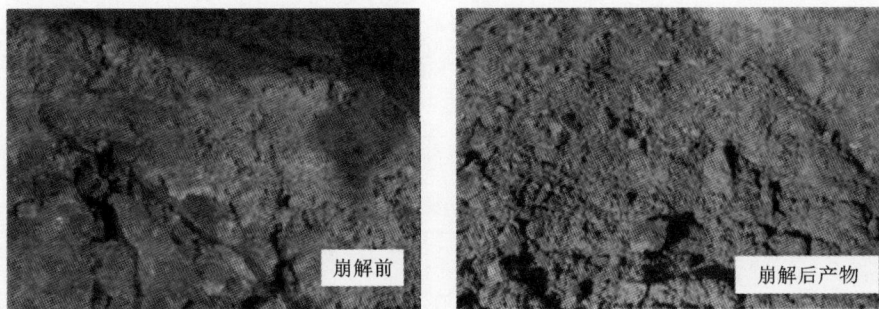

崩解前　　　崩解后产物

图 2-6　现场岩石崩解前后对比图

通过密度试验、吸水性试验，测得武当群片岩的物理水理参数，见表 2-6。

表 2-6　武当群片岩物理水理参数

天然密度/(g·cm⁻³)	饱和密度/(g·cm⁻³)	饱和吸水率/%
2.690	2.695	1.002

通过波速试验，得到 $\alpha = 0°$（垂直于片理）、$\alpha = 45°$（斜交于片理）、$\alpha = 90°$（平行于片理）三组试验天然及饱和时的波速结果，见表 2-7。

表 2-7 武当群片岩波速试验结果

片理倾角 $\alpha/(°)$	试样编号	天然波速 /(m·s^{-1})	饱和波速 /(m·s^{-1})	天然波速均值 /(m·s^{-1})	饱和波速均值 /(m·s^{-1})
0	ts1-11-5	2037.50	4464.00	2455.42	4633.67
	ts1-21-6	2092.00	4495.00		
	ts1-11-8	2501.00	4752.00		
	ts1-11-6	2538.50	4752.00		
	ts1-12-7	2695.50	4587.00		
	ts5-11-3	2868.00	4752.00		
45	ts5-12-8	2708.00	4346.00	3159.58	4662.67
	ts5-11-5	2776.50	4464.00		
	ts2-11-7	3140.50	4919.00		
	ts2-11-8	3168.00	4892.00		
	ts2-22-3	3522.00	4629.00		
	ts2-22-1	3642.50	4726.00		
90	ts1-12-8	3904.50	5187.00	4218.00	5339.38
	ts6-22-2	4144.50	5232.00		
	ts5-11-7	4203.00	5355.00		
	ts6-21-4	4119.50	5232.00		
	ts6-22-1	4239.50	5222.00		
	ts6-22-3	4321.00	5544.00		
	ts5-12-6	4430.00	5537.00		
	ts6-22-4	4382.00	5406.00		

图 2-7 为波速与片理倾角 α 的关系。从图中可以看出，片岩波速具有明显的各向异性，波速随着倾角的增大而增大，在 $\alpha = 90°$ 时波速最大（天然状态下为 4218.00 m/s、饱和状态下为 5339.38 m/s），而在 $\alpha = 0°$ 时波速最小（天然状态下为 2455.42 m/s、饱和状态下为 4633.67 m/s）。饱和状态下的波速较天然状态下有大幅增加，但饱和状态下的各向异性则有明显的下降。波速的各向异性反映的是片岩自身结构的各向异性，当 $\alpha = 90°$ 时，波速仪探头发射的纵波传播方向平行于片理，传播过程中纵波受到的阻碍最小，因而波速最大；当 $\alpha = 0°$ 时，纵波传播方向垂直于片理，纵波受到的阻碍最大，因而波速最小。在饱和状态下，水充填了岩石中的空隙，且纵波在水中的波速远大于在空气中，因而弱化了片岩反映的各向异性。

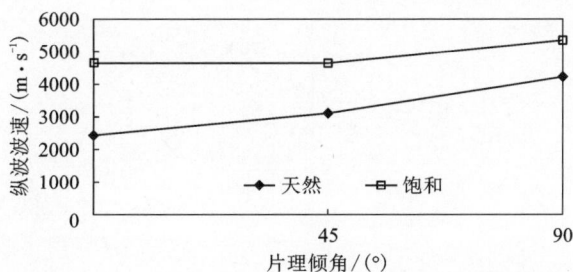

图 2-7　武当群片岩波速随片理倾角的变化情况

2.2.4　力学性质分析

1. 应力-应变曲线

武当群片岩的应力-应变曲线如图 2-8 所示。总体上，不同片理倾角的片岩应力-应变曲线基本上是相同的，都反映出应变软化的特性，且具有岩石应力-应变曲线的 5 个阶段：压密阶段、弹性阶段、塑性阶段、应变软化阶段、摩擦阶段。压密阶段，曲线呈上凹形，应变速率随着应力的增加而减小；弹性阶段，曲线基本呈直线形，应力与应变的比值基本呈常数；塑性阶段，曲线呈下凹形，应变速率随着应力的增加而增大，并逐渐达到峰值；应变软化阶段，应力超过峰值后，随着应变的增加，应力急剧减小，发生"应力跌落"；摩擦阶段，应力随着应变的增加逐渐稳定。随着围压的增大，片岩峰值增大，而摩擦阶段的应力增大不明显。

2. 岩块力学参数

图 2-9、图 2-10 分别为天然状态、饱和状态下武当群片岩弹性模量与片理倾角的关系。从两图中可以看出：无论是天然还是饱和状态，武当群片岩的弹性模量都在 $\alpha=45°$ 时最小，在 $\alpha=90°$ 时最大，在 $\alpha=0°$ 时处于中间值。由此看出，武当群片岩的各向异性十分显著。除天然状态下围压为 0 MPa 时弹性模量偏大，饱和状态下围压为 5 MPa 时弹性模量偏小外，武当群片岩的弹性模量基本呈现随围压增大而增大的趋势，但是增大的幅度有限。另外，从图中还可以看出饱和状态下弹性模量较天然状态下的小，减小的幅度分别为：$\alpha=0°$ 时为 36%，$\alpha=45°$ 时为 61%，$\alpha=90°$ 时为 24%。

图 2-11 为武当群片岩泊松比与片理倾角的关系。如图所示，泊松比在 $\alpha=45°$ 时最大，在 $\alpha=90°$ 时最小，而在 $\alpha=0°$ 时处于中间值，也显示出武当群片岩显著的各向异性。另外，图中也显示出饱和状态下的泊松比比天然状态下大，增大的幅度分别为：$\alpha=0°$ 时为 1%，$\alpha=45°$ 时为 5%，$\alpha=90°$ 时为 24%。

图 2-12、图 2-13 为天然状态、饱和状态下武当群片岩的抗压强度与片理倾角的关系。从图中可以看出，武当群片岩的抗压强度随着片理倾角变大呈现先减小后增大的趋势，在 $\alpha=90°$ 时为最大值，在 $\alpha=45°$ 时为最小值，在 $\alpha=0°$ 时为中间值，显示出片岩明显的各向异性。图中显示，片岩抗压强度随着围压的增加而明显增加。

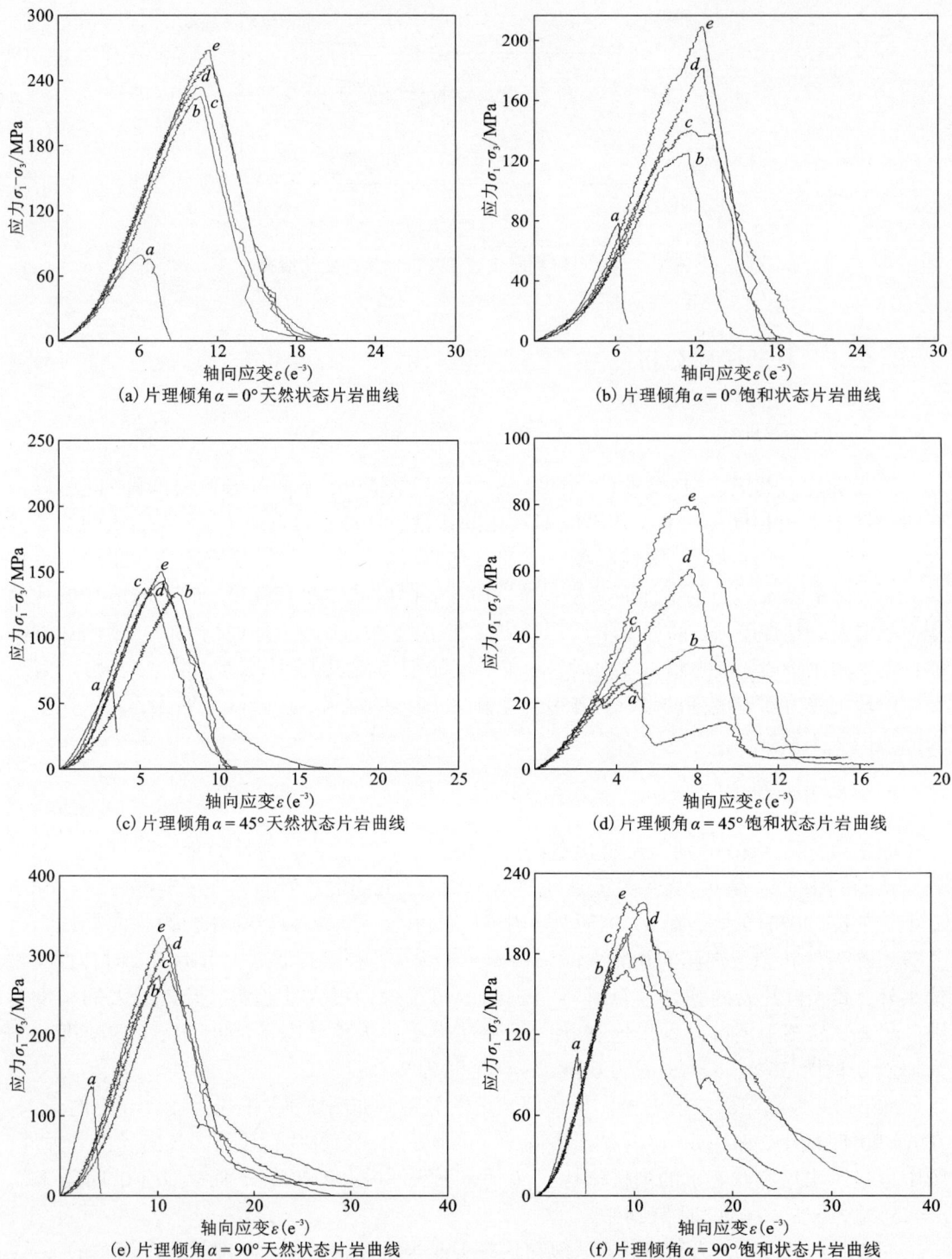

(a) 片理倾角 α = 0° 天然状态片岩曲线

(b) 片理倾角 α = 0° 饱和状态片岩曲线

(c) 片理倾角 α = 45° 天然状态片岩曲线

(d) 片理倾角 α = 45° 饱和状态片岩曲线

(e) 片理倾角 α = 90° 天然状态片岩曲线

(f) 片理倾角 α = 90° 饱和状态片岩曲线

注：曲线中的 a 表示单轴压缩，b 表示围压为 5 MPa，c 表示围压为 10 MPa，d 表示围压为 15 MPa，e 表示围压为 20 MPa。

图 2-8　武当群片岩应力–应变曲线

综上所述，武当群片岩的力学性能可归纳为三个特点：①各向异性明显，随着片理倾角 α 的变化，片岩力学性能也会变化，在 $\alpha=90°$ 时力学性能最好，在 $\alpha=45°$ 时力学性能最差，而在 $\alpha=0°$ 时力学性能中等；②围压效应，随着围压的增大，弹性模量、抗压强度都会增大，片岩力学性能得到提升；③软化效应，饱和状态下的片岩力学性能要比天然状态下差。

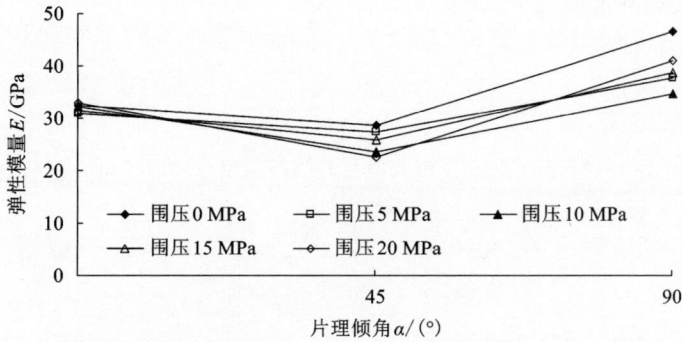

图 2-9 天然状态下武当群片岩弹性模量与片理倾角的关系

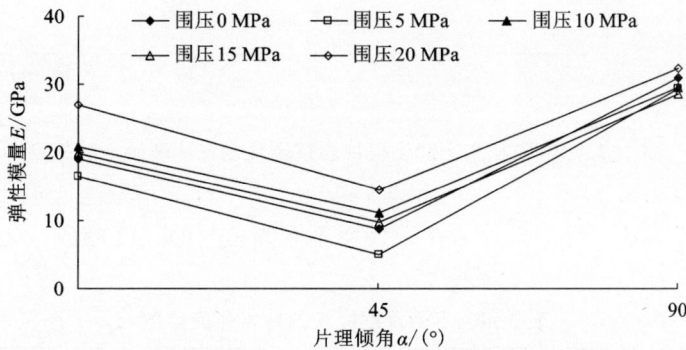

图 2-10 饱和状态下武当群片岩弹性模量与片理倾角的关系

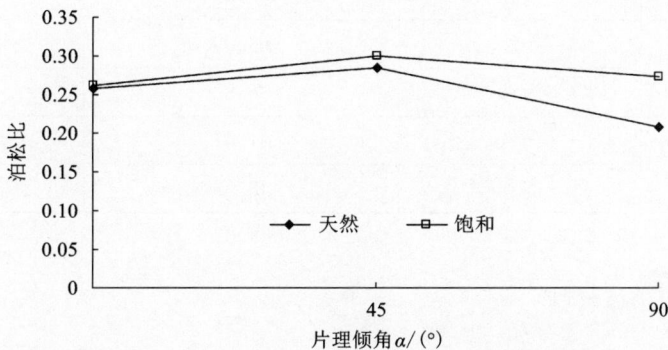

图 2-11 武当群片岩泊松比与片理倾角的关系

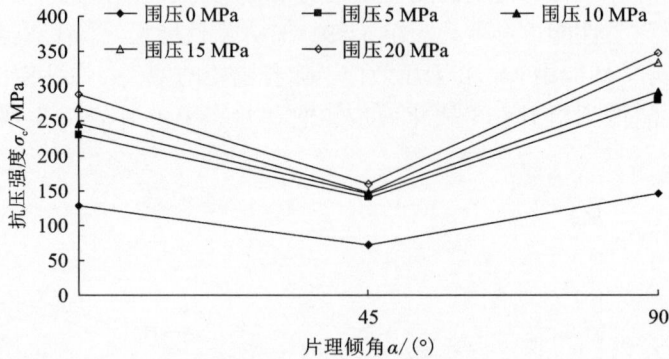

图 2-12 天然状态下武当群片岩抗压强度与片理倾角的关系

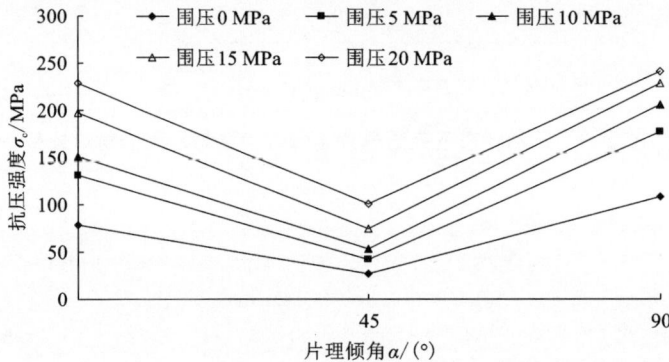

图 2-13 饱和状态下武当群片岩抗压强度与片理倾角的关系

在三轴试验基础上，可得到片岩在片理面不同倾角时的强度参数，见表 2-8。

表 2-8 不同片理倾角的片岩强度参数

片理倾角/(°)	试样状态	内聚力 c/MPa	内摩擦角 φ/(°)
0	天然	36. 25	52. 92
	饱和	48. 03	17. 74
45	天然	63. 09	15. 14
	饱和	36. 82	4. 62
90	天然	41. 42	56. 84
	饱和	38. 53	38. 48

3. 变质岩工程力学特性

对岩体工程特性的研究是分别通过对天然状况和饱和状况岩体的三轴试验数据来进行分析，以期能达到对工程长期安全性的影响的研究。σ_3 为试验岩体在不同条件下所受的围岩压力，σ_1 为对应的抗压强度，其中天然三轴试验是未考虑地下水对岩体工程特性的影响，饱和三轴试验是考虑了地下水对岩体工程特性的影响。对谷竹隧道片岩试样的三轴压缩试验结果见表 2-9。

表 2-9　岩石三轴压缩试验力学特性参数

片理倾角 /(°)	试样编号	试样状态	最大应力 /MPa	最大应变 /10^{-3}	弹性模量 /GPa	变形模量 /GPa	σ_3 /MPa	σ_1 /MPa
0	ts5-12-4	天然三轴	224.594	10.678	30.993	18.504	5	229.6
	ts5-22-4		235.172	14.909	32.243	11.765	10	245.2
	ts5-22-2		252.844	11.487	31.61	21.01	15	267.8
	ts5-21-1		266.863	11.489	32.975	20.422	20	286.9
	ts1-11-8	饱和三轴	126.422	16.519	16.338	5.289	5	131.4
	ts1-11-6		140.875	11.665	20.765	10.382	10	150.9
	ts1-12-7		183.085	16.577	19.786	80.064	15	198.1
	ts5-11-3		208.751	12.546	26.995	13.624	20	228.8
45	ts6-21-7	天然三轴	71.3	7.444	27.414	16.908	5	152.3
	ts6-21-5		140.8	17.945	43.694	14.292	10	381.3
	ts6-21-6		145	18.903	46.003	15.672	15	410
	ts6-22-7		147.8	19.041	42.809	15.197	20	433.1
	ts2-11-8	饱和三轴	37.572	9.066	4.953	5.669	5	42.6
	ts5-11-5		43.504	5.092	11.044	7.161	10	53.5
	ts2-22-3		60.293	7.752	9.743	6.893	15	75.3
	ts2-22-1		81.83	12.622	14.436	4.613	20	101.8
90	ts6-12-7	天然三轴	274.594	10.188	37.842	24.958	5	279.6
	ts6-12-3		282.011	11.191	34.842	20.675	10	292
	ts6-21-1		317.916	16.893	38.951	13.174	15	332.9
	ts6-21-2		327.711	17.256	41.087	12.861	20	347.7
	ts6-22-1	饱和三轴	172.382	11.985	29.31	9.116	5	177.4
	ts6-22-3		195.669	9.217	29.532	18.764	10	205.7
	ts5-12-6		214.004	11.153	28.545	18.288	15	229
	ts6-22-4		221.313	16.219	32.271	10.006	20	241.3

（1）从片理倾角 $\alpha=0°$ 时的三轴应力-应变曲线［图 2-8（a）、图 2-8（b）］分析

试样片理面与轴向垂直时，随着围压的增加，天然状态和饱和状态下试样基本都是以韧性破坏为主，峰前峰后基本保持相同的曲线特征，且天然状态和饱和状态下的峰值强度

均随着围压的增加而增加。

(2)从片理倾角 $\alpha=45°$ 时的三轴应力-应变曲线[图 2-8(c)、图 2-8(d)]分析

在天然状态下,不同量值围压时所表现出来的曲线特征基本一致,基本没有曲线波动现象,说明在片理面倾角 45°时天然状态下的片岩弹性模量没有随着围压的不同而引起明显的变化。但在饱和状态下,曲线基本都出现了明显的波动现象,尤其是在低围压下表现出一定的韧性破坏特征。

(3)从片理倾角 $\alpha=90°$ 时的三轴应力-应变曲线[图 2-8(e)、图 2-8(f)]分析

从试样的应力-应变曲线可以看出,天然状态下的试样曲线在峰后表现出一定的脆性破坏特征,随着围压的不断升高,其峰后曲线在一定脆性破坏后缓慢变缓,显现出一些韧性特征,但是峰后应力值没有随着围压的增大而明显变化;饱和状态下的试样曲线在峰后表现出明显的差异性,具有极强的韧性破坏特征,且在围压为 5~10 MPa 时峰值曲线还有波动现象。同时,饱和状态下的峰值强度也随着围压的增大而明显增加。

不同含水量下,片岩的力学特性如下。

(1)从片理倾角 $\alpha=0°$ 时的三轴应力-应变曲线(图 2-8)分析

饱和状态下的试样曲线比天然状态下的试样曲线在相同围压下峰值强度低 50%~60%。

(2)从片理倾角 $\alpha=45°$ 时的三轴应力-应变曲线(图 2-8)分析

天然状态下低围压时最大应力可以达到 71.3 MPa,高围压时达到 147.8 MPa,而饱和状态下低围压时最大应力只有 27.87 MPa,高围压时也只有 81.83 MPa,这说明含水率对试样强度有明显影响。

(3)从片理倾角 $\alpha=90°$ 时的三轴应力-应变曲线(图 2-8)分析

2.2.5 变形破坏特征分析

试验发现,武当群片岩破坏形态在不同的片理倾角下存在很大的差异,具体可从宏观和微观两方面来论述。

1. 宏观角度

武当群片岩单轴及三轴试样破坏形态如图 2-14、图 2-15 所示,可以归纳为三种破坏形态。

(1)劈裂破坏

劈裂破坏主要发生在 5 MPa 围压下加载方向与片理方向平行(片理倾角 $\alpha=90°$)的情况[图 2-14(c)]下,该破坏形态以纵向裂纹贯穿导致试样破坏为主要特征。通常认为,单轴压缩条件下的纵向裂纹是由于试样内部平行于加载方向的微裂纹尖端拉应力过大产生的。在试验过程中,片理平行于加载方向,使片理尖端拉应力过大从而产生纵向裂纹,片岩会产生几条平行的纵向裂纹,随着加载应力增大,纵向裂纹发展并贯穿,导致试样破坏。

(2)沿片理剪切破坏

沿片理剪切破坏主要发生在 5~20 MPa 围压下加载方向与片理方向斜交(片理倾角 $\alpha=45°$)的情况[图 2-14(b)、图 2-15(b)]下,该破坏形态以产生一条沿着片理贯穿试样的主剪切面导致试样破坏为主要特征。$\alpha=45°$ 时,片理面的强度较小,而片理面上的剪应力 τ

和正应力 σ 组合也较为不利，因而 $\alpha=45°$ 时片岩的破坏主要由片理面强度控制。另外，除了沿片理产生一条贯穿试样的主剪切面，部分试样还产生了共轭的次剪切面，主次两条剪切面贯通（或部分贯通），但仍以主剪切面为主要特征。

（3）贯穿片理剪切破坏

贯穿片理剪切破坏主要发生在 $5\sim20$ MPa 围压下片理倾角 $\alpha=90°$ [图 2-14（c）、图 2-15（c）]和 $5\sim20$ MPa 围压下片理倾角 $\alpha=0°$[图 2-14（a）、图 2-15（a）]的情况下，该破坏形态以产生一条贯穿片理的主剪切面导致试样破坏为主要特征。该破坏形态不同于前一种，不是由片理面强度控制，而是由试样中极薄层片岩块强度控制，破坏发生在剪应力 τ 和正应力 σ 组合最不利的位置。除主剪切面外，部分试样还产生了共轭的次剪切面，个别试样还产生了纵向裂纹，这些次剪切面和纵向裂纹与主剪切面贯通或部分贯通，加速了试样的破坏，但仍以主剪切面为主要特征。

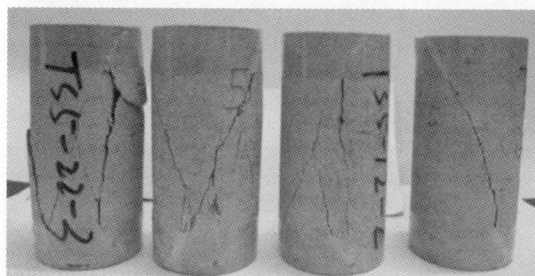

（a）片理倾角 $\alpha=0°$ 时天然状态下片岩

（b）片理倾角 $\alpha=45°$ 时天然状态下片岩

（c）片理倾角 $\alpha=90°$ 时天然状态下片岩

注：从左向右围压依次为 5 MPa、10 MPa、
　　15 MPa、20 MPa。

图 2-14　武当群片岩单轴压缩试样破坏形态

（a）片理倾角 $\alpha=0°$ 时天然状态下片岩

（b）片理倾角 $\alpha=45°$ 时天然状态下片岩

（c）片理倾角 $\alpha=90°$ 时天然状态下片岩

注：从左向右围压依次为 5 MPa、10 MPa、
　　15 MPa、20 MPa。

图 2-15　武当群片岩三轴压缩试样破坏形态

2. 微观角度

为了对比绢云母石英片岩在单轴或三轴压缩下未受力和受力破坏后的微观结构破坏形态状况，现用扫描电镜试验来加以分析。

目前，对岩石压缩变形破坏的研究相对较多，以宏观研究为主，但对岩石破坏后的微观结构变化的相关研究相对较少。国内一些学者利用电子显微镜、CT扫描或者环境扫描电镜等做了岩石蠕变的试验研究和微观结构变化的研究，但是没有学者对片岩不同片理倾角下的单轴或三轴试验破坏前后不同方向的微观结构变化进行对比研究。

此次扫描电镜试验是在中国地质大学（武汉）地质过程与矿产资源国家重点实验室完成的，扫描电镜试验切片方案见表2-10。按照3种不同片理倾角选取破裂面和完整岩样进行切片，对每一片理倾角各取破坏前后1个切片、3个方向共6个岩石切片，所有受力前后的切样与试样破裂面方向基本平行。其中编号后的"w"表示受力前的切样，"p"表示受力破坏后的切样。

表 2-10   片岩切片试验方案

片理倾角/(°)	切样受力前	切样受力后
0	ts5-21-4(w)	ts5-21-4(p)
45	ts2-21-3(w)	ts2-21-3(p)
90	ts6-21-3(w)	ts6-21-3(p)

图2-16~图2-18为谷竹隧道片岩片理面与轴向呈不同倾角时的岩样在受力前后的微观结构电镜扫描图。由图可知，岩样在压缩试验后微观结构发生了明显的变化，所有切样在受力后的变化主要表现为原有片理面裂隙张开度的变化以及裂隙边界部分矿物颗粒的破碎和片理面间填充的黏土矿物的脱落。

(a) 受力前   (b) 受力后

图 2-16   片理倾角为 0° 时试样受力前和受力后的微观结构扫描图片

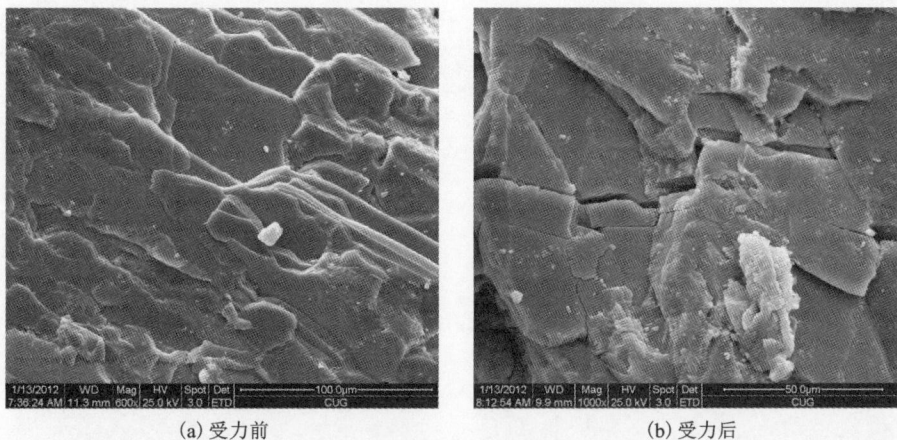

(a) 受力前　　　　　　　　　　　　(b) 受力后

图 2-17　片理倾角为 45°时试样受力前和受力后的微观结构扫描图片

(a) 受力前　　　　　　　　　　　　(b) 受力后

图 2-18　片理倾角为 90°时试样受力前和受力后的微观结构扫描图片

当片理倾角为 0°时,受力前片理面间定向排列[图 2-16(a)],受力后由于片理面垂向受压,片理面产生弯曲折断而片理结构遭到破坏[图 2-16(b)],非片理部分产生非贯通性微裂纹。当片理倾角为 45°时,受力后片理面有明显的错动现象[图 2-17(b)],局部云母被挤压变形成粉状附着于交错处。当片理倾角为 90°时,岩样在受力前片理面比较完整,受力后片理面顺着受力方向发生了明显的剪切错动现象[图 2-18(b)],且受力剪切与片理面基本没有明显的破坏纹理,片理面相对较光滑。

根据片岩不同片理倾角的电镜扫描照片,可总结出谷竹隧道区片岩内微观结构的破坏形态主要有片理面的弯曲折断和因剪切错动而形成连续的微破裂面两种类型。

2.2.6　结构面力学性质分析

由于沿线岩体受断裂影响严重,岩体中结构面发育,包括节理面、片理面等结构面的存在,影响了岩体的剪切强度。当岩体沿这些软弱结构面发生破坏时,其剪切强度会更低,因此有必要对岩体结构面的抗剪强度进行试验分析。选取绢云钠长石英片岩、绿泥石英片岩、绢云母石英片岩试样进行沿节理面分离破坏的结构面剪切试验(见图2-19),测得其发生破坏时对应的压应力和剪切应力。多次进行试验,改变压应力的大小,测得不同的剪应力,并绘制抗剪强度曲线(见图2-20)。

(a) 绢云母石英片岩结构面第一次剪切后　　　　(b) 绢云钠长石英片岩结构面第一次剪切后

图 2-19　结构面剪切试验

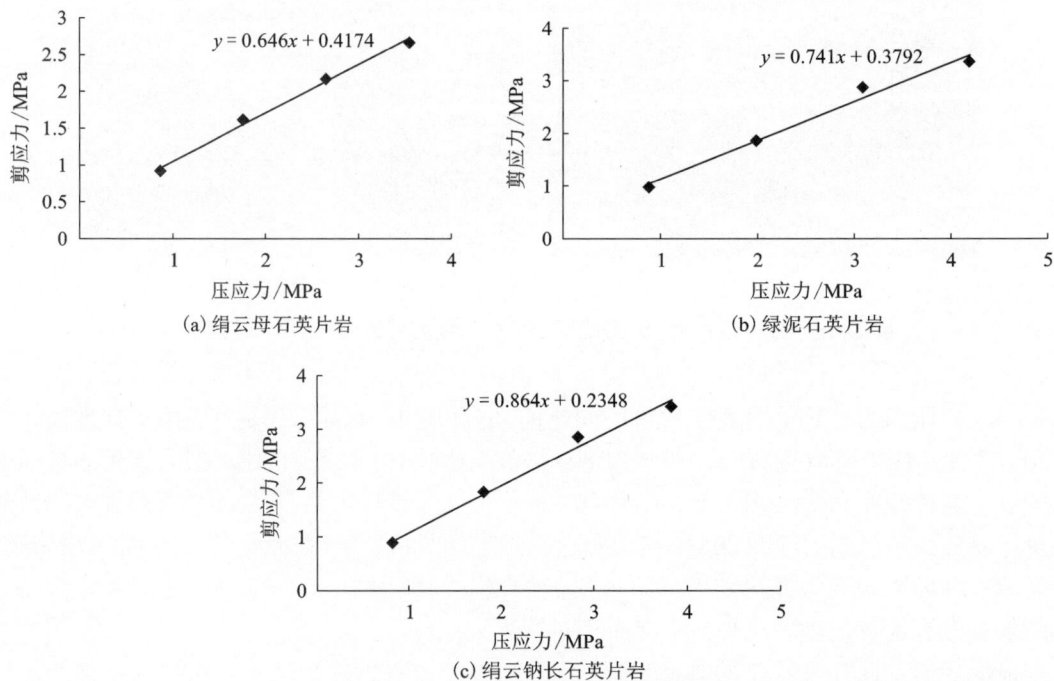

(a) 绢云母石英片岩

(b) 绿泥石英片岩

(c) 绢云钠长石英片岩

图 2-20　各岩体结构面剪切试验结果

对上述数据进行线性拟合分析,得到其拟合曲线方程,曲线的斜率即为发生剪切破坏时的摩擦角,见表2-11。

表 2-11　各岩体结构面剪切摩擦角

岩性	绢云母石英片岩	绿泥石英片岩	绢云钠长石英片岩
摩擦角/(°)	32.9	36.5	40.8

由表 2-11 可以看出，岩体沿节理结构面发生剪切破坏时的摩擦角比其自身发生剪切破坏时的摩擦角要大。这说明岩体内部原生结构面的性质特征是岩体发生剪切破坏的决定因素。由于岩体赋存环境为挤压环境，节理等结构面为挤压剪节理，所以周围的挤压应力使得岩体沿节理发生破坏的概率较小。相比之下，由于片理面表面多生有一层绢云母，使得其抗剪强度大大降低，这样，片岩原生结构面片理的存在就使其成了岩体发生剪切破坏的软弱结构面，需要予以重视。

2.3　变质软岩的工程特性

2.3.1　可塑性

可塑性是指软岩在工程力的作用下产生变形，去掉工程力之后这种变形不能恢复的性质。何满潮教授(2002)分别从低应力软岩、高应力软岩和节理化软岩的角度对其可塑性机理进行了探讨。

低应力软岩的可塑性是由软岩中泥质成分的亲水性引起的，可用液限(WL)、塑限(WP)和塑性指数(IP)来描述。低应力软岩遇水容易软化，当水充分作用时，可变成液体而流动。此时对应的界限含水量称为液限。另外，水量逐渐减少，软岩变硬，开始开裂，达到该状态前所失去的水量和干样品的质量百分比称为塑限。一般用塑性指数来评价低应力软岩的可塑性程度，即液限和塑限的差，表示了塑性的含水量范围。

节理化软岩的可塑性是由其所含的结构面扩张、扩容引起的，变形是由软岩中的缺陷和结构面扩容引起的，与黏土矿物成分吸水软化的机制没有关系。

高应力软岩是由泥质成分的亲水性和结构面扩容共同引起的，其可塑性变形机制比较复杂，前述两种机制可同时存在。

研究区公路隧道软弱围岩存在一定的可塑性，这也是引起围岩大变形的重要原因之一。分析可塑性产生的机理可知，由于部分软岩(如绢云母片岩)中含有少量亲水性物质，且构造运动作用导致岩体破碎，结构面发育，力学性能降低，c、φ 值较小，多次造山运动挤压密实的岩体，在工程开挖的扰动下，向临空面发生塑性变形，压迫二衬，导致二衬开裂，构造残余应力更是助长了可塑性的产生。

2.3.2　膨胀性

软岩在力的作用下或在水的作用下体积增大的现象，称为软岩的膨胀性。

本区工程环境中的软岩一般都含有黏土矿物，当这类软岩遇水时会发生吸水膨胀、崩解作用。粉晶 X 射线衍射结果表明，软岩中黏土矿物以伊利石、高岭石为主，有一定的膨胀性。从前文对岩石崩解性的试验可知，片岩通常沿片理方向崩解成小块状，即崩解性较强，根据崩解体的物形态可知，岩体具有一定的膨胀性。同时，从岩体自身的矿物成分进行分析，可以发现：

①由于伊利石等黏土矿物颗粒较小，亲水性很强，与水相互作用时，水分子进入层状黏土矿物颗粒之间，在其间形成极化的水分子层，这些水分子层又可以不断吸水扩层；同时，水分子进入黏土矿物晶胞层间，形成矿物内部层间水层。相对而言，水分子进入粒间空隙比进入各颗粒的层间更容易些，前者造成了黏土矿物的外部膨胀，后者造成了内部膨胀。已有的研究表明，伊利石与水发生物理化学反应引起的软岩膨胀，可使原体积增加50%～100%。

②黏土矿物崩解岩样浸水后黏土颗粒可吸收大量水分，使晶胞间距增大或扩散层增厚，使黏土胶结物崩解，而碎屑颗粒之间失去联结造成重力解体；另外，由于黏土矿物吸水膨胀不均匀，使得岩石内部产生不均匀的应力，从而产生大量的微孔隙，这些微孔隙的出现破坏了天然岩样的内部结构体系，最终导致岩石颗粒的碎裂解体。

研究区隧道隧址区内的武当群片岩含有蒙脱石、伊利石等黏土矿物，具有较强的膨胀性，已有的研究表明，蒙脱石与水发生物理化学反应引起的膨胀，可以使原体积增加50%～100%。

少量含黏土岩夹层的绢云母片岩地段膨胀性较强，通常沿片理方向崩解成小块状。此外，受断裂破碎带影响的所有围岩类别中，直接能够导致塑性变形的软弱围岩会诱发隧道围岩大变形。

2.3.3 流变性

片岩隧道具有明显的流变性，所谓流变性就是指岩体的应力-应变关系与时间因素有关的性质。隧道的变形规律与围岩受力、隧道开挖支护时间密切相关，表现出明显的非线性力学特征。岩体的流变性包括蠕变、松弛和弹性后效等。工程岩体在保持应力不变的条件下，应变随时间增长而增加的现象叫蠕变。它与塑性变形不同，塑性变形通常在应力超过弹性极限之后才出现，实际工程中，工程岩体的破坏往往在岩体还未达到其破坏的极限，却因过大的蠕变而导致工程岩体的破坏。从变质软弱隧道施工、监测情况看，隧道在开挖与初期支护后，围岩呈现持续的变形现象，出现明显的蠕变特性。

由于岩体的性质不同，岩体的蠕变性质也各不相同，通常用蠕变曲线（ε-t 曲线）来表示这种差异。曲线的坐标多以时间 t 为横坐标，以各时间对应的应变值 ε 为纵坐标。根据以前的工程实例与研究，岩体的蠕变曲线主要分为两类：一类为稳定蠕变曲线，对应的岩体主要为较坚硬的岩体，如砂岩、石灰岩、大理岩、砂质岩等；一类为不稳定蠕变曲线，对应的岩体主要为一些软弱岩体，如黏土、砂质黏土、板岩、片岩、片麻岩以及具有不连续面的岩体等。不稳定蠕变曲线的特点是应变随着时间的增长持续增大，直到岩体破坏。一般来讲，软弱岩石的蠕变曲线根据蠕变速率的不同，其蠕变过程可分初期蠕变、等速蠕变和加速蠕变三个阶段，如图 2-21 所示。AB 段 ε-t 曲线向上弯曲，应变增大速率逐渐减小，因此 AB 段称为衰减蠕变阶段。如果在 AB 段把施加的应力骤然撤除，ε-t 曲线表现为图中 EFG 曲线形式，其中 F 点的应变 ε_e 为加载后瞬时弹性应变（即 $t=0$ 时 OA 段的变形），FG 段随着时间推移，应变逐渐恢复到零，材料仍保持弹性。BC 段 ε-t 曲线斜率保持不变，应变速率保持不变，因此 BC 段也称二次稳态蠕变。如果在 BC 段把施加的应力突然撤除，

ε-t 曲线将表现为图中 *HIJ* 曲线形式，最终会存在一定的不可恢复的黏塑性变形。ε-t 曲线向下凹，应变增大速率逐渐增大，呈现加速变形的趋势，这时岩体出现迅速破坏。路线区隧道围岩变形曲线显示出不稳定蠕变曲线特征，如图 2-22 所示，可以看出在监测前 5 d 左右为初始蠕变阶段，第 5~16 d 为等速蠕变阶段，在 16 d 后出现加速蠕变，实际施工时 YK116+020 断面附近在 16 d 之后出现侵限大变形。

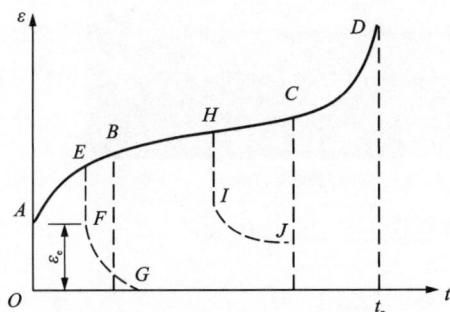

图 2-21　软弱岩体不稳定蠕变曲线

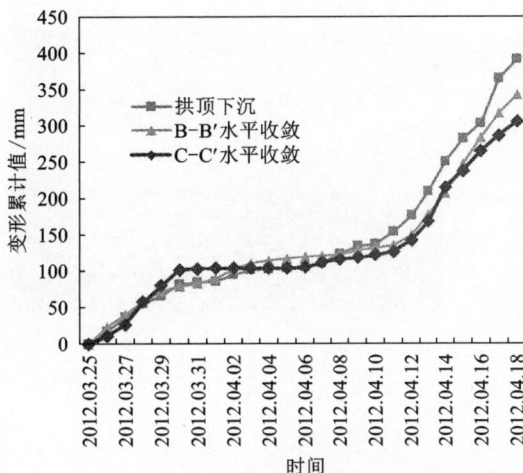

图 2-22　沿线片岩区隧道典型蠕变曲线图

河海大学岩土工程研究所的徐卫亚教授曾对锦屏水电站的绿泥石片岩做过三轴蠕变流变试验，试验结果较好地说明了沿线绿泥石片岩的蠕变特性。试验环境围压为 15 MPa，应力水平为 100 MPa。利用流变伺服仪得到片岩典型三轴蠕变全程曲线。研究曲线得知：侧向和轴向流变变形受围压影响明显，轴向流变变形量随围压的增大而减小，围压与侧向流变变形量之间暂时还没有明确的关系。

2.3.4　易扰动性

软岩的易扰动性指由于软岩软弱、裂隙发育、吸水膨胀等特性，软岩抗外界环境扰动的能力极差，对卸荷松动、施工振动等施工扰动极为敏感，而且具有吸水膨胀软化、围岩开挖揭露易风化的特点。

谷竹高速公路片岩隧道在岩性、褶皱、断裂的共同作用下，具有软弱破碎、结构面发育、微膨胀性的特点，对施工扰动极为敏感，在开挖卸荷、支护不及时、掌子面爆破振动等因素作用下，软岩抗外界环境扰动的能力极差，容易诱发塑性变形。

2.3.5　损伤劣化

变质软岩岩体受开挖扰动以及在水和持续的变形等作用下，岩体受到损伤，在宏观与微观上裂隙都较原岩增加，理论分析与工程实践都证明岩体损伤劣化后各物理力学性质降低，导致塑性圈变大，支护结构受力与变形变大。因此，变质软岩——片岩具有明显的损伤劣化性。

研究区片岩还具有如下特点：

①云母、绿泥石、滑石等成分含量高时，岩体强度显著降低。

②片理、节理裂隙十分发育，且片理面、节理裂隙间泥质充填物较多，如图 2-23 所示，且大多数情况是节理裂隙垂直于片理发育。

③随着片理面的发育，岩石物理力学性质各向异性越明显。

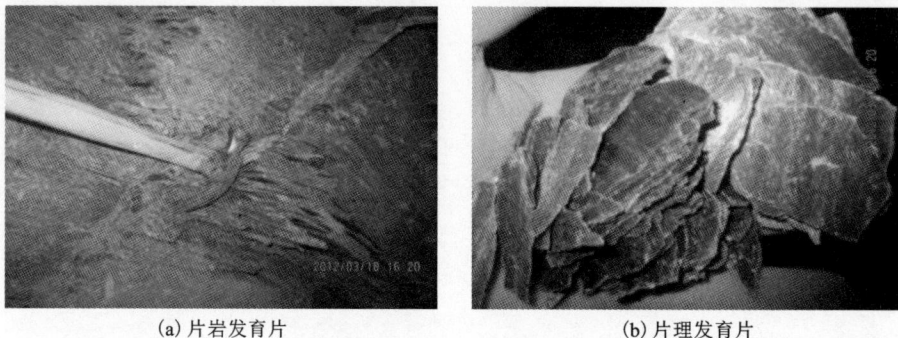

(a) 片岩发育片   (b) 片理发育片

图 2-23 云母、片理发育片

2.3.6 各向异性

随着片理面的发育，岩石物理力学性质各向异性越明显，并且随着片理面的发育方向而发生改变。声波波速在平行于片理面时达到最大，垂直于片理面时最小，但在饱和状态下声波波速明显变大，各向异性明显下降。此外，岩石的弹性模量和泊松比等力学参数指标也随着片理面的倾角而改变，在片理面倾斜 45°时达到最大，与片理面平行时最小，饱和状态下也出现同样的规律。岩石的抗压强度在片理面倾斜 45°时取得最小值，与片理面垂直时取得中间值。岩体的各向异性特征对其变形和破坏规律有着重要影响，这在二衬开裂机理的研究分析中是不容忽视的。

▶ 2.4 本章小结

本章通过资料收集和地质调查，并结合各条隧道的勘察设计资料，对谷竹高速公路武当组片岩形成机理及工程区域地质条件进行了总结；通过对现场岩体取样并结合室内物理力学试验，对武当群片岩进行室内 X 射线衍射矿物分析、物性试验、三种片理倾角（0°、45°、90°）的力学试验、微观结构变化扫描电镜分析、结构面剪切试验，并基于 Hoek-Brown 准则估计岩体力学参数，分别从宏观、微观角度研究岩体工程特性，得出了岩体变形破坏特征及工程特性演化规律。

①对武当组片岩的形成机理进行了分析，结合地质调查和勘察设计资料，对片岩区隧道工程概况进行概述，对区域地质背景、地形地貌、地层岩性、地质构造及水温地质条件等进行了详细的归纳和总结，并对区域工程地质条件进行评价。

②武当群片岩主要矿物成分为石英、长石、伊利石（或绿泥石），相对含量在隧道区有

一定变化。武当群片岩的主要物理性质指标为：天然密度 2.690 g/cm³，饱和密度 2.695 g/cm³，饱和吸水率 1.002%。纵波波速试验结果表明：在片理倾角为 90°（波速方向与片理方向平行）时，波速最大；而在片理倾角为 0°（波速方向与片理方向垂直）时，波速最小，武当群片岩具有显著的各向异性。

③武当群片岩应力-应变曲线具有 5 个阶段，其中应变软化阶段具有应力跌落现象，表明武当群片岩是应变软化材料。片岩试样的破坏形态主要有劈裂破坏、沿片理面剪切破坏及贯穿片理剪切破坏三种类型。片岩的力学性能具有各向异性明显、围压效应、饱和效应。根据已测得的岩石物理力学参数，通过广义 Hoek-Brown 经验强度准则计算，得到武当群片岩力学参数。

④从宏观角度根据天然状况下片岩的单轴及三轴压缩试验，得到岩体的破坏形态主要有劈裂破坏、沿片理面剪切破坏及贯穿片理剪切破坏三种类型。而从微观角度根据天然状况下片岩不同片理倾角的电镜扫描照片，总结出谷竹隧道区片岩内微观结构的破坏形态主要有片理面的弯曲折断和因剪切错动而形成连续的微破裂面两种类型。

⑤根据三轴压缩试验，模拟不同围岩压力和地下水作用下的岩体工程特性演化规律，不同片理倾角的岩样在天然和饱和状态下其破坏形态复杂各异，岩样的破坏形态与岩样片理倾角及其定向性形成有很大相关性，同时岩样的承载力与加载的围压大小及饱水状态（地下水作用）等密切相关。

⑥根据结构面剪切试验，对结构面的力学性质进行分析。现场物理力学试验的结论表明：变质软岩具有可塑性、膨胀性、流变性、易扰动性、损伤劣化及各向异性等特性。

第 3 章

片岩隧道围岩变形及支护结构受力特性监控量测分析研究

▶ 3.1 前言

在隧道施工建设中，监控量测工作是检验设计、施工是否正确的重要途径，也是验证围岩是否安全稳定的手段，它伴随着施工的全过程，是保证施工信息化管理的一种积极手段。目前国内外大多数隧道的设计与施工都是以新奥法为指导思想，新奥法的三个基本要素分别为监控量测、锚喷支护、控制爆破。通过现场监控量测数据分析，可以及时掌握施工动态情况，为选择合适的施工方法和支护方案提供理论依据；同时能够对支护结构的安全性进行预测，防止隧道发生工程灾害，避免造成人员伤亡和经济损失。

本章结合谷竹高速公路片岩区隧道，针对其中二衬开裂较为典型和严重的区域进行现场监控量测，监测内容包括围岩变形和支护结构受力。研究不同类型断面围岩变形和支护结构受力特性，可为后续二衬开裂机理研究提供参考依据，也可为类似的工程设计和施工提供参考。

▶ 3.2 现场监控量测

3.2.1 监控量测的依据、目的和意义

1. 监控量测的依据

①各隧道施工图设计。
②《公路隧道设计规范》(JTG D70—2004)。
③《工程测量规范》(GB 50026—2007)。
④《公路隧道新奥法指南》。
⑤《谷竹高速公路监控量测管理办法》。

2. 监控量测的目的

①实时掌握隧道围岩变形、应力及其变化趋势，预见事故和险情，确保洞内施工人员

的安全。

②掌握围岩动态,了解围岩变形、支护结构受力状态及其分布规律,对围岩的稳定性和支护结构安全性做出综合评价。

③了解和掌握围岩变形规律和支护结构的应力状态,绘制位移-时间和压力-时间变化曲线,分析其位移和压力随时间的变化规律,验证支护结构形式、支护参数,评价支护结构、施工方法的合理性及其安全性,对隧道的安全性做出综合评价。

④分析围岩的位移变化特征和衬砌结构的受力特征,评价二衬支护结构的安全稳定性,对隧道后期运营时的安全稳定做出评价。

3. 监控量测的意义

隧道衬砌裂缝的产生是多方因素共同作用的结果,归根结底是结构抗力与外力相互作用的结果。从工程角度,需要了解隧道衬砌结构是否会开裂、在什么情况下开裂、开裂后的发展及其对结构安全性的影响等方面。为此,必须了解在隧道施工期间围岩自身变形及衬砌所受外力的变化情况,分析围岩与支护间的相互作用关系,监控量测则能够及时有效地获取相关信息。

3.2.2　监测内容及测点布置

根据《公路隧道施工技术规范》(JTG F60—2009)中的相关规定,选取周边位移、拱顶下沉、围岩压力、支护层间压力为监测内容。监控量测项目布置方式及量测间隔时间见表 3-1。

表 3-1　监控量测项目一览表

项目名称	方法及工具	测点布置	监测时间			
水平收敛及拱顶下沉量测	收敛计、高精度水准仪及水准尺、高精度全站仪	V 级围岩每 15~20 m 一个,IV 级围岩每 20~40 m 一个	爆破后 24 小时内进行			
			0~18 m	18~36 m	36~90 m	>90 m
			1~2 次/天	1 次/天	1 次/2 天	1 次/周
			1~2 次/天	1 次/天	1 次/2 天	1 次/周
初支及二衬承载监测	压力盒	每一类型的围岩段选一组,每组 2~5 个断面,每个断面埋设 5 个测点	支护结构施作完成后			
			1~15 天	16 天~1 个月	1~3 个月	>3 个月
			1 次/天	1 次/2 天	1~2 次/周	1~3 次/月

1. 周边收敛、拱顶下沉监测

周边收敛及拱顶下沉监测点可在同一断面布置。每个监测断面通常埋设测桩 A 号、B号、B′号、C 号、C′号,共 5 个点,布置 2 条周边收敛、1 条拱顶下沉,共 3 条测线。测点横断面布置如图 3-1 所示。

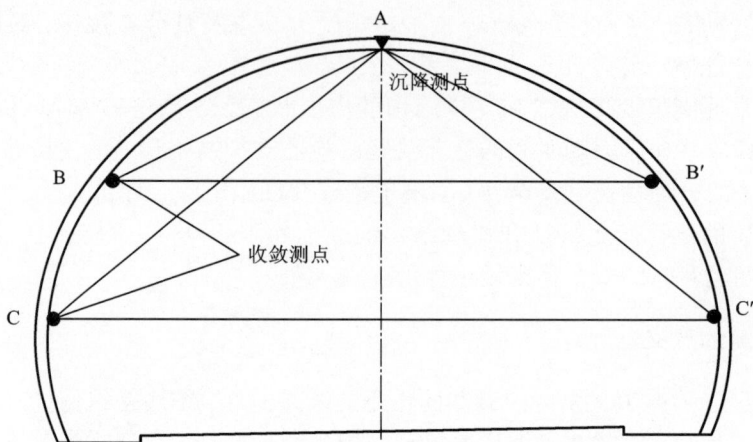

图 3-1 围岩周边收敛及拱顶下沉测点布置图

2.初支及二衬压力

每种压力监测各布置 5 个压力盒，即拱顶设置 1 个，拱腰设置 2 个，左、右边墙各 1 个，沿隧道中心线对称布置。压力盒布置如图 3-2 所示。

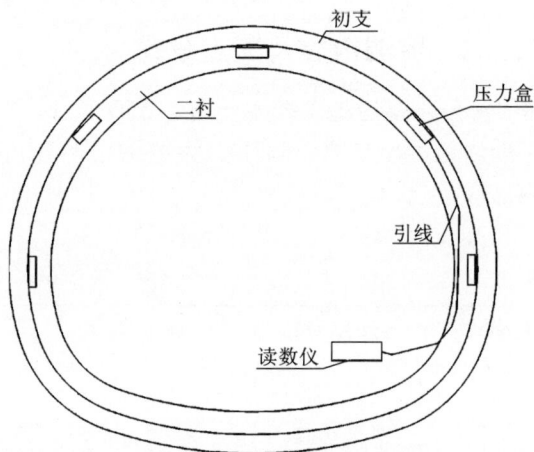

3.2.3 监测仪器

1.位移监测仪器

隧道位移监测仪器主要采用收敛计、高精度水准仪及水准尺、高精度全站仪，主要监测设备如图 3-3 所示。

图 3-2 压力盒布置示意图

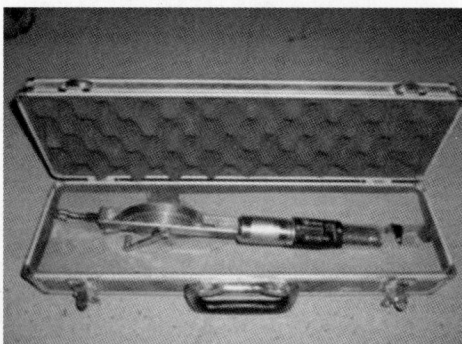

(a)徕卡全站仪   (b)SWJ-IV收敛计

图 3-3 监控量测仪器

2. 压力监测仪器

压力监测项目重点集中于围岩与初支、衬砌间接触压力，监测用到的仪器主要为压力盒，本研究采用常州市金坛区天地传感器有限公司生产的 TDTYJ 20 型振弦式土压力计（图 3-4），读数仪为振弦频率读数仪。TYJ 型振弦式土压力计的测量用振弦频率读数仪完成。测量完成后，记录传感器的频率值（或频率模数值）、温度值、仪器编号、设计编号和测量时间。TYJ 型振弦式土压力的计算公式为：

$$P = k(f_0^2 - f_i^2) \tag{3-1}$$

式中：P 为被测土压力值，MPa；k 为仪器标定系数，MPa/F；f_i 为土压计的实时频率测量值，Hz；f_0 为土压计的频率基准值即初始频率值，Hz。

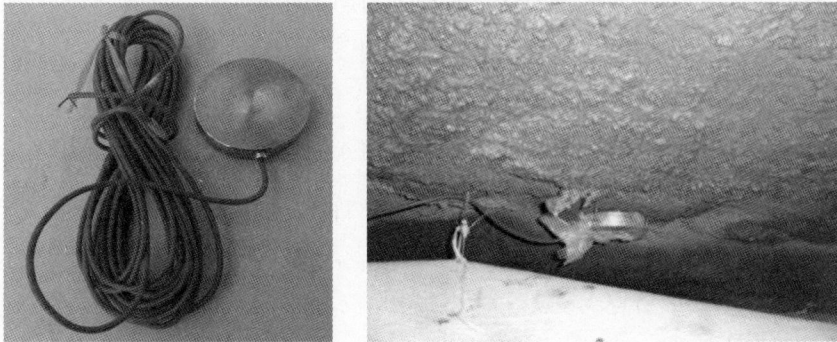

图 3-4　振弦式土压力计

3.2.4　监测数据分析处理方法

1. 监测数据的记录

首先设计记录表格，记录表格内容包括测量时间、工程名称、测面、点号，以及测试温度、测点宏观变化情况，测试数据需如实记录。进行数据监测时，对每一项监测数据监测3 次，取其平均值作为最终数据。同时，对掌子面及周边围岩地质情况进行编录，包括岩性、岩体结构特征、不良地质现象、地下水发育情况等。

2. 监测数据的整理

监测工作进行一段时间或施工某一阶段结束后都要对量测结果进行总结和分析。把原始数据通过一定的方法，如按大小顺序，用频率分布形式把一组数据的分布情况显示出来，进行数据的数字特征值计算、离群数据的取舍。寻找一种能够较好地反映数据变化规律和趋势的函数关系式，对下一阶段的监测数据进行预测，以预测该测点可能出现的最大应力值，预测结构的安全状况，确定工程措施。常用的回归函数方程有以下几种。

（1）对数函数

$$\begin{cases} y = a + \dfrac{b}{\ln(1+x)} \\ y = a\ln(1+x) \end{cases} \tag{3-2}$$

（2）指数函数

$$\begin{cases} y = ae^{-b/x} \\ y = a(1 - e^{-bx}) \end{cases} \tag{3-3}$$

（3）双曲线函数

$$\begin{cases} y = \dfrac{x}{a+bx} \\ y = a\left(1 - \dfrac{1}{1+bx^2}\right) \end{cases} \tag{3-4}$$

式中：y 为隧道围岩变形；x 为时空变量；a 和 b 为回归系数。

将一元非线性函数通过变量替换，转化为一元线性回归问题（$y = a + bx$），采用最小二乘法确定回归系数 a 和 b。令

$$Q(a, b) = \sum_{i=1}^{n} \left[y_i - (a + bx_i) \right]^2 \tag{3-5}$$

将使 $Q(a, b)$ 取最小值的点估计记为 $\hat{a}$ 和 $\hat{b}$，即

$$\min Q(a, b) = Q(\hat{a}, \hat{b}) \tag{3-6}$$

分别将式(3-4)对 a、b 求导数，并令其等于零，得

$$\begin{cases} \dfrac{\partial Q}{\partial a} = -2\sum_{i=1}^{n} \left[y_i - (a + bx_i) \right] \\ \dfrac{\partial Q}{\partial b} = -2\sum_{i=1}^{n} \left[y_i - (a + bx_i) \right]x_i \end{cases} \tag{3-7}$$

根据式(3-5)求出 $\hat{a}$ 和 $\hat{b}$ 的值，得

$$\begin{cases} \hat{b} = \dfrac{\displaystyle\sum_{i=1}^{n} (x_i - \bar{x})(y_i - \bar{y})}{\displaystyle\sum_{i=1}^{n} (x_i - \bar{x})^2} \\ \hat{a} = \bar{y} - \hat{b}\bar{x} \end{cases} \tag{3-8}$$

$$S = \sqrt{\frac{1}{n+2}\sum_{i=1}^{n} \left[y_i - (a + bx_i) \right]^2} \tag{3-9}$$

针对不同的现场监控量测数据，所采用的回归方程类型可能会不同。

3. 监测数据的分析

绘制监测项目历时曲线图，对时态曲线应进行回归分析，预测隧道结构的安全。

▶ 3.3　现场测量结果分析

为了解和掌握武当组片岩区隧道围岩变形和支护受力变化规律和特征，本章节选取谷

竹高速公路线上最为典型的油坊坪隧道、竹山隧道、宴家隧道，选取其中典型的区域布设监测断面，获取围岩变形及支护受力变化特征，为后续二衬开裂机理的研究提供参考依据。

3.3.1　围岩变形分析

1. 片岩隧道围岩变形特性分析

武当组片岩属于典型的软岩。软岩是一种具有流变特性的岩石材料，它的力学性质与材料本身的组成成分、节理、裂隙等因素有关。软岩不仅具有弹性与塑性性质，而且具有明显的流变特征。软岩的流变特性主要体现为岩体的力学特性和变形行为与时间的关系。软岩材料的组成成分、结构特性等可使岩石产生明显的流变，且软岩在受力条件下可使流变性质更加明显。软岩的流变现象包括松弛、蠕变、弹性后效。

通过对片岩区域地质构造、片岩物理力学特性等方面的研究，结合现场监控量测发现片岩隧道自施工以来多次发生大变形，研究发现片岩隧道围岩产生大变形主要有两个方面的原因，分别是挤出性岩石和膨胀性岩石。挤出性岩石是指侵入隧道（开挖轮廓面）后没有明显体积变化的岩石，发生挤出的先决条件是岩石中含有高含量的微观、亚微观云母状矿物颗粒或低膨胀能力的黏土矿物；膨胀性岩石则是指由于膨胀作用而侵入隧道（开挖轮廓面）的岩石。

围岩大变形产生机理也分为两类：一是开挖形成的重分布应力超过围岩强度而发生塑性化，如果介质变形缓慢就属于挤出（如果变形是立刻发生的，就是岩爆），挤出主要取决于岩石强度和覆盖层厚度的相互关系；二是岩石中的某些矿物和水反应而发生膨胀，水及某些（膨胀性）矿物的存在，对膨胀变形是必需的，膨胀作用主要取决于膨胀性矿物的含量和隧道内的含水条件。

由于武当组片岩强度低、胶结度差，且含有膨胀性黏土矿物，所以其在工程力的作用下能产生显著变形。通过归纳总结，武当组片岩隧道围岩变形破坏特征如下。

（1）围岩来压快，自稳时间短

片岩隧道围岩在没有立即进行支护的情况下，从开挖后到开始失稳仅几十分钟或几小时，围岩来压快，应进行超前支护或立即支护来保证围岩稳定。

（2）围岩变形速度快、持续时间长、变形量大

片岩隧道围岩变形特点为变形速度快、持续时间长、变形量大。隧道开挖的前两天，变形速率至少为 5~10 mm/d；由于大多数软岩存在流变现象，其变形可持续 30~60 d，有的甚至半年后仍然不稳定。隧道围岩的变形量在支护良好的情况下，一般为 80~100 mm；若支护不当，围岩变形量大，超过 300~1000 mm 的变形量也属常见。

（3）变形破坏方式多

片岩隧道围岩变形破坏形式既有受应力控制的，又有受结构面控制的，还有受两种综合控制的。隧道表现出破坏或者整体收敛特征，其破坏方式一般有坍塌、拱顶下沉、片帮及底鼓等。软岩隧道破坏方式的不同反映了隧道所处地应力强度方向的不同及围岩强烈的各向异性，同时，破坏方位上的差异性致使支护结构上的某些部位产生极大弯矩，这对支护结构的稳定性非常不利。

变形段围岩变形规律如图 3-5 所示，可将变形曲线分为 3 个区间：

①变形缓慢增长区：该阶段随着时间的不断增加，应变速率却逐渐减小，如曲线 *A* 段所示。

②围岩持续变形区：该阶段应变速率较小，且变形速率基本保持不变，如曲线 *B* 段所示。

③围岩变形激增区（收敛区）：该阶段应变速率迅速增大直至岩石破坏或者未变形区域收敛，如曲线 *C* 段所示。

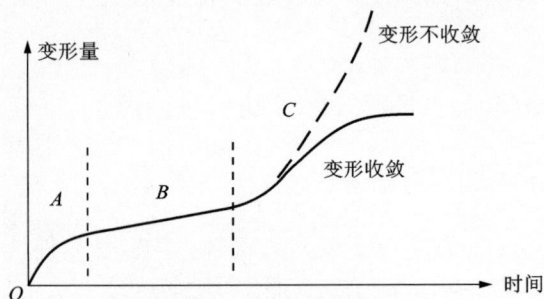

A—变形缓慢增长区；B—围岩持续变形区；
C—变形激增区（收敛区）。

图 3-5　变形规律示意图

2. 片岩隧道围岩变形现场监测分析

通过前章节对武当组片岩特性的分析可知，片岩隧道围岩变形受结构面控制影响较大，且表现出明显的各向异性。因此，在各隧道选取了片理面倾角在 0°~30°、30°~60°、60°~90° 的三类不同结构面产状的围岩断面进行现场监测，对围岩变形规律进行分析研究。

（1）0°~30° 倾角断面围岩监测结果分析

1）选取油坊坪隧道断面 ZK41+525 进行围岩变形分析。该断面位于隧道进口端，围岩为中-强风化绢云母片岩，岩体较破碎，设计围岩级别为 S4b 级，后变更为 S5b 级。其稳定性较差，岩层片理面产状 220°/10°，掌子面含有少量裂隙水。断面 ZK41+525 变形量和变形速率随时间的变化曲线如图 3-6 和图 3-7 所示。

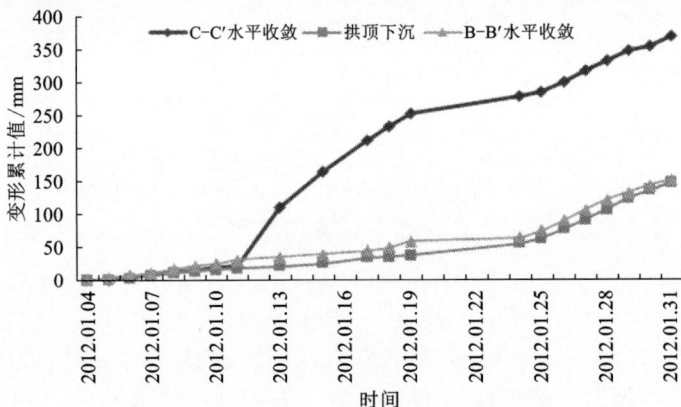

图 3-6　ZK41+525 变形量-时间曲线

由图 3-6 和图 3-7 可知，隧道开挖完成后，水平收敛和拱顶下沉值持续增加，变形速率较大，下台阶收敛变形尤为显著。累计沉降量为 147.9 mm，最大变形速率为 18.04 mm/d；上台阶累计收敛值为 151.50 mm，最大变形速率为 15.58 mm/d；下台阶累计收敛值高达 368.02 mm，最大变形速率为 89.04 mm/d，已明显超过位移变形极限值。现场可以发现，初支混凝土已出现明显开裂，侧向挤压变形明显，而且变形速率未呈现出收敛状态，变形

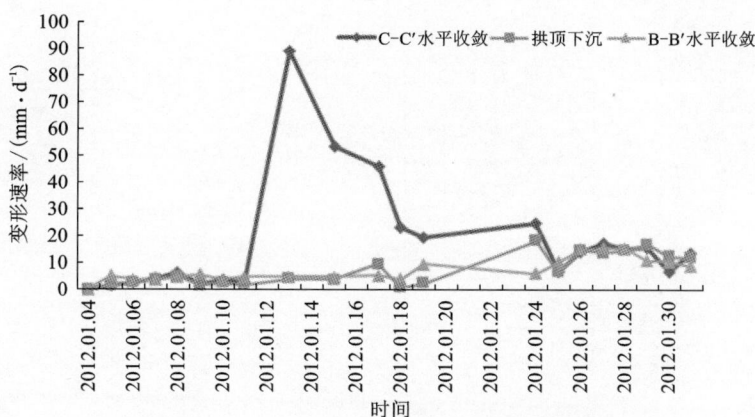

图 3-7　ZK41+525 变形速率-时间曲线

持续增加。

　　围岩断面变形主要分为 3 个阶段：①缓慢变形阶段，该阶段为刚施工完，监测初始阶段，持续 7 d，变形速率为 1.5~4.7 mm/d，变形速率变化起伏不大，该阶段的累计变形量不大；②快速变形阶段，该阶段围岩产生较大的变形，持续 15 d，该阶段的变形速率均达到各自最大值，变形量和变形速率明显大于上一阶段；③减速变形阶段，出现在开挖后 22 d 左右，该阶段变形速率依次减小，但并未收敛，呈持续变形趋势。

　　通过现场地质巡查和分析监测数据，该断面呈面线流变趋势，变形量和变形速率较大，水平收敛明显大于拱顶下沉，表现出明显的侧向挤压变形，与现场掌子面围岩呈现出的产状规律吻合，表明该断面变形规律受结构面影响较大，各向异性明显。

　　2）选取油坊坪隧道断面 YK41+672 进行围岩变形分析。该断面位于隧道进口端，围岩为中-强风化绢云母片岩，岩体较破碎，设计围岩级别为 S5c 级。其稳定性较差，岩层片理面产状 215°/20°，掌子面含有少量裂隙水。断面 YK41+672 变形量和变形速率随时间的变化曲线如图 3-8 和图 3-9 所示。

　　由图 3-8 和图 3-9 可知，隧道开挖完成后，水平收敛和拱顶下沉值持续增加，变形速率较大，下台阶收敛变形尤为显著。累计沉降量为 88.9 mm，最大变形速率为 7.70 mm/d；上台阶累计收敛值为 89.29 mm，最大变形速率为 6.24 mm/d；下台阶累计收敛值高达 125.58 mm，最大变形速率为 9.32 mm/d，已达到位移变形极限值。现场可以发现，局部区域初支混凝土已出现开裂，侧向挤压变形明显，而且变形速率未呈现出收敛状态，变形持续增加。

　　围岩断面变形主要分为 3 个阶段：①匀速变形阶段，该阶段为刚施工完，监测初始阶段，持续 11 d，变形速率变化起伏不大，该阶段的累计变形量超过总变形量的 50%；②缓速变形阶段，该阶段围岩变形速率略有变小，但不收敛，持续 12 d，该阶段的变形量持续增加，变形量和变形速率小于上一阶段；③加速变形阶段，出现在开挖后 23 d 左右，该阶段变形速率反弹，呈明显增大趋势，呈持续变形趋势，表现为大变形趋势。

　　通过现场地质巡查和分析监测数据，该断面呈面线流变趋势，与软岩变形特征曲线较为吻合，变形量和变形速率较大，水平收敛明显大于拱顶下沉，表现出明显的侧向挤压变

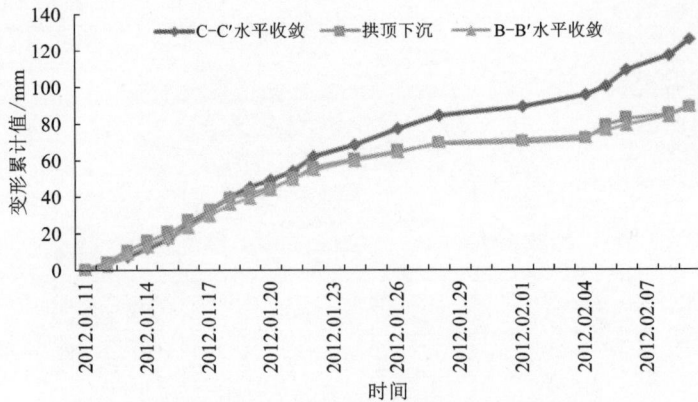

图 3-8　YK41+672 变形量-时间曲线

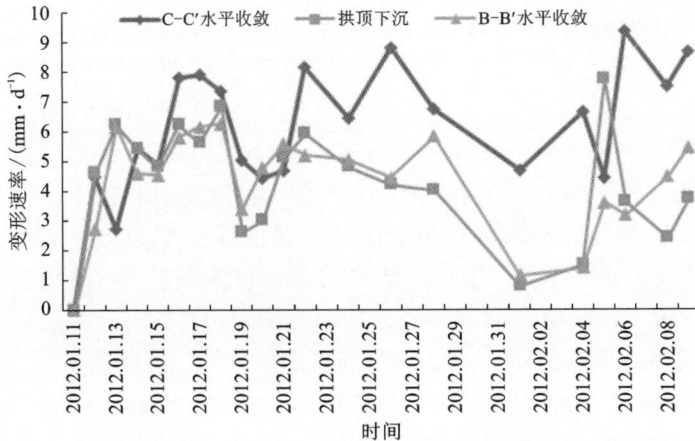

图 3-9　YK41+672 变形速率-时间曲线

形，与现场掌子面围岩呈现出的产状规律吻合，表明该断面变形规律受结构面影响较大，各向异性明显。

3）选取竹山隧道断面 ZK156+860 进行围岩变形分析。该断面位于隧道进口端，围岩为中-强风化绢云母片岩，岩体较破碎，设计围岩级别为 S4a 级，后变更为 S5b 级。其稳定性较差，岩层片理面产状 15°/25°，掌子面含有少量裂隙水。断面 ZK156+860 变形量和变形速率随时间的变化曲线如图 3-10 和图 3-11 所示。

由图 3-10 和图 3-11 可知，隧道开挖完成后，水平收敛和拱顶下沉值持续增加，变形速率较大，上、下台阶收敛变形明显大于拱顶下沉。累计沉降量为 116.29 mm，最大变形速率为 8.72 mm/d；上台阶累计收敛值为 150.7 mm，最大变形速率为 9.40 mm/d；下台阶累计收敛值高达 169.00 mm，最大变形速率为 12.54 mm/d，已达到位移变形极限值。现场可以发现，局部区域初支混凝土已出现开裂，侧向挤压变形明显，而且变形速率未呈现出收敛状态，变形持续增加。

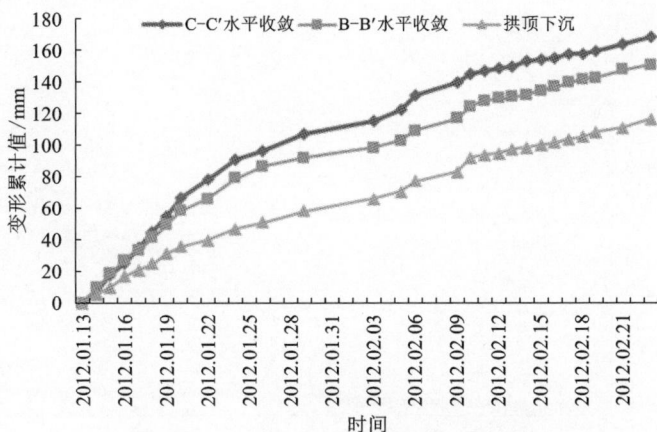

图 3-10　ZK156+860 变形量−时间曲线

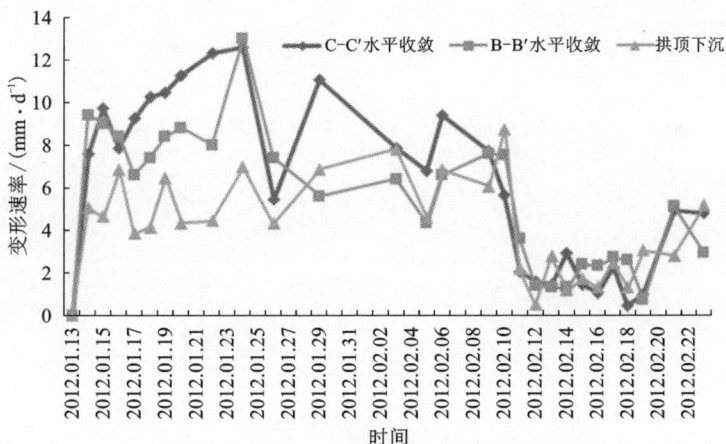

图 3-11　ZK156+860 变形速率−时间曲线

围岩断面变形主要分为 3 个阶段：①匀速变形阶段，该阶段为刚施工完，监测初始阶段，持续 10 d，变形速率变化起伏不大，该阶段的累计变形量超过总变形量的 50%；②缓速变形阶段，该阶段围岩变形速率略有变小，持续 17 d，该阶段的变形量持续增加，变形量和变形速率小于上一阶段；③减速变形阶段，出现在开挖后 27 d 左右，该阶段变形速率显著减小，未收敛，呈起伏状，变形持续增加。

通过现场地质巡查和分析监测数据，该断面呈面线流变趋势，与软岩变形特征曲线较为吻合，变形量和变形速率较大，水平收敛明显大于拱顶下沉，表现出明显的侧向挤压变形，与现场掌子面围岩呈现出的产状规律吻合，表明该断面变形规律受结构面影响较大，各向异性明显。

（2）30°~60°倾角断面围岩监测结果分析

1）选取油坊坪隧道断面 YK41+722 进行围岩变形分析。该断面位于隧道进口端，围岩为中−强风化绢云母片岩，岩体较破碎，设计围岩级别为 S5c 级。其稳定性较差，岩层片理面产状 210°/35°，掌子面含有少量裂隙水。断面 YK41+722 变形量和变形速率随时间的变化曲线如图 3-12 和图 3-13 所示。

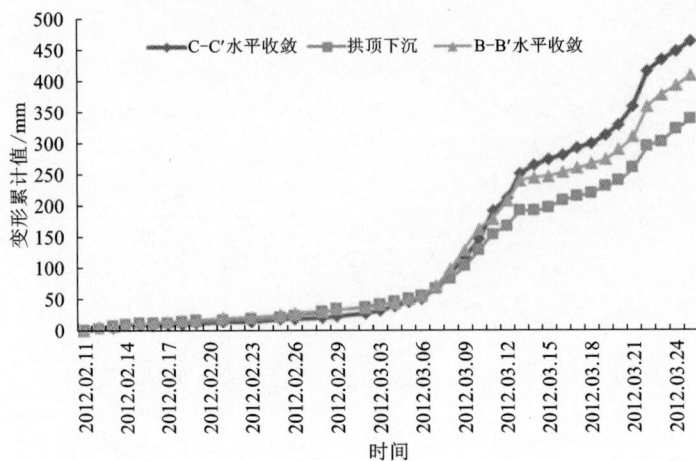

图 3-12　YK41+722 变形量-时间曲线

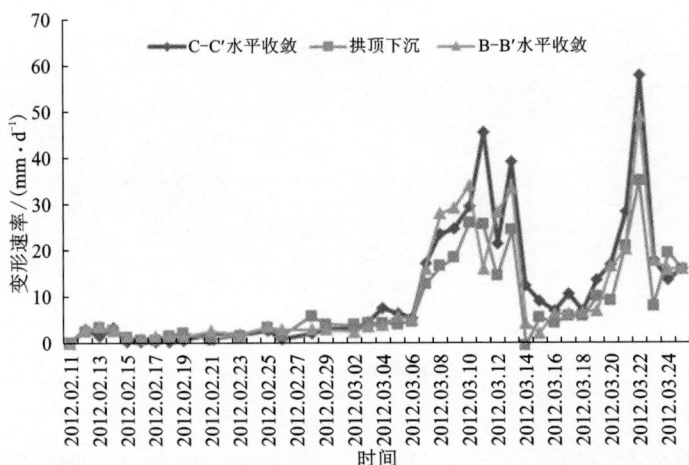

图 3-13　YK41+722 变形速率-时间曲线

由图 3-12 和图 3-13 可知，隧道开挖完成后，水平收敛和拱顶下沉值持续增加，变形速率较大，收敛变形略大于拱顶沉降。累计沉降量为 336.6 mm，最大变形速率为 35.10 mm/d；上台阶累计收敛值为 407.57 mm，最大变形速率为 48.83 mm/d；下台阶累计收敛值高达 462.14 mm，最大变形速率为 57.77 mm/d，已明显超过位移变形极限值。现场可以发现，局部区域初支混凝土已出现明显开裂，因变形过大，钢拱架已出现挤压变形破坏，而且变形速率未呈现出收敛状态，变形持续增加。

围岩断面变形主要分为 3 个阶段：①匀速变形阶段，该阶段为刚施工完，监测初始阶段，持续 25 d，变形速率变化起伏不大，该阶段的累计变形量仅为总变形量的 10%～15%；②快速变形阶段，该阶段围岩变形速率突然增大，变形量极大，持续 7 d，该阶段的变形量持续增加，变形量和变形速率明显大于上一阶段；③起伏变形阶段，出现在开挖后 32 d 左右，该阶段变形速率来回起伏变化反弹，不收敛，呈持续变形趋势，表现为大变形趋势。

通过现场地质巡查和分析监测数据，该断面呈面线流变趋势，与软岩变形特征曲线基本吻合，变形量和变形速率较大，水平收敛略大于拱顶下沉，与现场掌子面围岩呈现出的产状规律吻合，表明该断面变形规律受结构面影响较大，各向异性明显。

2）选取竹山隧道断面 ZK156+905 进行围岩变形分析。该断面位于隧道进口端，围岩为中-强风化绢云母片岩，岩体较破碎，设计围岩级别为 S4a 级，后变更为 S5b 级。其稳定性较差，岩层片理面产状 20°/45°，掌子面含有少量裂隙水。断面 ZK156+905 变形量和变形速率随时间的变化曲线如图 3-14 和图 3-15 所示。

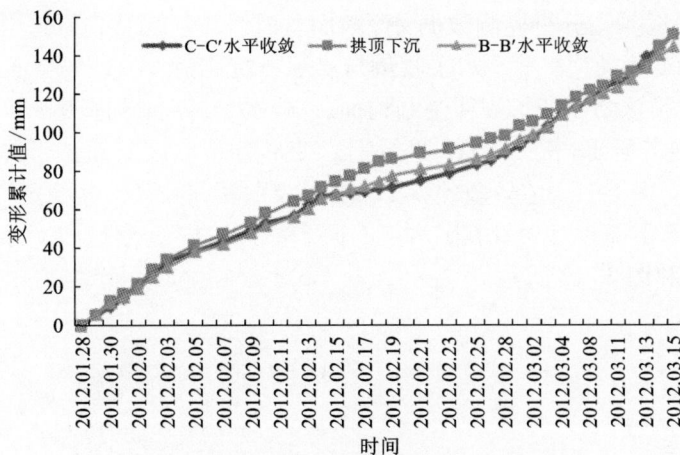

图 3-14　ZK156+905 变形量-时间曲线

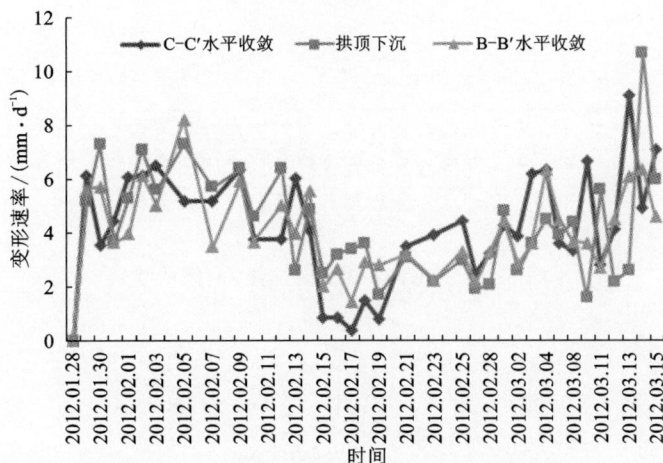

图 3-15　ZK156+905 变形速率-时间曲线

由图 3-14 和图 3-15 可知，隧道开挖完成后，水平收敛和拱顶下沉值持续增加，变形速率较大，收敛变形与拱顶沉降相近。累计沉降量为 151.3 mm，最大变形速率为

10.70 mm/d；上台阶累计收敛值为 145.36 mm，最大变形速率为 8.21 mm/d；下台阶累计收敛值高达 151.75 mm，最大变形速率为 9.11 mm/d，已超过位移变形极限值。现场可以发现，局部区域初支混凝土已出现明显开裂，而且变形速率未呈现出收敛状态，变形持续增加。

围岩断面变形主要分为 3 个阶段：①匀速变形阶段，该阶段为刚施工完，监测初始阶段，持续 17 d，变形速率起伏变化，变形整体上呈平稳趋势，该阶段的累计变形量约为总变形量的 50%；②缓速变形阶段，该阶段围岩变形速率略有降低，变形速率起伏变化，整体上呈平稳趋势，持续 15 d，该阶段的变形量持续增加，变形量和变形速率小于上一阶段；③加速变形阶段，出现在开挖后 32 d 左右，该阶段变形速率增大，来回起伏变化，不收敛，呈持续变形趋势。

通过现场地质巡查和分析监测数据，该断面呈面线流变趋势，与软岩变形特征曲线基本吻合，变形量和变形速率较大，水平收敛与拱顶下沉相近，与现场掌子面围岩呈现出的产状规律吻合，表明该断面变形规律受结构面影响较大，各向异性明显。

3）选取宴家隧道断面 ZK227+213 进行围岩变形分析。该断面位于隧道进口端，围岩为中-强风化绢云母片岩，岩体较破碎，设计围岩级别为 S5b 级。其稳定性较差，岩层片理面产状 40°/55°，掌子面含有少量裂隙水。断面 ZK227+213 变形量和变形速率随时间的变化曲线如图 3-16 和图 3-17 所示。

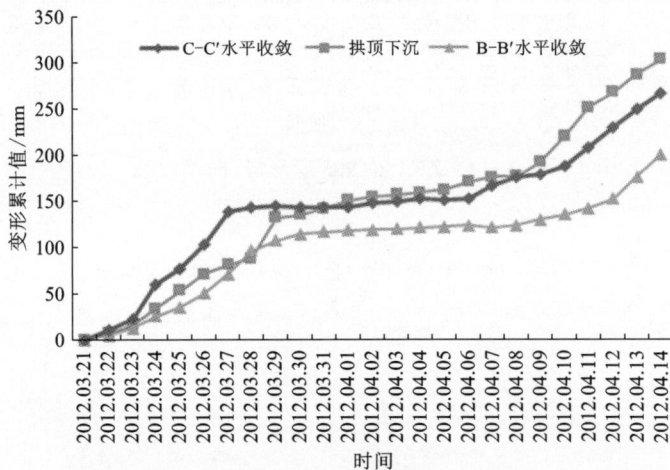

图 3-16　ZK227+213 变形量-时间曲线

由图 3-16 和图 3-17 可知，隧道开挖完成后，水平收敛和拱顶下沉值持续增加，变形速率较大，拱顶沉降大于收敛变形。累计沉降量为 302.44 mm，最大变形速率为 43.60 mm/d；上台阶累计收敛值为 199.95 mm，最大变形速率为 25.40 mm/d；下台阶累计收敛值高达 265.34 mm，最大变形速率为 37.77 mm/d，已超过位移变形极限值。现场可以发现，局部区域初支混凝土已出现明显开裂，因变形过大，钢拱架已出现挤压变形破坏，而且变形速率未呈现出收敛状态，变形持续增加。

围岩断面变形主要分为 3 个阶段：①匀速变形阶段，该阶段为刚施工完，监测初始阶段，持续 9 d，变形速率起伏变化，变形整体上呈平稳趋势，该阶段的累计变形量约为总变

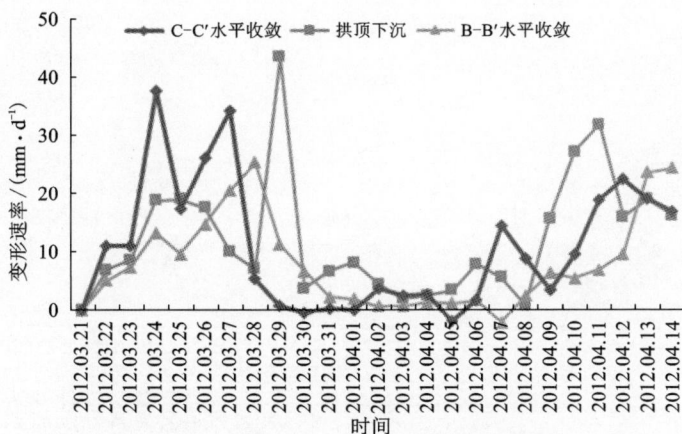

图 3-17　ZK227+213 变形速率–时间曲线

形量的 50%；②减速变形阶段，该阶段围岩变形速率降低，变形速率起伏变化，整体上呈平稳趋势，持续 11 d，该阶段的变形量持续增加，变形量和变形速率小于上一阶段；③加速变形阶段，出现在开挖后 20 d 左右，该阶段变形速率增大，来回起伏变化，不收敛，呈持续变形趋势。

通过现场地质巡查和分析监测数据，该断面呈面线流变趋势，与软岩变形特征曲线基本吻合，变形量和变形速率较大，拱顶下沉大于水平收敛，与现场掌子面围岩呈现出的产状规律吻合，表明该断面变形规律受结构面影响较大，各向异性明显。

（3）60°~90°倾角断面围岩监测结果分析

1）选取竹山隧道断面 YK156+987 进行围岩变形分析。该断面位于隧道进口端，围岩为中-强风化绢云母片岩，岩体较破碎，设计围岩级别为 S4a 级，后变更为 S5b 级。其稳定性较差，岩层片理面产状 25°/60°，掌子面含有少量裂隙水。断面 YK156+987 变形量和变形速率随时间的变化曲线如图 3-18 和图 3-19 所示。

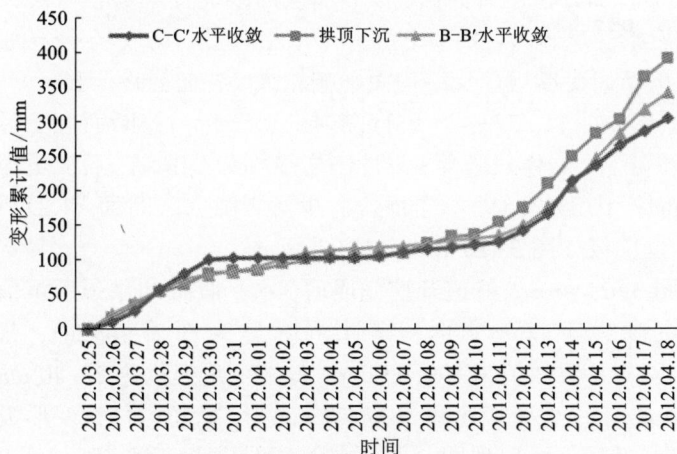

图 3-18　YK156+987 变形量–时间曲线

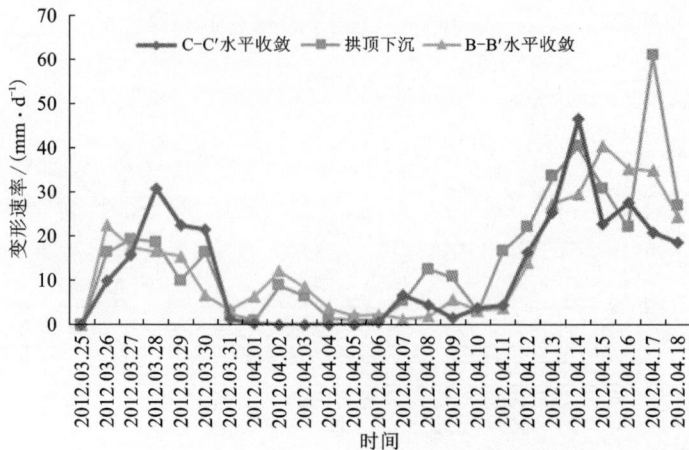

图 3-19　YK156+987 变形速率-时间曲线

　　由图 3-18 和图 3-19 可知，隧道开挖完成后，水平收敛和拱顶下沉值持续增加，变形速率较大，拱顶沉降人于收敛变形。累计沉降量为 392.10 mm，最大变形速率为 61.11 mm/d；上台阶累计收敛值为 342.89 mm，最大变形速率为 40.75 mm/d；下台阶累计收敛值高达 305.26 mm，最大变形速率为 46.64 mm/d，已超过位移变形极限值。现场可以发现，局部区域初支混凝土已出现明显开裂，因变形过大，钢拱架已出现挤压变形破坏，而且变形速率未呈现出收敛状态，变形持续增加。

　　围岩断面变形主要分为 3 个阶段：①匀速变形阶段，该阶段为刚施工完，监测初始阶段，持续 6 d，变形速率起伏变化，变形整体上呈平稳趋势，该阶段的累计变形量约为总变形量的 20%～30%；②缓速变形阶段，该阶段围岩变形速率略有降低，变形速率起伏变化，整体上呈平稳趋势，持续 11 d，该阶段的变形量持续增加，变形量和变形速率小于上一阶段；③加速变形阶段，出现在开挖后 17 d 左右，该阶段变形速率增大，来回起伏变化，不收敛，呈持续变形趋势。

　　通过现场地质巡查和分析监测数据，该断面呈面线流变趋势，与软岩变形特征曲线基本吻合，变形量和变形速率较大，拱顶下沉大于水平收敛，与现场掌子面围岩呈现出的产状规律吻合，表明该断面变形规律受结构面影响较大，各向异性明显。

　　2）选取宴家隧道断面 YK227+483 进行围岩变形分析。该断面位于隧道进口端，围岩为中-强风化绢云母片岩，岩体较破碎，设计围岩级别为 S4b 级，后变更为 S5b 级。其稳定性较差，岩层片理面产状 35°/65°，掌子面含有少量裂隙水。断面 YK227+483 变形量和变形速率随时间的变化曲线如图 3-20 和图 3-21 所示。

　　由图 3-20 和图 3-21 可知，隧道开挖完成后，水平收敛和拱顶下沉值持续增加，变形速率较大，拱顶沉降大于收敛变形。累计沉降量为 302.40 mm，最大变形速率为 43.60 mm/d；上台阶累计收敛值为 199.95 mm，最大变形速率为 25.40 mm/d；下台阶累计收敛值高达 265.34 mm，最大变形速率为 37.77 mm/d，已超过位移变形极限值。现场可以发现，局部区域初支混凝土已出现明显开裂，因变形过大，钢拱架已出现挤压变形破坏，而且变形速率未呈现出收敛状态，变形持续增加。

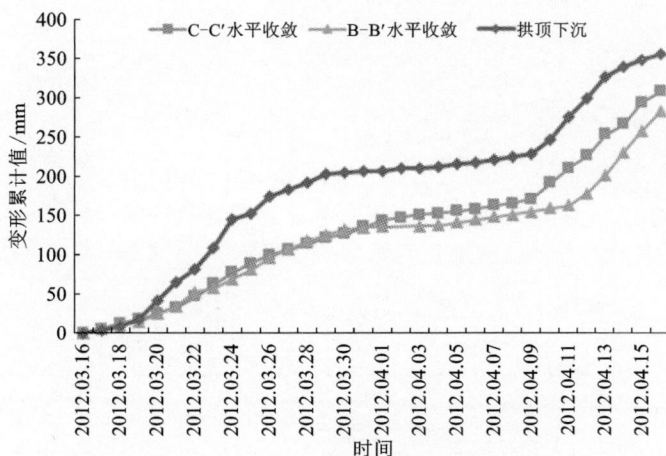

图 3-20　YK227+483 变形量-时间曲线

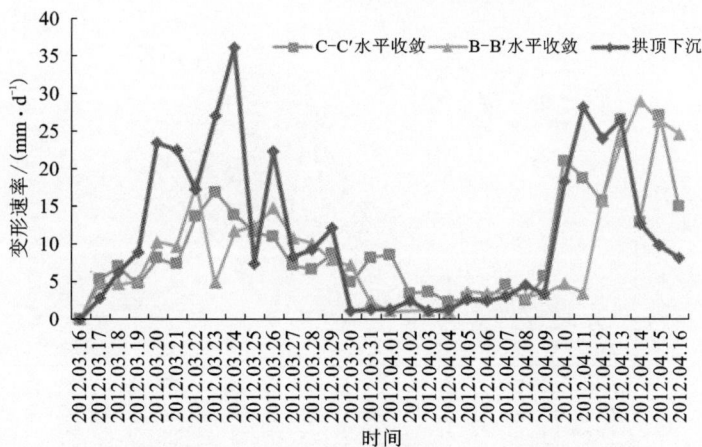

图 3-21　YK227+483 变形速率-时间曲线

围岩断面变形主要分为 3 个阶段：①匀速变形阶段，该阶段为刚施工完，监测初始阶段，持续 15 d，变形速率起伏变化，变形整体上呈平稳趋势，该阶段的累计变形量约为总变形量的 60%；②减速变形阶段，该阶段围岩变形速率降低，变形速率起伏变化，整体上呈平稳趋势，持续 10 d，该阶段的变形量持续增加，变形量和变形速率小于上一阶段；③加速变形阶段，出现在开挖后 25 d 左右，该阶段变形速率增大，来回起伏变化，不收敛，呈持续变形趋势。

通过现场地质巡查和分析监测数据，该断面呈面线流变趋势，与软岩变形特征曲线基本吻合，变形量和变形速率较大，拱顶下沉大于水平收敛，与现场掌子面围岩呈现出的产状规律吻合，表明该断面变形规律受结构面影响较大，各向异性明显。

3）选取宴家隧道断面 YK227+470 进行围岩变形分析。该断面位于隧道进口端，围岩为中-强风化绢云母片岩，岩体较破碎，设计围岩级别为 S4b 级，后变更为 S5b 级。其稳定性较差，岩层片理面产状 35°/65°，掌子面含有少量裂隙水。断面 YK227+470 变形量和变形速率随时间的变化曲线如图 3-22 和图 3-23 所示。

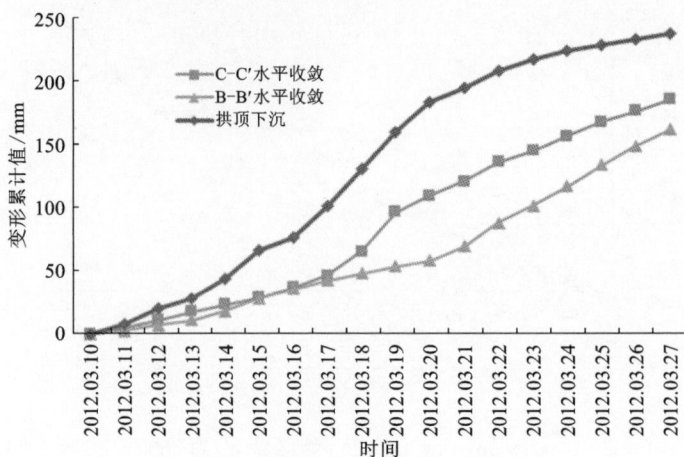

图 3-22　YK227+470 变形量–时间曲线

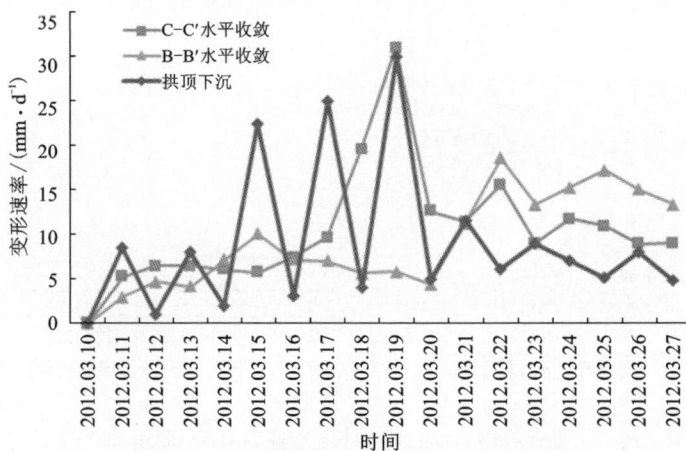

图 3-23　YK227+470 变形速率–时间曲线

由图 3-22 和图 3-23 可知，隧道开挖完成后，水平收敛和拱顶下沉值持续增加，变形速率较大，拱顶沉降明显大于收敛变形。累计沉降量为 186.00 mm，最大变形速率为 30.80 mm/d；上台阶累计收敛值为 162.29 mm，最大变形速率为 18.48 mm/d；下台阶累计收敛值高达 237.68 mm，最大变形速率为 29.89 mm/d，已超过位移变形极限值。现场可以发现，局部区域初支混凝土已出现明显开裂，因变形过大，钢拱架已出现挤压变形破坏，而且变形速率未呈现出收敛状态，变形持续增加。

围岩断面变形主要分为 3 个阶段：①匀速变形阶段，该阶段为刚施工完，监测初始阶段，持续 7 d，变形速率起伏变化，整体上呈平稳趋势，该阶段的累计变形量约为总变形量的 25%；②加速变形阶段，该阶段围岩变形速率增大，变形速率起伏变化，整体上呈平稳趋势，持续 6 d，该阶段的变形量持续增加，变形量和变形速率大于上一阶段；③减速变形阶段，出现在开挖后 13 d 左右，该阶段变形速率降低，但不收敛，呈持续变形趋势。

通过现场地质巡查和分析监测数据，该断面呈面线流变趋势，与软岩变形特征曲线基本吻合，变形量和变形速率较大，拱顶下沉明显大于水平收敛，与现场掌子面围岩呈现出的产状规律吻合，表明该断面变形规律受结构面影响较大，各向异性明显。

3. 片岩隧道围岩变形特性监测分析

通过现场监控量测，以谷竹线上油坊坪隧道、竹山隧道、宴家隧道3条典型片岩隧道为对象，选取了片理面倾角在0°~30°、30°~60°、60°~90°的三类不同结构面产状的围岩断面进行现场监测，对围岩变形规律进行分析研究，具体检测结果如表3-2所示。

表3-2 片岩隧道围岩变形监测统计

片理面倾角/(°)	监测断面	监测位置	累计变形量/mm	最大变形速率/(mm·d⁻¹)	变形趋势
0~30	油坊坪隧道 ZK41+525	拱顶下沉	147.90	18.04	变形速率未收敛，变形持续增加
		B–B'水平收敛	151.50	15.58	
		C–C'水平收敛	368.02	89.04	
	油坊坪隧道 YK41+672	拱顶下沉	88.90	7.70	变形速率未收敛，变形持续增加
		B–B'水平收敛	89.29	6.24	
		C–C'水平收敛	125.58	9.32	
	竹山隧道 ZK156+860	拱顶下沉	116.29	8.72	变形速率未收敛，变形持续增加
		B–B'水平收敛	150.70	9.40	
		C–C'水平收敛	169.00	12.54	
30~60	油坊坪隧道 YK41+722	拱顶下沉	336.60	35.10	变形速率未收敛，变形持续增加
		B–B'水平收敛	407.57	48.83	
		C–C'水平收敛	462.14	57.77	
	竹山隧道 ZK156+905	拱顶下沉	151.30	10.70	变形速率未收敛，变形持续增加
		B–B'水平收敛	145.36	8.21	
		C–C'水平收敛	151.75	9.11	
	宴家隧道 ZK227+213	拱顶下沉	302.44	43.60	变形速率未收敛，变形持续增加
		B–B'水平收敛	199.95	25.40	
		C–C'水平收敛	265.34	37.77	
60~90	竹山隧道 YK156+987	拱顶下沉	392.10	61.11	变形速率未收敛，变形持续增加
		B–B'水平收敛	342.89	40.75	
		C–C'水平收敛	305.26	46.64	
	宴家隧道 YK227+483	拱顶下沉	302.40	43.60	变形速率未收敛，变形持续增加
		B–B'水平收敛	199.95	25.40	
		C–C'水平收敛	265.34	37.77	

续表3-2

片理面倾角 /(°)	监测断面	监测位置	累计变形量 /mm	最大变形速率 /(mm·d⁻¹)	变形趋势
60~90	宴家隧道 YK227+470	拱顶下沉	186.00	30.80	变形速率未收敛,变形持续增加
		B-B′水平收敛	162.29	18.48	
		C-C′水平收敛	237.68	29.89	

根据表3-2中的监测结果,结合监测数据分析可得到如下结论:

①片岩隧道各监测断面变形监测结果显示:变形量大,最大变形值高达462 mm;变形速率大,最大变形速率达到89 mm/d;变形持续时间长,持续40多天仍未收敛,变形呈不收敛趋势,部分断面后期监测速率持续增大;软岩的流变表现明显。通过现场地质巡查发现初期支护混凝土出现明显开裂,局部区域初支钢拱架受挤压遭受变形破坏。根据《谷竹高速公路监控量测管理办法》中的相关规定,V级围岩极限变形值为120 mm,Ⅳ级围岩极限变形值为70 mm,各监测断面围岩变形量明显超出极限位移值,使得围岩因变形过大造成侵限,围岩完整性和初支结构均遭到破坏,严重影响了隧道施工。

②变形破坏方式多,片岩隧道围岩变形破坏形式既有受应力控制的,又有受结构面控制的,还有受两种综合控制的。隧道表现出破坏或者整体收敛特征,一般有流变、拱顶下沉、片帮、侧向挤压、底鼓等。隧道破坏方式的不同反映了隧道所处地应力强度方向的不同及围岩强烈的各向异性,同时,破坏方位上的差异性致使支护结构某些部位产生极大弯矩,这对支护结构的稳定性非常不利。例如:片岩倾角在0°~45°范围内时监测断面,水平收敛大于拱顶下沉,表现出明显的侧向挤压变形破坏特征;片岩倾角在45°~90°范围内时监测断面,拱顶下沉大于水平收敛,表现出明显的拱顶下沉变形趋势,拱部围岩和支护结构破坏明显。

③通过对片岩隧道变形曲线的分析可知,围岩变形特征与软岩隧道变形特征曲线基本吻合,可将变形曲线分为3个阶段:变形缓慢增长阶段,该阶段变形速率基本稳定,变形持续增加;围岩持续变形阶段,该阶段应变速率较小,也可能较上一阶段大,但变形速率基本保持不变,变形持续增加;围岩加速变形阶段,该阶段应变速率迅速增大,直至岩石破坏或者变形速率降低,但不收敛,围岩变形持续增加。

3.3.2 支护结构承载分析

1. 隧道"围岩-支护"结构体系力学特性分析

完整的隧道结构体系是由复合围岩结构和复合衬砌结构组成的。复合围岩结构由深层围岩和浅层围岩组成,复合衬砌结构由初期支护和二衬组成。

对复合围岩结构而言,深层围岩是具有自稳能力的岩层,是发挥承载能力的围岩主体;浅层围岩是指隧道开挖扰动后由应力集中和围岩力学特性劣化造成局部损伤、破坏的岩层,是需要进行加固处理的部分,并且浅层围岩具有一定的承载能力,但其自稳能力具有一定的时效性。浅层围岩的失稳类型有多种,如底鼓、片帮、冒顶、掉块、塌方、岩爆等。复合围岩结构既是荷载来源又是承载体,复合围岩结构自身承担了大部分的围岩自重荷载和地层构造荷载,即广义上的围岩荷载。隧道施工中必须充分发挥围岩的自承能力,一方面不能让围岩进入松动状态,以保持围岩的稳定性;另一方面允许围岩发生一定程度的塑性变形,使围岩自承力得到最大限度的发挥。

对复合衬砌结构而言,初期支护是由锚杆、喷射混凝土、钢架(型钢钢架、格栅钢架)、钢筋网等组成,二衬通常为模筑的素混凝土、钢纤维混凝土或钢筋混凝土。其施工步骤一般为:隧道洞室开挖后及时喷混凝土,施作锚杆,型钢钢架(格栅钢架)中的一种或几种对围岩进行加固,待初期支护的变形基本稳定后,再模筑二衬。这样的施工步序可以保证绝大多数隧道的正常施工和运营,由于二衬在初支变形稳定后施作,作为安全储备,按照这样的施工步序,复合衬砌结构中主要的承载构件是初期支护。初期支护和围岩共同作为主承载结构承担全部围岩荷载,初期支护本身承担围岩应力释放后全部的围岩荷载,即狭义上的围岩荷载。

随着隧道建设的快速发展,各类复杂工程地质问题层出不穷,高地应力、软岩大变形等屡见不鲜。狭义上的"围岩-支护"理念难以满足实际工程的需求,以软岩大变形隧道为例,软岩隧道施工中常常遇到大变形问题,变形量大,变形速率大,持续时间长,围岩变形难以稳定,需要及时施作初期支护结构,以防止围岩因过大的变形发生破坏;二衬支护此时也不再作为安全储备,而是承担大部分围岩荷载,与初期支护结构共同作用来维持围岩结构的安全与稳定。

隧道开挖后往往会呈现两种不同的应力状态,一种是隧道开挖后所形成的二次应力状态仍然处于弹性状态,围岩是稳定的,围岩自身满足稳定性要求,只需采用防护性支护;另一种是围岩开挖后,隧道围岩临空区域产生变形,形成围岩塑性区,隧道要采取承载型支护结构承受围岩变形的阻力,从而改变围岩的二次应力状态。

因此,隧道"围岩-支护"作用原理可以表示为:

$$P_T = P_{DR} + P_S \tag{3-10}$$

式中:P_T 为隧道开挖后使围岩向临空区运动的等效合力,包括重力、膨胀力、构造应力、水作用力和工程偏应力等;P_S 为隧道支护所提供的支护抗力;P_{DR} 为围岩所提供的等效作用力。

$$P_{DR} = P_D + P_R \tag{3-11}$$

式中:P_D 为围岩以变形的形式转化的等效工程力,主要是塑性能以变形的方式释放;P_R 为围岩自承力,即围岩本身具有一定的强度,可承担部分或全部荷载。

隧道开挖后引起的围岩向临空区运动的合力 P_T 由围岩和支护结构共同分担,围岩所承担的等效作用力 P_{DR} 则由等效工程力(即 P_D)和围岩体本身自承力(即 P_R)共同承担。如果围岩强度很高,$P_R > P_T - P_D$,则隧道本身可以自稳。对于软弱围岩,P_R 较小,一般 $P_R < P_T - P_D$,因此要想隧道稳定,就必须进行工程支护。在这种情况下,就需要围岩和支护相互作用,协调工作。

图 3-24 中纵坐标表示作用在支护结构上的有效压力,横坐标表示围岩的径向变形量。图中 $P_1 \sim P_4$ 表示围岩作用于支护上的压应力,U_0 和 U_0' 表示围岩产生的初始变形量,$U_1 \sim U_4$ 表示支护结构作用时围岩产生的变形量。图中曲线在初始阶段呈线弹性变化,达到一定变形量时,围岩应力得以释放,将产生塑性变形,形成松动区,此时围岩作用在支护上

的力呈逐渐下降趋势，直到达到最小状态。但当岩体开始出现松动区时，此时围岩体已开始破坏，这时要确保围岩体的稳定，支护结构就需要提供越来越大的约束作用力。图中曲线①表示假定在隧洞受到扰动的情况下采取支护措施，此时围岩变形较小，围岩应力释放值也较小，绝大部分围岩压力需要靠支护结构来承担，此时对支护结构的强度要求较高。曲线②、③表示当围岩应力释放一定值 U_0 后采用不同刚度的支护结构进行支护的情况，对于曲线②，围岩应力释放较小，围岩变形值也较小，此时采用的支护结构刚度较大；而对于支护特性曲线③，不是靠加大支护结构的刚度来确保围岩的稳定，而是控制围岩变形发展在一定的范围内，当围岩应力释放达到一定值后，选择合理的支护结构，既保证了围岩的稳定，又不用采用强度较高的支护结构，从而达到优化支护的目的。这一点可以说明即使在相同的时间采取支护措施，如果采用的材料性能不同，最终围岩达到的稳定平衡状态也是不同的。曲线④表示当围岩变形量达到 U_0 时再采取支护措施，这时围岩应力释放达到最佳状态，而围岩也不至破坏，这使得支护结构的刚度不是很大，又恰能使支护结构承受围岩体稳定所需的支护阻力 P_4 最小，同时也达到了洞周允许的最大收敛位移量 U_4，这就是对围岩进行一次支护时应该实施的最佳时机。如果支护结构提供的约束压力低于 P_4，围岩就开始出现松动区，则随着松动区的发展，围岩开始掉块、塌方，直到达到新的自身稳定。

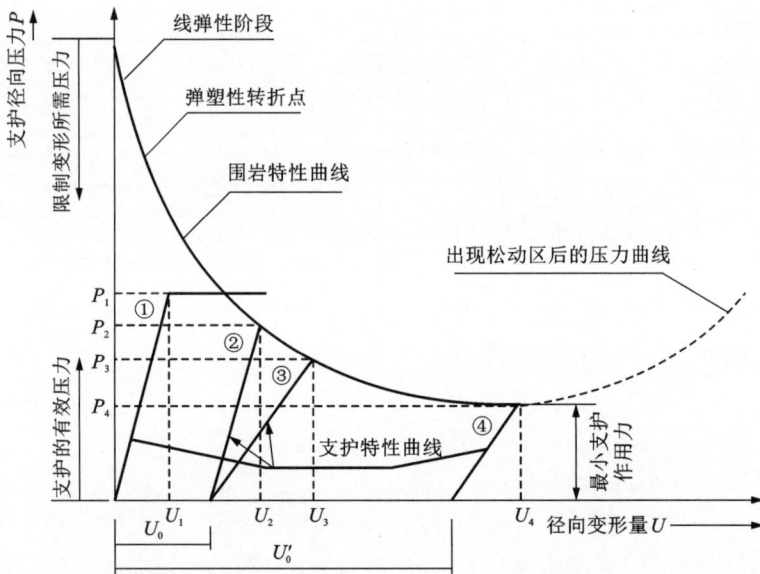

图 3-24 围岩与支护相互作用示意图

2. 片岩隧道支护结构承载现场监测分析

采用上节围岩变形监测断面的选择依据和要求，对上述围岩变形断面布设压力盒，对初期支护承载和二衬结构承载情况进行分析。

(1)0°~30°倾角断面支护承载监测结果分析

1)选取油坊坪隧道断面 ZK41+525 进行支护结构承载监测，断面 ZK41+525 初支及二衬承载值随时间的变化曲线如图 3-25 和图 3-26 所示。

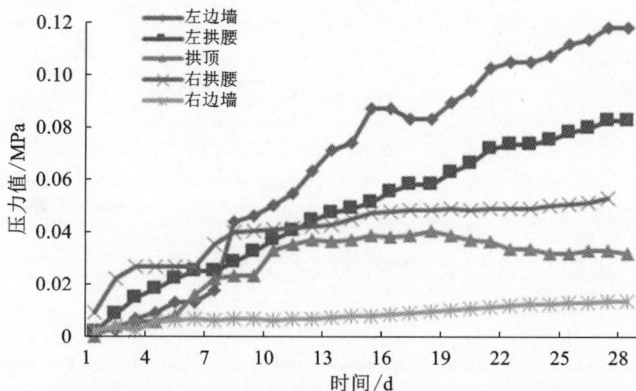

图 3-25　ZK41+525 初支承载值–时间曲线

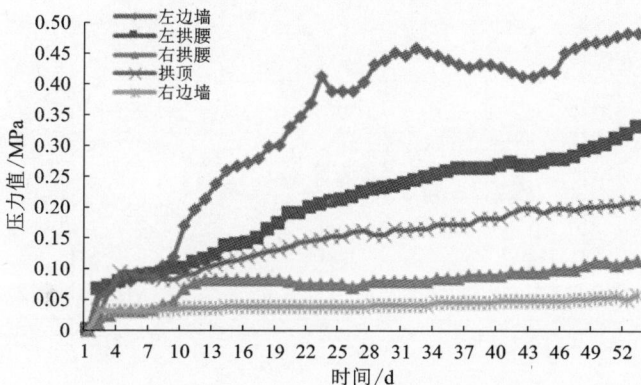

图 3-26　ZK41+525 二衬承载值–时间曲线

　　由图 3-25 和图 3-26 可知，支护结构施作后，随着时间的增加，初支及二衬承载不断地增大，初支及二衬承载规律基本一致，左侧边墙及拱腰承载最大，拱顶承载次之，右侧拱腰及边墙最小。通过现场地质巡查和分析监测数据，变形量和变形速率较大，水平收敛明显大于拱顶下沉，表现出明显的侧向挤压变形，与现场掌子面围岩呈现出的产状规律吻合，表明该断面变形规律受结构面影响较大，各向异性明显。

　　2）选取竹山隧道断面 ZK156+860 进行支护结构承载监测，断面 ZK156+860 初支及二衬承载值随时间的变化曲线如图 3-27 和图 3-28 所示。

　　由图 3-27 和图 3-28 可知，支护结构施作后，随着时间的增加，初支及二衬承载不断地增大，初支及二衬承载规律基本一致，左侧边墙及拱腰承载最大，拱顶承载次之，右侧拱腰及边墙最小。通过现场地质巡查和分析监测数据，变形量和变形速率较大，水平收敛明显大于拱顶下沉，表现出明显的侧向挤压变形，与现场掌子面围岩呈现出的产状规律吻合，表明该断面变形规律受结构面影响较大，各向异性明显。

　　（2）30°~60°倾角断面围岩监测结果分析

　　1）选取油坊坪隧道断面 YK41+722 进行支护结构承载监测，断面 YK41+722 初支及二

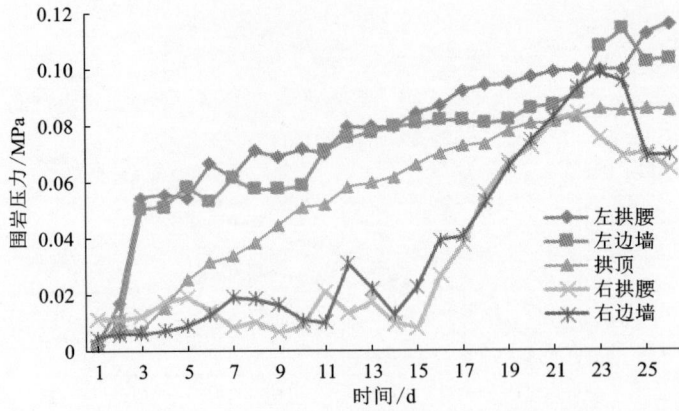

图 3-27　ZK156+860 初支承载值–时间曲线

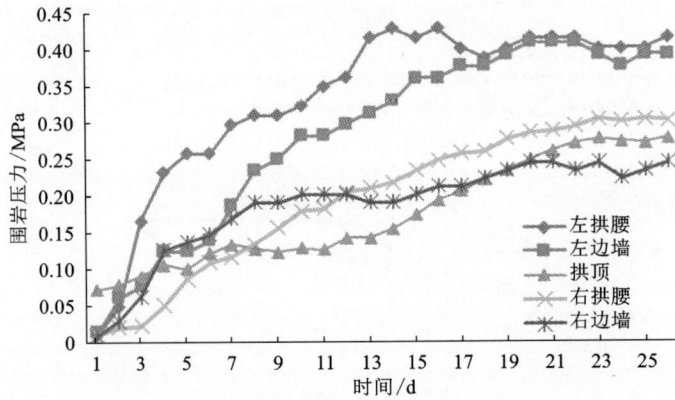

图 3-28　ZK156+860 二衬承载值–时间曲线

衬承载值随时间的变化曲线如图 3-29 和图 3-30 所示。

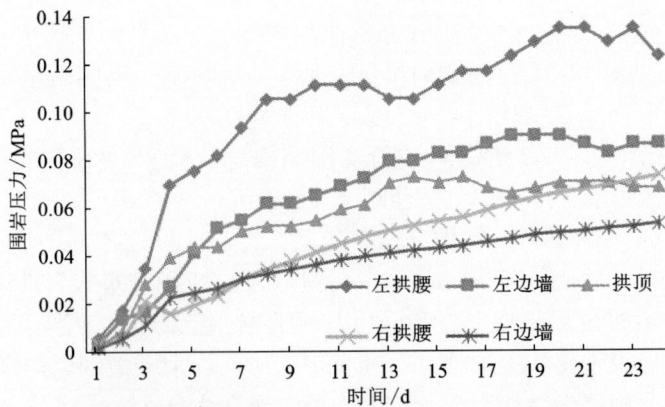

图 3-29　YK41+722 初支承载值–时间曲线

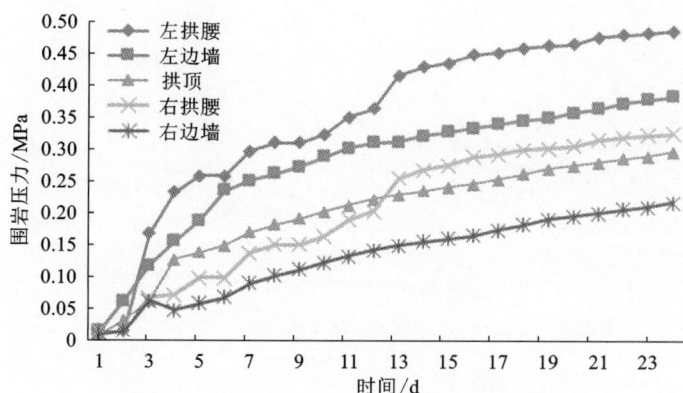

图 3-30　YK41+722 二衬承载值-时间曲线

由图 3-29 和图 3-30 可知，支护结构施作后，随着时间的增加，初支及二衬承载不断地增大，初支及二衬承载规律基本一致，左侧拱腰承载最大，左侧边墙及拱顶承载次之，右侧拱腰及边墙最小。通过现场地质巡查和分析监测数据，变形量和变形速率较大，水平收敛明显大于拱顶下沉，表现出明显的侧向挤压变形，与现场掌子面围岩呈现出的产状规律吻合，表明该断面变形规律受结构面影响较大，各向异性明显。

2）选取竹山隧道断面 ZK156+905 进行支护结构承载监测，断面 ZK156+905 初支及二衬承载值随时间的变化曲线如图 3-31 和图 3-32 所示。

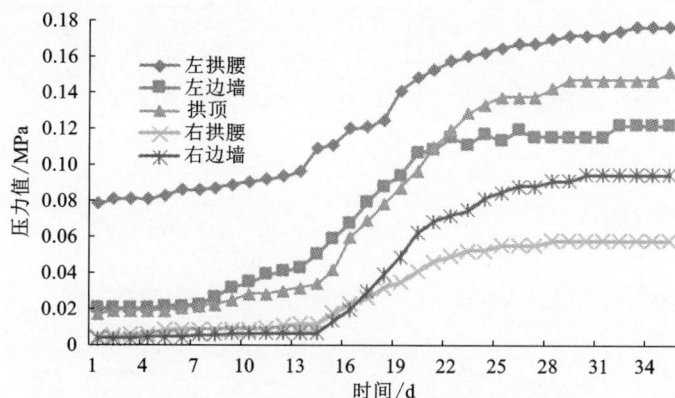

图 3-31　ZK156+905 初支承载值-时间曲线

由图 3-31 和图 3-32 可知，支护结构施作后，随着时间的增加，初支及二衬承载不断地增大，初支及二衬承载规律基本一致，左侧拱腰承载最大，左侧边墙及拱顶承载次之，右侧拱腰及边墙最小。通过现场地质巡查和分析监测数据，变形量和变形速率较大，水平收敛明显大于拱顶下沉，表现出明显的侧向挤压变形，与现场掌子面围岩呈现出的产状规律吻合，表明该断面变形规律受结构面影响较大，各向异性明显。

3）选取宴家隧道断面 ZK227+213 进行支护结构承载监测，断面 ZK227+213 初支及二衬承载值随时间的变化曲线如图 3-33 和图 3-34 所示。

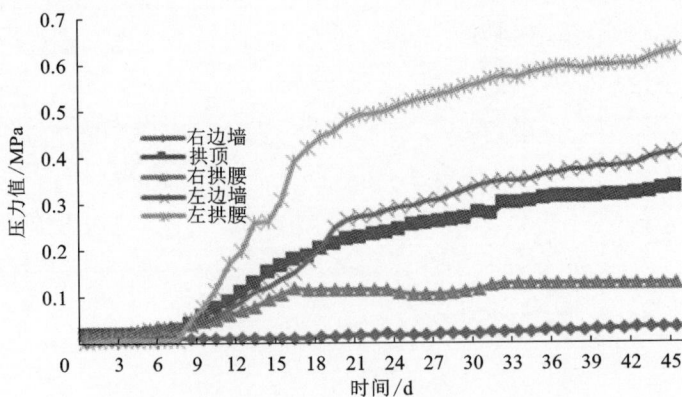

图 3-32　ZK156+905 二衬承载值-时间曲线

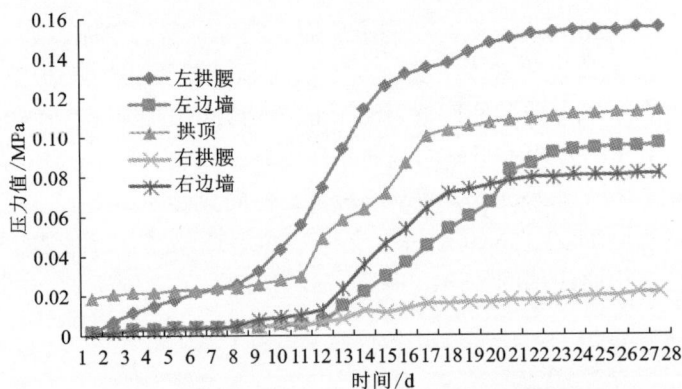

图 3-33　ZK227+213 初支承载值-时间曲线

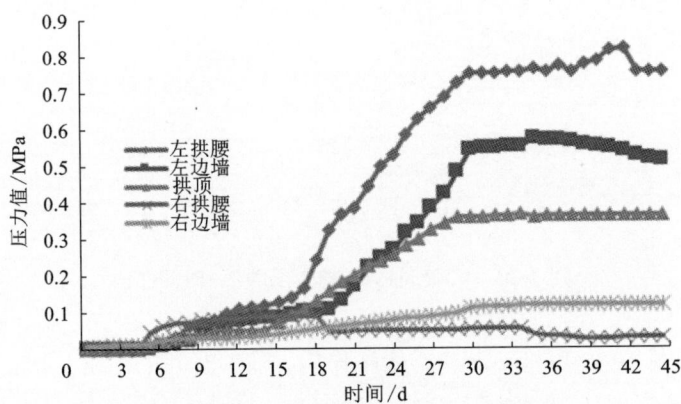

图 3-34　ZK227+213 二衬承载值-时间曲线

由图 3-33 和图 3-34 可知，支护结构施作后，随着时间的增加，初支及二衬承载不断地增大，初支及二衬承载规律基本一致，左侧拱腰承载最大，左侧边墙及拱顶承载次之，右侧拱腰及边墙最小。通过现场地质巡查和分析监测数据，变形量和变形速率较大，水平收敛明显大于拱顶下沉，表现出明显的侧向挤压变形，与现场掌子面围岩呈现出的产状规律吻合，表明该断面变形规律受结构面影响较大，各向异性明显。

（3）60°~90°倾角断面围岩监测结果分析

1）选取竹山隧道断面 YK156+987 进行支护结构承载监测，断面 YK156+987 初支及二衬承载值随时间的变化曲线如图 3-35 和图 3-36 所示。

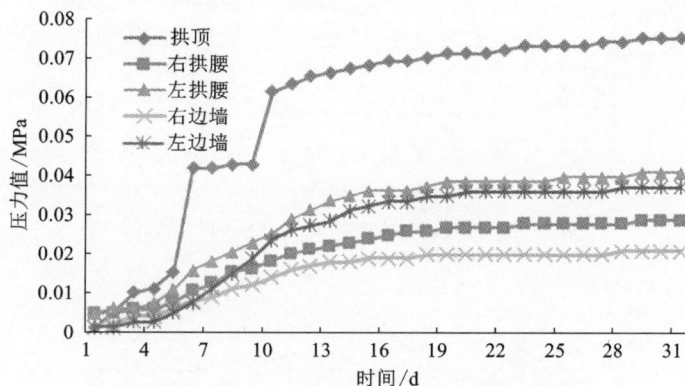

图 3-35　YK156+987 初支承载值-时间曲线

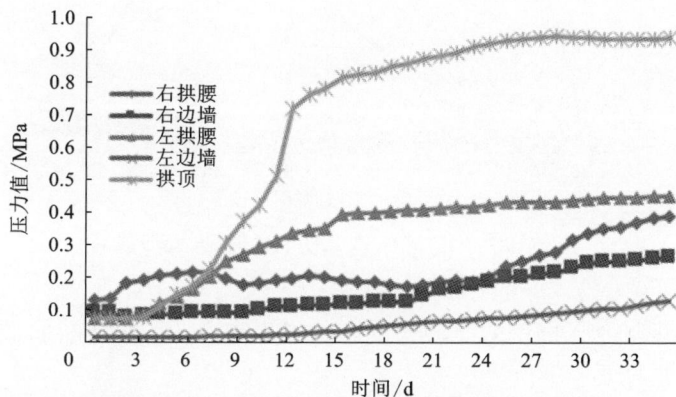

图 3-36　YK156+987 二衬承载值-时间曲线

由图 3-35 和图 3-36 可知，支护结构施作后，随着时间的增加，初支及二衬承载不断地增大，初支及二衬承载规律基本一致，拱顶承载最大，左侧拱腰及边墙承载次之，右侧拱腰及边墙最小。通过现场地质巡查和分析监测数据，变形量和变形速率较大，拱顶下沉大于水平收敛，与现场掌子面围岩呈现出的产状规律吻合，表明该断面变形规律受结构面影响较大，各向异性明显。

2）选取宴家隧道断面 YK227+483 进行支护结构承载监测，断面 YK227+483 初支及二衬承载值随时间的变化曲线如图 3-37 和图 3-38 所示。

由图 3-37 和图 3-38 可知，支护结构施作后，随着时间的增加，初支及二衬承载不断地增大，初支及二衬承载规律基本一致，拱顶承载最大，右侧拱腰及边墙次之，左侧拱腰及边墙承载最小。通过现场地质巡查和分析监测数据，变形量和变形速率较大，拱顶下沉

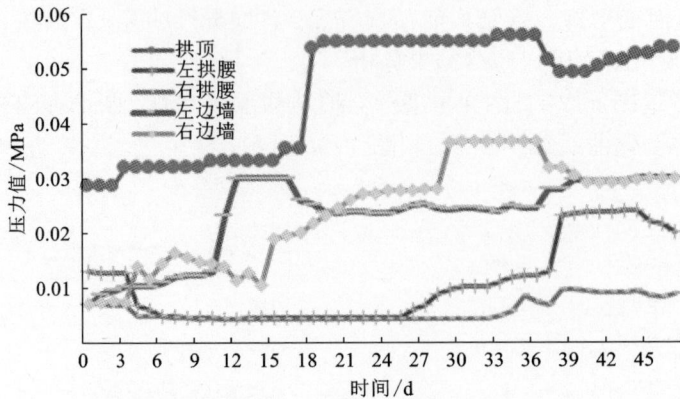

图 3-37　YK227+483 初支承载值–时间曲线

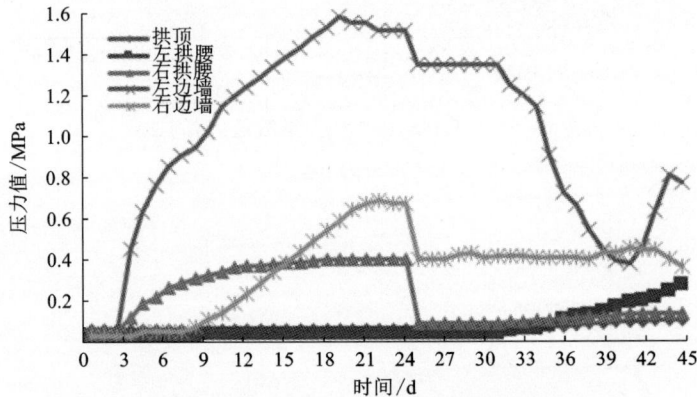

图 3-38　YK227+483 二初承载值–时间曲线

大于水平收敛，与现场掌子面围岩呈现出的产状规律吻合，表明该断面变形规律受结构面影响较大，各向异性明显。

3.围岩初支及二衬承载特性分析

（1）支护结构承载监测规律

通过对各监测断面监测数据的统计分析得到以下规律：

随着初期支护的施作，围岩与初期支护之间的压力不断加大，刚开始围岩压力变化值很大，后来逐渐减小，这是围岩变形逐渐减小趋于平稳的结果，最后围岩压力趋于一定的值，变化起伏不大。

初期支护与二衬承载数据曲线均存在 3 个阶段：

1)在二衬施作之前，由于仅施加柔性支护，衬砌和围岩产生协同变形；隧道围岩岩体的弹性能和重力势能以做功的形式逐渐耗散或重新分布，使初次衬砌与围岩之间的压力变化相对较小，但压力值持续增大。

2)在二衬施作完成后，支护刚度有明显的提升，支护结构几乎不产生变形；隧道围岩岩体的弹性能和重力势能以弹性能的形式集中储存在支护结构及其周围岩体内，使洞身附近岩体产生局部应力集中，从而使围岩与支护结构之间的压力在短时间内产生较大的增幅，变化速率和变化量均较大。

3）二衬施作后，二衬作为主要的承载结构，承载值较大，当围岩压力增大到一定程度后，支护结构对围岩产生的抗力使隧道围岩产生应力平衡，阻止围岩进一步变形，此时围岩压力趋于平稳，但支护结构承载值依旧增大。

从上面的监测曲线可以看出，隧道的支护结构承载值具有很大的非对称性，即左右两侧的围岩压力差别比较大，这是因为层状岩体围岩具有顺层偏压特性，岩体各向异性特性显著；支护承载监测规律与变形规律基本一致，支护结构与岩层延伸方向垂直部位围岩压力较高，不同的围岩产状下，支护结构不同部位的承载值明显不同。

（2）初支及二衬结构承载特性分析

根据压力盒埋设情况，初支及二衬承载情况可参考以下公式进行计算。

$$初支承载承担比例 = \frac{初支承载值}{初支承载值 + 二衬承载值} \quad (3-12)$$

$$二衬承载承担比例 = \frac{二衬承载值}{初支承载值 + 二衬承载值} \quad (3-13)$$

根据现场实际的压力监测数据，参照式（3-12）、式（3-13），初支及二衬承载情况统计结果如表 3-3 所示。

表 3-3　初支及二衬承载情况统计

片理面倾角/(°)	监测断面	监测位置	初支承载/MPa	初支承担比例/%	二衬承载/MPa	二衬承担比例/%
0~30	油坊坪隧道 ZK41+525	拱顶下沉	0.032	13.17	0.211	86.83
		左拱腰	0.083	20.05	0.331	79.95
		左边墙	0.118	19.67	0.482	80.33
		右拱腰	0.053	31.55	0.115	68.45
		右边墙	0.014	18.92	0.060	81.08
	竹山隧道 ZK156+860	拱顶下沉	0.085	23.42	0.278	76.58
		左拱腰	0.115	21.70	0.415	78.30
		左边墙	0.103	20.77	0.393	79.23
		右拱腰	0.064	17.44	0.303	82.56
		右边墙	0.069	21.97	0.245	78.03
30~60	油坊坪隧道 YK41+722	拱顶下沉	0.068	18.68	0.296	81.32
		左拱腰	0.123	20.23	0.485	79.77
		左边墙	0.086	18.34	0.383	81.66
		右拱腰	0.074	18.55	0.325	81.45
		右边墙	0.053	19.70	0.216	80.30

续表3-3

片理面倾角/(°)	监测断面	监测位置	初支承载/MPa	初支承担比例/%	二衬承载/MPa	二衬承担比例/%
30~60	竹山隧道 ZK156+905	拱顶下沉	0.151	19.28	0.632	80.72
		左拱腰	0.176	21.78	0.632	78.22
		左边墙	0.121	22.74	0.411	77.26
		右拱腰	0.058	14.91	0.331	85.09
		右边墙	0.094	75.20	0.031	24.80
	宴家隧道 ZK227+213	拱顶下沉	0.114	23.75	0.366	76.25
		左拱腰	0.155	15.82	0.825	84.18
		左边墙	0.096	14.26	0.577	85.74
		右拱腰	0.081	47.37	0.090	52.63
		右边墙	0.021	14.58	0.123	85.42
60~90	竹山隧道 YK156+987	拱顶下沉	0.075	7.35	0.946	92.65
		左拱腰	0.041	8.33	0.451	91.67
		左边墙	0.037	21.89	0.132	78.11
		右拱腰	0.029	6.97	0.387	93.03
		右边墙	0.021	7.37	0.264	92.63
	宴家隧道 YK227+483	拱顶下沉	0.055	3.35	1.589	96.65
		左拱腰	0.024	8.11	0.272	91.89
		左边墙	0.030	22.90	0.101	77.10
		右拱腰	0.010	2.43	0.402	97.57
		右边墙	0.037	5.09	0.690	94.91

由表3-3可知：

①二衬分担的围岩荷载占有很高的比例，达到80%~90%；初支承担荷载比例较小，占10%~20%。这主要是因为软弱片岩完整性差，具有流变特性，施工中围岩自稳性差，易产生大变形，此时围岩体形成过大的形变压力作用于支护结构上；初期支护属于柔性支护，衬砌和围岩产生协同变形，隧道围岩岩体的弹性能和重力势能以做功的形式逐渐耗散或重新分布，使初次衬砌与围岩之间的压力变化相对较小；二衬支护结构属于刚性支护，支护施作后支护结构几乎不产生变形，隧道围岩岩体的弹性能和重力势能以弹性能的形式集中储存在支护结构及其周围岩体内，使二衬结构在短时间内承担较大的荷载。

②隧道不同部位支护结构的承载值相差较大，隧道的支护结构承载值具有很大的非对称性，这主要是由于武当组片岩片理面特性明显，表现出明显的各向异性，支护结构与岩层延伸方向垂直部位围岩压力较高，不同的围岩产状下，支护结构不同部位的承载值明显不同，这一特性与围岩变形规律基本一致。

③现有公路设计规范中对软岩支护结构承载比例的规定：对于Ⅳ级围岩，初支+围岩承担 60%~80% 荷载，二衬结构承担 20%~40% 荷载；对于 Ⅴ 级围岩，初支+围岩承担 20%~40% 荷载，二衬结构承担 60%~80% 荷载。显然，实际监测结果中二衬承担的荷载比例值大于规范值。由于围岩体结构的破坏，初支荷载承担比例较小，导致大量荷载作用于二衬结构上，这也是武当组片岩隧道二衬开裂的主要原因。

3.4　本章小结

本章通过对围岩变形和支护承载现场监测数据的分析研究，得到以下结论：

①片岩隧道围岩变形量大，最大变形值高达 462 mm；变形速率大，最大变形速率达到 89 mm/d；变形持续时间长，持续 40 多天仍未收敛，变形呈不收敛趋势，部分断面后期监测速率持续增大；软岩的流变表现明显。通过现场地质巡查发现初期支护混凝土出现明显开裂，局部区域初支钢拱架受挤压遭受变形破坏。根据《谷竹高速公路监控量测管理办法》中的相关规定，Ⅴ级围岩极限变形值为 120 mm，Ⅳ级围岩极限变形值为 70 mm，各监测断面围岩变形量明显超出极限位移值，使得围岩因变形过大造成侵限，围岩完整性和初支结构均遭到破坏，严重影响了隧道施工。

②变形破坏方式多，片岩隧道围岩变形破坏形式既有受应力控制的，又有受结构面控制的，还有受两种综合控制的。隧道表现出破坏或者整体收敛特征，一般有流变、拱顶下沉、片帮、侧向挤压、底鼓等。隧道破坏方式的不同反映了隧道所处地应力强度方向的不同及围岩强烈的各向异性，同时，破坏方位上的差异性致使支护结构某些部位产生极大弯矩，这对支护结构的稳定性非常不利。例如：片岩倾角在 0°~45° 范围内监测断面时，水平收敛大于拱顶下沉，表现出明显的侧向挤压变形破坏特征；片岩倾角在 45°~90° 范围内时监测断面，拱顶下沉大于水平收敛，表现出明显的拱顶下沉变形趋势，拱部围岩和支护结构破坏明显。

③通过对片岩隧道变形曲线的分析可知，围岩变形特征与软岩隧道变形特征曲线基本吻合，可将变形曲线分为 3 个阶段：变形缓慢增长阶段，该阶段变形速率基本稳定，变形持续增加；围岩持续变形阶段，该阶段应变速率较小，也可能较上一阶段大，但变形速率基本保持不变，变形持续增加；围岩加速变形阶段，该阶段应变速率迅速增大，直至岩石破坏或者变形速率降低，但不收敛，围岩变形持续增加。

④二衬分担的围岩荷载占有很高的比例，达到 80%~90%；初支承担荷载比例较小，占 10%~20%。这主要是因为软弱片岩完整性差，具有流变特性，施工中围岩自稳性差，易产生大变形，此时围岩体形成过大的形变压力作用于支护结构上；初期支护属于柔性支护，衬砌和围岩产生协同变形，隧道围岩岩体的弹性能和重力势能以做功的形式逐渐耗散或重新分布，使初次衬砌与围岩之间的压力变化相对较小；二衬支护结构属于刚性支护，支护施作后支护结构几乎不产生变形，隧道围岩岩体的弹性能和重力势能以弹性能的形式集中储存在支护结构及其周围岩体内，使二衬结构在短时间内承担较大的荷载。

⑤隧道不同部位支护结构的承载值相差较大，隧道的支护结构承载值具有很大的非对称性，这主要是由于武当组片岩片理面特性明显，表现出明显的各向异性，支护结构与岩层延伸方向垂直部位围岩压力较高，不同的围岩产状下，支护结构不同部位的承载值明显

不同，这一特性与围岩变形规律基本一致。

⑥现有公路设计规范中对软岩支护结构承载比例的规定：对于Ⅳ级围岩，初支+围岩承担 60%~80% 荷载，二衬结构承担 20%~40% 荷载；对于 V 级围岩，初支+围岩承担 20%~40% 荷载，二衬结构承担 60%~80% 荷载。显然，实际监测结果中二衬承担的荷载比例值大于规范值。由于围岩体结构的破坏，初支荷载承担比例较小，导致大量荷载作用于二衬结构上，这也是武当组片岩隧道二衬开裂的主要原因。

第 4 章

公路隧道二衬裂缝现状调查研究

4.1　隧道衬砌开裂

4.1.1　概述

裂缝是固体材料中的某种不连续现象，在学术上属于结构材料强度理论范畴。裂缝把结构物的表面或整体分为许多区段，使结构物形成不连续状态。某裂缝就是某一区段长度的边界，是该区段变形集中的部位，也就是变形最大的部位。

结构的破坏都是从裂缝的扩展开始的，如研究区高速公路上的多条隧道都出现了二衬开裂的现象。结构的裂缝往往产生一种破坏前兆的恐惧感。的确，从近代固体强度理论的发展中可以看到，裂缝的扩展是结构物破坏的初始阶段；相对于某些裂缝，其承载力也可能受到一定的威胁。同时，结构物裂缝可以引起渗漏，引起持久强度的降低，如保护层剥落、钢筋腐蚀、混凝土碳化等。但是，近代科学关于混凝土强度的细观研究以及大量工程实践所提供的经验都说明，结构物的裂缝是不可避免的，裂缝是一种人们可以接受的材料特征，如对建筑物抗裂要求过严，必将付出巨大的经济代价，科学的要求应是将其有害程度控制在允许范围内。这些关于裂缝的预测、预防、检查、测试和处理工作，对结构物的裂缝控制具有重要的现实意义和技术经济意义。

隧道衬砌是承受地层压力、防止隧道围岩变形塌落的工程主体建筑结构。地层压力的大小，主要取决于工程地质条件、水文地质条件和围岩的物理力学特性，同时与施工方法、衬砌支护时间和工程施工质量等因素有关。作用在衬砌上的地层压力，主要有围岩变形受到支护结构的抑制而产生的形变压力、由开挖引起松动或塌落的岩体产生的松动压力、在膨胀性地层由膨胀性围岩膨胀崩解产生的膨胀压力、在有冻害影响的隧道存在的冻胀性压力。

形变压力作用、松动压力作用、地层沿隧道纵向分布及力学性态的不均匀作用、温度和收缩应力作用、围岩膨胀性或冻胀性压力作用、腐蚀性介质作用、施工中人为因素、运营车辆的循环荷载作用等使隧道衬砌结构物产生裂缝，影响隧道正常使用的因素统称为隧道衬砌开裂病害。

4.1.2　隧道衬砌开裂的主要危害

衬砌开裂是隧道病害的主要形式，隧道衬砌开裂破坏了隧道结构的稳定性，降低了衬砌结构的安全可靠性，影响隧道的正常使用，甚至危及行车及人身安全。隧道衬砌开裂的主要危害有以下几点：

①降低隧道衬砌结构对隧道围岩的承载能力。

②由过度变形产生的裂缝使隧道净空变小，影响行车安全。

③拱部衬砌掉块，影响行车和人身安全。

④衬砌裂缝出现漏水现象，造成钢筋及洞内设施锈蚀，道床翻浆冒泥，严寒地区衬砌将产生冻害。

⑤仰拱开裂、基床翻浆、线路变形、车辆运行速度被迫降低，大量增加养护维修工作量。

⑥在运营条件下对开裂衬砌进行大修整治，施工与运营互相干扰，费用增加。

4.1.3　隧道衬砌开裂调查方法及设备

隧道衬砌裂缝调查的方法主要包括两方面：

首先是隧道相关文献资料的收集，即隧道修建前后的勘察设计及竣工验收资料，从这些资料中得到如下信息：①隧道地理位置及修建时期相关资料；②隧道工程地质条件、地形地质概况、围岩岩性及类别、岩体力学参数及不良地质状况等；③隧道设计情况、隧道长度及断面大小、二衬厚度及混凝土标号及初次衬砌设计参数（喷射混凝土厚度及标号，锚杆的长度、直径及分布情况等）；④隧道衬砌施工及竣工验收情况、施工中遇到的不良地质情况、施工中发生的质量问题及衬砌背后回填情况等。

其次是隧道裂缝病害的现场调查。裂缝病害的现场调查以目测及简易测量为主，一是要得到裂缝在衬砌上的分布情况，如裂缝倾角、长度、宽度及间距等基本信息，做到能够在图形上展示裂缝的分布情况及裂缝病害的严重程度；二是对衬砌与裂缝相关其他病害有基本的了解，如隧道衬砌的变形情况，衬砌混凝土酥松、掉块的情况，衬砌开裂部位的渗漏水情况，等等。

对于裂缝分布部位的调查，可从隧道洞口沿隧道走向拉皮尺至裂缝所在断面，将该位置记录在案，然后从该断面边墙脚部位沿隧道环向拉钢卷尺至裂缝所在位置，将该位置记录在案。对于裂缝倾角、长度、宽度及深度的调查，可用罗盘或量角器直接量测裂缝倾角，用钢卷尺直接量测裂缝长度，用裂缝计直接测裂缝宽度，采用超声波探测仪等仪器探测裂缝深度。在裂缝调查的过程中，可利用照相机对裂缝产生部位进行拍照，并在照片上记录相关信息。

▶ 4.2　裂缝的分类

4.2.1　按裂缝走向分类

隧道衬砌裂缝根据裂缝走向及其与隧道纵轴方向的相互关系，分为纵向裂缝、环向裂缝和斜向裂缝三种，如图 4-1 所示。环向缝裂一般对隧道衬砌结构的正常承载影响不大，拱部和边墙的纵向及斜向裂缝对衬砌结构的整体性破坏比较严重，危害较大。

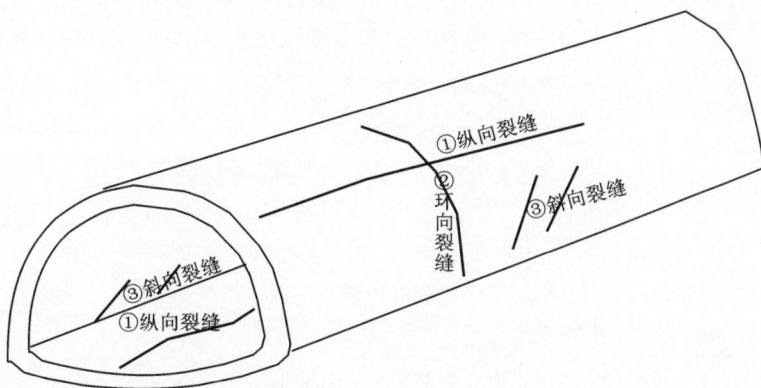

图 4-1　裂缝走向分类图

1. 纵向裂缝

纵向裂缝平行于隧道轴线，其危害性最大，发展可引起隧道掉拱、边墙断裂，甚至引起整个隧道塌方。纵向裂缝分布具有拱腰部位比拱顶多、双线隧道主要产生在拱腰、单线隧道主要产生在边墙的规律。从受力分析来看，隧道拱顶混凝土衬砌一般是内侧受压内侧挤压混凝土衬砌开裂、剥落掉块；拱腰部位主要是混凝土衬砌内侧受拉张开，拱脚部位裂缝则会产生衬砌错动，导致掉拱可能；边墙裂缝常因混凝土衬砌内侧受拉张开而错位，会使整个隧道失稳。

2. 环向裂缝

环向裂缝主要由纵向不均匀荷载、围岩地质变化、沉降缝等处理不当引起，多发生在洞口或不良地质地带与完整岩石地层的交接处。

3. 斜向裂缝

斜向裂缝一般与隧道纵轴呈 45°左右，也常由混凝土衬砌的环向应力和纵向应力组合而成的拉应力导致，其危害性仅次于纵向裂缝，也需要认真加固。

4.2.2　按受力变形形态和裂口特征分类

按隧道衬砌变形形态和裂口特征分类，裂缝主要分为衬砌受弯张口型裂缝、内缘受挤压剪切闭口型裂缝、衬砌受剪错台型裂缝、收缩性环向裂缝等四种，如表 4-1、图 4-2 所示。其中，以拱腰受弯张口型纵向裂缝最为常见，衬砌向内位移；相应拱顶部位发生内缘受压剪切闭口型裂纹，向上位移。纵向和斜向裂缝使隧道衬砌环向节段的整体性遭到破坏，当拱腰和边墙中部出现两条以上粗大的张裂错台型裂缝，并与斜向、环向裂缝配合，衬砌被切割成小块状时，容易使结构失去稳定，发生塌落，对运营安全威胁最大。

表 4-1　按隧道衬砌受力变形形态和裂口特征分类表

种类	隧道衬砌受力变形形态和裂口特征
衬砌受弯张口型裂缝 ［见图 4-2(a)］	常见于拱腰部位、边墙中部，衬砌承受较大的地层压力作用，衬砌受弯向内位移，内缘拉应力超过混凝土的极限抗拉强度而发生张口型裂纹
内缘受挤压剪切闭口型裂缝 ［见图 4-2(b)］	常见在两拱腰发生较严重的纵向张裂缝；内移地段的拱顶部位，出现闭口型纵向裂缝，衬砌向上位移，其中较严重处，拱顶内缘在高挤压应力作用下发生剥落、掉块
衬砌受剪错台型裂缝 ［见图 4-2(c)］	偶见于拱腰部位衬砌，在衬砌背后局部松动滑落围岩的推动作用下，沿水平工作缝较薄弱处，有一侧的衬砌变形突出，形成错台型裂缝
衬砌压剪裂缝 ［见图 4-2(d)］	多由拱顶或者拱腰有空洞，与围岩不密贴而导致，衬砌的内缘受拉，而外缘受压
收缩性环向裂缝	多见于隧道靠近洞口处，因地形受温度变化影响较大，使混凝土衬砌环向施工缝出现收缩性裂缝

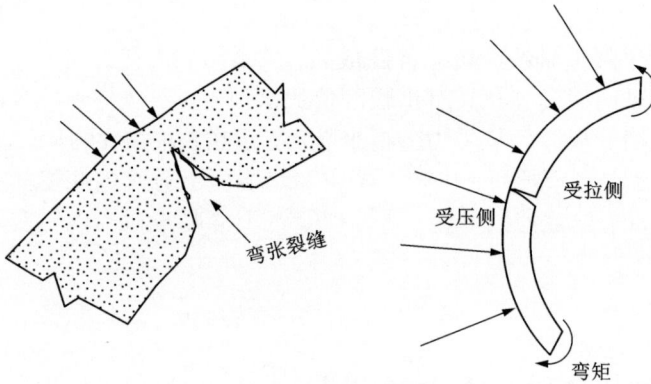

(a) 衬砌弯张型裂缝图

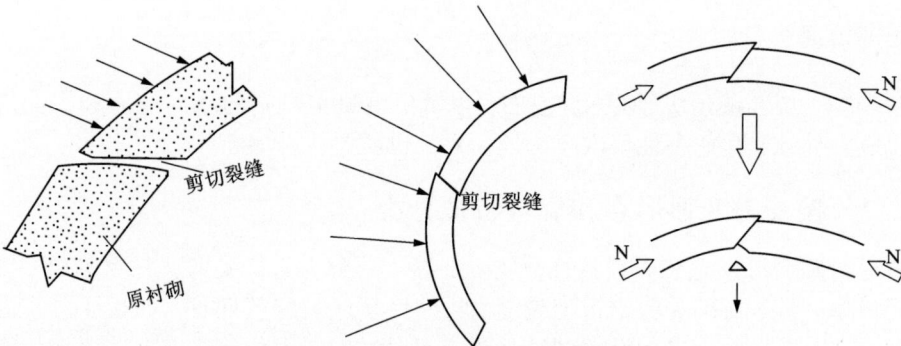

(b) 内缘受挤压剪切闭口型裂缝图

(c) 衬砌扭弯裂缝图

(d) 衬砌压剪裂缝图

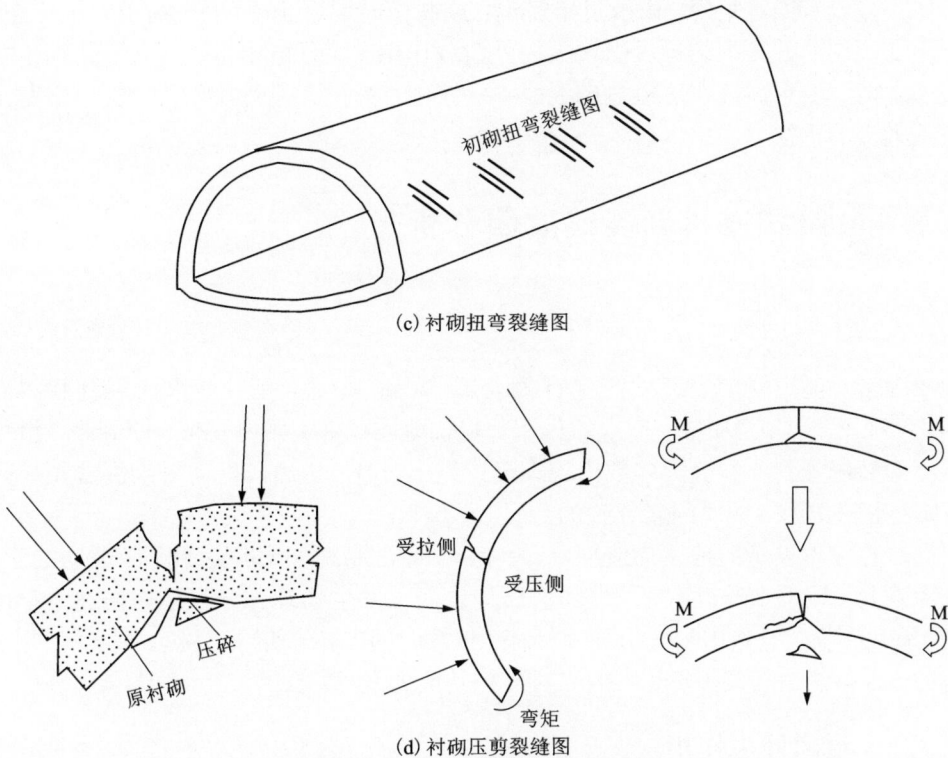

图 4-2　衬砌变形形态和裂口特征

4.2.3　按裂缝产生的原因分类

按隧道衬砌裂缝产生的原因分类,裂缝可分为干缩裂缝、温度裂缝、外荷载变形裂缝等。

1. 干缩裂缝

混凝土在硬化过程中水分逐渐蒸发散失,使水泥石中的凝结胶体干燥收缩产生变形,由于受到围岩和模板的约束,变形产生应力,当应力值超过混凝土的抗拉强度时,就会出现干缩裂缝。干缩裂缝多是表面性的,走向没有规律。影响混凝土干缩裂缝的因素主要有水泥品种、用量及水灰比,骨料的大小和级配,外加剂的品种和掺量。

2. 温度裂缝

水泥水化过程中产生大量的热量,在混凝土内部和表面间形成温度梯度而产生应力,当温度应力超过混凝土内外的约束力时,就会产生温度裂缝。温度裂缝冬季较宽,夏季较窄。温度裂缝的产生与二衬混凝土的厚度及水泥的品种、用量有关。

3. 外荷载变形裂缝

当仰拱和边墙基础的虚碴未清理干净时,混凝土浇筑后,基底产生不均匀沉降;模板台车或堵头板没有固定牢固，以及过早脱模，或脱模时混凝土受到较大的外力撞击等，都容易产生变形裂缝。支护结构承受过大的外荷载作用，导致结构承载不足，往往也极易产生开裂。外荷载变形裂缝在隧道衬砌混凝土病害中占有的比重逐年增大，已经引起了广大工程技术人员的重视。

4.3 公路隧道衬砌裂缝成因分析

4.3.1 工程地质因素

地质因素对隧道衬砌裂缝的产生有很大影响。地质因素是一些纵向裂缝和斜向裂缝产生的主要因素。地质因素包括水的作用、复杂地质条件，如地震带、断裂带、滑坡及偏压等。纵向裂缝和斜向裂缝大多数出现在隧道进出口处，进出口处的衬砌裂缝主要是由偏压、滑坡、水的作用等地质因素导致的。

研究区存在着复杂的地质构造现象，在青峰断裂带、竹山断裂等构造运动的影响下，围岩裂隙发育，地下水通道密布，软弱变质片岩遇水发生物理化学反应，物理力学性质发生改变，强度下降，导致围岩变形加大加深，持续时间变长，使得二衬承载增大，超过极限承载力时，二衬发生开裂破坏，影响二衬支护功能的发挥。

4.3.2 衬砌外力作用

1.松弛压力

风化及水的作用使围岩强度降低以及拱顶有空洞等，围岩松弛压力会逐年发展，在拱顶沿纵向发生张开性裂缝（图4-3）。若上部空洞较大，空洞上部的岩块可能与围岩分离而掉落，对衬砌产生冲击，严重者会导致隧道衬砌崩塌式破坏。

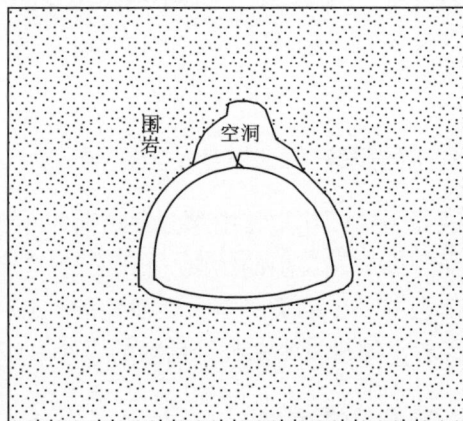

图4-3 松弛压力形成裂缝的示意图

2.偏压

产生偏压的情况有多种：有地形上的，如斜坡地貌（图4-4）；有地质上的，如围岩倾斜（图4-5）；有滑坡造成的（图4-6）；还有其他因素，如地面挖方、坡面坍塌，水位上升或急剧降低等也会形成偏压。即使是很小的偏压，也会使隧道衬砌产生开裂。偏压导致的裂缝特点为：主动土压力作用侧的拱肩产生纵向开口开裂，被动土压力侧的拱肩产生龟甲状开裂与斜向开裂，拱和墙的接缝处会产生错台。

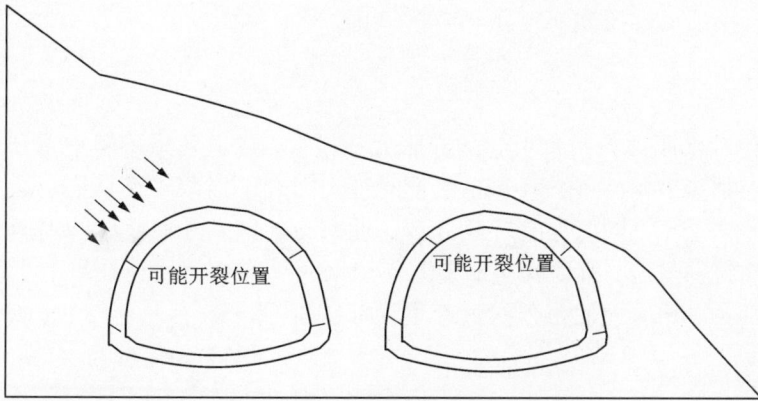

图 4-4　地形偏压造成的开裂示意图

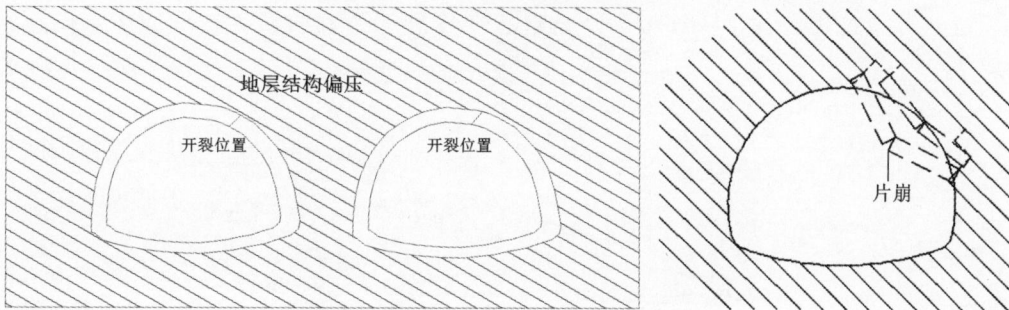

图 4-5　地层结构偏压造成的开裂示意图

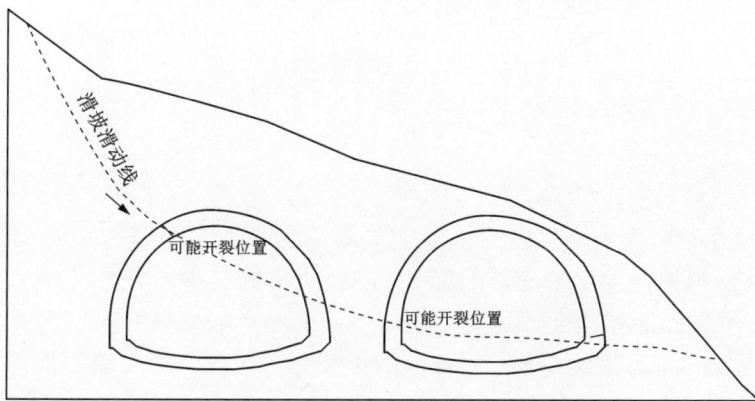

图 4-6　滑坡造成的偏压开裂示意图

3. 膨胀性土压

膨胀性土压是由风化围岩和含有黏土矿物围岩的体积膨胀所引起的，从现象上说，围岩的塑性变形也可包含在内。膨胀性土压随时间长期增长，是很大的土压，一般会引起隧道边墙、拱肩水平开裂和地面向上隆起并开裂；有接缝时会产生错台；拱顶有空洞时，衬砌会上抬，造成拱顶局部压溃。

4.水作用力

水作用力包括水压力与由水引起的冻胀力。通常，隧道几乎不考虑水压的作用，但连续的大雨积水渗透以及排水系统不畅，将使隧道受力处于极限平衡状态，从而引起隧道从拱部到边墙的水平裂缝，同时还有环状开裂。在寒冷地区，衬砌背后的围岩冻结会产生冻结力，一直持续到融雪期，所以其变形是逐年积累的。冻结力使得在拱的下部到边墙的区域产生主动土压力，相应地使拱顶附近产生局部压溃。

5.温度应力

温度应力是由隧道衬砌混凝土的干缩与温缩变形受到约束引起的。混凝土是抗压性能远高于抗拉性能的材料，能抵抗温度上升时的压应力，却难以抵抗降温时的拉应力。一般混凝土能承受的温降为 $7 \sim 10 \, ℃$，所以常能在隧道轴线方向看见环向或者斜向小裂缝（图4-7）。

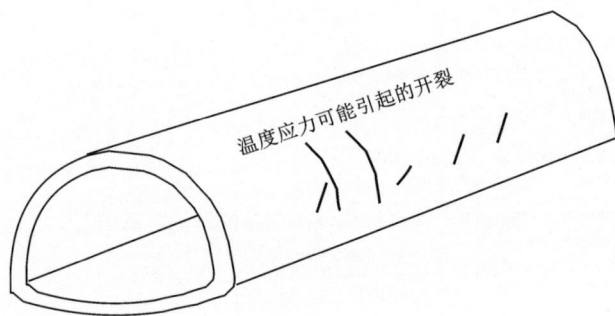

温度应力可能引起的开裂

图4-7 温度应力可能引起的开裂

6.不均匀沉降

隧道边墙脚处的承载力不足会造成隧道的不均匀下沉。承载力不足引起的隧道开裂有几种模式：在隧道横向发生不均匀下沉时，隧道边墙的接地部位发生垂直开裂，并逐渐形成环形开裂；在隧道纵向发生不均匀下沉时，在拱部产生纵向开裂；重力式或半重力式的端墙多采用与洞口部分离的结构，洞口部的承载力不足时，洞门端墙前倾，洞口部的拱部将产生环状开裂，路面也会开裂（图4-8）。

7.消防栓预留结构的应力集中

预留的消防栓为 $(1.2 \times 2.5) \, m^2$，使得此部分应力集中，容易导致消防栓的四个角的位置开裂（图4-9）。

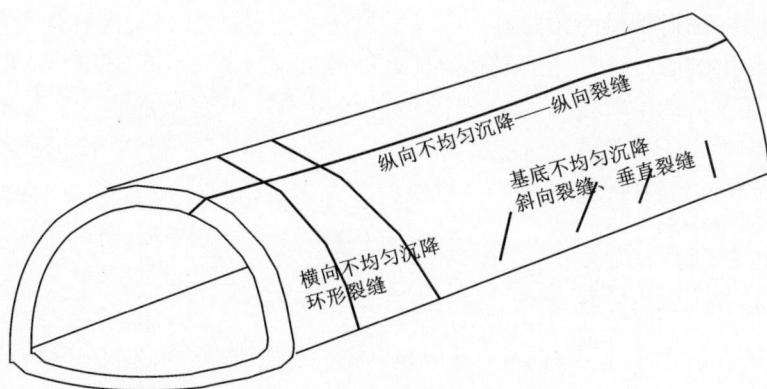

图 4-8　不均匀沉降可能引起的开裂

8. 其他荷载的作用

受车辆荷载或地震等动荷载的影响，衬砌混凝土会发生疲劳破坏而产生裂缝。

4.3.3　衬砌材质的劣化

①经年劣化的影响。经年劣化指衬砌混凝土随时间而发展的劣化，主要是混凝土碳化，混凝土碳化会损伤混凝土的密实性，降低其强度，从而可能产生裂缝。

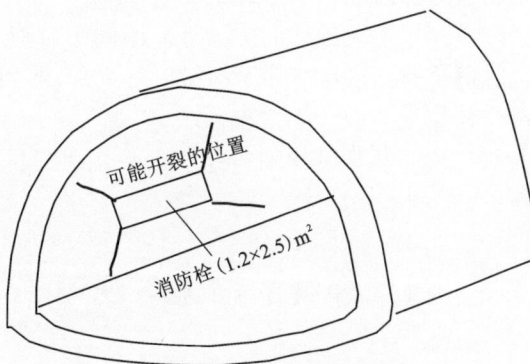

图 4-9　预留消防栓结构可能引起的开裂

②冻害的影响。在寒冷地区，冻害是衬砌劣化的主要原因，冻害不仅使混凝土产生麻面，还使混凝土表面剥落。

③水的影响。衬砌背后的地下水有时含有对衬砌有害的成分，特别是其呈酸性时，是导致衬砌劣化的主要原因。

4.3.4　施工工艺与质量控制

①施工没有处理好施工缝、变形缝(温度缝、沉降缝)，因施工质量问题而出现的裂缝，它们主要表现为平行于隧道衬砌环，主要由施工质量与混凝土结构本身等因素造成。

②受施工技术条件限制、施工质量管理松弛和不善、混凝土材料检验不力、施工配合比控制不严、水灰比过大、混凝土捣实质量不佳、拱部浇筑间歇施工形成水平工作缝、混凝土模板不平等因素影响，建成的隧道衬砌在施工缝处产生裂缝，以及衬砌混凝土表面产生蜂窝麻面等，使得衬砌质量不良，降低承载能力。

③施工测量放线发生差错、欠挖、模板拱架支撑变形、塌方等原因，造成局部衬砌厚度偏小或衬砌结构受力不对称，降低了衬砌承载能力。

④由于施工方法和施工组织不当，在施工过程中各工序紧跟不上，不能及时成环，如落中槽挖马口时拱部衬砌悬空段过长、支撑段过短，支撑的稳固条件和强度不足，都会造成不均匀沉降和拱脚内移，常在拱顶和拱腰处出现裂缝。

⑤模筑混凝土衬砌拱背部位常出现拱顶衬砌与围岩不密贴的空隙，若不及时回填密实，就会造成拱腰承受围岩较大荷载，拱顶在一定范围存在空载，从而形成对拱部衬砌不利的"马鞍型"受力状态，而这正是导致拱腰内移张裂、相应拱顶上移、内缘受挤压等常见病害的荷载条件。

4.3.5 结构设计因素

①现阶段的一般施工工序都是先易后难，先修建山坡外的隧洞，后修建山坡内的隧洞，当修建完山坡外的隧洞再修建山坡内的隧洞时，扰动产生的荷载都由中隔墙承担，这样对中隔墙的受力不利，所以中隔墙出现的裂缝较多。

②设计隧道时，因围岩级别划分不准、衬砌类型选择不当，造成衬砌结构与围岩实际荷载不相适应而引起衬砌裂缝病害。

③隧道穿过偏压地段时，没有采用偏压衬砌。

④隧道穿过断层破碎带、褶皱区等局部围岩松散、压力或结构力较大的地段时，衬砌结构没有相应地采取加强措施。

⑤基底软弱和易风化围岩地段未采用可靠的防水措施，混凝土铺底厚度及强度不足，使得隧道发生不均匀沉降。

▶ 4.4 衬砌裂缝的描述与观测

4.4.1 裂缝的描述

1. 隧道衬砌部位的划分

将隧道衬砌的拱部分为左右 2 个部分，边墙分为左右 2 个部分，仰拱作为 1 个部分，整个隧道衬砌共分为 5 个部分。每一部分依据其内缘周长划分为 4 等份，将全断面分为 14 个部位，如图 4-10 所示。

2. 隧道衬砌裂缝的宽度

裂缝开裂宽度在裂缝口处沿垂直方向量取。裂缝宽度 d 按大小分为四级：$d=0.3$ mm 时裂缝称为毛裂缝（又叫发丝），0.3 mm$<d\leq2.0$ mm 时裂缝称为小裂缝，2.0 mm$<d\leq20$ mm 时裂缝称为中裂缝，$d>20$ mm 时裂缝称为大裂缝。

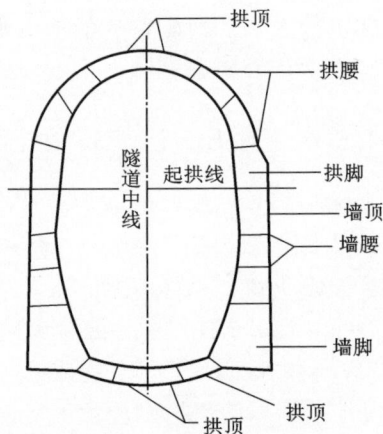

图 4-10 隧道衬砌部位划分图

3. 裂缝错距

衬砌出现错牙时，用裂缝错距表示。错距沿垂直方向和水平方向量取，前者叫垂直错距，后者叫水平错距，如图 4-11 所示。

4. 裂缝间距

走向大致相同的相邻裂缝间距，用以表述衬砌破碎程度，一般宜取每一个节段单位来分析。

5. 裂缝密度

裂缝密度是表述衬砌开裂的另一种形态指标，分为节段裂缝密度和节段局部裂缝密度。

图 4-11　隧道衬砌错台示意图

（1）节段裂缝密度 η_{b_1}

$$\eta_b = \sum S_{b_1}/S \qquad (4-1)$$

式中：$\sum S_b$ 为该节段内所有裂缝的总面积，等于裂缝长度与宽度乘积的总和，m^2；S 为该节段衬砌内缘的表面积，m^2。

（2）节段局部裂缝密度 η_{b_2}

$$\eta_b = \sum S_{b_2}/S \qquad (4-2)$$

式中：$\sum S_b$、S 分别为该部分裂缝的总面积、衬砌表面积，m^2。

4.4.2　裂缝的观测

1. 灰块测标观测

如图 4-12 所示，灰块测标用 1∶3 的水泥砂浆抹在裂缝上，灰块可做成直径 100 mm、厚 10 mm 的圆块，或做成 100 mm×120 mm×10 mm 的长方块，在灰块上写明日期、编号，再在裂缝的起点、终点用色漆垂直于裂缝划线，写明日期，把裂缝编号、宽度、长度和深度等记入技术文件内。

裂缝如有发展，灰块将裂开，裂缝的起止点也将超出原来色漆所标明的位置，此时可按上述方法重做。灰块测标一般设在下列部位：裂缝起止端、裂缝最宽处、裂缝交台处、裂缝中部。每 3~5 m 设一块。灰块测标观测是现场常用的方法，简便易做，但精度稍差。

2. 钎钉测标观测

如图 4-13 所示，在裂缝两侧完好圬工中埋入两个钎钉（其中一个为"L"形），两个钎

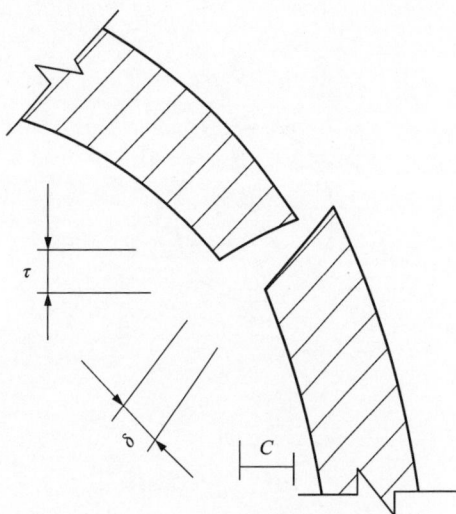

钉的尖端相交于一点。钎钉测标观测能量测两侧裂缝扩张程度，还可以量测裂缝的错距。

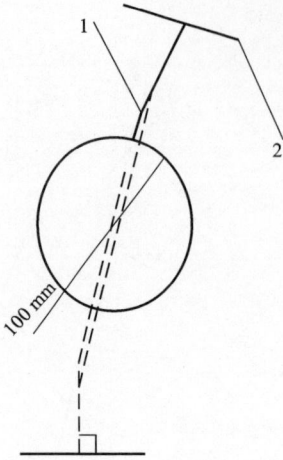

1—裂缝；2—油漆测线。

图 4-12　灰块测标

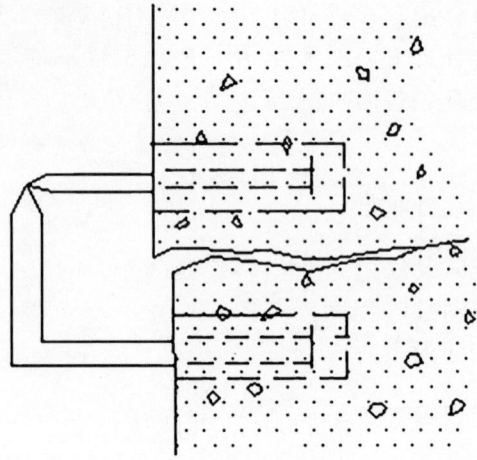

图 4-13　钎钉测标

3. 金属板测标观测

如图 4-14 所示，在裂纹两侧的完好圬工中各埋入两个铆钉，固定两块薄金属板，其中一块有刻度，另一块有指划零点。根据两块金属板相互移动的位置，可知裂纹扩张程度。这种观测方法可以累计读数，精度比灰块测标观测高。

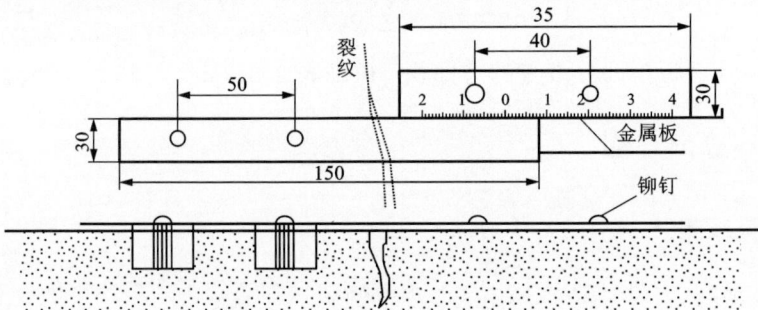

图 4-14　金属板测标(单位：mm)

4. 裂缝的宽度和深度测量

裂缝宽度和深度是判断开裂程度的重要依据。现场测量裂缝宽度一般采用裂缝插片尺和裂缝观测仪，南京水利科学研究院则采用自制的裂缝尺测量裂缝宽度。测量裂缝深度一般采用超声波探测仪。

4.4.3　二衬裂缝调查结果分析

课题组从 2013 年 4 月 13 日到 2013 年 4 月 23 日(历时 11 天)及 2013 年 6 月 13 日到 2013 年 6 月 18 日(历时 6 天)对研究区沿线公路隧道二衬开裂情况进行了现场调查,根据现场调查及施工单位的二衬开裂统计,对沿线隧道二衬开裂的现象进行了初步的总结和说明。在 33 条片岩隧道中有 20 条隧道出现了衬砌开裂现象,现将隧道群二衬开裂特征总结如下。

1. 裂缝走向

在沿线 20 条衬砌开裂的片岩隧道中,二衬展布方向有环向、斜向、水平纵向,如图 4-15 所示,各类型裂缝分布范围的统计结果如表 4-2 所示。整条线路区域内,纵向裂缝分布占 62.4%,分布范围最广,其次为斜向裂缝。

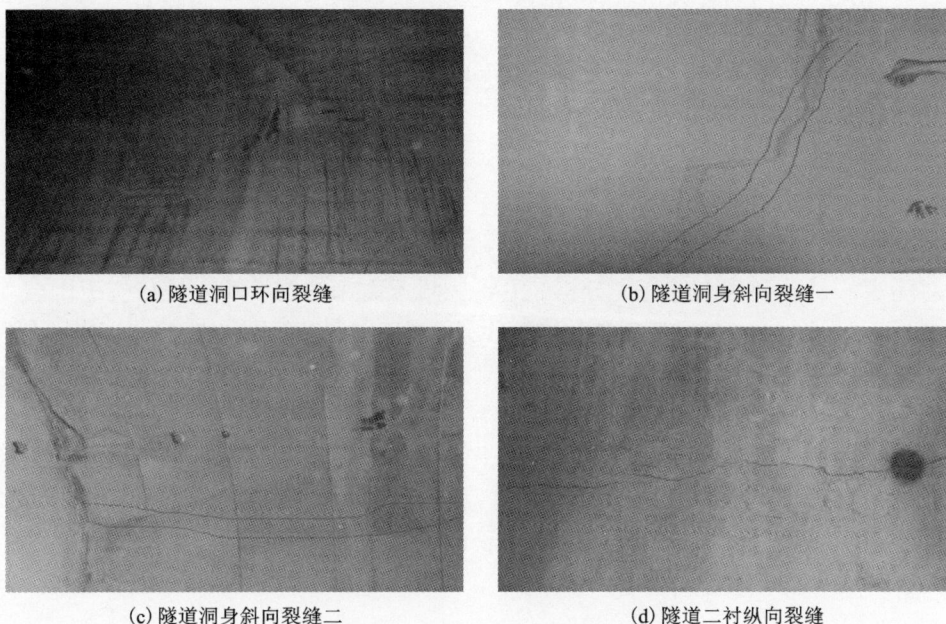

(a) 隧道洞口环向裂缝　　　　　　　　　(b) 隧道洞身斜向裂缝一

(c) 隧道洞身斜向裂缝二　　　　　　　　(d) 隧道二衬纵向裂缝

图 4-15　不同类型裂缝分布图

表 4-2　各类型裂缝分布所占比例

裂缝类型	占裂缝总数比例/%	生成部位	占纵向裂缝总数比例/%
纵向裂缝	62.4	拱顶	10.2
		拱腰	51.7
		边墙	30.6
		拱脚	7.5
斜向裂缝	28.6	拱部、边墙	
环向裂缝	9	拱部、边墙	

2. 裂缝分布位置

隧道洞口段或者洞口影响段为裂缝最容易产生的区域,多为拱顶环向开裂及拱脚斜向开裂,并且出现由拱腰贯通至拱脚的裂缝。其原因主要是该区段位于浅埋地层,受地形偏压和软岩大变形的影响,二衬在施工后承担了过量的荷载而开裂,且多为贯通裂缝。洞身段受软岩大变形及围岩蠕变的影响,未及时施作仰拱处、消防箱布设位置处、人行横洞设置处也易产生裂缝,主要是由应力集中所致。

4.5 本章小结

本章结合谷竹高速公路片岩区隧道二衬开裂调查情况的总结分析,对二衬开裂的危害、二衬开裂调查及检测方法、二衬裂缝类型、二衬开裂成因等方面进行了归纳和总结,最后对现场各条隧道的二衬开裂情况进行了统计,就不同的裂缝形态进行了分类,并对部分严重开裂区域的裂缝进行持续监测,追踪裂缝发展规律,主要内容及结论如下:

①对二衬开裂的危害进行了概述,二衬开裂对施工期及运营期隧道结构的安全性有着严重影响,对隧道的施工、维护及运营造成严重的威胁;对现有的二衬开裂调查和监测方法进行了总结。

②对二衬开裂的类型从裂缝走向、受力变形形态和裂口特征、裂缝形成原因等方面进行了总结和归纳。

③对隧道二衬开裂成因进行了分析,主要从两方面来考虑:其一是从隧道围岩变形机制来分析,比如围岩压力等;其二是从隧道设计、施工工艺过程中的材料因素及人为因素等方面来分析。不良的岩性条件、地下水、地形偏压、结构性偏压、设计及施工的不合理以及混凝土材料自身特性是导致二衬产生开裂的主要原因。

④对片岩区隧道的二衬裂缝情况进行了监测,对裂缝的长度、宽度、深度以及产生的时间及扩展情况进行了详细的统计,对现场各条隧道的二衬开裂情况进行了统计,就不同的裂缝形态进行了分类;对部分严重开裂区域的裂缝进行了持续监测,追踪裂缝发展规律。

第 5 章

隧道二衬裂缝开裂规律数值分析研究

5.1　概述

隧道二衬结构出现裂缝是隧道工程中常见的问题，若不及时治理，严重的可威胁隧道结构安全。二衬结构出现裂缝的根本原因在于二衬混凝土结构的应力状态及结构强度不能支撑围岩的压力。为了解二衬结构的裂缝开裂机理及开裂规律，首先要了解二衬结构在外荷载影响下的应力状态，此为揭开二衬裂缝开裂规律的重要基础。

上述室内外试验对软岩物理力学性质的研究，以及对围岩变形的监测研究表明，二衬结构的外荷载分布复杂多样。对于二衬裂缝的开裂规律研究，本书采用数值分析方法，建立二衬结构的有限元模型，分别对二衬结构在偏压情况下、局部空洞情况下、混凝土厚度不足情况下、不均匀沉降情况下和不同混凝土强度情况下进行数值计算，进一步探究、揭示隧道二衬裂缝的开裂机理，为日后有关工程中二衬结构裂缝的治理提供参考意见，确保施工安全。

5.2　软岩隧道二衬开裂力学特征研究

5.2.1　计算模型的选取及工况

利用 MIDAS/GTS 数值模拟软件对隧道衬砌进行建模，利用荷载-结构法以衬砌为梁单元对裂缝处进行折减软化弹性模量的方式，模拟不同位置出现不同程度裂缝的情况，采用曲面弹簧模拟衬砌与围岩接触。由于衬砌的对称性，本书仅对拱顶、左拱腰和左边墙进行折减数值模拟研究，其工况如表 5-1 所示，不同位置模拟的不同程度裂缝的弹性模量折减程度二衬模型图如图 5-1 所示。

表 5-1　二衬数值模拟情况表

位置	不同折减程度的工况		
	20%	50%	80%
拱顶	工况 1	工况 2	工况 3
左拱腰	工况 4	工况 5	工况 6
左边墙	工况 7	工况 8	工况 9

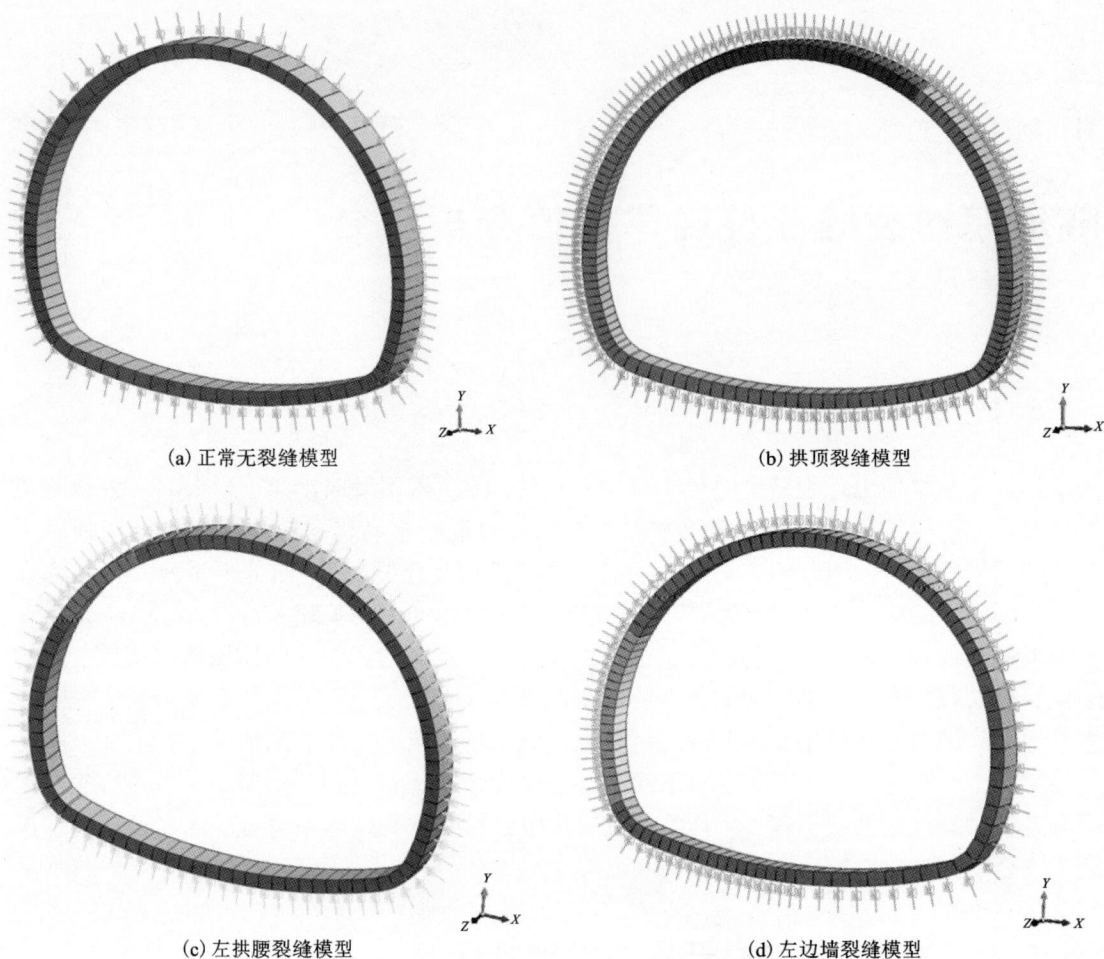

(a) 正常无裂缝模型

(b) 拱顶裂缝模型

(c) 左拱腰裂缝模型

(d) 左边墙裂缝模型

图 5-1　不同程度裂缝数值计算模型图

5.2.2　不同情况下衬砌裂缝力学特征

由图 5-2 可知，在隧道二衬无裂缝的情况下，二衬的受力保持对称的特征，在边墙处产生最大轴力，在拱顶和边墙处均出现较大弯矩值，其中弯矩最大值出现在边墙处，二衬所受的最大剪力值也出现在边墙处。

由图 5-3~图 5-5 可知，在拱顶处出现不同程度裂缝时，隧道二衬在边墙处出现最大轴力值，在拱顶和边墙处均出现较大弯矩值，其中最大弯矩值出现在拱顶处，最大剪力值出现在边墙处。在拱顶处裂缝程度逐渐提高时，二衬在边墙处所承受的最大轴力值逐渐增大，与无裂缝情况相比，不同程度裂缝的二衬弯矩值在拱顶与拱腰处会明显增大，在有无裂缝的二衬上剪力所发生的变化较小。在二衬拱顶裂缝的作用下，结构的受力规律会发生一定的改变，因此在某一位置出现裂缝时有必要对其他位置进行检测。

(a) 轴力图

(b) 弯矩图

(c) 剪力图

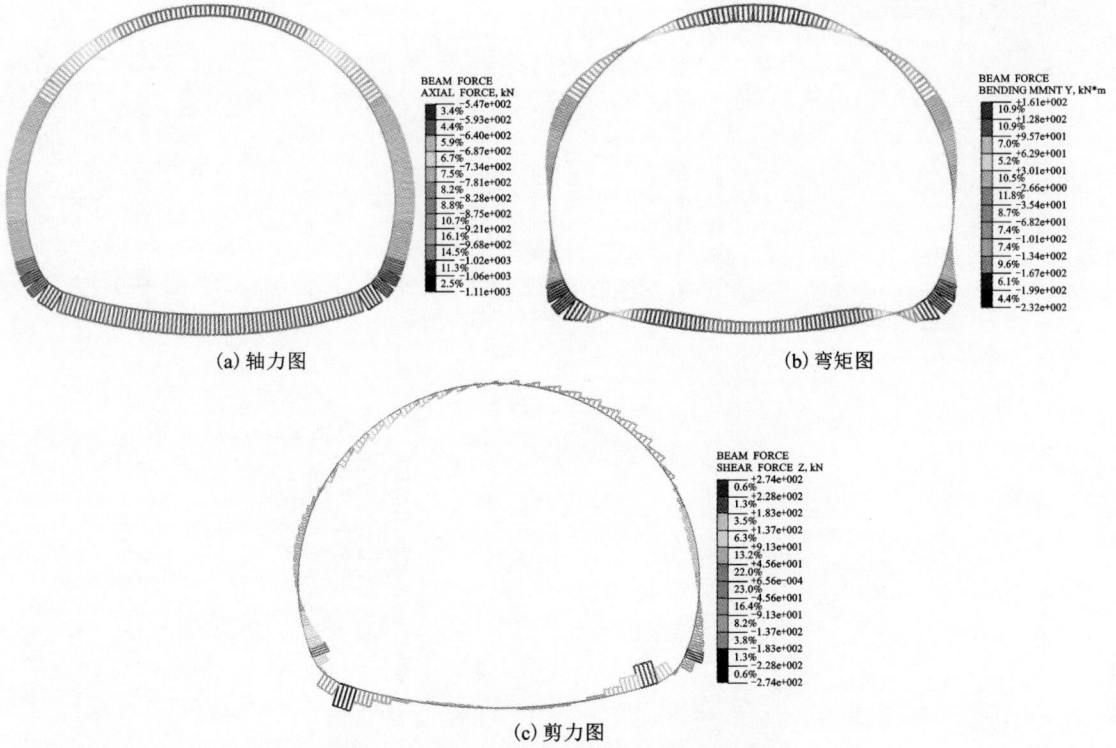

图 5-2　无裂缝情况下隧道二衬内力计算图

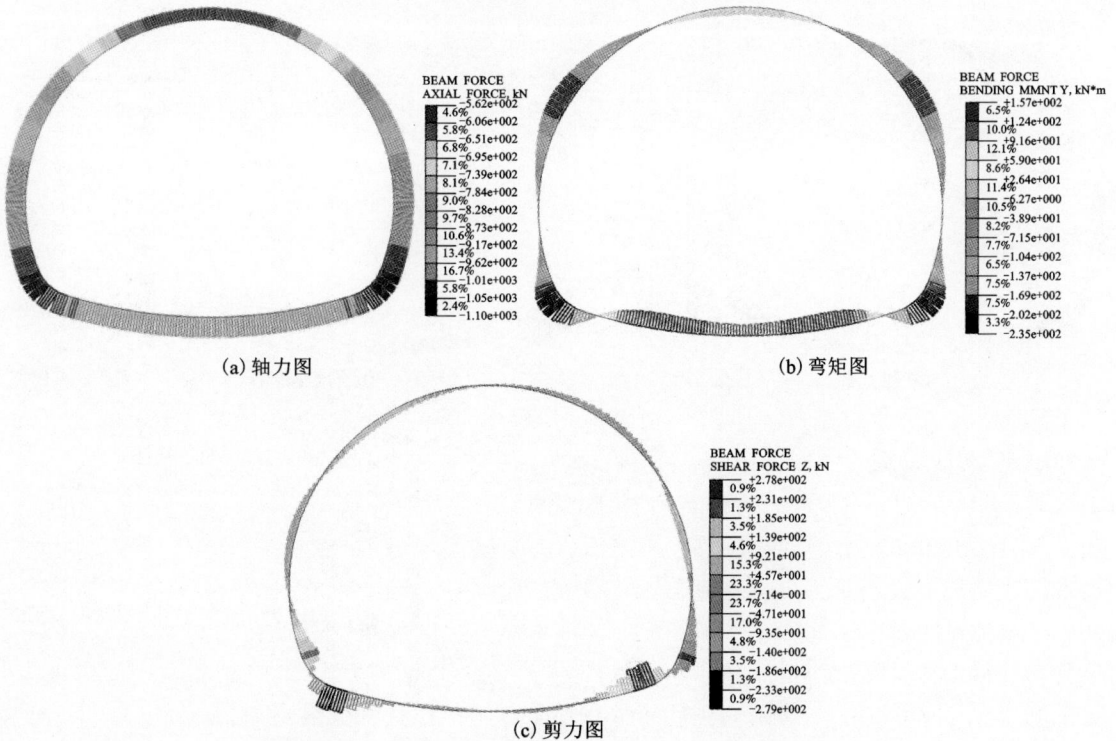

(a) 轴力图

(b) 弯矩图

(c) 剪力图

图 5-3　拱顶衬砌弹性模量折减 20% 内力计算图

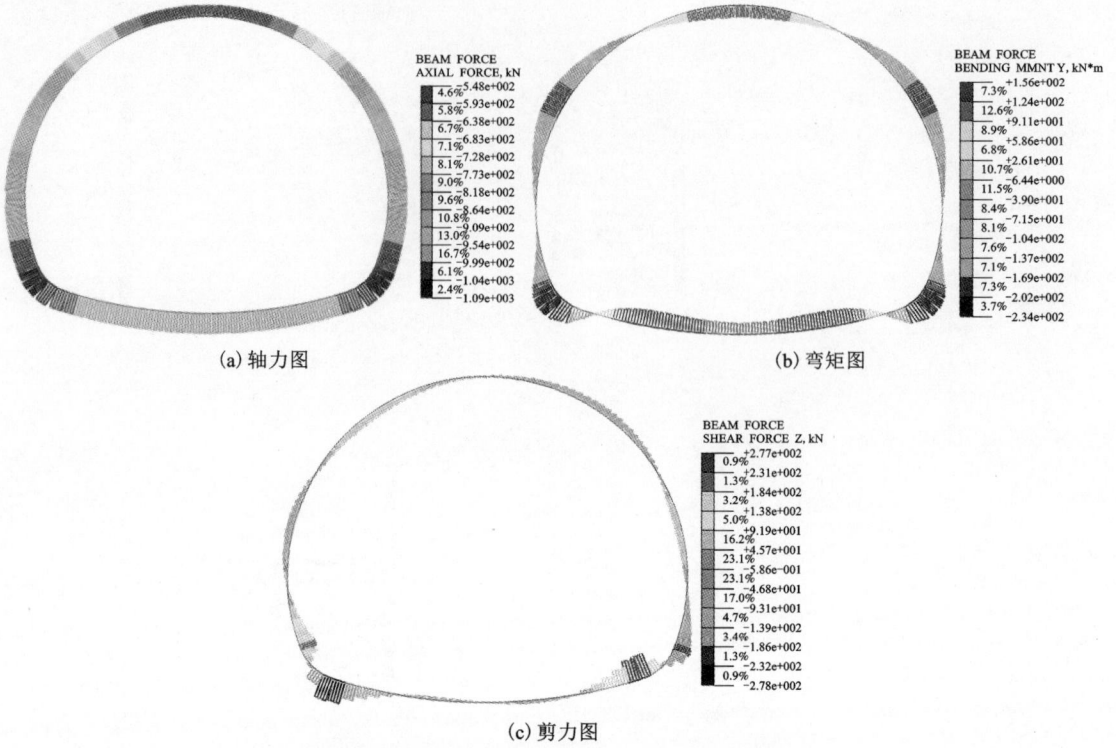

(a) 轴力图

(b) 弯矩图

(c) 剪力图

图 5-4　拱顶衬砌弹性模量折减 50% 内力计算图

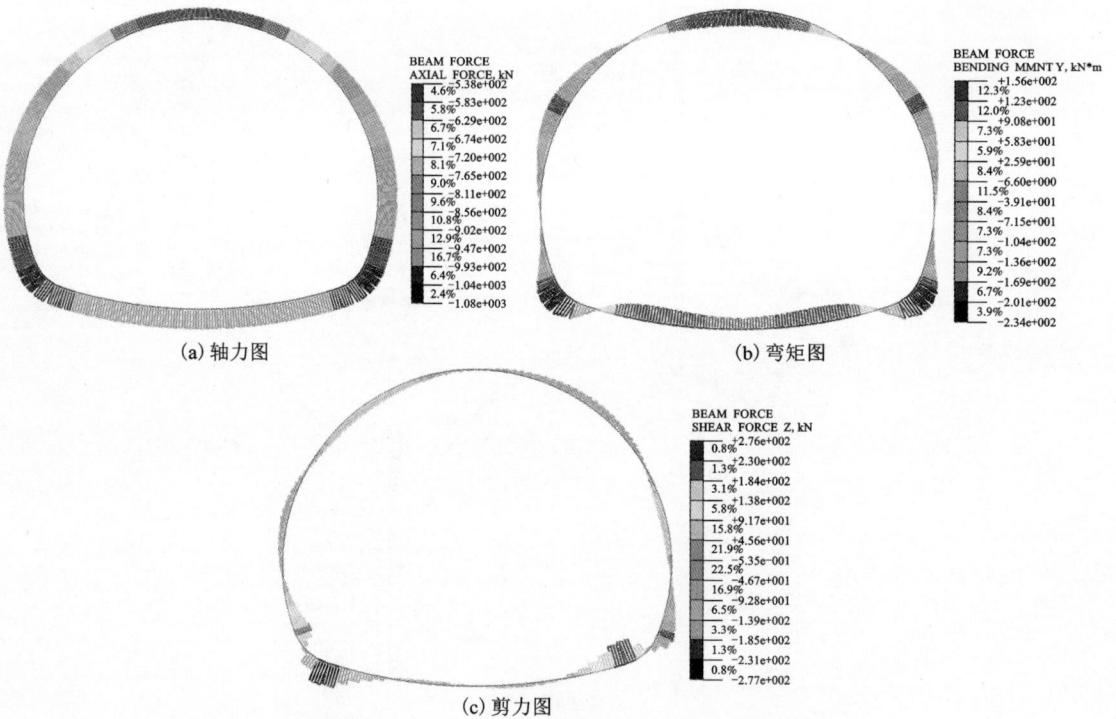

(a) 轴力图

(b) 弯矩图

(c) 剪力图

图 5-5　拱顶衬砌弹性模量折减 80% 内力计算图

　　由图 5-6~图 5-8 可知，在左拱腰处出现不同程度的裂缝时，其最大轴力值出现在边墙处，并且随着折减程度的提高，二衬所受较大轴力的范围也扩大，从边墙延伸到拱脚位置。在拱腰和边墙出现较大弯矩值，其中最大弯矩值出现在边墙处，随着裂缝程度的提高，拱顶处的弯矩会逐渐减小，边墙处的弯矩逐渐增大。在拱脚和边墙位置出现较大剪力值，拱脚剪力随着裂缝程度的提高而增大。由于左拱腰裂缝的存在，该位置的衬砌承载能力降低，从而导致整个二衬结构的受力发生重新分布。

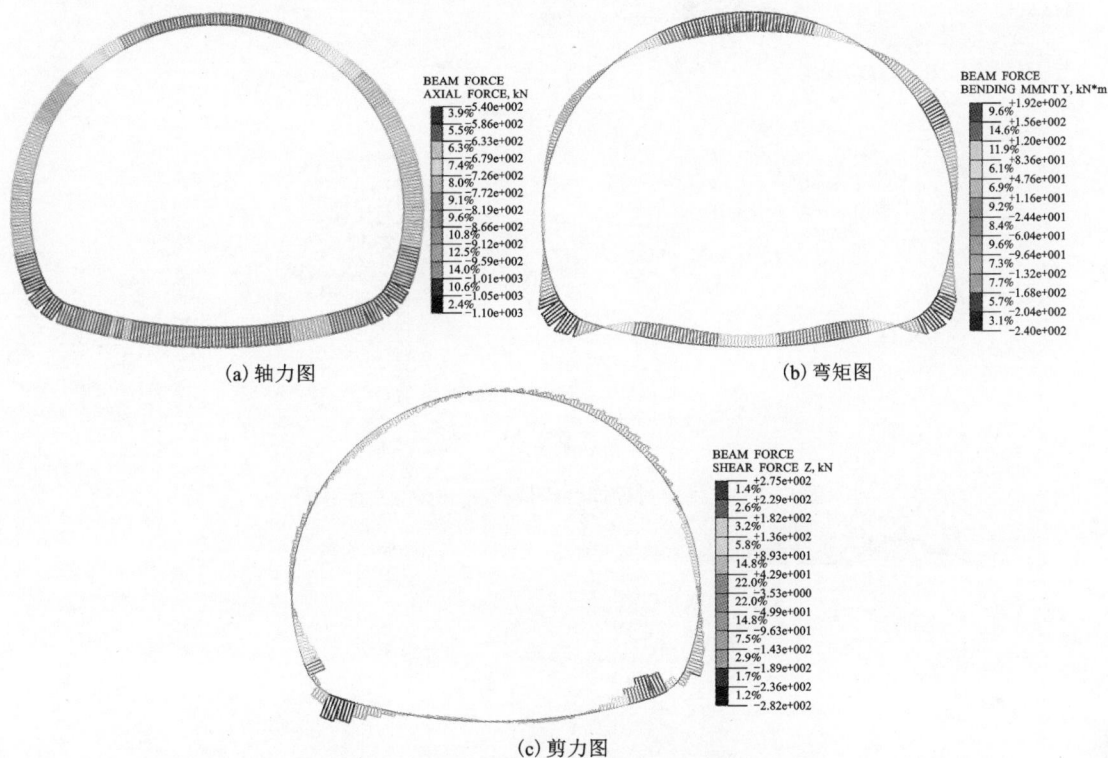

(a) 轴力图　　(b) 弯矩图

(c) 剪力图

图 5-6　左拱腰衬砌弹性模量折减 20%内力计算图

　　由图 5-9~图 5-11 可知，在左边墙处出现不同程度的裂缝时，其最大轴力值出现在边墙处，并且随着折减程度的提高，拱底所受轴力发现显著变化，二衬所受较大轴力的范围也扩大，从边墙延伸到拱脚位置。在拱腰和边墙出现较大弯矩值，其中最大弯矩值出现在边墙处，随着裂缝程度的提高，拱顶处的弯矩逐渐减小，边墙处的弯矩显著增大。在拱脚和边墙位置出现较大剪力值，拱脚剪力随着裂缝程度的提高而增大。由于左拱腰裂缝的存在，该位置的衬砌承载能力降低，从而导致整个二衬结构的受力发生重新分布。在有裂缝的情况下，二衬结构的轴力、弯矩和剪力都会增大，因此当隧道某一部位出现裂缝后，有必要对裂缝以外的位置进行承载能力监测，为后期二衬结构的养护维修提供参考。

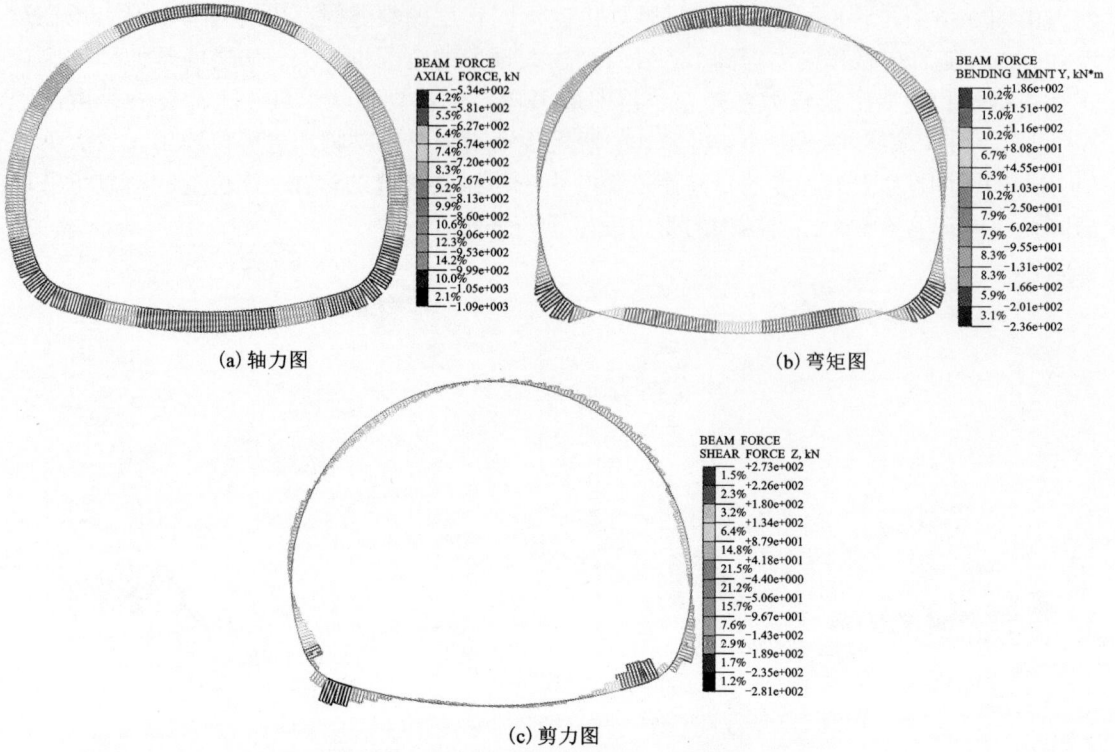

(a) 轴力图

(b) 弯矩图

(c) 剪力图

图 5-7　左拱腰衬砌弹性模量折减 50%内力计算图

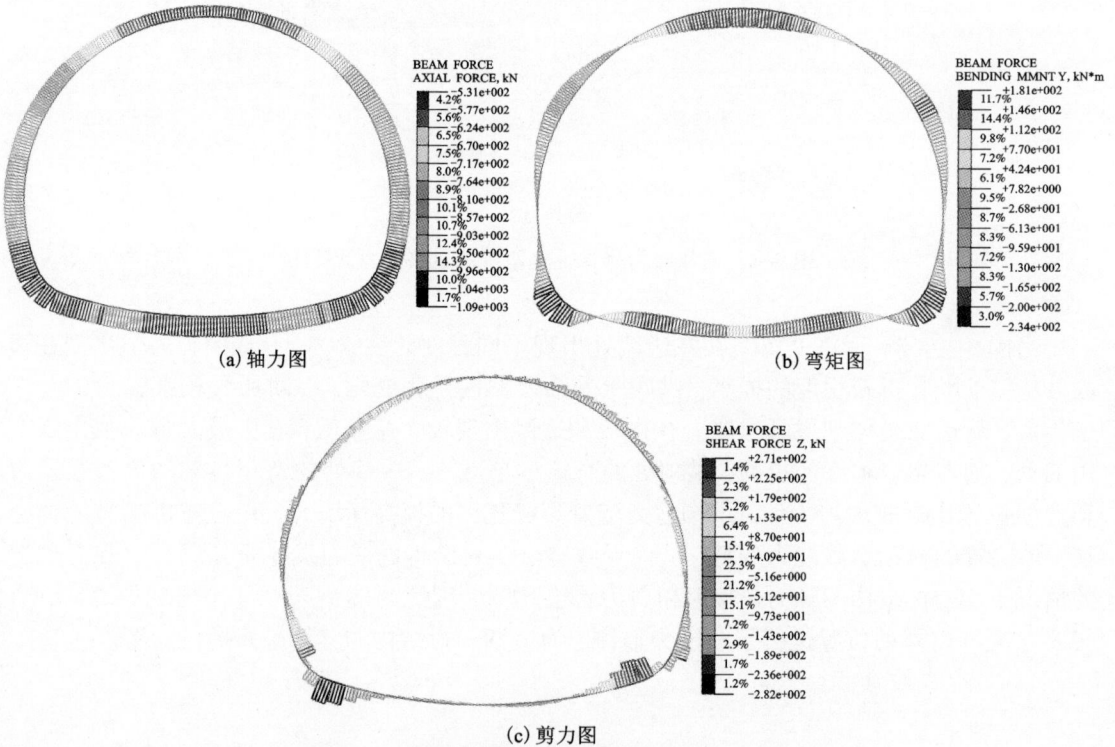

(a) 轴力图

(b) 弯矩图

(c) 剪力图

图 5-8　左拱腰衬砌弹性模量折减 80%内力计算图

(a) 轴力图

(b) 弯矩图

(c) 剪力图

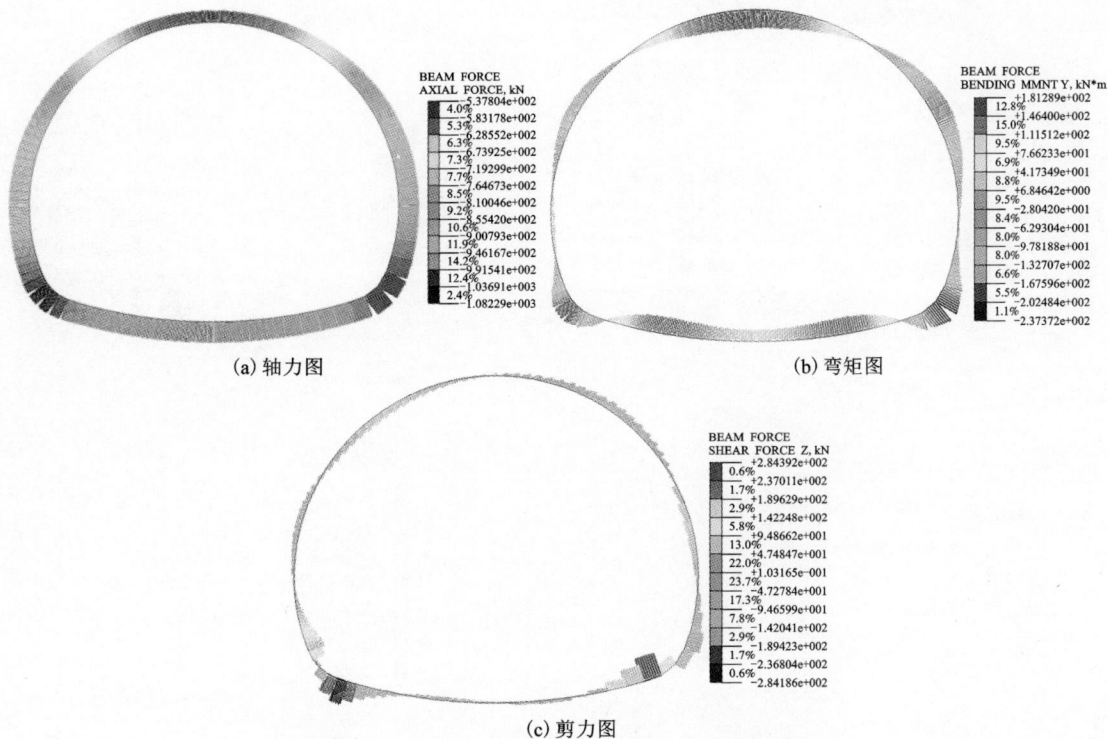

图 5-9　左边墙衬砌弹性模量折减 20% 内力计算图

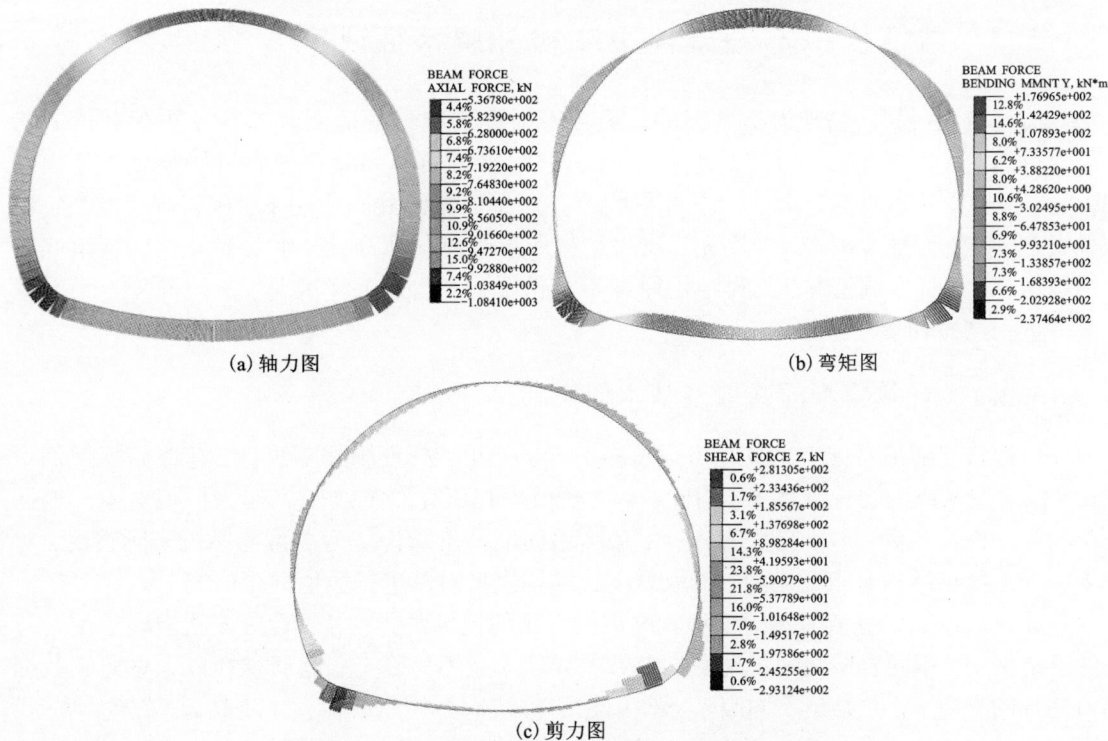

(a) 轴力图

(b) 弯矩图

(c) 剪力图

图 5-10　左边墙衬砌弹性模量折减 50% 内力计算图

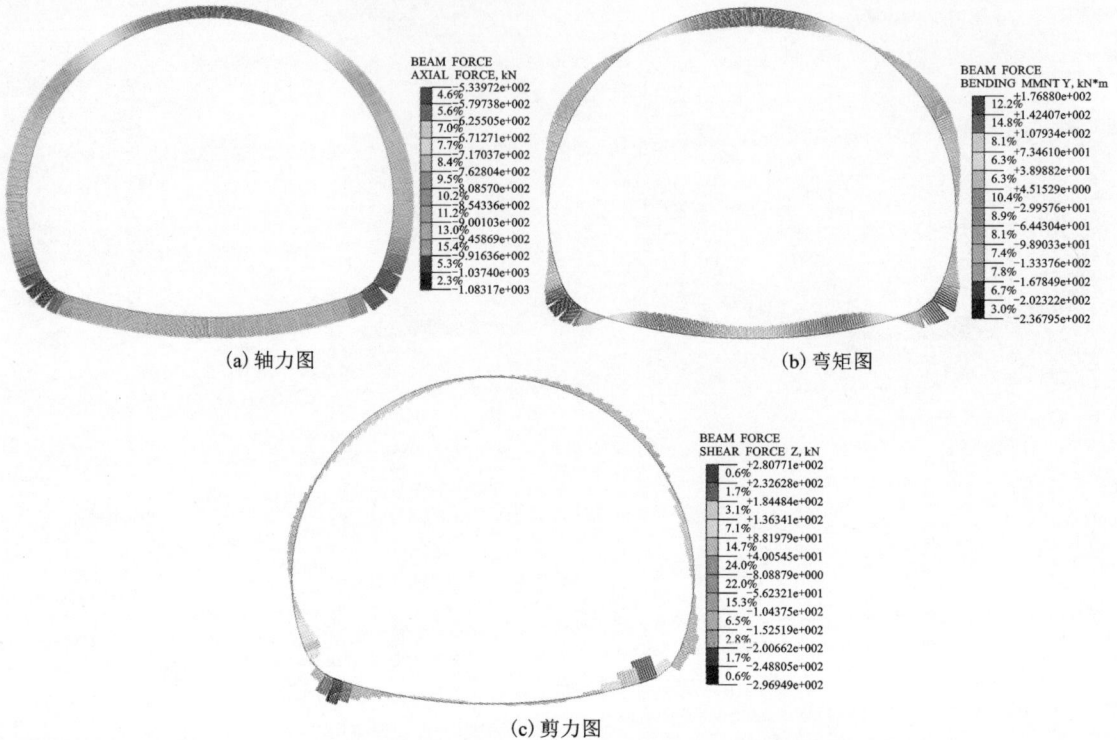

(a) 轴力图

(b) 弯矩图

(c) 剪力图

图 5-11　左边墙衬砌弹性模量折减 80％内力计算图

5.3　数值模拟不同条件下二衬开裂特征研究

通过前文对软岩物理力学试验的研究以及对围岩变形的监测和二衬支护荷载压力的监测可知，软岩隧道中二衬开裂的原因复杂多样，不仅受区域地质条件和围岩工程特性的影响，而且受施工因素、设计因素等影响。在这些因素的共同作用下，围岩损伤严重，承载力下降，进而导致围岩发生变形，支护结构所承受荷载超高，发生二衬开裂。本研究在偏压情况、局部空洞情况、二衬结构厚度不足情况、不均匀沉降情况、不同混凝土强度情况下进行二衬开裂特征分析。

5.3.1　计算模型的选取及基本假定

所选软岩隧道自施工之日起出现了多次岩层变更，据现场施工统计，总体施工比例中80％以上按Ⅴ级围岩等级施工，因此，本次数值模拟研究以Ⅴ级围岩作为模拟对象。根据现场支护设计参数，本研究数值分析对象为钢筋混凝土结构。为尽可能贴近实际情况，对于钢筋混凝土结构有限元模型，选取分离式结构模型对其进行数值模拟研究。

通过对该软岩隧道的不同工程状况进行大量的现场监测，可以看出该软岩隧道围岩条件复杂多变，不同岩层之间物理力学参数差异较大且不易确定。本研究在以大量监测数据为基础的支撑下，总结出不同因素下作用在二衬结构上的荷载值，并建立起"荷载-结构"模型来进行数值模拟计算以研究二衬开裂规律。

本研究结合研究对象的实际情况，对模型和计算情况作出如下简化及假定：

①假定隧道走向、地质及结构一定,选取沿走向 1 m 建立计算模型。

②假定二衬结构为一个整体,无部件之间连接的影响。

③假定二衬结构为分离式结构,钢筋和混凝土为不同单元。

④采用"荷载-结构"计算模型来计算模拟二衬结构开裂问题,二衬结构所受外荷载采用实际的监测统计分析数据。

⑤有限元数值计算过程中,二衬结构开裂部位以红线表示。

5.3.2　计算模型的建立

本研究选取隧道断面通用图,如图 5-12 所示。

1. 混凝土计算参数及模型

本研究选取钢筋混凝土模型中的分离式模型进行数值模拟,其中钢筋采用 Link8 单元,混凝土采用 solid65 单元,钢筋单元与混凝土单元采用共用节点连接。模型的上升段公式按照《混凝土结构设计规范(2015 年版)》(GB 50010—2010)的规定,下降段采用 Hongnestad 的处理方法,即

当 $\varepsilon_c \leqslant 0.0025$ 时,

$$\sigma_c = f_c\left[1 - \left(1 - \frac{\varepsilon_c}{0.0025}\right)^2\right] \tag{5-1}$$

当 $0.002 \leqslant \varepsilon_c \leqslant 0.0033$ 时,

$$\sigma_c = f_c\left[1 - 0.15\left(\frac{\varepsilon_c - 0.0025}{0.0041 - 0.0025}\right)\right] \tag{5-2}$$

式中:f_c 为混凝土轴心抗压强度标准值、设计值。

本研究中所选混凝土标号为 C25,厚度为 45 cm,因此可以得出 f_c 值。另外,混凝土应力-应变曲线上的第一个点的割线模量为混凝土的弹性模量,泊松比取 0.2。混凝土结构本构模型如图 5-13 所示。

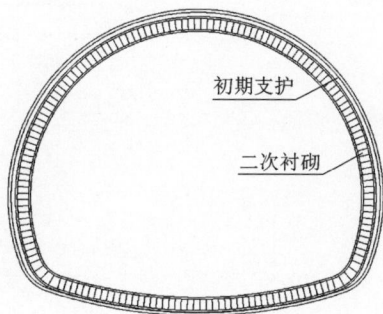

图 5-12　隧道断面通用图

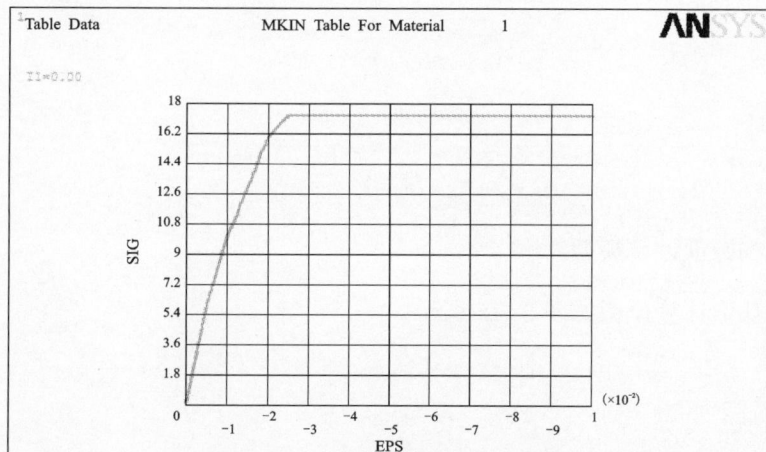

图 5-13　混凝土结构本构模型

2. 钢筋计算参数及模型

本研究中钢筋模型采用理想弹塑性本构模型, 如图 5-14 所示, 二衬结构钢筋配筋情况如表 5-2 所示。

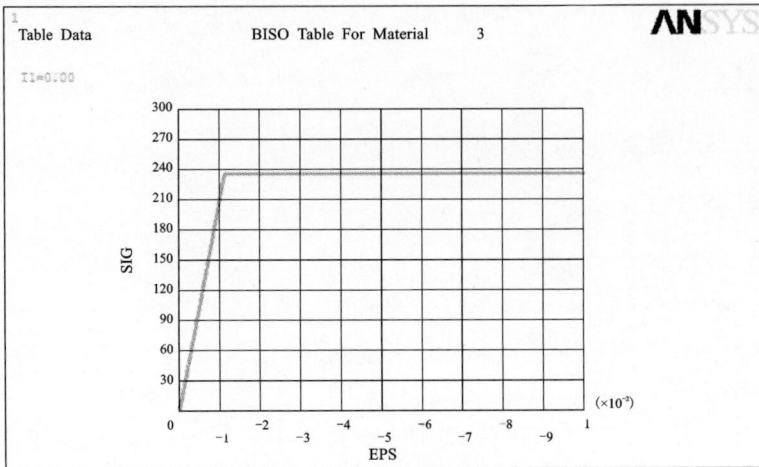

图 5-14 钢筋本构模型

表 5-2 隧道衬砌钢筋分布情况

钢筋类型	钢筋型号	分布间距/cm
沿隧道径向连接筋	$\phi 8$	两排钢筋间距
沿隧道轴向分布筋	$\phi 14$	30
沿隧道环向分布筋	$\phi 22$	20

钢筋的弹性模量为 $E = 2.1e5$ MPa, 泊松比取 0.3, $f_c = 188$ MPa, $f_t = 235$ MPa。

当 $0 \leq \varepsilon \leq \dfrac{f_y}{E}$ 时,

$$\sigma = E\varepsilon \tag{5-3}$$

当 $\varepsilon \geq \dfrac{f_y}{E}$ 时,

$$\sigma = f_y \tag{5-4}$$

3. 二衬结构数值计算模型

二衬结构数值计算模型如图 5-15 所示。

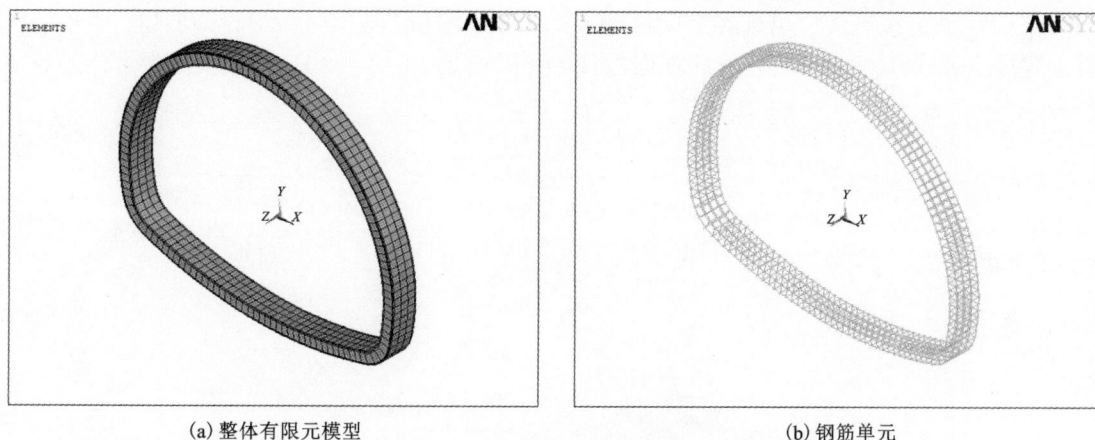

(a) 整体有限元模型　　　　　　　　　(b) 钢筋单元

图 5-15　二衬结构计算模型

5.3.3　偏压情况下二衬开裂特征分析

本研究针对二衬结构的偏压情况设置了无偏压、拱顶偏压、拱腰偏压和边墙偏压四种不同位置的工况。通过上文对不同偏压情况下的二衬支护结构承载监测结果进行的统计和筛选，选定了如表 5-3 所示的四种典型的偏压情况下的二衬承载值。

表 5-3　不同偏压情况下二衬结构承载值　　　　　　　　单位：MPa

偏压情况	荷载				
	拱顶	左拱腰	左边墙	右拱腰	右边墙
无偏压	0.494	0.518	0.438	0.543	0.507
拱顶偏压	0.775	0.412	0.298	0.401	0.317
拱腰偏压	0.407	0.775	0.443	0.311	0.288
边墙偏压	0.407	0.443	0.775	0.311	0.288

针对不同偏压情况对二衬结构位移及裂缝的影响进行研究分析，现根据不同偏压作用分别拟定无偏压、拱顶偏压、拱腰偏压、边墙偏压为工况 1、工况 2、工况 3 和工况 4。

1. 不同偏压情况下隧道二衬结构水平位移分析

根据图 5-16 所展示的 4 种偏压情况下二衬结构水平位移情况模拟结果可知，不同偏压情况下所表现出来的水平位移也有所不同：在工况 1 无偏压情况下，二衬结构最大水平位移值出现在两侧拱腰处，位移方向相反，朝向隧道围岩方向运动，且具有对称性；在工况 2 拱顶偏压情况下，二衬结构最大水平位移值出现在两侧边墙处，与无偏压情况下的运动方向相同，且整体水平位移较工况 1 偏大；在工况 3 左拱腰偏压情况下，二衬结构水平位移最大值出现在有偏压的左拱腰处，沿围岩临空面方向移动，同时与之对称的右拱腰也发生较大水平位移，方向相反，因此整体展现出右移趋势；在工况 4 左边墙偏压情况下，二衬结构水平位移最大值出现在有偏压的左边墙处，沿围岩临空面方向移动，右拱腰处也有出现较大水平位移，因此整体展现出右移趋势。

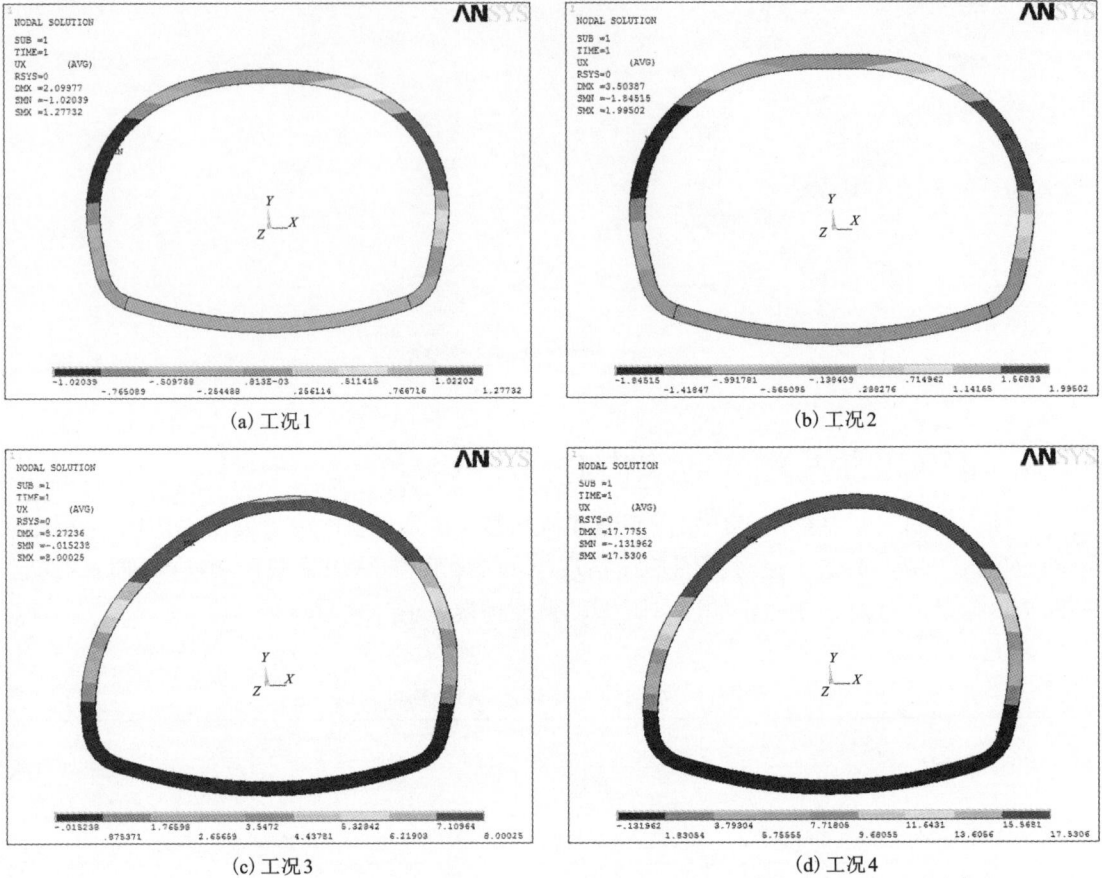

(a) 工况 1　　　　　　　　　　　　　　(b) 工况 2

(c) 工况 3　　　　　　　　　　　　　　(d) 工况 4

图 5-16　不同偏压情况下 4 种工况二衬结构水平位移云图

当二衬结构无偏压情况或偏压位置在拱顶时，二衬结构的最大水平位移均出现在两侧，且运动方向相反，具有对称性，均朝着围岩方向移动。当二衬结构左侧出现偏压情况时，二衬结构的最大水平位移值均出现在有偏压位置，且其对称部位也会出现较大水平位移，其水平位移方向相同，因此表现出二衬结构整体右移趋势。类似地，在二衬结构右侧产生偏压时会出现与左侧相反的情形。

通过对上述 4 种不同偏压情况下二衬结构水平位移值结果的分析可知，4 种工况下最大水平位移值产生在边墙处出现偏压时，其次为拱腰处，其变化规律如图 5-17 所示。

2. 不同偏压情况下隧道二衬结构竖向位移分析

根据图 5-18 所展示的 4 种偏压情况下二衬结构竖向位移情况模拟结果可知，不同偏压情况下所表现出来的竖向位移也有所不同：在工况 1 无偏压情况下，二衬结构最大竖向位移值出现在拱顶处，位移朝向围岩临空面方向运动，沿拱顶向下竖向位移逐渐减小且竖

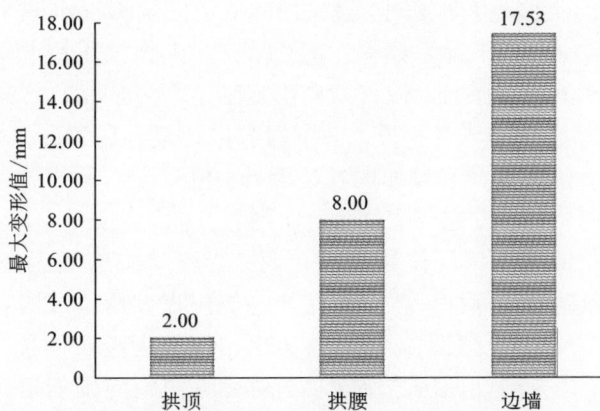

图 5-17　不同偏压情况下二衬结构最大水平位移值分布情况

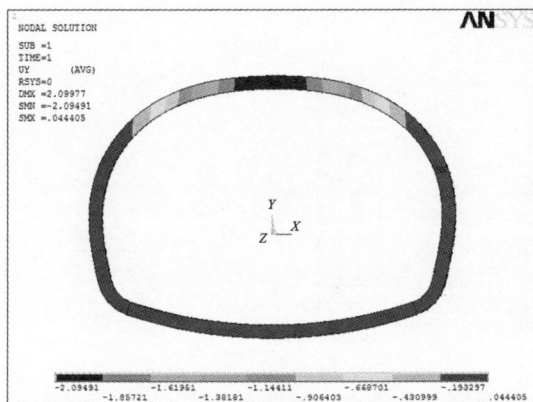

(a) 工况 1

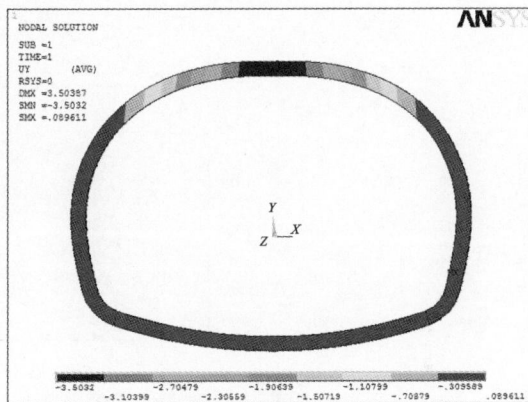

(b) 工况 2

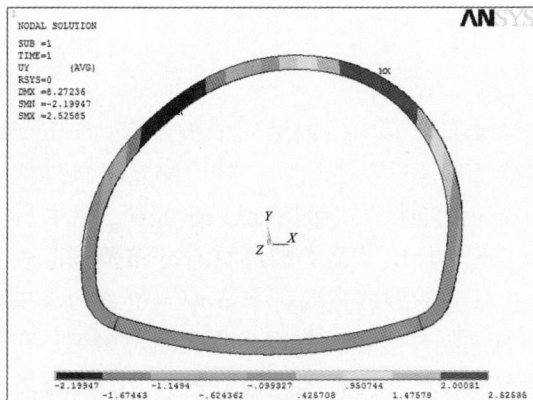

(c) 工况 3

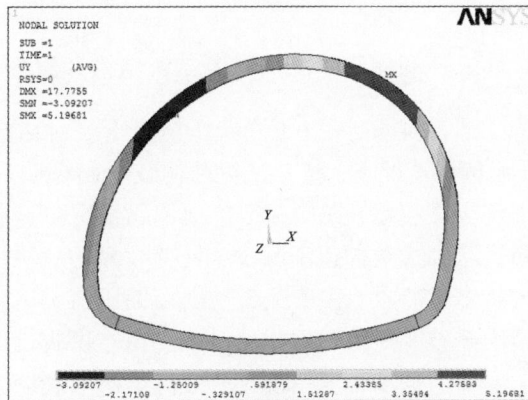

(d) 工况 4

图 5-18　不同偏压情况下 4 种工况二衬结构竖向位移云图

向位移具有明显的对称性；在工况2拱顶偏压情况下，二衬结构最大竖向位移值出现在拱顶处，与无偏压情况下的运动方向相同，沿拱顶向下竖向位移逐渐减小且竖向位移具有明显的对称性，整体竖向位移较工况1偏大；在工况3左拱腰偏压情况下，二衬结构竖向位移最大值出现在有偏压的左拱腰处，位移朝向围岩临空面方向运动，同时与之对称的右拱腰也发生较大竖向位移，方向与之相反，向围岩方向运动；在工况4左边墙偏压情况下，二衬结构竖向位移最大值出现在有偏压的左边墙处，位移朝向围岩临空面方向运动，右拱腰处也有出现较大竖向位移，方向与之相反，向围岩方向运动。

当二衬结构无偏压情况或偏压位置在拱顶时，二衬结构的最大竖向位移均出现在拱顶，且竖向位移具有明显的对称性。当二衬结构左侧出现偏压情况时，二衬结构的最大竖向位移值均出现在有偏压位置，且其对称部位也会出现较大竖向位移，其竖向位移方向相反，有偏压位置竖向位移方向朝向围岩临空面，对称方向朝向围岩运动。类似地，在二衬结构右侧产生偏压时会出现与左侧相反的情形。

通过对上述4种不同偏压情况下二衬结构竖向位移值结果的分析可知，4种工况下最大竖向位移值产生在边墙处出现偏压时，其次为拱顶处，其变化规律如图5-19所示。

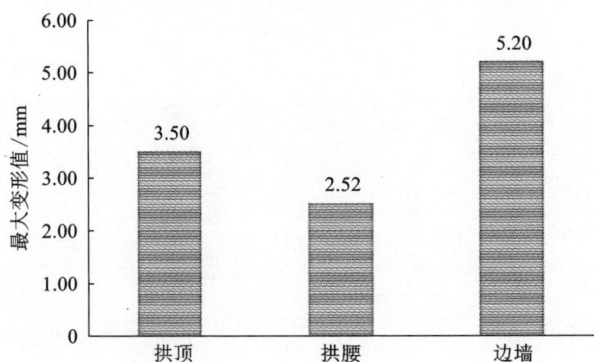

图5-19　不同偏压情况下二衬结构最大竖向位移值分布情况

3. 不同偏压情况下隧道二衬结构开裂分析

通过对图5-20不同偏压情况下二衬结构裂缝分布情况的模拟结果分析可知：在工况1无偏压情况下，整个二衬结构较少出现明显裂缝，有且只在拱顶和拱脚内侧及拱腰外侧出现少许裂缝；在工况2拱顶偏压情况下，在偏压位置的拱顶内侧出现最多裂缝，且裂缝向拱腰和边角向逐渐减少，具有明显的对称性，工况2相比工况1裂缝具有分布范围广和数量多的特点；在工况3左拱腰偏压情况下，二衬结构的裂缝主要分布在偏压位置的左拱腰内侧及其对称的右拱腰外侧，在左拱脚内侧和右拱脚外侧也会局部出现少量的裂缝；在工况4左边墙偏压情况下，二衬结构的裂缝主要分布在偏压位置的左边墙内侧及其对称的右边墙外侧，在左拱脚内侧和右拱脚外侧也会局部出现少量的裂缝。

通过上述数值模拟分析可以看出，偏压对二衬结构的影响较为明显。在偏压作用下二衬结构会出现水平和竖向位移，进而形成弯矩，导致偏压位置在二衬结构上较早出现裂缝，并逐渐向其他方向蔓延出现少量裂缝，在裂缝较多处会形成衬砌表面开裂，严重威胁

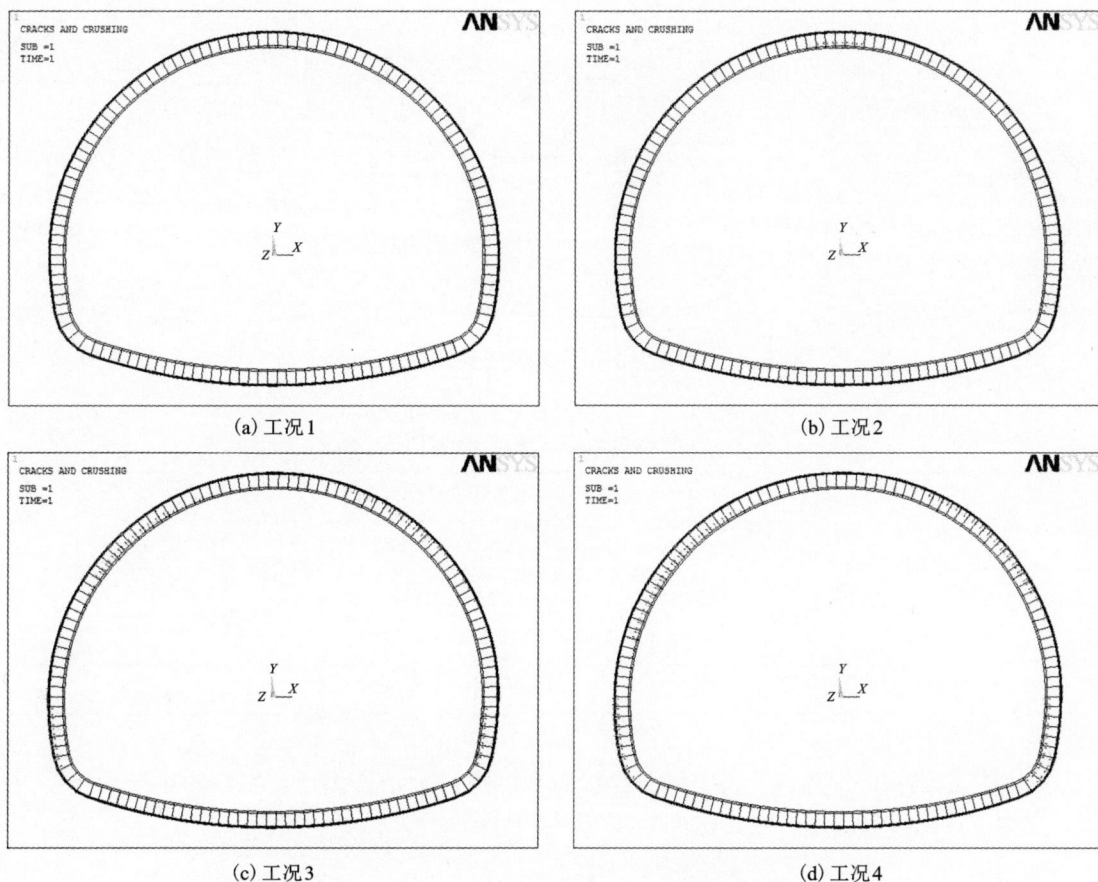

(a) 工况 1 　　　　　　　　　　　　　(b) 工况 2

(c) 工况 3 　　　　　　　　　　　　　(d) 工况 4

图 5-20　不同偏压情况下 4 种工况二衬结构裂缝分布图

二衬结构的安全性。

5.3.4　局部空洞情况下二衬开裂特征分析

通过对施工现场的勘查调研，发现二衬背面存在不同位置的空洞，而隧道二衬结构存在空洞也是二衬结构产生裂缝的原因之一，因为在施工中常常出现地质条件突变、施工扰动等情况。在衬砌产生空洞的地方既无围岩主动压力的作用，也无衬砌对围岩的弹性抗力作用，此因素往往会给衬砌带来受力不均的不利影响，若不加控制会演化成二衬结构开裂甚至发生失稳破坏。空洞在二衬背后的分布示意图如图 5-21 所示，现通过数值模拟计算，对二衬结构背后存在的不同位置的空洞问题进行分析。

对于隧道衬砌结构背后空洞的数值模拟研究，根据空洞所处的位置及尺寸设置对应的工况，以研究不同位置及尺寸的空洞对二衬结构的影响，所设工况如表 5-4 所示。

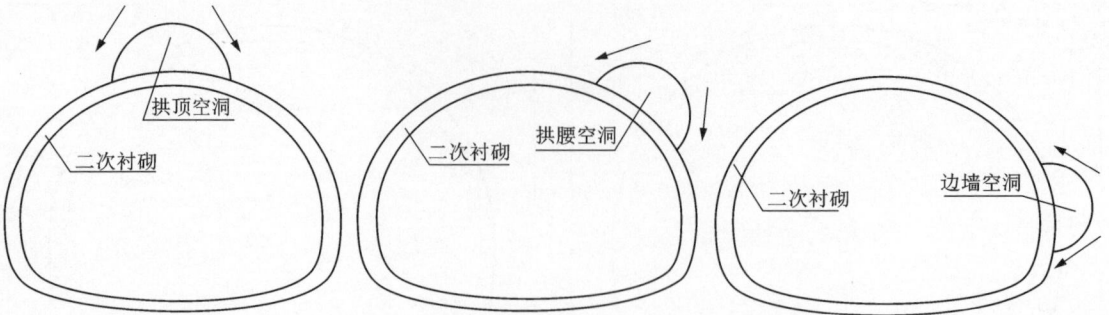

图 5-21　衬砌背后不同部位空洞的应力示意图

表 5-4　衬砌背后空洞情况下的计算工况

空洞位置	不同空洞尺寸下的工况		
	0.8 m	1.6 m	2.4 m
拱顶(90°)	工况 1	工况 2	工况 3
拱腰(45°)	工况 4	工况 5	工况 6
边墙(0°)	工况 7	工况 8	工况 9

利用隧道结构的对称性,将空洞分别设置在隧道衬砌结构拱顶及右侧的拱腰和边墙位置,其力学计算模型如图 5-22 所示。

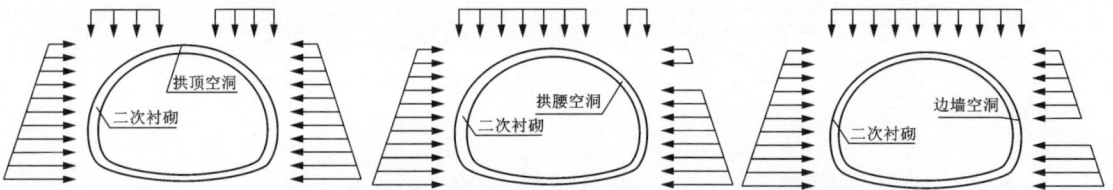

图 5-22　衬砌背后不同部位空洞的结构力学计算模型图

1.不同空洞分布位置及尺寸下二衬结构水平位移分析

通过对图 5-23 空洞位于拱顶情况下不同工况衬砌结构水平位移数值模拟结果的分析可知:在空洞位于隧道衬砌结构拱顶的情况下,不同工况下均在两侧边墙处出现了水平位移最大值,且移动方向相反,均朝着围岩临空面运动,因此整体衬砌结构展现出向临空面压缩变形趋势,水平位移值随着空洞尺寸的增大而增大。

通过对图 5-24 空洞位于拱腰情况下不同工况衬砌结构水平位移数值模拟结果的分析可知:在空洞位于隧道衬砌结构拱腰的情况下,不同工况下均在衬砌结构中心处出现了水平位移最大值,且与空洞位置对称的右拱腰也发生较大水平位移,移动方向朝向隧道临空面,因此整体衬砌结构表现为右移趋势,水平位移值随着空洞尺寸的增大而增大。

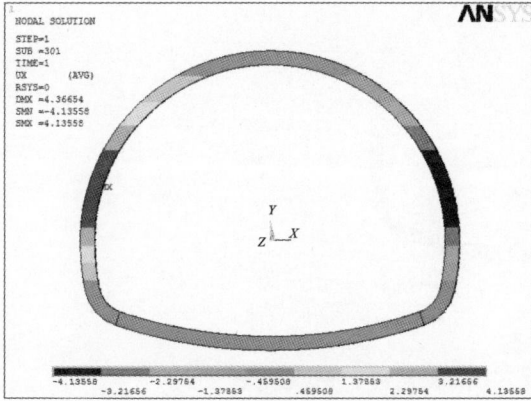

(a) 工况 1

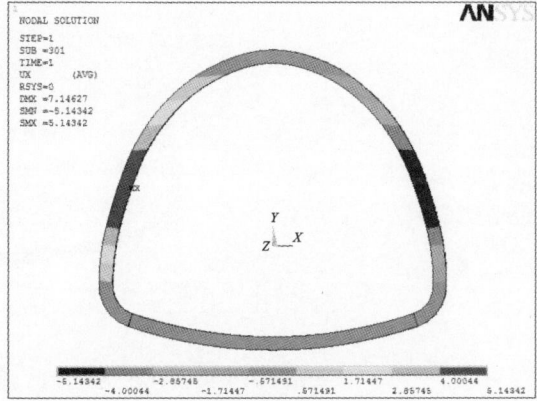

(b) 工况 2

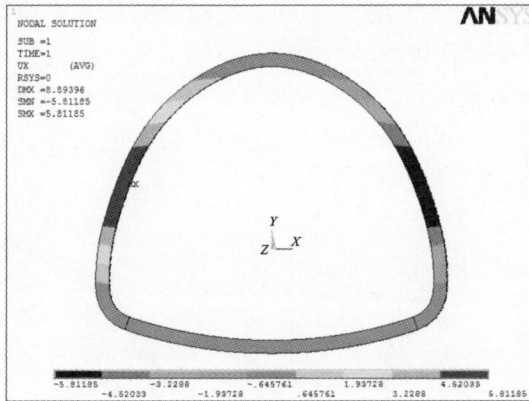

(c) 工况 3

图 5-23　拱顶存在空洞情况下 3 种工况二衬结构水平位移云图

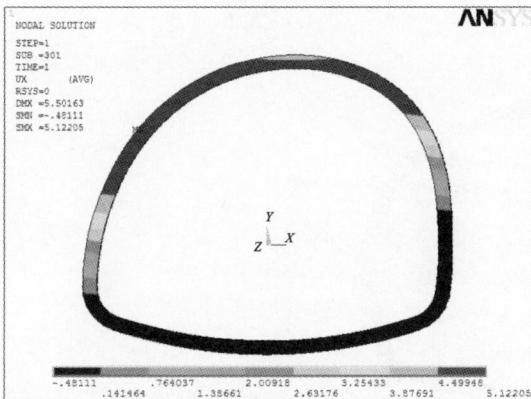

(a) 工况 4

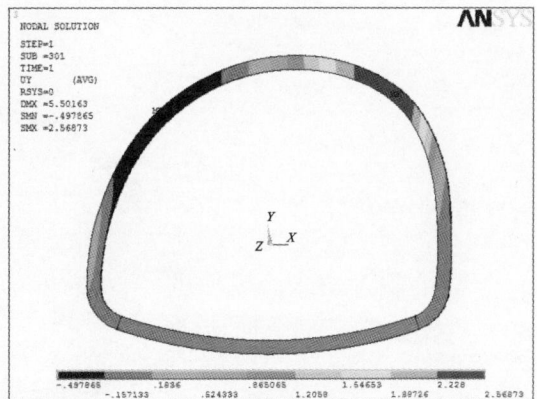

(b) 工况 5

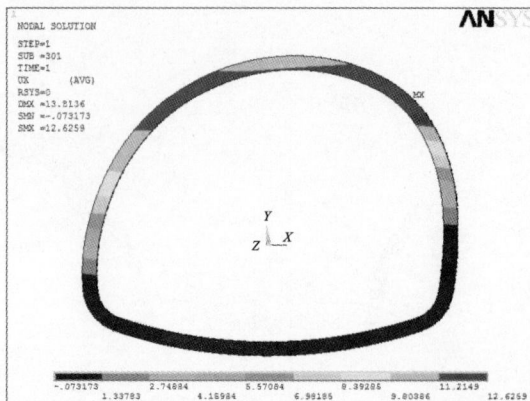

(c) 工况6

图 5-24   拱腰存在空洞情况下 3 种工况二衬结构水平位移云图

通过对图 5-25 空洞位于边墙情况下不同工况衬砌结构水平位移数值模拟结果的分析可知：在空洞位于隧道衬砌结构边墙的情况下，不同工况下均在衬砌结构背后空洞对称位置左边墙处出现了水平位移最大值，且最大水平位移值有随着空洞尺寸增大而逐渐向拱腰和拱顶移动的趋势，位移均朝隧道临空面运动，水平位移值随着空洞尺寸的增大而增大。

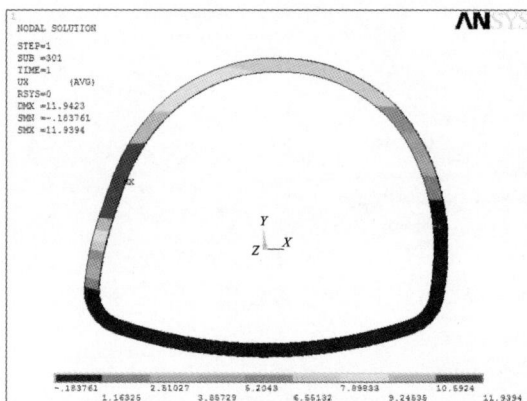

(a) 工况7

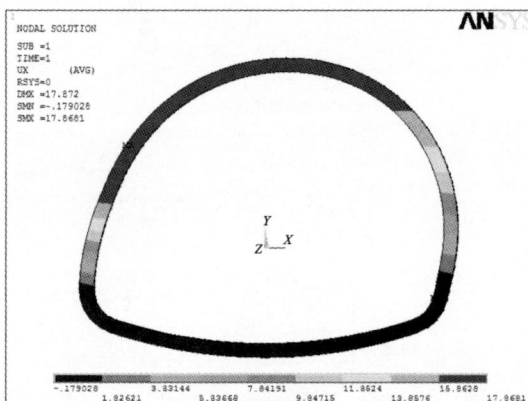

(b) 工况8

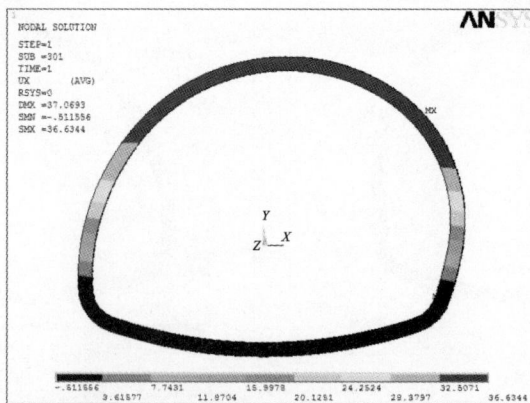

(c) 工况9

图 5-25   边墙存在空洞情况下 3 种工况二衬结构水平位移云图

根据对不同空洞尺寸、位置以及不同工况下的数值模拟分析可知，在衬砌结构背后的边墙位置出现空洞时会产生最大水平位移值，且最大水平位移发生在衬砌结构的边墙处，其次为拱腰处。不同位置、尺寸的空洞所产生的最大水平位移值变化规律如图 5-26 所示。

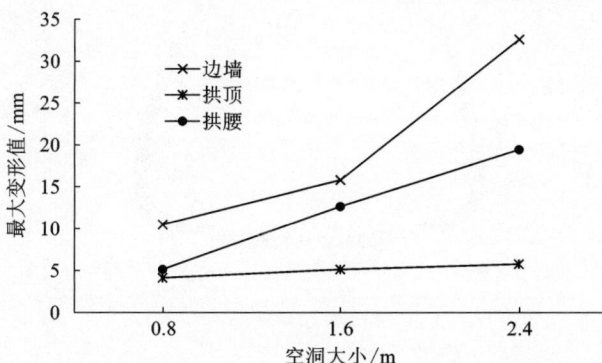

图 5-26　二衬结构最大水平位移值与空洞尺寸的关系

2. 不同空洞分布位置及尺寸下二衬结构竖向位移分析

通过对图 5-27 空洞位于拱顶情况下不同工况衬砌结构竖向位移数值模拟结果的分析可知：在空洞位于隧道衬砌结构拱顶的情况下，不同工况下均在拱顶处出现了竖向位移最大值，且位移均朝着围岩运动，竖向位移值随着空洞尺寸的增大而增大。

通过对图 5-28 空洞位于拱腰情况下不同工况衬砌结构竖向位移数值模拟结果的分析可知：在空洞位于隧道衬砌结构拱腰的情况下，不同工况下均在有空洞位置的右拱腰处出现了竖向位移最大值，位移朝围岩侧移动，同时与空洞位置对称的左拱腰也发生较大竖向位移，两对称位置位移方向相反，竖向位移值随着空洞尺寸的增大而增大。

通过对图 5-29 空洞位于边墙情况下不同工况衬砌结构竖向位移数值模拟结果的分析可知：在空洞位于隧道衬砌结构边墙的情况下，不同工况下最初均在右侧拱顶和拱腰处出现了竖向位移最大值，位移向围岩方向运动，之后最大竖向位移会因空洞的存在致使应力发生偏移而出现在右侧拱顶和拱腰位置，竖向位移值随着空洞尺寸的增大而增大。

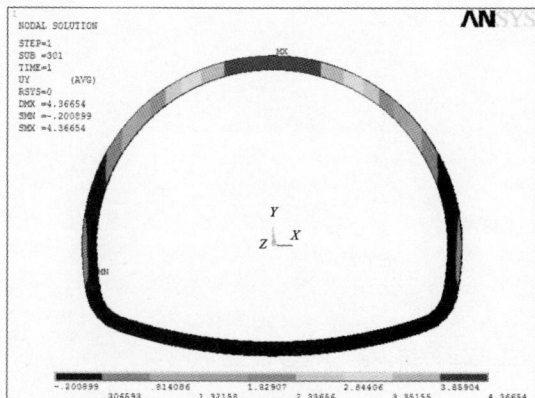

(a) 工况 1

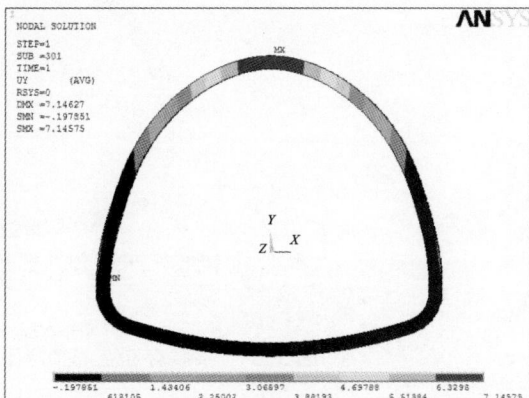

(b) 工况 2

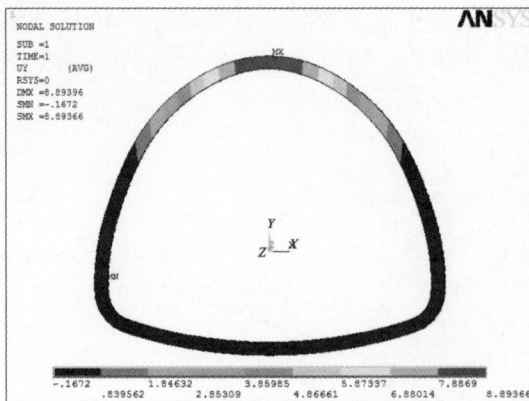

(c) 工况3

图 5-27　拱顶存在空洞情况下 3 种工况二衬结构竖向位移云图

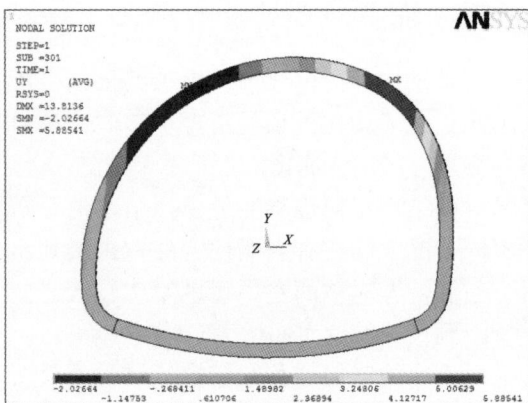

(a) 工况4

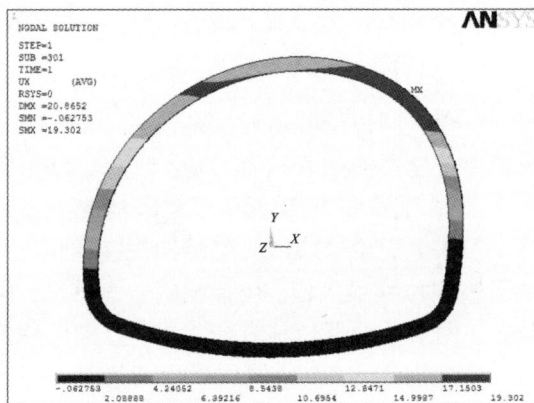

(b) 工况5

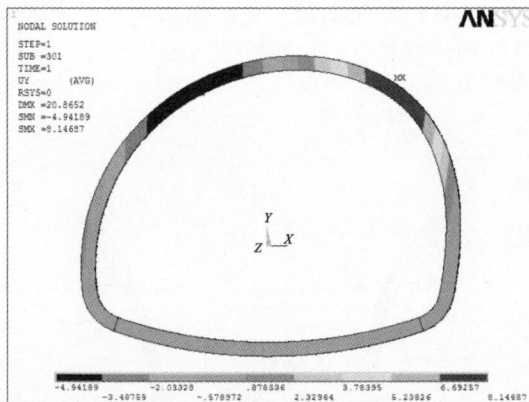

(c) 工况6

图 5-28　拱腰存在空洞情况下 3 种工况二衬结构竖向位移云图

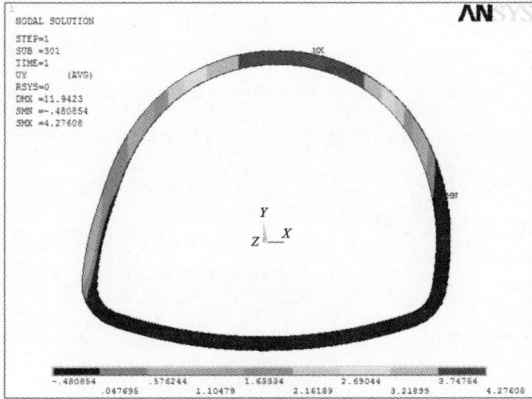
(a) 工况 7

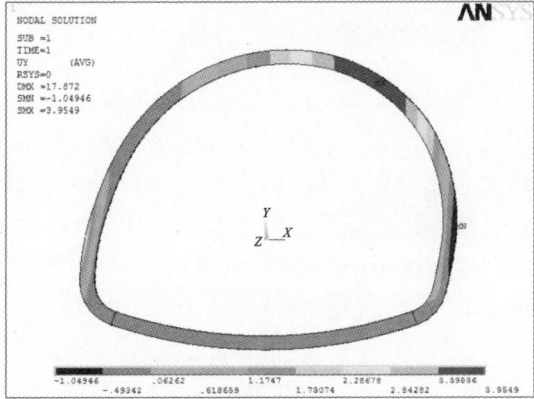
(b) 工况 8

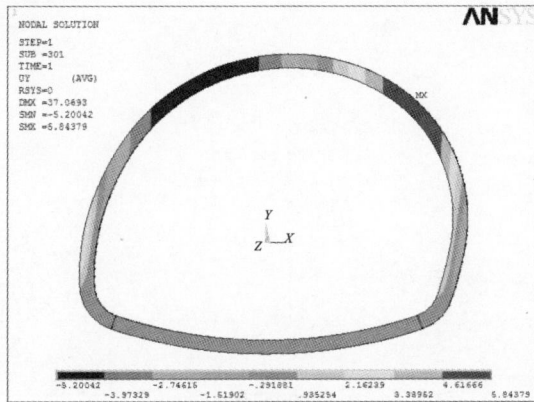
(c) 工况 9

图 5-29　边墙存在空洞情况下 3 种工况二衬结构竖向位移云图

　　根据对不同空洞尺寸、位置以及不同工况下的数值模拟分析可知，在衬砌结构背后的拱顶位置出现空洞时会产生最大竖向位移值，其余大多会在空洞位置处出现；竖向位移最小值出现在空洞位于边墙位置时。不同位置及尺寸的空洞所产生的最大竖向位移值变化规律如图 5-30 所示。

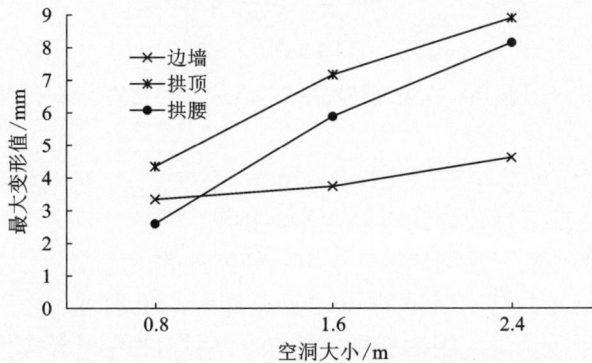

图 5-30　二衬结构最大竖向位移值与空洞尺寸的关系

3. 不同空洞尺寸下二衬结构开裂分析

通过对图 5-31 拱顶处存在不同位置及尺寸空洞情况下二衬结构裂缝分布情况模拟结果的分析可知，不同工况下拱顶处的空洞均会使拱顶外侧、拱腰和边墙内侧以及拱脚外侧产生裂缝，其裂缝形成分布规律为先在空洞位置的外侧产生裂缝，之后逐渐向内侧扩展发育，最终致使混凝土严重破坏，因为空洞的存在会使周围的围岩应力产生弯矩作用。总之，衬砌结构中产生裂缝的数量、分布范围和混凝土的破坏程度都会随着空洞尺寸的增大而增长、扩大和提高。

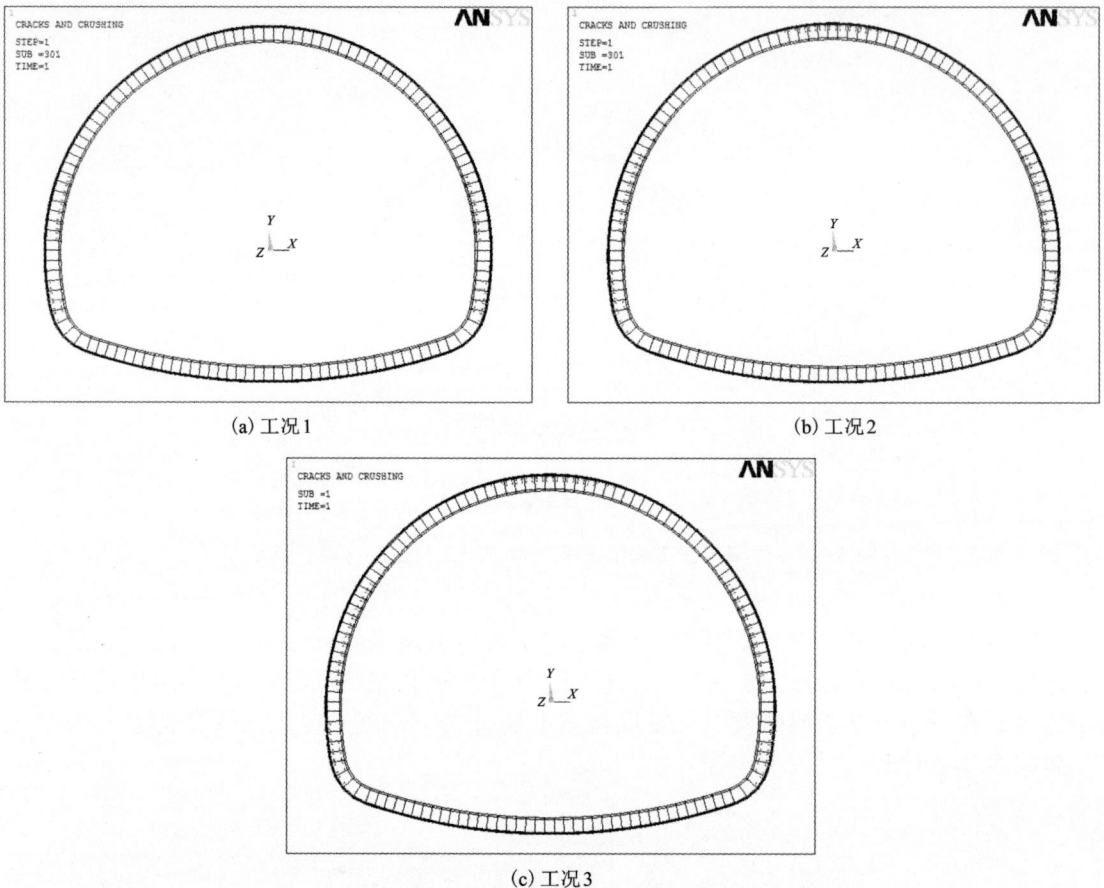

(a) 工况 1 　　　　　　　　　　　　　(b) 工况 2

(c) 工况 3

图 5-31　拱顶存在空洞情况下 3 种工况二衬结构裂缝分布图

通过对图 5-32 拱腰处存在不同位置及尺寸空洞情况下二衬结构裂缝分布情况模拟结果的分析可知，不同工况下拱顶处的空洞会使左拱腰、右边墙和右拱脚内侧产生裂缝，右拱腰、左边墙和左拱脚外侧产生裂缝，且空洞所处位置的中心部位二衬结构外表面开裂最为严重。其裂缝形成分布规律为先在空洞位置的外侧产生裂缝，之后逐渐向内侧扩展发育，最终致使混凝土严重破坏，因为空洞的存在会使周围的围岩应力产生弯矩作用。总之，衬砌结构中产生裂缝的数量、分布范围和混凝土的破坏程度都会随着空洞尺寸的增大而增长、扩大和提高。

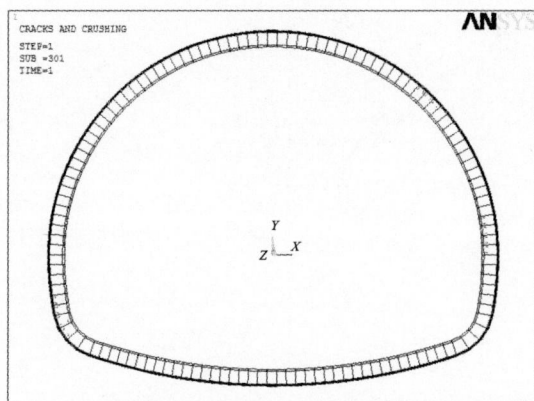

(a) 工况 4

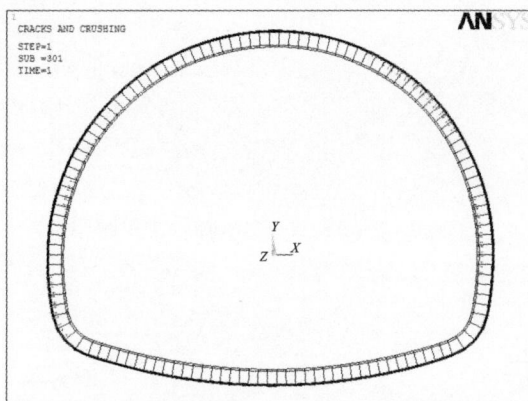

(b) 工况 5

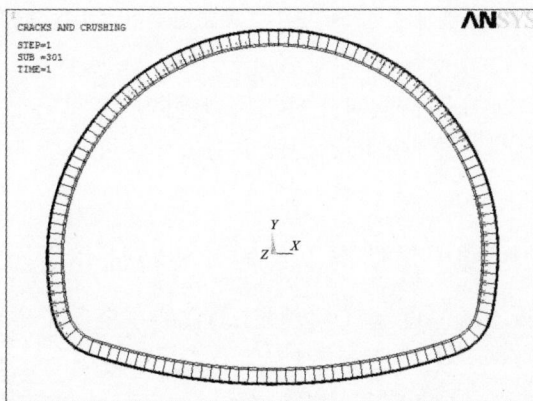

(c) 工况 6

图 5-32　拱腰存在空洞情况下 3 种工况二衬结构裂缝分布图

　　通过对图 5-33 边墙处存在不同位置及尺寸空洞情况下二衬结构裂缝分布情况模拟结果的分析可知，不同工况下边墙处的空洞会使右边墙、左边墙及左拱脚两侧均产生裂缝。裂缝会随着空洞尺寸的增大逐渐向拱腰及边墙处发展。

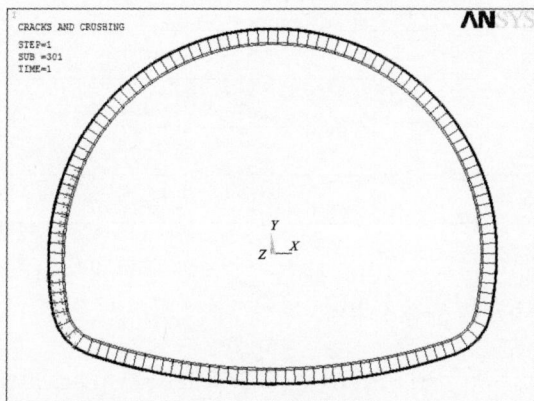

(a) 工况 7

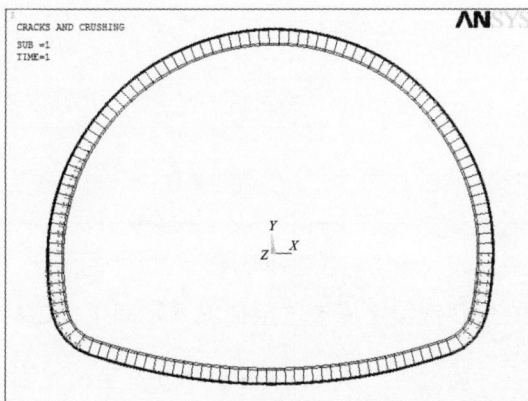

(b) 工况 8

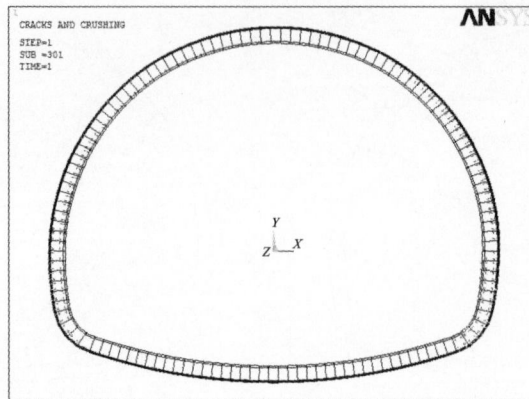

(c) 工况9

图 5-33　边墙存在空洞情况下 3 种工况二衬结构裂缝分布图

以上 9 种不同工况均能说明空洞对二衬结构裂缝的产生具有显著影响，其共同特征为衬砌结构中产生裂缝的数量、分布范围和混凝土的破坏程度都会随着空洞尺寸的增大而增长、扩大和提高。

5.3.5　二衬结构厚度不足情况下二衬开裂特征分析

通过对隧道二衬混凝土的厚度调查，发现二衬混凝土浇筑常常会因施工中的各种因素导致其厚度未达到设计要求，主要因素有地质灾害引发的塌方、施工扰动引起的围岩侵限、欠挖部分未进行处理、混凝土浇筑未振捣充分等。

为探究二衬结构混凝土厚度问题对其产生裂缝的规律，本研究模拟拱顶、拱腰及边墙处二衬结构混凝土缺少不同厚度的工况。已知混凝土保护层为 5.3 cm 厚，为便于数值模拟计算，本研究选取混凝土厚度缺少 2.5 cm 和 4 cm 作为模拟基础，进而设定 6 种不同工况，如表 5-5 所示，每种工况的计算模拟如图 5-34 所示。

表 5-5　二衬混凝土厚度不足模拟计算工况

缺失部位	不同缺失厚度下的工况	
	2.5 cm	4.5 cm
拱顶	工况 1	工况 2
拱腰	工况 3	工况 4
边墙	工况 5	工况 6

1. 混凝土厚度不足情况下不同工况二衬结构水平位移分析

通过对图 5-35 混凝土厚度不足情况下不同工况二衬结构水平位移数值模拟结果的分析可知：

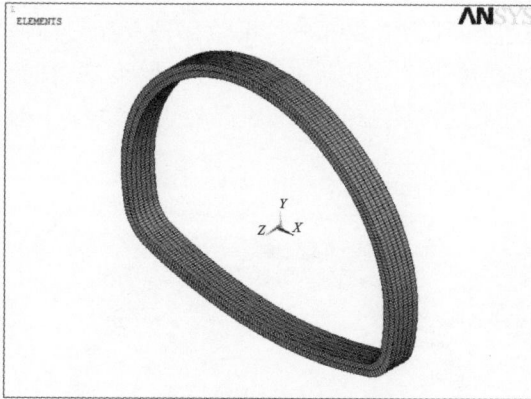

(a) 工况1整体衬砌模型图

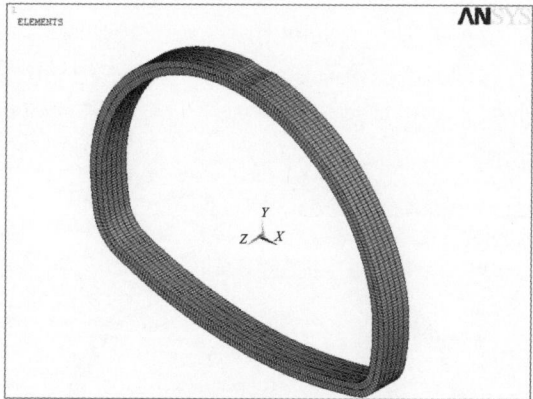

(b) 工况2整体衬砌模型图

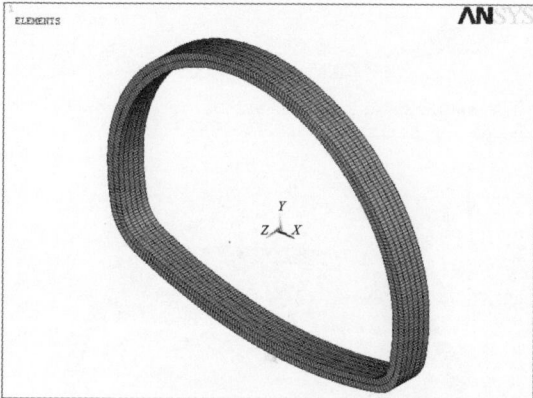

(c) 工况3整体衬砌模型图

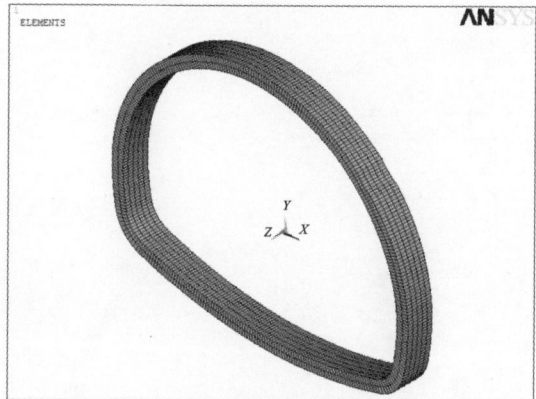

(d) 工况4整体衬砌模型图

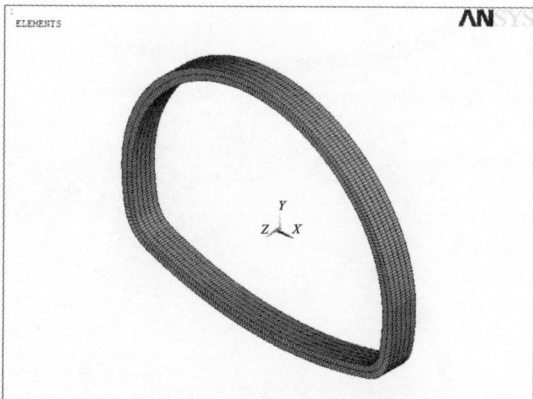

(e) 工况5整体衬砌模型图

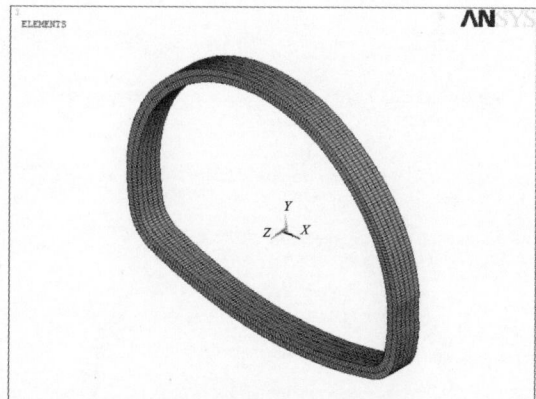

(f) 工况6整体衬砌模型图

图 5-34　二衬混凝土厚度不足情况下 6 种工况衬砌模型图

①当拱顶位置混凝土厚度缺少时，在拱腰和边墙处出现水平位移最大值，在混凝土厚度缺少的拱顶处位移较少。两侧位置的移动均朝向隧道围岩处运动，且位移值随着混凝土厚度缺少量的增加而增加。当拱腰位置混凝土厚度缺少时，在衬砌结构混凝土缺少部分出

现水平位移最大值。当混凝土厚度缺少较少时，其变形特性与拱顶混凝土厚度缺少所出现的情形类似。当混凝土厚度缺少较多时，二衬结构会因为缺少部分水平位移较大而整体向右移动，且位移值随着混凝土厚度缺少量的增加而增加。当边墙位置混凝土厚度缺少时，此时水平位移最大值出现在混凝土厚度缺少位置，且移动方向和拱顶混凝土厚度缺少时相同。

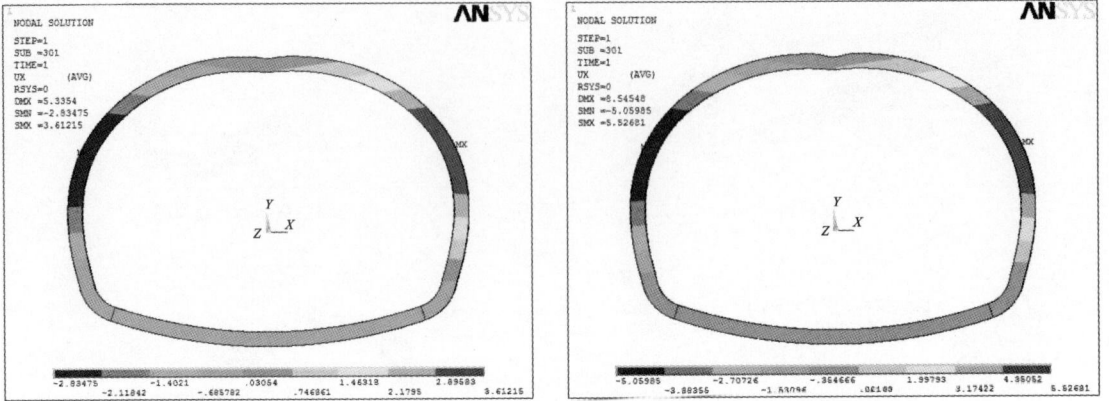

(a) 工况1　　　　　　　　(b) 工况2

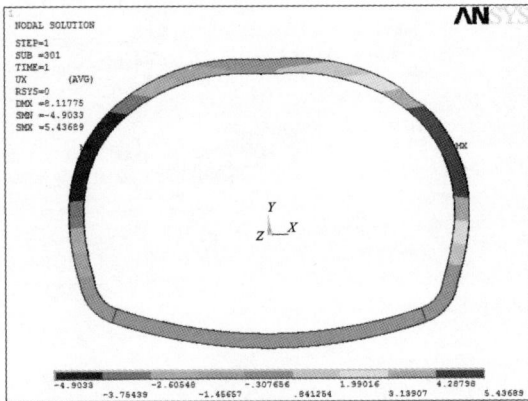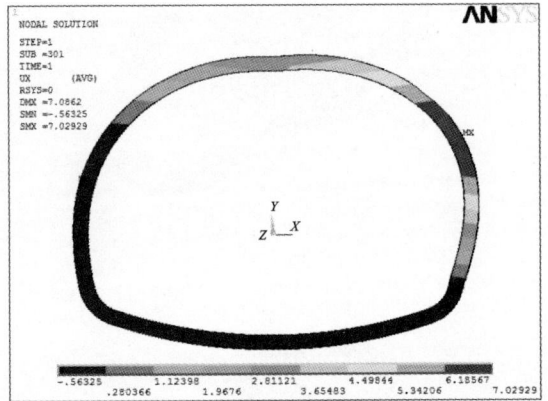

(c) 工况3　　　　　　　　(d) 工况4

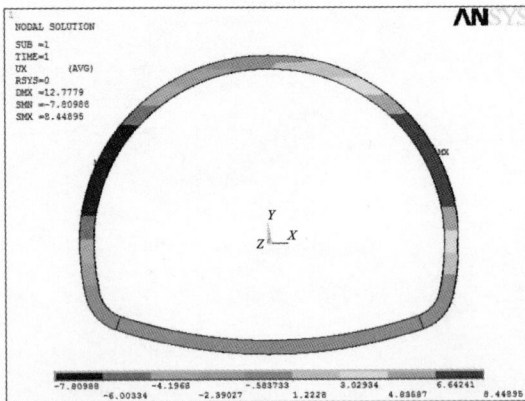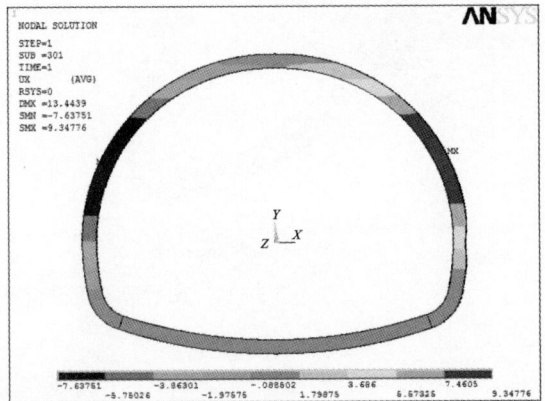

(e) 工况5　　　　　　　　(f) 工况6

图 5-35　混凝土厚度不足情况下 6 种工况二衬结构水平位移云图

②无论是拱顶、拱腰还是拱脚位置混凝土厚度缺少,其二衬结构中各个位置的水平位移最大值都随着混凝土厚度缺少量的增加而增加。当拱顶和拱脚混凝土厚度缺少时,两者所表现出的移动特征相似,均朝着围岩方向运动。

2. 混凝土厚度不足情况下不同工况二衬结构竖向位移分析

通过对图 5-36 混凝土厚度不足情况下不同工况二衬结构竖向位移数值模拟结果的分

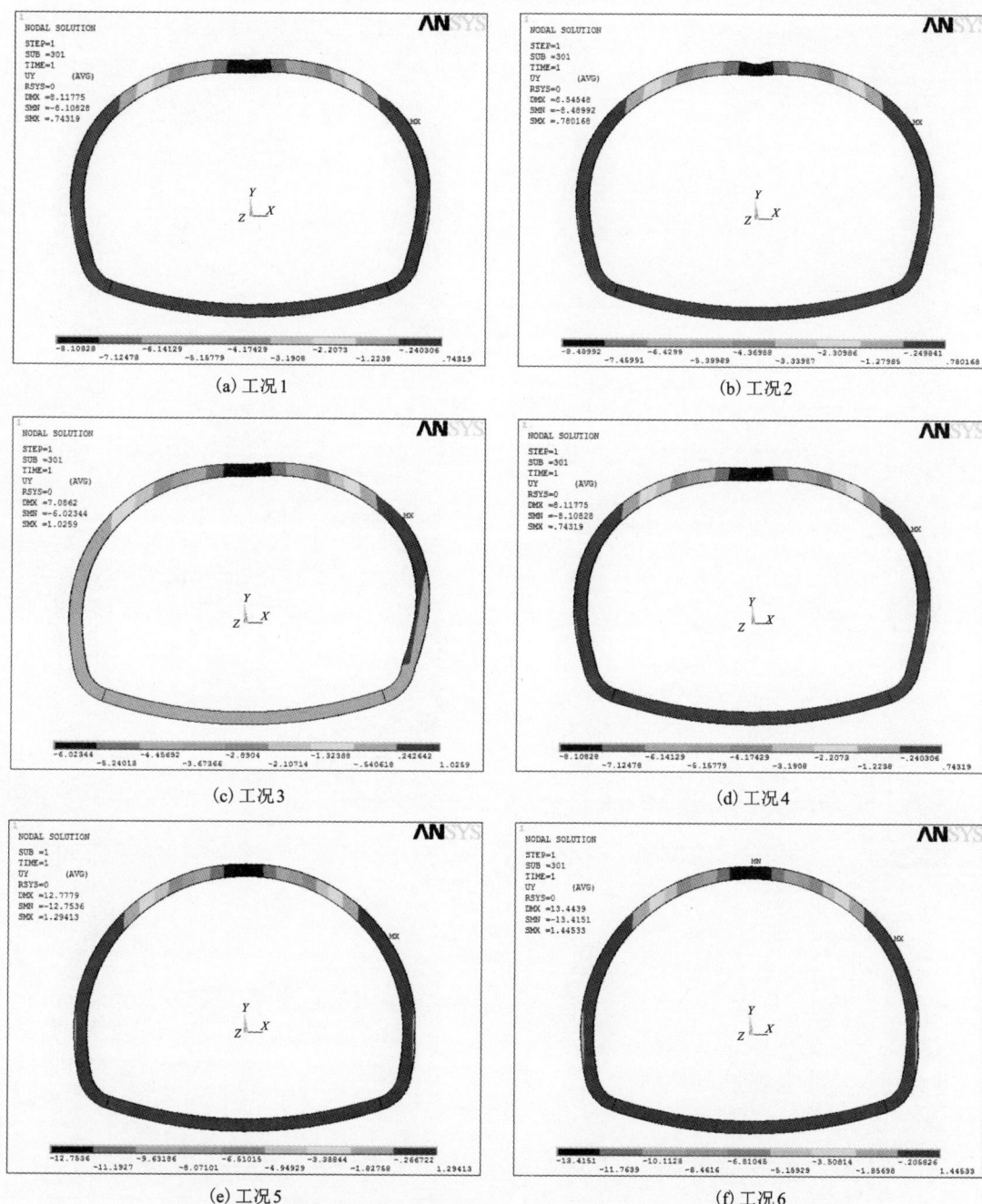

(a) 工况 1

(b) 工况 2

(c) 工况 3

(d) 工况 4

(e) 工况 5

(f) 工况 6

图 5-36　混凝土厚度不足情况下 6 种工况二衬结构竖向位移云图

析可知：无论是拱顶、拱腰还是拱脚处混凝土厚度缺少，其竖向位移最大值均出现在拱顶位置，运动方向均朝着隧道临空面方向，竖向位移值也都随着混凝土厚度缺少量的增加而增加。整体而言，所有工况下二衬结构的竖向位移所展现的特征基本相似。

3. 混凝土厚度不足情况下不同工况二衬结构开裂情况分析

通过对图 5-37 混凝土厚度缺少情况下不同工况二衬结构裂缝分布情况模拟结果的分析可知：

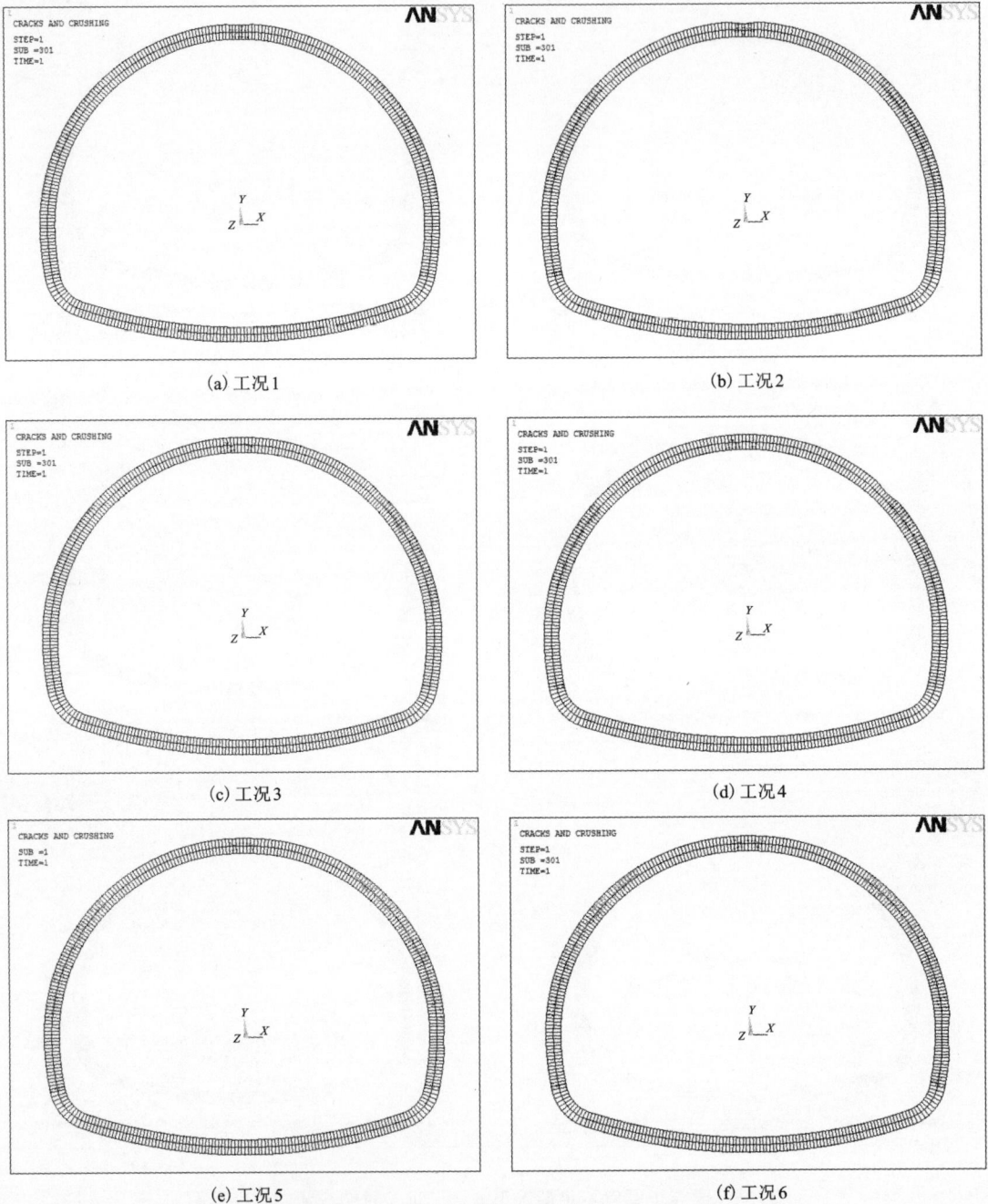

(a) 工况 1　　　　　　　　　　　　(b) 工况 2

(c) 工况 3　　　　　　　　　　　　(d) 工况 4

(e) 工况 5　　　　　　　　　　　　(f) 工况 6

图 5-37　混凝土厚度不足情况下 6 种工况二衬结构裂缝分布图

①当拱顶处混凝土厚度缺少时,拱顶位置产生的裂缝数量最大、范围最广,沿拱顶向拱脚的方向裂缝逐渐减少,同时二衬结构上裂缝产生的尺寸及数量范围随着混凝土厚度缺少量的增加而增加;当拱腰处混凝土厚度缺少时,在缺少的拱腰处会首先出现裂缝,之后不断成长为裂缝最多、范围最广的区域,拱腰四周也会出现不同程度的裂缝,同时二衬结构上裂缝产生的尺寸及数量范围随着混凝土厚度缺少量的增加而增加;当边墙处混凝土厚度缺少时,在边墙位置会出现最多裂缝,并不断向周围衍生,使拱顶和拱脚产生不同程度的裂缝,同时二衬结构上裂缝产生的尺寸及数量范围随着混凝土厚度缺少量的增加而增加。

②无论是拱顶、拱腰还是拱脚出现混凝土厚度缺少的情况,都是在厚度缺少位置出现数量最多、范围最广的裂缝,并都会以此为中心向周围扩散,四周不同位置均会出现不同程度的裂缝。二衬结构上裂缝产生的尺寸及数量范围也都会随着混凝土厚度缺少量的增加而增加。

5.3.6　不均匀沉降情况下二衬开裂特征分析

对于不均匀沉降对二衬开裂的影响特征,本书将对隧道断面左右两侧地基的不均匀沉降问题进行数值模拟分析,并根据不同位移沉降差设置如表 5-6 所示的 5 种工况。为方便数值模拟研究,本研究假设隧道底板结构为弹性地基梁,将隧道底部基础考虑成弹簧,其计算模型如图 5-38 和图 5-39 所示。

表 5-6　不均匀沉降计算工况

沉降差值/mm	0	3	6	15	42
计算工况	工况 1	工况 2	工况 3	工况 4	工况 5

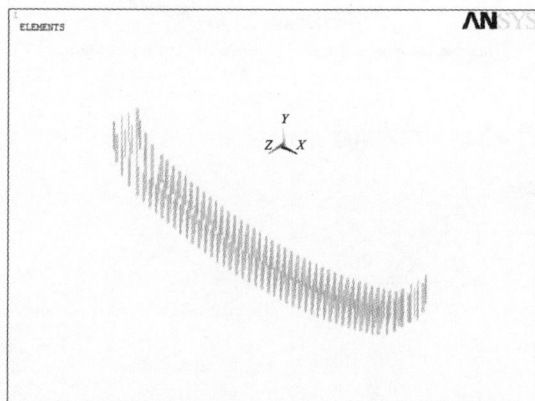

图 5-38　弹簧单位计算模拟

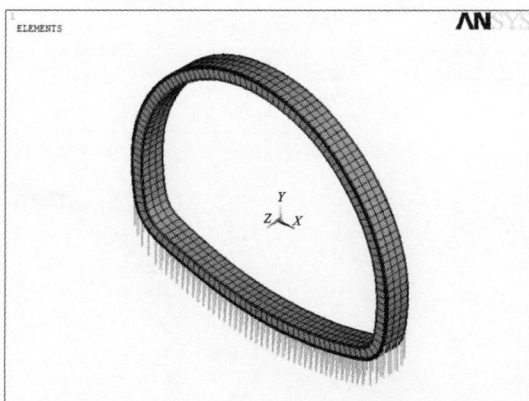

图 5-39　二衬结构弹性地基梁模型

1. 不均匀沉降情况下不同工况隧道二衬结构水平位移分析

通过对图 5-40 不均匀沉降情况下不同工况衬砌结构水平位移数值模拟结果的分析可

知：无沉降与有沉降差时水平位移最大值出现的位置不同，无沉降时出现在两侧拱腰处，有沉降差时出现在拱顶处。无沉降时的水平位移具有对称性，均朝着围岩处移动；有沉降差时，整体移动方向朝向沉降位置。同时，二衬结构的水平位移值会随着不均匀沉降的增大而增大。

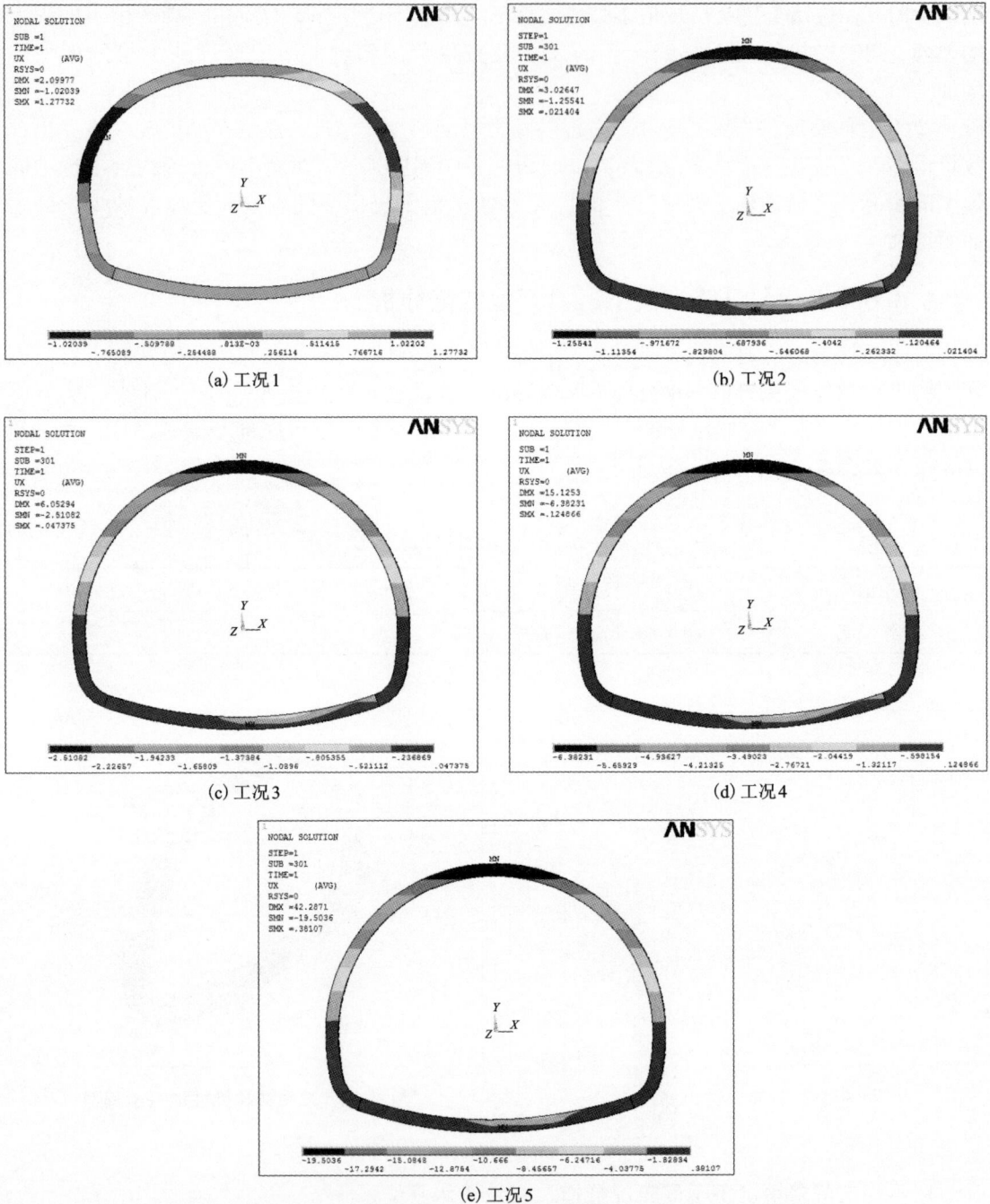

(a) 工况 1

(b) 工况 2

(c) 工况 3

(d) 工况 4

(e) 工况 5

图 5-40　不均匀沉降情况下 5 种工况二衬结构水平位移云图

2. 不均匀沉降情况下不同工况隧道二衬结构竖向位移分析

通过对图 5-41 不均匀沉降情况下不同工况衬砌结构竖向位移数值模拟结果的分析可知：在工况 1 无沉降情况下，衬砌结构在拱顶处出现竖向位移最大值，其余位置竖向位移均较小，且位移方向朝向围岩临空面；在有沉降差值时，在二衬结构的沉降位置产生竖向位移最大值，从沉降区向上竖向位移逐渐减小，沉降对应位置的竖向位移均较小。

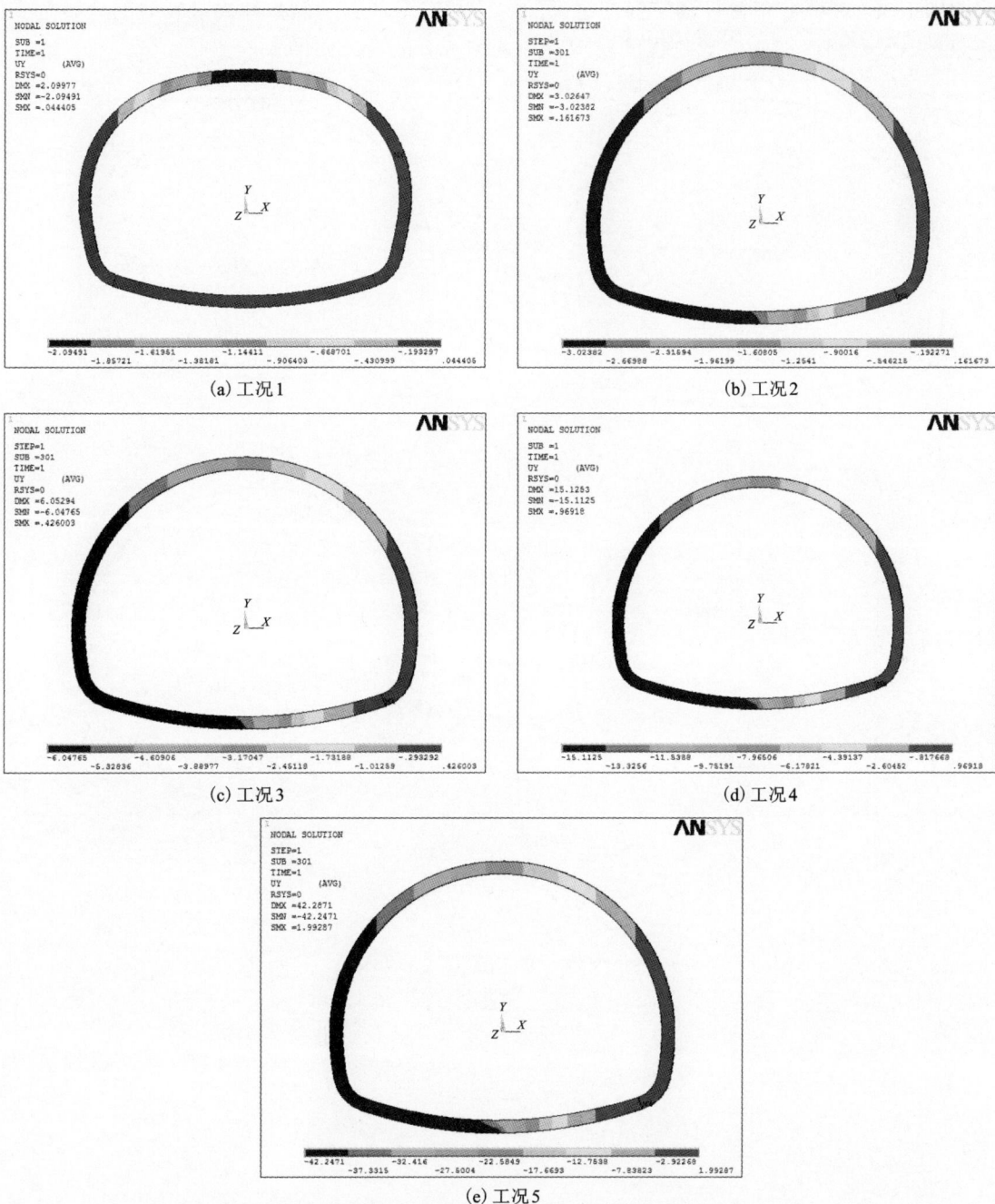

(a) 工况 1

(b) 工况 2

(c) 工况 3

(d) 工况 4

(e) 工况 5

图 5-41　不均匀沉降情况下 5 种工况二衬结构竖向位移云图

3.不均匀沉降情况下不同工况隧道二衬结构开裂分析

通过对图 5-42 不均匀沉降情况下不同工况二衬结构裂缝分布情况模拟结果的分析可知：在工况 1 无沉降条件下，衬砌结构的拱顶和两侧拱脚内侧产生不同程度的裂缝，且裂缝的分布情况具有对称性；在工况 2～工况 5 有不均匀沉降的情况下，在衬砌结构的底板处最先出现裂缝，随着沉降差值的增大，衬砌结构上会产生弯矩，在弯矩作用下裂缝逐渐向周围扩展，裂缝分布在衬砌结构左半部的内侧和右半部的外侧。总之，裂缝的分布范围和数量以及对衬砌结构的威胁程度均随着不均匀沉降的增大而增大。

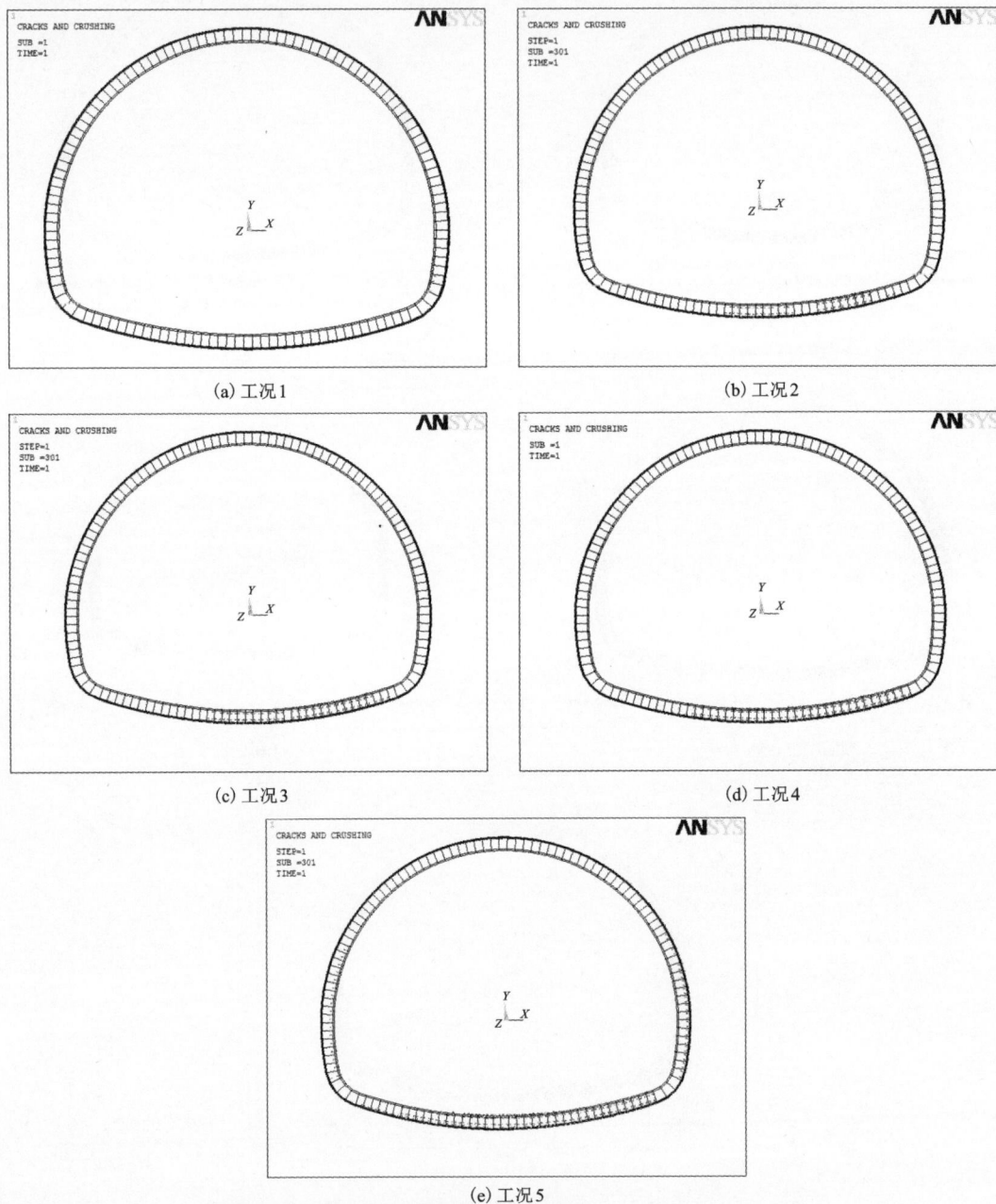

(a) 工况 1

(b) 工况 2

(c) 工况 3

(d) 工况 4

(e) 工况 5

图 5-42　不均匀沉降情况下 5 种工况二衬结构裂缝分布图

5.3.7　不同混凝土强度情况下二衬开裂特征分析

对于不同混凝土强度对二衬结构影响的研究分析，本书选取 C20、C25、C30 三种不同强度混凝土材料进行数值模拟计算，以研究其对二衬的影响规律。工况设置如表 5-7 所示。

表 5-7　不同混凝土材料计算工况

材料类型	C20	C25	C30
计算工况	工况 1	工况 2	工况 3

1. 不同强度混凝土二衬结构水平位移分析

通过对图 5-43 不同混凝土强度情况下二衬结构水平位移情况模拟结果的分析可知：不同混凝土强度下的二衬结构在拱腰及边墙处出现水平位移最大值，拱顶处水平位移较小，且位移变化及移动方向都具有对称性，位移朝向围岩运动。三种不同混凝土强度情况下的数值模拟计算表明，二衬结构抵抗变形的能力随着混凝土强度的增大而增大。

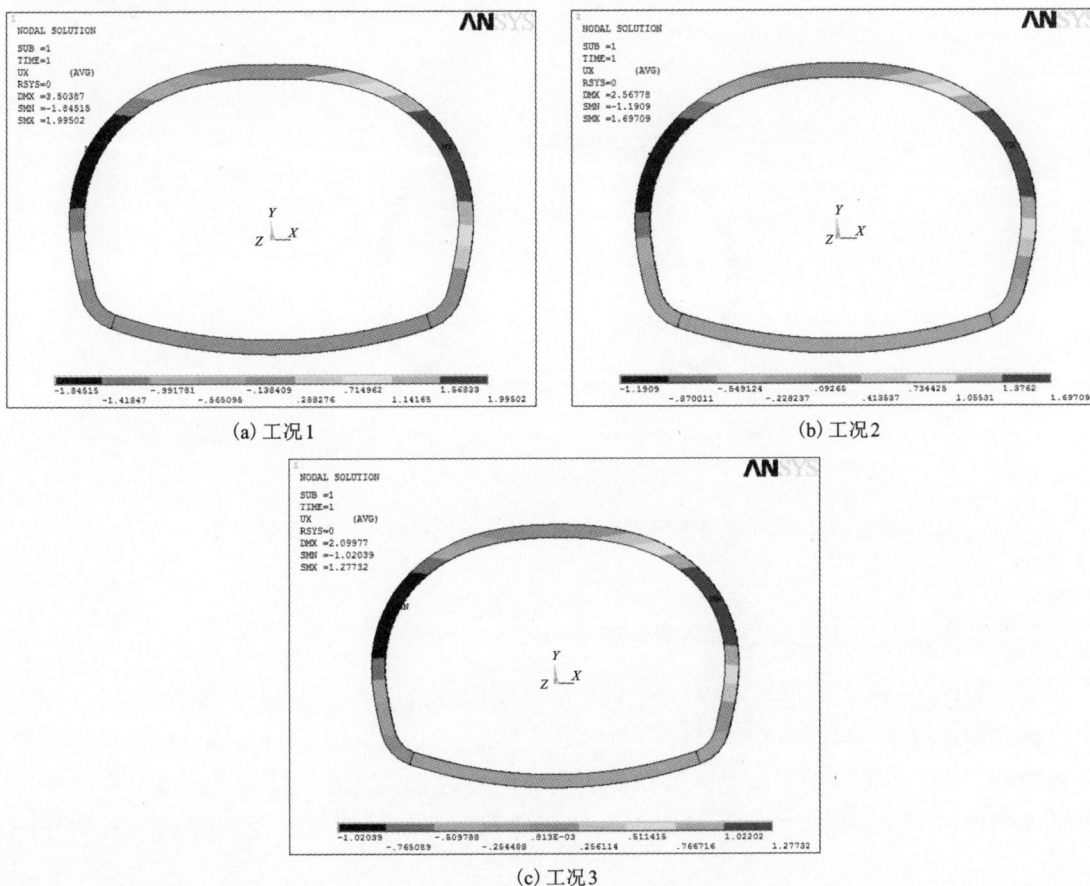

(a) 工况 1　　　　　　　　　　　　(b) 工况 2

(c) 工况 3

图 5-43　不同混凝土强度情况下 3 种工况二衬结构水平位移云图

2.不同强度混凝土二衬结构竖向位移分析

通过对图 5-44 不同混凝土强度情况下二衬结构竖向位移情况模拟结果的分析可知：不同混凝土强度下的二衬结构在拱顶处出现竖向位移最大值，其余位置的竖向位移均较小，且位移变化及移动方向都具有对称性，位移朝向围岩临空面运动。3 种不同混凝土强度情况下的数值模拟计算表明，二衬结构抵抗变形的能力随着混凝土强度的增大而增大。

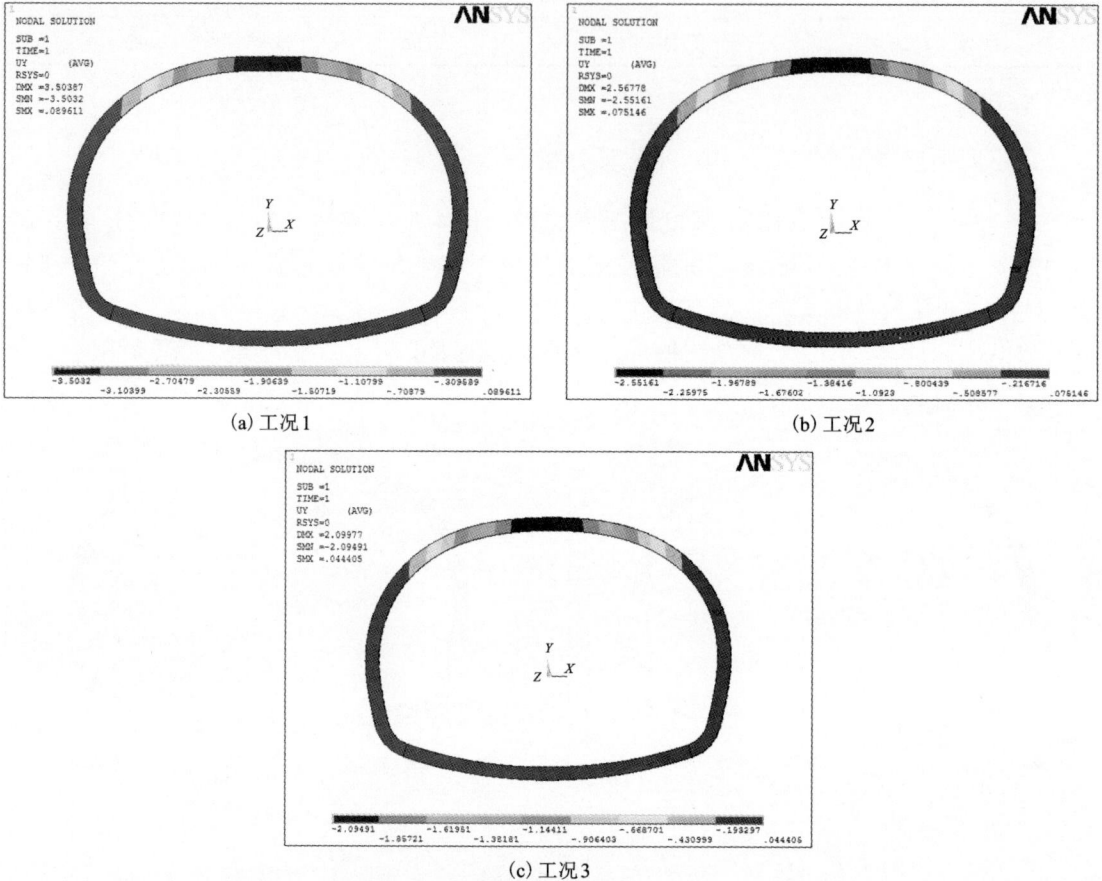

(a) 工况 1　　　　　　　　　　　　　　　(b) 工况 2

(c) 工况 3

图 5-44　不同混凝土强度情况下 3 种工况二衬结构竖向位移云图

3.不同强度混凝土二衬结构开裂分析

通过对图 5-45 不同混凝土强度情况下二衬结构裂缝分布情况模拟结果的分析可知：在 3 种不同工况下，只在拱顶、拱脚内侧、拱腰外侧产生一定程度的裂缝，其他部位并未发现裂缝，且裂缝在衬砌结构上的分布具有明显的对称性。总之，混凝土强度的提升不仅可以增强二衬结构的稳定性，还可以提高施工质量，对二衬结构裂缝的抑制具有明显的效果。

（a）工况 1　　　　　　　　　　　　（b）工况 2

（c）工况 3

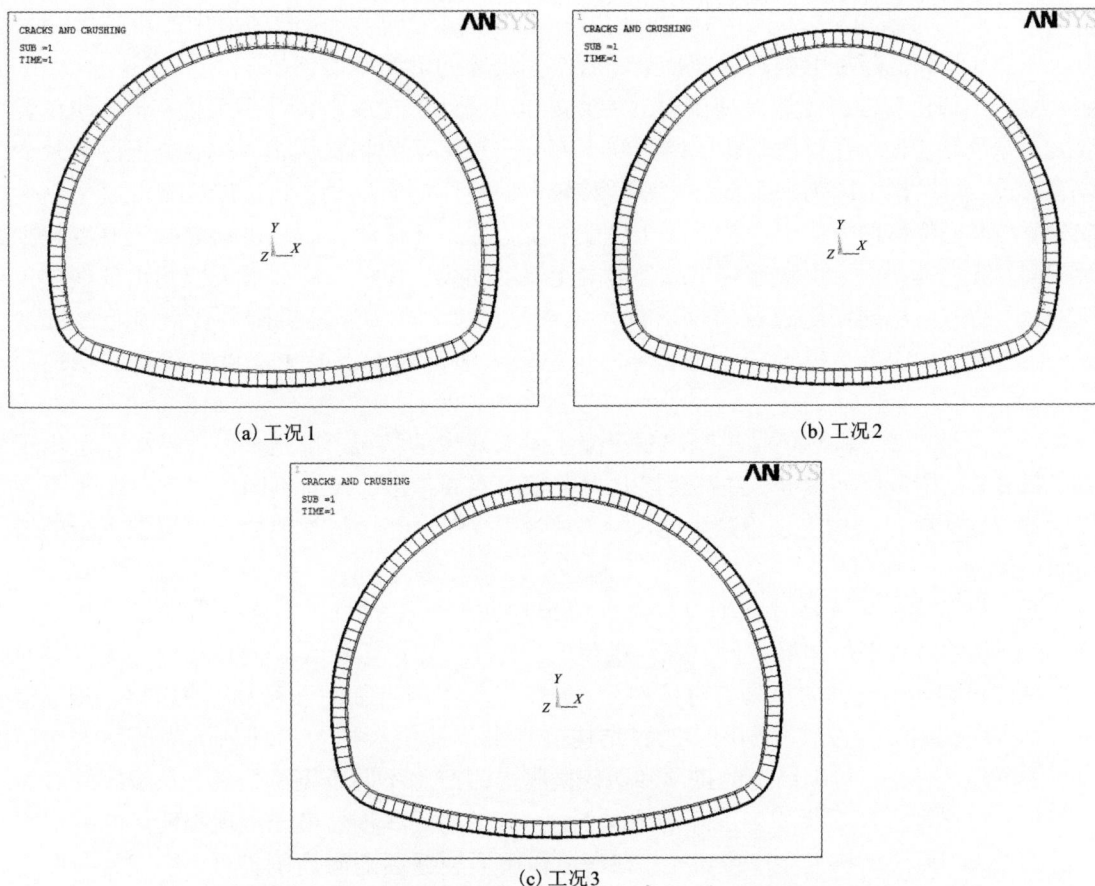

图 5-45　不同混凝土强度情况下 3 种工况二衬结构裂缝分布图

5.4　本章小结

①隧道二衬所受轴力在边墙位置较大，在拱脚位置出现最大弯矩值，正弯矩较大时容易使二衬混凝土受压开裂。当裂缝存在时，会使得该部分未知的衬砌承载能力下降，致使整个二衬结构受力发生重新分布，从而增加二衬结构的危险性。

②通过对 4 种不同偏压情况下二衬结构竖向位移值结果的分析可知，4 种工况中最大竖向位移值和最大水平位移值均产生在边墙处出现偏压时，其次为拱腰处。通过数值模拟分析可以看出，偏压对二衬结构的影响较为明显。在偏压作用下二衬结构会出现水平和竖向位移，进而形成弯矩，导致偏压位置在二衬结构上较早出现裂缝，并逐渐向其他方向蔓延出现少量裂缝，在裂缝较多处会形成衬砌表面开裂，严重威胁二衬结构的安全性。

③通过对不同空洞尺寸、位置以及不同工况下的数值模拟分析可知，衬砌结构背后的边墙位置出现空洞时会产生水平位移最大值，且水平位移最大值出现在衬砌结构的边墙处，其次为拱腰处。衬砌结构背后的拱顶位置出现空洞时会产生竖向位移最大值，其余大

多会在空洞位置处出现，竖向位移最小值出现在空洞位于边墙位置时。9 种不同工况均能说明空洞对二衬结构裂缝的产生具有显著影响，其共同特征为衬砌结构中产生裂缝的数量、分布范围和混凝土的破坏程度都会随着空洞尺寸的增大而增长。

④当拱顶位置混凝土厚度缺少时，在拱腰和边墙处出现水平位移最大值；当拱腰位置混凝土厚度缺少时，在衬砌结构混凝土缺少部分出现水平位移最大值，在混凝土厚度缺少较多时，二衬结构会因为缺少部分水平位移较大而整体向右移动；当边墙位置混凝土厚度缺少时，水平位移最大值出现在混凝土厚度缺少位置，且移动方向和拱顶混凝土厚度缺少时相同。无论是拱顶、拱腰还是拱脚处混凝土厚度缺少，其竖向位移最大值均出现在拱顶位置，运动方向均朝向隧道临空面方向。无论是拱顶、拱腰还是拱脚位置混凝土厚度缺少，其二衬结构中各个位置的水平和竖向位移最大值都随着混凝土厚度缺少量的增加而增加。

⑤无论是拱顶、拱腰还是拱脚出现混凝土厚度缺少的情况，都是在厚度缺少位置出现数量最多、范围最广的裂缝，并都会以此为中心向四周扩散，四周不同位置均会出现不同程度的裂缝。二衬结构上裂缝产生的尺寸、数量、范围也都会随着混凝土厚度缺少量的增加而增加。

⑥二衬结构在无沉降时水平位移最大值出现在两侧拱腰处，拱顶处出现最大竖向位移；有沉降差时水平位移最大值出现在拱顶处，沉降位置产生最大竖向位移值。无沉降时的水平位移朝向围岩方向且具有对称性，竖向位移朝向围岩临空面移动；有沉降差时，整体移动方向朝向沉降位置。同时，二衬结构的水平位移值会随着不均匀沉降的增大而增大。无沉降条件下，衬砌结构的拱顶和两侧拱脚内侧产生不同程度的裂缝，且裂缝的分布情况具有对称性。在有不均匀沉降的情况下，衬砌结构的底板处最先出现裂缝。随着沉降差值的增大，衬砌结构上会产生弯矩，在弯矩作用下裂缝逐渐向周围扩展，裂缝分布在衬砌结构左半部的内侧和右半部的外侧。总之，裂缝的分布范围和数量以及对衬砌结构的威胁程度均随着不均匀沉降的增大而增大。

⑦不同混凝土强度下的二衬结构在拱腰及边墙处出现水平位移最大值，在拱顶处出现竖向位移最大值，且位移变化及移动方向都具有对称性，水平位移朝向围岩运动，竖向位移朝向围岩临空面运动。3 种不同混凝土强度情况下的数值模拟计算表明，二衬结构抵抗变形的能力随着混凝土强度的增大而增大。在 3 种不同工况下，只在拱顶、拱脚内侧、拱腰外侧产生一定程度的裂缝，其他部位并未发现裂缝，且裂缝在衬砌结构上的分布具有明显的对称性。总之，混凝土强度的提升不仅可以增强二衬结构的稳定性，还可以提高施工质量，对二衬结构裂缝的抑制具有明显的效果。

第 6 章

大断裂带片岩区隧道二衬开裂机理研究

公路隧道二衬是隧道结构最外面的混凝土结构层，对隧道周边围岩稳定起到重要的支护作用，同时也有防水和美观功能。隧道二衬混凝土属于薄壁连续结构，受复杂围岩压力作用，加上隧道内施工条件差、设计不合理等因素，隧道衬砌开裂成为隧道工程最常见的病害之一。通过研究发现公路隧道二衬裂缝产生的原因众多，机理复杂。总的来说，主要有内因及外因两种，其结构上裂缝的形成往往也是内外因素共同作用的结果。内因主要是指混凝土自身特性，主要包括混凝土收缩、温度应力的影响等；外因主要是指由于产生的外部荷载过大，二衬结构承载不足，主要包括不良工程地质条件的影响、围岩自身特性的影响、施工因素及设计因素的影响等。因此，研究二衬开裂机理，分析二衬裂缝产生的原因，对保证施工期隧道安全施工及运营期的安全有着重要意义。

6.1　片岩隧道围岩-支护结构破坏机理分析

区域地质构造作用使得隧道围岩工程地质特性及物理力学特性产生变化，对隧道围岩在开挖支护过程产生重大影响。谷竹高速软弱片岩区隧道施工过程中产生了不同程度的工程地质灾害问题，围岩大变形、塌方、涌水、初期支护破坏、二衬开裂等层出不穷。因此，研究围岩-支护结构破坏机理意义重大。

6.1.1　软弱片岩围岩-支护相互作用机理分析

对软弱片岩而言，上述狭义的围岩-支护理念难以满足实际工程的需求。区域地质构造作用影响下的谷竹高速公路隧道地质情况复杂，岩性结构多变的特性突出，而且无既定规律可循，全线各条片岩隧道在施工过程中都出现了大变形，甚至塌方失稳事故。

围岩-支护结构破坏现象层出不穷，其中软岩大变形问题尤为典型。以隧道大变形为例，软岩隧道施工中常常遇到围岩变形量大、变形速率大、持续时间长、围岩变形难以稳定等问题，需要及时施作初期支护结构，以防止围岩因过大的变形发生破坏。初期支护施作后，围岩变形短期内得到控制，但变形量仍持续增加，围岩-支护结构难以达到自稳，需要及时施作二衬结构，以承担过大的围岩压力，此时二衬支护不再作为安全储备，而是承担大部分围岩荷载，与初期支护结构共同作用来维持围岩结构的安全与稳定。

隧道开挖后围岩地应力重分布的结果是洞壁环向应力增大，径向应力减小至零，地应力在洞壁最集中，围岩破坏必然先从洞壁开始。围岩破坏一方面导致扩容，引起收敛变形；另一方面由于围岩强度降低，进一步引起围岩应力场发生改变，导致围岩弹性体积变形发生改变，使隧道断面形状整体改变，形成围岩大变形，甚至塌方。

实际上，由于软岩具有很强的时效性，其围岩的大变形破坏是渐进式逐次发展的，发展过程如下：开挖→应力调整→变形、局部破坏→再次调整→再次变形→较大范围破坏。

由于围岩内应力分布的不均匀性以及岩体结构和强度的不均匀性和各向异性，那些应力集中程度较高而结构强度又相对较低的部位往往是累进性破坏的突破口，在大范围围岩尚保持整体稳定的情况下，这些应力强度关系中的最薄弱部位就可能发生局部破坏，并使应力向其他部位转移，引起另一些次薄弱部位的破坏，如此逐次发展连锁反应，最终将导致大范围围岩的失稳破坏。

通过分析大量的现场监测数据可知，隧道施工完成后围岩随即产生变形。随着初期支护的完成，围岩变形得到控制，但变形量依旧持续增加，围岩完整性降低，持续裂损；达到一定状态后围岩加速变形，呈现出大变形趋势，围岩变形特性表现为变形量大、变形速率大、持续时间长、破坏特性各异等，围岩大变形曲线表现为缓速变形阶段—平稳变形阶段—加速变形阶段。通过对各断面初期支护及二衬承载监测的分析可知，二衬结构承载大，各部位承担的围岩荷载比例超过 80%；初期支护承载比例较小，承载比例低于 20%。这与狭义的围岩-支护理念存在极大差异。通过现场巡查，初期支护结构多存在明显破坏，如喷射混凝土开裂、掉块、钢拱架挤压变形、侵入二衬界限等。过大的围岩变形导致围岩完整性和自身承载能力遭到破坏，从而产生过大的形变围岩压力，这也是导致隧道初支及二衬结构开裂破坏的主要原因。

6.1.2　岩性对隧道围岩-支护变形破坏的影响机理分析

岩性决定岩体的矿物成分，而矿物成分直接决定岩体的风化、水理软化性、膨胀性等物理特征，同时也决定了岩体的结构特征，而这些将直接影响围岩体的力学强度。围岩体不同的物理力学性质对支护结构变形破坏有着重要影响。

1. 矿物成分作用的影响

谷竹线上片岩隧道围岩主要为中元古界武当山群（Pt_2wd）片岩，属中低压变质岩系。岩石细小而均匀，粒度在 0.1~0.5 mm，具变余晶屑结构，片状构造，岩石受后期变形改造强烈，多见钩状无根小褶皱及小型韧性剪切面。岩体片理面间含有绢云母等矿物，而这些矿物晶体在解理面平行，因此容易产生顺层的滑动，使片岩容易剥离，在大范围的规则分布排列中容易产生弱面。另外，这些矿物成分具有很强的润滑性，使得岩体间的胶结性很差，从而使其黏聚力 c、内摩擦角 φ 值都比较小。再加上绢云母和伊利石、蒙脱石具有很强的吸水性能，且它吸水后容易使岩体风化、崩解，有些还会发生膨胀变形，最终难以发挥其自承能力，从而使围岩发生大变形。

前期通过片岩隧道岩体试样的矿物试验结果可知，沿线岩体中主要矿物成分是石英、云母、长石、绿泥石、伊利石，部分还含有蒙脱石，说明围岩存在膨胀性，雨季地下水的升降将一定程度上导致围岩内膨胀压力的产生，这也是雨季隧道变形量增大的原因之一。

蒙脱石、伊利石等矿物颗粒细小，亲水性强，具有明显的吸水膨胀、崩解和失水干缩的特性，并且对环境的湿度、温度、压力和地下水等因素的变化极为敏感。矿物颗粒的不均匀膨胀使得岩石内部产生不均匀的应力，部分胶结物被稀释或溶解，最终导致岩石颗粒的碎裂崩解。通省隧道的变质软岩岩体有崩解现象产生，崩解物多为鳞片状碎屑和大小不等的碎块，用手指揉搓为泥夹颗粒状碎屑，如图 6-1 所示。

图 6-1　片岩隧道围岩崩解现象及产物

变质软岩隧道围岩经膨胀、崩解后，丧失了其应有的强度和承载能力，一是使围岩体结构破坏，由块间联结变为裂隙结合，甚至成为散结构，强度完全丧失，导致围岩压力增大；二是造成围岩应力变化，无论是膨胀压力还是收缩应力，都将破坏围岩的稳定性，特别是膨胀产生的膨胀压力将对增大围岩压力起叠加作用。反映在片岩隧道的施工中，常见的破坏形式有以下几种：①隧道开挖后围岩膨胀所产生的力使原生隐裂隙张开扩大，沿围岩周边产生裂缝，再加上存在的泥化软弱夹层，使得局部初期支护开裂。②由于膨胀后隧道上部围岩压力过大且下部岩体的承载力较低，隧道在这样的受力形式下产生较大的变形，直接影响支护受力，甚至出现支护破坏、岩体垮塌的现象。③在进行隧道底部开挖时，不管是否设置仰拱，拱顶和两侧拱腰岩体的围岩压力均向隧道底部传递，底部因承受过大的膨胀压力而造成失稳并发生流变现象，边墙被内挤，仰拱上鼓、隆起、开裂。④由于隧道围岩产生过大的变形和围岩压力，围岩自身承载不足，初期支护不足以及承担过大的围岩压力，往往使得二衬结构因承担过大的围岩荷载而产生开裂。

2. 片岩结构面的影响

岩体结构是隧道围岩-支护结构产生变形破坏的又一个重要影响因素，它直接导致岩体沿软弱结构面滑移，同时结构面的存在将改变岩体中的应力分布状态、削弱岩体的强度，它的空间组合关系直接控制着隧道的稳定性。围岩结构的影响在沿线主要表现为三个方面：①多组结构面切割形成的破碎型围岩；②层间软弱夹层形成结构上的弱面；③片岩片理面各向异性作用下产生的偏压作用。

（1）多组结构面切割形成的破碎型围岩

该破坏类型的围岩从掌子面岩体来看，岩块强度较高，但是岩体受结构面（一般大于 3 组）切割严重，有的为楔形体，当其顶棱向上时，形成不稳定的"关键块体"，极不利于隧道拱顶稳定。岩体开挖过后如果初期支护没有将塑性块体稳固，则可能由于局部失稳而诱发整个掌子面的连环滑移，甚至塌方事故。

（2）软弱结构面引起的失稳

软弱结构面内存在着松软物质，因而强度低、变形大，成为岩体中力学性能很弱的关键部分，而且在岩体中由于有软弱结构面存在，使岩体具有块裂介质的力学特性，当岩体力学状况发生变动时，块体在软弱结构面的控制下将发生滑移变形和压缩变形，产生沿软弱结构面的滑移破坏。

（3）片理面各向异性作用下产生的偏压作用

片岩隧道片理面特性十分明显，前期通过对片岩岩样的声波测试以及力学试验可以看出，该类岩体力学性质根据片理面产状的变化而变化。该类岩体从掌子面看片理面十分明显，通过现场围岩压力和变形监测结果统计得出，顺着片理面方向的围岩变形量和压力监测值明显大于其他部位，这种情况极易造成初期支护及二衬结构的局部开裂破坏。

根据上述分析，沿线结构控制性大变形的特点为：

①围岩岩体的特性是岩块的强度较高，但结构面发育，在岩体中不规则地发育有多组、多种性质的软弱结构而使岩体较破碎。

②围岩一般处于中等或较高的应力状态，围岩因高围压而紧密闭合，而在开挖卸荷后，结构面易于张开滑移，因此，岩体强度远低于岩石强度。

③围岩变形破坏演化机制表现为渐进和累进性发展，其变形破坏模式表现为塑性楔体挤出、结构流变等。

④通过对现场监测数据的分析，不同监测部位变形和围岩压力值差异较大，各向异性明显。从围岩-支护结构破坏情况来看，大部分破坏都是从局部产生，最后演化成大的工程地质灾害，初始破坏区域大都集中在结构面明显或优势结构面部位。

⑤从现场监测的位移-时间曲线上看，这种类型的大变形曲线在变形初期（3~5 d）具有较大的变形速率，随后变形速率趋于稳定，一般很难有收敛的迹象。

6.1.3 片岩破坏特性对隧道围岩-支护破坏的影响机理分析

通过对片岩岩性特性的分析可知，片岩具有松散破碎、完整性差、易产生膨胀流变以及各向异性明显导致结构偏压等工程特性。片岩诸多不良工程特性将对隧道围岩-支护结构破坏产生重要影响。

1. 片岩塑性流动作用下围岩-支护结构破坏机理分析

片岩隧道受力后产生的塑性屈服流动是导致隧道变形过大的一个重要原因。隧道开挖后，围岩将出现应力重分布，某些部位有可能进入弹塑性状态，从而在洞室四周形成一定厚度的破坏松动范围，如图 6-2 所示。

隧道围岩松动圈的大小与围岩的稳定性及支护结构密切相关，测定其范围大小可以为分析隧道变形破坏的原因、进行支护结构的设计提供重要的依据。超声波测

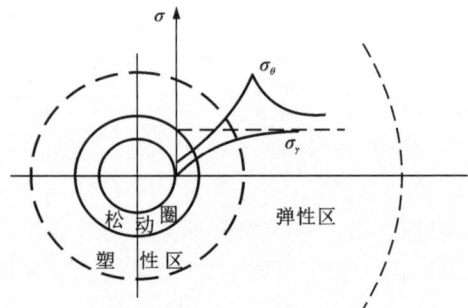

图 6-2　围岩松动圈示意图

试技术是测试围岩松动区半径最常用的一种方法。为研究分析塑性圈范围，现场测试采用的是中科院武汉岩土力学研究所研制生产的 RS-STOID(P)跨孔超声检测仪，其探头直径为 40 mm。其基本原理是探测距离围岩表面不同深度的岩体波速值，得出围岩深度和岩体波速的关系曲线，再结合相关地质资料就可以推断出被测试隧道的围岩松动圈范围。现场对多条隧道进行了松动圈范围声波测试。下面以谷竹高速油坊坪隧道为例，现场采用围岩

松动圈测试技术中最常用的超声波法 [RS-STOID(P)跨孔超声检测仪] 来探测隧道开挖造成的围岩松动圈大小。试验时在通省隧道右线 YK41+550~YK41+590 段布置 3 个断面间距 00 m 为观测断面；每个观测断面布置两组分别位于隧道两帮的测孔，测孔间距 100~120 cm，孔深 600 cm，孔径 60 mm，探头直径 40 mm，如图 6-3 所示。

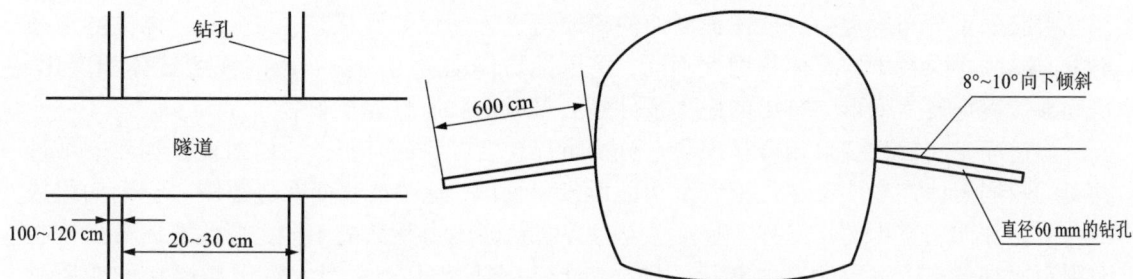

图 6-3　松动圈测试测孔布置示意图

通过现场探测得到的声波曲线图如图 6-4 所示，结果显示该段围岩松动圈直径为 4.0~5.0 m，松动圈范围较大。查询开挖断面掌子面地质编录，结果显示围岩中-强风化岩体松散破碎，围岩完整性较差，自稳能力弱。隧道开挖后在卸荷及应力重分布作用下，松动圈范围内的围岩呈现出典型的塑性流变特性，通过对现场监测断面监测数据的分析，隧道变形量较大，变形速率大，表现为向隧道净空收敛的位移随着时间而不断增加，隧道变形长期无法稳定，并最终导致初支侵限变形、混凝土开裂等大变形问题。

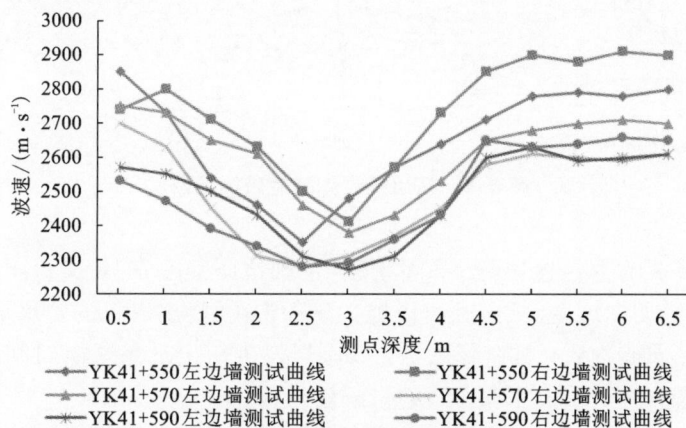

图 6-4　松动圈声波测试曲线图

此外，油坊坪隧道 YK41+550~YK41+590 松散破碎段的设计围岩级别为 Ⅳ 级，锚喷支护中钢支撑间距 1 m 的格栅拱架，系统锚杆直径为 22 mm、间距为 1 m、长度为 3.5 m，小于该段的塑性圈半径，致使锚杆全部位于塑性松动圈之内，无法发挥对围岩的悬吊和组合梁作用，而是随着围岩的变形向隧道内移动。因此，锚杆支护作用失效导致围岩承载能力明显降低，致使围岩塑性流动而导致大变形，最终导致支护结构因承载过大而产生破坏。

因此，围岩体塑性流动、松动圈变大导致围岩变形过大、完整性遭受破坏，产生过大的围岩压力和变形作用在支护结构上，最终导致支护结构因承载不足而产生破坏。

2. 片岩挤出作用下围岩-支护结构破坏机理分析

挤出现象和膨胀现象在谷竹片岩区隧道施工中时常发生。围岩的挤出作用是指隧道开挖引起的重分布应力超过岩体强度而使得原岩进入塑性屈服状态，与膨胀岩体向隧道净空方向膨胀主要在于岩石体积增大不同，挤出性岩体向隧道净空挤入时无明显体积变化，是逐渐缓慢地发生变形。挤出的先决条件是云母或低膨胀性黏土矿物含量高。

隧道净空挤出性变形闭合从现象上分析可能包含三种破坏形式，如图 6-5 所示。节理发育的软弱岩体在变形中往往沿着结构面形成滑移面，这些滑移面在隧道围岩空间内组成塑性滑体并向硐室内剪切滑移，随着主应力方向和侧压力系数的不同，塑性滑体可出现在硐周不同部位，从而导致这些部位的围岩变形和支护破坏。另外，对于薄层状的变质软岩，在隧道开挖卸荷条件下，岩体容易发生弯曲变形以致破坏。这种形式可以类比板梁在弯矩或纵弯作用下发生挠曲变形。岩体的弯曲变形既可引起隧道侧壁的变形，也可在洞顶和底板处引起压顶和底鼓。

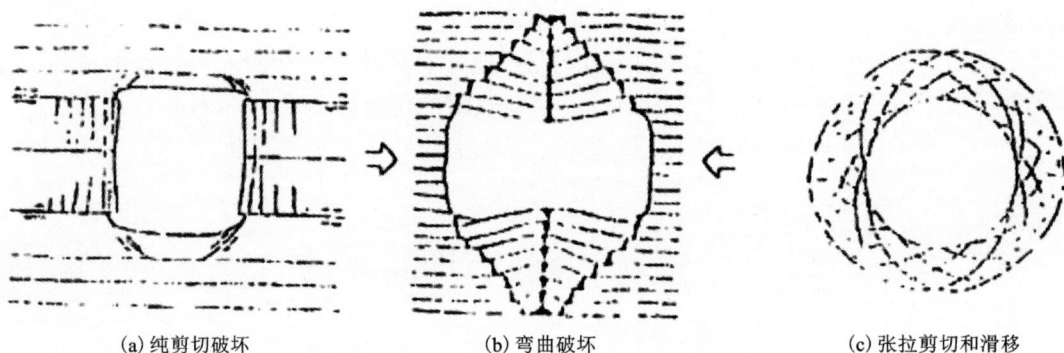

(a) 纯剪切破坏　　　　　　(b) 弯曲破坏　　　　　　(c) 张拉剪切和滑移

图 6-5　挤出性岩体隧道破坏类型

与挤出现象有关的主要参数：①坚固系数(单轴抗压强度 σ_c 对覆盖压力 γ_H 的比值)可能小于 2；②隧道壁切向应变($\varepsilon_\theta = u/R$)可能大于 1%；③挤出岩石的含水量可能大于 25%；④岩体通常含有泥质矿物质，具有膨胀性；⑤围岩发生挤出现象所需时间与岩石坚固系数有关，坚固系数越小，挤出时间越短，破坏越快。

对于具有弹性区域、理想塑性区域和残余塑性区域的圆形硐室的围岩(图 6-6)，其应力和切向应变的表达式推导如下。

（1）弹性区域($r \geqslant R_{pp}$)

弹性区域的径向应力 σ_r、切向应力 σ_θ、切向应变 ξ_θ 为：

$$\sigma_r = P_0 - (P_0 - \sigma_{rp}) \left(\frac{R_{pp}}{r} \right)^2 \tag{6-1}$$

$$\sigma_\theta = P_0 + (P_0 - \sigma_{rp}) \left(\frac{R_{pp}}{r} \right)^2 \tag{6-2}$$

$$\xi_\theta = \frac{1 + \nu}{E}(P_0 - \sigma_{\mathrm{rp}})\left(\frac{R_{\mathrm{pp}}}{r}\right)^2 \quad (6\text{-}3)$$

式中: r 为距隧道中心距离。

当 $r = R_{\mathrm{pp}}$ 时, 由切向应变的连续性条件可得 σ_{rp} 的表达式为 $\sigma_{\mathrm{rp}} = \dfrac{2P_0 - \sigma_{\mathrm{c}}}{q + 1}$。

(2)理想塑性区域($R_{\mathrm{pb}} \leqslant r \leqslant R_{\mathrm{pp}}$)

假定岩石特征是弹性-理想塑性-残余塑性, 理想塑性区域内的岩石服从摩尔-库仑屈服准则:

$$\sigma_1 = q\sigma_3 + \sigma_{\mathrm{c}}, \quad q = \frac{1 + \sin \varphi}{1 - \sin \varphi} \quad (6\text{-}4)$$

式中: σ_1 为最大主应力; σ_3 为最小主应力; σ_c 为完整岩石单轴抗压强度; φ 为完整岩石内摩擦角。

则理想塑性区域的径向应力、切向应力、切向应变为:

注: a 为隧道半径; R_{pb} 为残余塑性区域半径; R_{pp} 为理想塑性区域半径; P_0 为地应力; P_{i} 为支护力。

图 6-6 挤出岩体中隧道围岩的几种力学状态

$$\sigma_{\mathrm{r}} = \left(\sigma_{\mathrm{rp}} + \frac{\sigma_{\mathrm{c}}}{q - 1}\right)\left(\frac{r}{R_{\mathrm{pp}}^{q-1}}\right)^{q-1} - \frac{\sigma_{\mathrm{c}}}{q - 1} \qquad (6\text{-}5)$$

$$\sigma_\theta = q\left(\sigma_{\mathrm{rp}} + \frac{\sigma_{\mathrm{c}}}{q - 1}\right)\left(\frac{r}{R_{\mathrm{pp}}^{q-1}}\right)^{q-1} - \frac{\sigma_{\mathrm{c}}}{q - 1} \qquad (6\text{-}6)$$

$$\xi_\theta = \frac{1 + \nu}{E}(P_0 - \sigma_{\mathrm{rp}})\left(\frac{R_{\mathrm{pp}}}{r}\right)^{f+1} \qquad (6\text{-}7)$$

(3)残余塑性区域($a \leqslant r \leqslant R_{\mathrm{pb}}$)

残余塑性区域内的岩石服从摩尔-库仑屈服准则:

$$\sigma_1 = q^*\sigma_3 + \sigma_{\mathrm{c}}^*, \quad q^* = \frac{1 + \sin \varphi^*}{1 - \sin \varphi^*} \qquad (6\text{-}8)$$

式中: σ_{c}^* 为完整岩石单轴抗压强度; φ^* 为完整岩石内摩擦角。

在塑性岩体中, 总径向和切向应变的关系 ξ_{r} 假定为:

$$\xi_{\mathrm{r}} = -f\xi_\theta \text{(适用于理想塑性区域)} \qquad (6\text{-}9)$$

$$\xi_{\mathrm{r}} = -f^*\xi_\theta \text{(适用于残余塑性区域)} \qquad (6\text{-}10)$$

式中: f 和 f^* 是从试验中获得的物理常数。

则残余塑性区域内的径向应力和切向应力为:

$$\sigma_{\mathrm{r}} = \left(P_{\mathrm{i}} + \frac{\sigma_{\mathrm{c}}^*}{q^* - 1}\right)\left(\frac{r}{a}\right)^{q^*-1} - \frac{\sigma_{\mathrm{c}}^*}{q^* - 1} \qquad (6\text{-}11)$$

$$\sigma_\theta = q^*\left(P_{\mathrm{i}} + \frac{\sigma_{\mathrm{c}}^*}{q^* - 1}\right)\left(\frac{r}{a}\right)^{q^*-1} - \frac{\sigma_{\mathrm{c}}^*}{q^* - 1} \qquad (6\text{-}12)$$

隧道边墙相对应变 ξ 为:

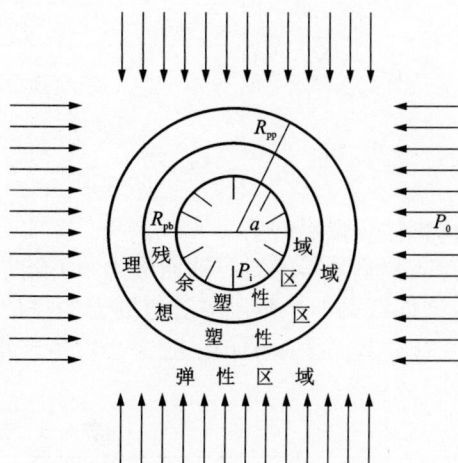

$$\xi = \eta_{sf} \left\{ \frac{\dfrac{2}{q+1} \left[\dfrac{(q-1)+\alpha}{q-1} \right]^{\frac{f+1}{q-1}} \eta_{sf}^{\frac{f+1}{q-1}} - \dfrac{\alpha}{q-1} + \dfrac{\alpha^*}{q^*-1}}{\beta + \dfrac{\alpha^*}{q^*-1}} \right\} \frac{f^*+1}{q^*-1} \qquad (6-13)$$

式中：$\eta_{sf} = \dfrac{\eta_s + \eta_f}{2}$，$\eta_s = \dfrac{\xi_s}{\xi_e} = 3\sigma_c^{-0.25}$，$\eta_f = \dfrac{\xi_f}{\xi_e} = 5\sigma_c^{-0.32}$。

比较计算得出的 ξ 与 1、η_p、η_s、η_f 的大小关系，同时由于隧道围岩的切向应力-应变曲线与实验室测得的岩石轴向应力-应变曲线存在相似之处，因此可以把室内岩石轴向应力-应变曲线的 5 个阶段与隧道围岩的挤出程度联系起来，对挤出程度分级，如表 6-1 所示，可以看出，当 $\xi > \eta_s$ 时，隧道会发生严重挤出。

表 6-1 挤出程度分级表

分级号	挤出程度	符号	理论公式	隧道特征
I	无挤出	NS	$\xi \leqslant 1$	岩石是弹性的，隧道掌子面的影响消失后，隧道是稳定的
II	轻微挤出	LS	$1 < \xi \leqslant \eta_p$	岩石显示了应变强化的特征，掌子面的影响消失后，位移会收敛，隧道最终是稳定的
III	中等挤出	FS	$\eta_p < \xi \leqslant \eta_s$	岩石显示了应变弱化的特征，同时位移变大，但是在掌子面影响消失后，位移会收敛
IV	严重挤出	HS	$\eta_s < \xi \leqslant \eta_f$	岩石显示应变弱化性，弱化速率很大，接着位移增大，并且在掌子面影响消失后也不会趋于收敛
V	最严重挤出	VHS	$\xi > \eta_f$	岩石破坏造成滑动，并且位移极大、侵限，必须重新开挖和施作支护

谷竹高速公路片岩区隧道在施工中都发生过因挤压变形而导致支护结构开裂破坏的现象。片岩隧道设计中以 IV、V 级围岩为主，在施工过程中，鉴于围岩条件较设计围岩级别差，施工中针对围岩的实际情况做了大量的动态变更，设计中大部分的 IV 级围岩变更成 V 级围岩。通过对沿线各片岩隧道施工变更的统计，片沿隧道按 V 级围岩施工的比例超过 85%。

根据隧道的勘察设计资料，武当组片岩 V 级围岩的物理力学参数如下：密度为 1.8 g/cm³，容重为 20.7 kN/cm³，变形模量为 1.5 GPa，泊松比为 0.40，单轴抗压强度为 8.11 MPa，弹性抗力系数为 120 MPa/m，摩擦角为 23°。参照各隧道的纵断面图埋深情况，通过数学统计，隧道埋深取值 115 m。

经过计算可得：坚固系数 $\alpha = \dfrac{\sigma_c}{P_0} = \dfrac{\sigma_c}{\gamma_H} = \dfrac{8.11 \times 10^6}{20.7 \times 10^3 \times 115} = 3.4$，$\alpha^* = \dfrac{\alpha}{2} = 1.7$；$f = f^* = 2.0$；

$\varphi^* = \varphi = 43°$；$q^* = q = 5.26$；$\eta_p = \dfrac{\xi_p}{\xi_e} = 2\sigma_c^{-0.17} = 1.4$，$\eta_s = \dfrac{\xi_s}{\xi_e} = 3\sigma_c^{-0.25} = 1.78$，$\eta_f = \dfrac{\xi_f}{\xi_e} = 5\sigma_c^{-0.32} =$

2.56；$\eta_{sf} = \dfrac{\eta_s + \eta_f}{2} = 2.17$。

所以隧道边墙的相对应变为：

$$\xi = \frac{\xi_\theta^a}{\xi_\theta^e} = \eta_{sf} \left\{ \frac{\frac{2}{q+1}\left[\frac{(q-1)+\alpha}{q-1}\right]\eta_{sf}^{\frac{f+1}{q-1}} - \frac{\alpha}{q-1} + \frac{\alpha^*}{q^*-1}}{\beta + \frac{\alpha^*}{q^*-1}} \right\} \frac{f^*+1}{q^*-1} = 2.59 \quad (6\text{-}14)$$

因为 $\xi=2.59>\eta_f=2.56$，参照表 6-1 可知，谷竹高速公路施工中绝大部分围岩的挤出程度为 V 级，属于最严重挤出，隧道开挖引起的重分布应力超过围岩的强度，而使围岩进入塑性状态，发生塑性挤出变形破坏。

因此，谷竹沿线片岩隧道围岩挤压程度严重，对支护结构变形破坏产生严重影响。挤出破坏作用是导致后期二衬开裂的主要原因之一。

6.1.4　偏压作用下片岩隧道围岩-支护破坏机理分析

隧道偏压普遍存在于实际工程中，特别是在谷竹高速片岩区隧道，这种现象尤为明显。偏压作用是指不对称荷载作用在隧道轮廓断面上产生的效应。引起隧道偏压的原因及其对应的偏压形式概括起来有以下几个：地形地貌不对称产生的地形偏压，岩层结构各向异性作用产生的岩层结构偏压，施工原因造成荷载不对称产生的荷载偏压。对于洞口段或者浅埋地层段易形成地形偏压；岩体结构面发育明显，各向异性显著的区域易形成结构偏压；施工开挖中控制不合理造成的局部超挖或欠挖以及二衬浇筑施工中局部的薄厚不均匀等情况易形成荷载偏压。各种原因产生的偏压作用会引起围岩压力呈明显的不均匀性，从而使支护受偏压荷载的作用，导致支护破坏。偏压作用也是导致二衬结构开裂破坏的主要原因。

1.地形偏压作用下隧道围岩-支护破坏分析

以图 6-7 所示地形偏压条件下圆形隧道分析图为例，分析地形偏压隧道的初始应力场和二次应力场的分布特征。

假定地层岩体为连续的均质线弹性体，于是在平面应变状态下的平衡方程如下：

$$\begin{cases} \dfrac{\partial \sigma_x}{\partial x} + \dfrac{\partial \tau_{xy}}{\partial y} = \gamma \sin \varphi_0 \\[2mm] \dfrac{\partial \sigma_{xy}}{\partial x} + \dfrac{\partial \tau_y}{\partial y} = \gamma \cos \varphi_0 \quad (6\text{-}15) \\[2mm] \dfrac{\partial \sigma_{xz}}{\partial x} + \dfrac{\partial \tau_{yz}}{\partial y} = 0 \end{cases}$$

式中：γ 为单位岩体的重力。

引入偏微分方程和应力-应变关系求解，可得地形偏压条件下岩体初始应力场的计算公式如下：

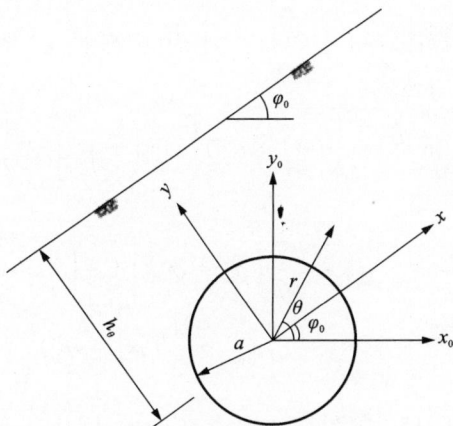

图 6-7　地形偏压隧道分析图

$$\begin{cases} \sigma_x^0 = \gamma(h_0 - y)\left(\dfrac{\mu}{1+\mu} + \tan^2\varphi_0\right)\cos\varphi_0 \\[2mm] \sigma_y^0 = \gamma(h_0 - y)\cos\varphi_0 \\[2mm] \tau_{xy}^0 = \gamma(h_0 - y)\sin\varphi_0 \end{cases} \tag{6-16}$$

式中：μ 为岩土体的泊松比。

由式（6-16）可知：在地形偏压的条件下，初始应力不仅与岩土体的力学参数（比如泊松比）有关，还与地表倾角、隧道埋深有关。当地表倾角确定时，水平应力比随着泊松比的增大而减小。但随着地表倾角的增大，水平应力增大，竖向应力比减小，当地表倾角超过20°~30°时，水平应力将会迅速增大，隧道的偏压特性将渐趋明显。从泊松比和地表倾角的联合影响对比可知，地表倾角是影响水平应力的主要因素。

偏压隧道开挖后破坏了岩体天然应力的相对平衡状态，使得围岩中的应力产生重分布作用，形成新的重分布应力状态。基于小变形假设，对于偏压隧道，可把正应力和剪应力所引起的应力场按图 6-8 进行"等效处理"分解计算，然后叠加在一起，可将其形象地描述为"（1）应力场 =（2）应力场 +（3）应力场"。

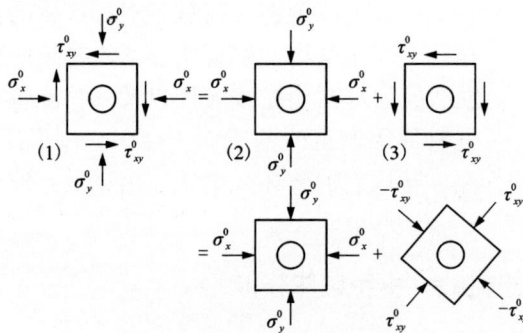

图 6-8　受力等效分解图

在图 6-8 中（2）应力作用状态下（σ_x^0 和 σ_y^0），应用复变函数可获得（2）应力作用下应力场的表达式：

$$\sigma_r^{(2)} = \frac{1}{2}(\sigma_x^0 + \sigma_y^0)\left[1 - \left(\frac{a}{r}\right)^3\right] - \frac{1}{2}(\sigma_y^0 - \sigma_x^0)\left[1 - 4\left(\frac{a}{r}\right)^2 + 3\left(\frac{a}{r}\right)^4\right]\cos 2\theta$$

$$\tag{6-17}$$

$$\sigma_\theta^{(2)} = \frac{1}{2}(\sigma_x^0 + \sigma_y^0)\left[1 + \left(\frac{a}{r}\right)^2\right] + \frac{1}{2}(\sigma_y^0 - \sigma_x^0)\left[1 + 3\left(\frac{a}{r}\right)^4\right]\cos 2\theta \tag{6-18}$$

$$\tau_{r\theta}^{(2)} = \frac{1}{2}(\sigma_y^0 - \sigma_x^0)\left[1 + 2\left(\frac{a}{r}\right)^2 - 3\left(\frac{a}{r}\right)^4\right]\sin 2\theta \tag{6-19}$$

同理，在图 6-8 中（3）应力作用状态下（τ_{xy}^0），用 $\theta - \dfrac{\pi}{2}$ 替换式（6-18）~式（6-19）中的 θ，则可得在剪应力 τ_{xy}^0 作用下围岩的应力场计算式：

$$\sigma_r^{(3)} = \tau_{xy}^0\left[1 - 4\left(\frac{a}{r}\right)^2 + 3\left(\frac{a}{r}\right)^4\right]\sin 2\theta \tag{6-20}$$

$$\sigma_\theta^{(3)} = -\tau_{xy}^0 \left[1 + 3\left(\frac{a}{r}\right)^4 \right] \sin 2\theta \tag{6-21}$$

$$\tau_{r\theta}^{(3)} = \tau_{xy}^0 \left[1 + 2\left(\frac{a}{r}\right)^2 - 3\left(\frac{a}{r}\right)^4 \right] \sin 2\theta \tag{6-22}$$

将图 6-8 中(2)和(3)应力状态下的围岩应力场叠加在一起,得到地形偏压隧道的二次应力场如下:

$$\sigma_r^{(1)} = \frac{1}{2}(\sigma_x^0 + \sigma_y^0)\left[1 - \left(\frac{a}{r}\right)^2 \right] -$$
$$\frac{1}{2}\left[(\sigma_y^0 - \sigma_x^0)\cos 2\theta - 2\tau_{xy}^0 \sin 2\theta \right]\left[1 - 4\left(\frac{a}{r}\right)^2 + 3\left(\frac{a}{r}\right)^4 \right] \tag{6-23}$$

$$\sigma_\theta^{(1)} = \frac{1}{2}(\sigma_x^0 + \sigma_y^0)\left[1 + \left(\frac{a}{r}\right)^2 \right] + \frac{1}{2}\left[(\sigma_y^0 - \sigma_x^0)\cos 2\theta - 2\tau_{xy}^0 \sin 2\theta \right]\left[1 + 3\left(\frac{a}{r}\right)^4 \right] \tag{6-24}$$

$$\tau_{r\theta}^{(1)} = \frac{1}{2}\left[(\sigma_x^0 - \sigma_y^0)\sin 2\theta + 2\tau_{xy}^0 \cos 2\theta \right]\left[1 + 2\left(\frac{a}{r}\right)^2 - 3\left(\frac{a}{r}\right)^4 \right] \tag{6-25}$$

通过分析以上三式可知:

①$\sigma_r^{(1)}$、$\sigma_\theta^{(1)}$、$\tau_{r\theta}^{(1)}$ 均随着 r(离隧道中心距离)的增大而快速减小,超过 2 倍洞径后趋于稳定。

②地形偏压下,离隧道中心距离 r 较大时,径向应力极大值发生的方向接近平行于地表,径向应力极小值发生的方向接近垂直于地表;而当距离 r 接近半径 a 时,极大值出现的方向变为接近垂直于地表,而平行于地表方向的应力值则成为极小值。

③切向应力、径向应力和剪应力的最大值都随着地表倾角的增大而增大,当地表倾角大于 20° 时,切向应力的最小值出现负值,即为拉应力,其值也是随着倾角的增大而增大,进一步说明了当地形偏压角大于 20° 时,一定要考虑偏压对隧道结构受力和施工安全的影响。

④如果围岩重分布应力超过了岩体的承受能力,隧道会在偏压应力的作用下产生破坏。在偏压角为 30° 时,剪应力最大值分别出现在拱顶、仰拱和边墙部位,从而导致这些部位极易出现剪切破坏。

通过分析可知,在偏压作用下,隧道围岩-支护结构极易产生破坏。通过对沿线片岩隧道二衬开裂情况的调查分析,各隧道洞口偏压段及洞身浅埋偏压段几乎都出现了不同程度的二衬开裂现象。谷竹高速片岩区地形偏压导致二衬开裂破坏主要有以下两种类型。

①由于该隧道群围岩主要为软岩,地貌均为缓坡丘陵地貌,隧道在进出口或洞身浅埋段存在不同程度及类型的地形偏压影响,如图 6-9 所示。

由图 6-9(a)可知,在左侧山体的重力及水平构造应力作用下,易在左洞顶及右洞左拱腰出现纵向张弯裂缝,受力方式如图 6-9(b)所示。

②隧道穿越的山体本身对隧道洞口存在一定的偏压作用。隧道如同边坡削脚,处于临滑状态的山体或者坡体在隧道开挖卸荷的作用下,向洞口产生一定类似滑坡的剪切或鼓胀力,进而反映在二衬结构上形成斜向环向裂缝,如图 6-10 所示。

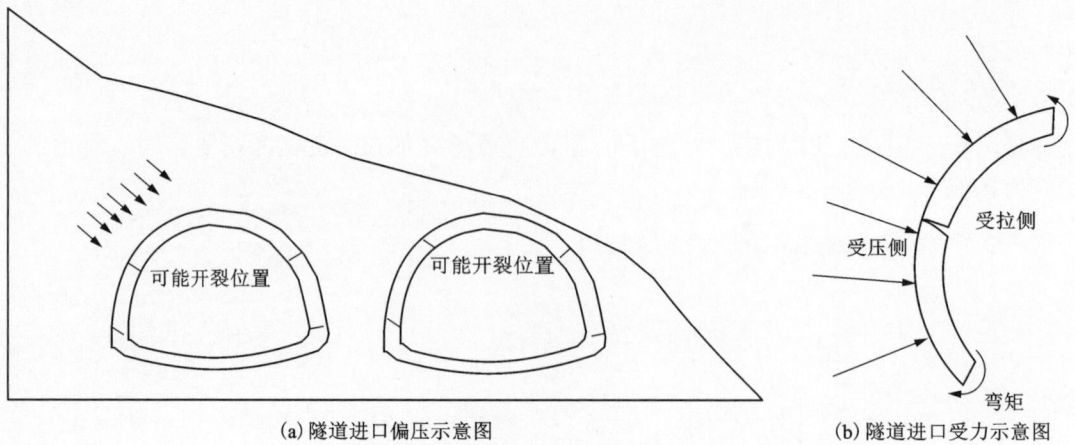

(a) 隧道进口偏压示意图　　　　(b) 隧道进口受力示意图

图 6-9　隧道进口偏压及受力示意图

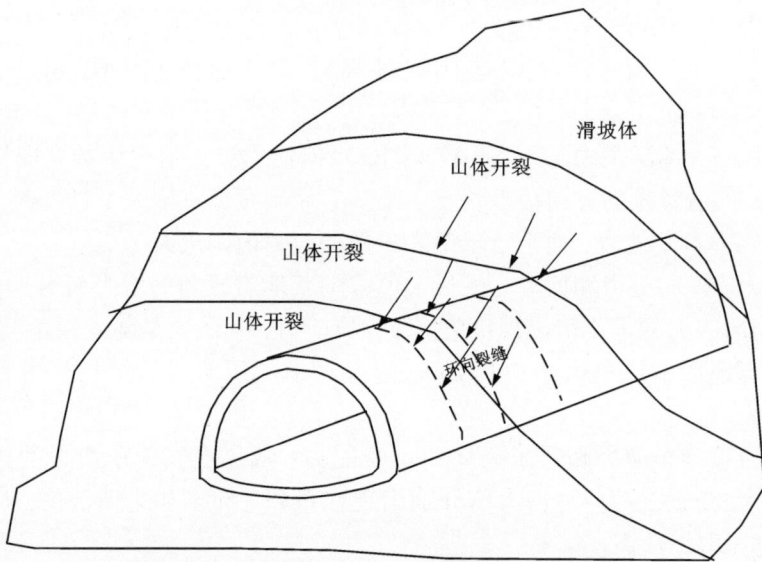

图 6-10　一号隧道进口山体向洞口偏压示意图

2. 地层结构偏压作用下隧道围岩-支护破坏分析

　　隧道地层结构偏压是指隧道围岩在某一方位上具有一定倾斜角度，由于开挖隧道，洞壁部分分离岩体（块）沿既定的层状软弱结构面（带或夹层）向洞内临空面产生顺层滑（蠕）动、压缩而出现一侧明显偏压的现象，图 6-11 所示为隧道岩层结构偏压示意图。在这种情况下，岩层倾向侧围岩的压力较另一侧围岩的压力大，当隧道衬砌结构未考虑因这种地质条件而产生的明显偏压时，压力大的一侧的衬砌常被剪断破坏。隧道围岩产生顺层滑动或明显偏压的条件是被隧道临空面切断的层面的走向与隧道轴线方向的夹角 a 小于

30°，并且其倾向临空面的倾角常在 20°~70°。在岩体隧道中，岩体的软弱点或面主要在层面与节理面处，隧道的变形与破坏形式首先表现为沿层面错动或岩层折断、沿节理裂隙垮塌。在薄层状岩层隧道中，层理面是隧道稳定性的主控结构面，节理裂隙创造出围岩破坏失稳的边界条件。

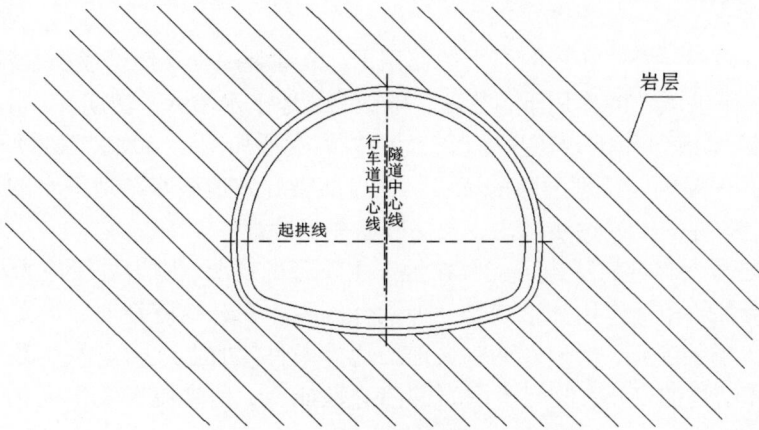

图 6-11　隧道岩层结构偏压示意图

隧道地层结构偏压的施工力学行为分析如下：

①洞周应力场和位移场分布主要受层面产状的直接影响。隧道开挖后，洞周围岩的最大主应力迹线的最大梯度方向与层面的方向相同，洞周围岩最大剪切应变增量梯度方向由倾角较小时的层面垂直方向过渡到平行于层理面方向。

②当岩层的倾角小于 30°时，不容易发生顺层滑动；当倾角大于 40°时，岩层顺弱势节理面变形，且变形随岩层倾角的增大而增加。

③当层面的走向与隧道轴线一致且层面的倾角在一定范围内时，隧道的开挖会引起拱部的偏压，偏压会随着层面倾角的增大而愈加明显。

谷竹片岩隧道岩层为薄层-超薄层岩层，片理面成为隧道稳定性的主控结构面，通过片岩岩样室内物理力学试验可知岩体的各向异性特别明显，绢云母矿物含量高，片理面之间的抗剪强度低。在这种片理面是主控结构面的岩体中，隧道的变形破坏有随着岩层的走向发生的现象。当隧道的掘进走向与岩层的走向夹角较小时，隧道围岩的变形与破坏会随着掘进发生。通过现场掌子面地质编录可知，片岩区隧道岩层走向与隧道轴线基本都小于30°，因此谷竹片岩区隧道容易形成地质顺层偏压，造成隧道的变形与破坏，进而导致支护开裂破坏。

6.1.5　水文地质因素对软岩片岩隧道变形破坏的影响机理分析

谷竹高速片岩区隧道受多期构造作用影响，工程地质条件复杂，构造作用下片岩隧道围岩岩体风化程度高，云母含量高，片理、节理裂隙极发育，岩体破碎，地下水发育。地下水主要为基岩裂隙水，特别是在断裂破碎带中地下水发育，局部出水量很大，底板积水严重、底板。强风化的云母片岩具有较强的渗透性，水分很容易进入云母片间并达到饱和，使得云母片间微弱的黏结力和嵌挤力丧失，宏观表现为施作初期支护后发生的围岩大变形。

谷竹片岩区隧道地下水发育还有一个特征，即有一个明显的渐变过程，掌子面围岩地下水往往不发育，岩体干燥，开挖面附近 3~5 m 范围内初期支护渗水不明显，局部有湿斑，掌子面后方距离十几米处的初期支护现大面积湿斑，往洞口方向再过一段距离的初期支护会有线状滴水。

在隧道未开挖时，岩体在三向应力的作用下，节理裂隙处于闭合状态，岩体局部干燥；开挖过程中，在爆破震动的作用下，节理裂隙微张，地下水渗入，初期支护出现局部湿斑，围岩软化、膨胀、崩解，使围岩产生变形，而围岩的变形加剧了节理裂隙的张开，表现为初期支护出现大面积湿斑。节理裂隙的逐步贯通可能会导致地表水与地下水的连通，进一步软化围岩，使得塑性圈半径逐步增大，大变形进一步持续。

工程中有断裂破碎带的隧道可能存在地下水发育的情况，围岩处于应力场和渗流场构成的环境中，两者的相互作用和影响是一种耦合作用。在开挖隧道时，水文地质条件的变化必会引起渗流场的变化，形成新的水文地质边界条件，加上应力场发生改变，围岩受到扰动，引起岩体结构的变化，改变了围岩的渗透性能，于是渗流场发生变化，而渗流场的改变又进一步影响着应力场。

1. 地下水对岩体的物理化学作用

地下水一方面对岩体产生润滑、软化、泥化、结合水强化以及冲刷运移等物理作用，另一方面又与岩体之间不断进行着离子交换、溶解、水化、水解、氧化还原等化学作用。地下水与岩体之间的物理、化学、力学作用可以从细观上改变岩土体的矿物组成与结构，使其产生孔隙、溶蚀裂隙，发生软化等，增大其孔隙率，影响其渗透率与孔隙压力，进而改变其强度和刚度等宏观力学性质。水岩相互作用使岩石物理力学参数劣化的流程如图 6-12 所示。

前期对片岩岩样的室内物理试验研究表明：片岩的吸水率相对较大，说明片岩内部孔隙十分发育，极易吸水，且遇水后易发生软化、膨胀和崩解，使片岩物理力学参数显著降低。通过天然状态下和饱水状态下的对比试验可知，相对于天然状态，片岩饱水后，黏聚力降低了 36.7%，内摩擦角减小了 4.6%。饱水后，残余黏聚力降低了 66.7%，残余内摩擦角减小了 11.3%。可见，片岩对水软化性比较敏感。

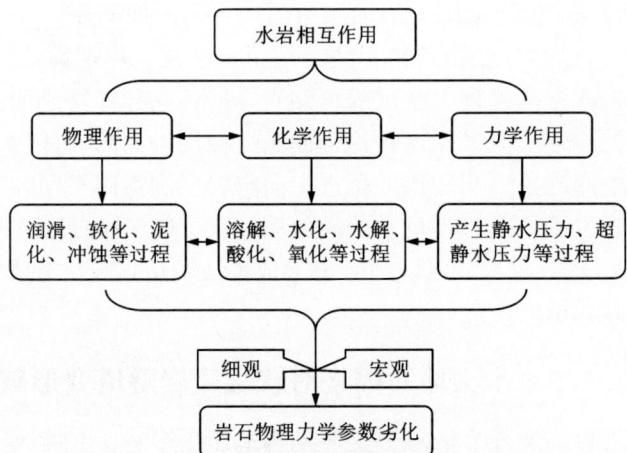

图 6-12　水岩作用下岩石物理力学参数劣化流程图

　　通过片岩矿物实验可知，片岩结构面之间一般富含高岭土、绿泥石、云母、蒙脱石等黏土物质。这些具有不良性质的矿物明显地降低了结构面的强度，如在这些黏土物质的作用下，水对黏土物质产生润滑、泥化作用，使黏土物质的物理力学性能进一步降低，结构面之间更加润滑，从而使结构面上的摩擦阻力减小和作用在结构面上的剪应力增加，进而使片岩沿着结构面滑移。特别是当片理面发育、片岩矿物定向排列明显、含水率增大时，水分子沿着颗粒间的接触侵入，减弱片岩颗粒间的联系，片理化效应更加显著，水在片理面上产生润滑作用，使片理面上的摩擦阻力减小和作用在片理面上的剪应力增加，从而使片岩片理面的剪切运动更易发生。水对岩体产生的润滑作用反映在力学上，就是使岩体的内摩擦角 φ 减小。水对黏土物质冲刷、运移的物理冲蚀作用会导致产生次生孔隙，这体现了水对片岩的劣化作用。

　　片岩的主要粒状矿物成分为长石、石英，主要片状矿物成分为云母、绿泥石、滑石等。云母、绿泥石、滑石又具有黏土矿物的某些特征，即在水介质及有机溶剂中分散悬浮性好，有黏性。可以把片岩看成粒状矿物为骨架结构，片状矿物为胶结物，则片岩的力学性质主要受骨架结构与胶结物力学性质及其结构形状的影响。在地下水环境中，片岩一方面会因水的流动而使矿物颗粒间片状胶结物碎屑运移和扩散；另一方面会在粒状矿物表面与水溶液发生化学反应，水物理化学作用对岩石摩擦性质有重要影响，水化学腐蚀作用会使岩石抗压强度、断裂性质及破裂机制产生不可忽视的改变，从而引起片岩微细观结构的改变，正是这种改变直接导致片岩宏观力学性质的劣化。

　　粒状矿物长石、石英与片状矿物，从它们物理化学性质的稳定性来看，石英的稳定性最强，通常不与水溶液发生化学反应；各种片状矿物物理化学性质最不稳定，在水流环境下很容易体现黏土的性质，被冲刷运移并发生蚀变；而长石类矿物的水稳定性介于两者之间，特别是在酸性环境下，较容易发生溶解与溶蚀等反应。因此，在细观层面上，流动水环境下片岩的损伤劣化主要是由片状矿物的运移和扩散、长石的溶解和溶蚀等水物理化学作用所引起的。各长石在水溶液作用下具有如下反应式：

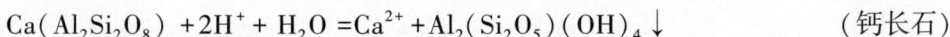

$$2\mathrm{K(AlSi_3O_8)} + 2\mathrm{H^+} + \mathrm{H_2O} = 2\mathrm{K^+} + 4\mathrm{SiO_2} + \mathrm{Al_2(Si_2O_5)(OH)_4} \downarrow \qquad （钾长石）$$

$$2\mathrm{Na(AlSi_3O_8)} + 2\mathrm{H^+} + \mathrm{H_2O} = 2\mathrm{Na^+} + 4\mathrm{SiO_2} + \mathrm{Al_2(Si_2O_5)(OH)_4} \downarrow \qquad （钠长石）$$

$$\mathrm{Ca(Al_2Si_2O_8)} + 2\mathrm{H^+} + \mathrm{H_2O} = \mathrm{Ca^{2+}} + \mathrm{Al_2(Si_2O_5)(OH)_4} \downarrow \qquad （钙长石）$$

　　长石在其溶解、溶蚀过程中，一部分离子被溶解进入溶液中，另一部分则转变成新的矿物，由于这些新的矿物(或称次生矿物)与原始矿物组成不同，它们的分子量、密度等也就不同，从而使其所占据的体积空间发生变化，进而导致次生孔隙的产生。由于不同长石成分不同，它们在溶解、溶蚀过程中形成的次生孔隙也有差异。已有的研究成果表明，1 mol 的钾长石经过溶解、溶蚀后可生成的最小次生孔隙率为 5.96%；1 mol 的钠长石可生成的最小次生孔隙率为 2.54%；1 mol 的钙长石可生成的最小次生孔隙率则为 0.72%。水化学作用产生的次生孔隙使矿物颗粒遇水发生溶解、溶蚀等，且往往伴随有粒内溶孔，孔隙率与溶孔的增加会使岩体物理力学性质损伤劣化。

　　因此，地下水对产生破坏的岩体的物理化学作用主要表现为：①地下水对岩体的物理弱化作用，导致岩体结构面及其充填物随含水量变化，改变了其物理性状，引起应力场的变化；②地下水对岩体的化学作用，一是对软弱充填物中的石英、方解石、黏土矿物等矿物颗粒的溶蚀和溶解作用，二是对铁质的氧化作用。

2. 地下水对岩体的力学作用

地下水对岩体的力学作用主要表现为静水压力、动水压力及孔隙水压力等，这些力的叠加作用可能使岩体结构面发生劈裂扩展和剪切变形，提高了空隙度和连通性。

设岩体中的水头分布为 φ，根据渗流力学，静水压力的大小为：

$$P_s = \rho g(\varphi - z) = \gamma(\varphi - z) \tag{6-26}$$

式中：z 为水头位置；ρ 为地下水密度；γ 为地下水重度。

静水压力力学行为具体表现为导致裂隙结构面发生拉-张型扩展作用，增大了裂隙的宽度，同时裂隙结构面发生剪切型延展，增大了其延伸长度。

岩体单位体积上所承受的动水压力可描述为：

$$P_s = -\frac{\partial P}{\partial S} = -\gamma \frac{\partial}{\partial S}(\varphi - z) \tag{6-27}$$

式中：P 为动水压力；S 为地下水的渗流路径。

应力场和渗流场通过耦合相互作用，如果使得隧道重分布应力超过了围岩强度，隧道便会发生变形破坏。

通过上述分析可知，地下水作用改变了围岩体的物理力学性质，导致围岩的完整性、强度、承载力等明显减弱，使围岩进一步破坏，最终导致岩体产生过大的压力和变形，使得初支及二衬结构承载不足而被破坏。地下水的作用是导致隧道二衬开裂的又一影响因素。

6.1.6 地应力作用下片岩隧道围岩-支护破坏机理分析

地应力是在地质构造运动和岩体重力等作用下形成的，不仅是决定区域稳定性和岩体稳定性的重要因素，而且往往对隧道等地下工程的设计和施工造成直接的影响。

如前文所述，由于沿线处于复杂区域地质构造带内，受其推覆挤压的影响，岩体内部存在一定的构造应力，加之岩体的强度较低，极容易在局部形成高应力区。受构造过程的影响，修筑于该区域的谷竹高速公路隧道所处应力场情况显得更加复杂，支护结构体上的荷载除由地应力施加外，有时也由构造残余应力施加，存在由地层构造运动引起的构造应力所带来的附加荷载。

隧址区所在的构造区域经过多次造山运动，在构造演化过程中，塑性、弹性变形均有发生，外观上表现为褶皱、扭曲等，大量发生弹性变形的褶皱（揉皱）包裹于山体之中时，形成构造应力，弹性能也储存于其中，一旦隧道开挖卸荷扩容，能量就有释放的空间，从而对支护结构形成较大的荷载。

为了解沿线片岩区隧道地应力分布情况，设计单位现场采用水压致裂法进行了现场地应力试验，对地应力分布规律进行测试。实测最大、最小水平主应力及自重应力随岩层深度变化关系曲线如图 6-13、图 6-14 所示。

结果显示，在钻孔 ZK113 测试深度范围（80.7~315.24 m）内，钻孔 ZK113 的最大水平主应力值最大值为 16.82 MPa、最小水平主应力值最大值为 10.77 MPa、最大水平主应力方向为 NE250 左右，侧压系数范围值 $\lambda = 1.96\sim3.81$；在试验深度范围内，各测试孔侧压系数均大于 1，表明工程场区地应力以构造应力为主。在钻孔 ZK114 测试深度范围（124~

289.5 m)内，钻孔 ZK114 的最大水平主应力值最大值为 14.37 MPa、最小水平主应力值最大值为 9.27 MPa、最大水平主应力方向为 NE230 左右，侧压系数范围值 $\lambda = 1.80 \sim 2.55$；在试验深度范围内，各测试孔侧压系数均大于 1，表明工程场区地应力以构造应力为主。

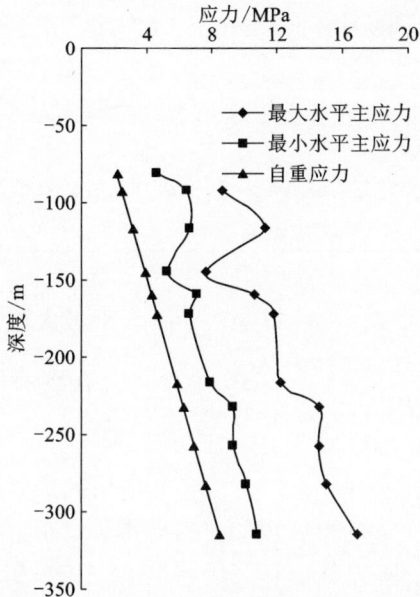

图 6-13　ZK113 孔应力量值随深度变化曲线　　图 6-14　ZK114 孔应力量值随深度变化曲线

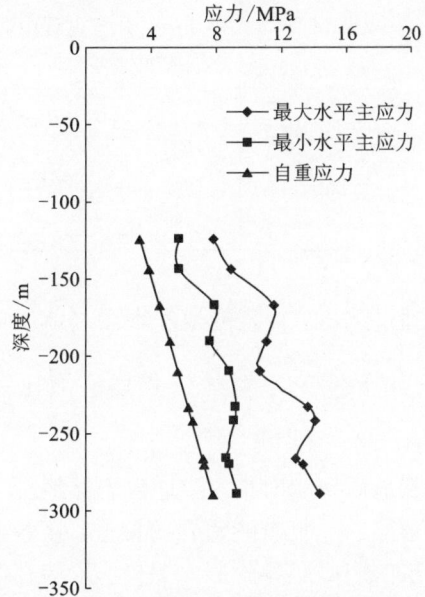

按照地应力的绝对大小值，即最大主应力达到 20~30 MPa，认为岩体处在高地应力状态。通过对谷竹片岩区采用水压致裂法进行现场地应力试验可知，最大水平主应力值最大值为 16.82 MPa，最小水平主应力值最大值为 10.77 MPa，侧压系数 $\lambda = 1.80 \sim 3.81$，从最大主应力量值大小来看，片岩区隧道区域范围内属中等水平应力区。

利用岩石或岩体的强度应力比，即岩石单轴抗压强度(R_b)与最大主应力(σ_{max})的比值 $\dfrac{R_b}{\sigma_{max}}$ 大小来划分地应力，我国《工程岩体分级标准》(GB 50218—94)对地应力的高低界定值如表 6-2 所示。

表 6-2　构造地应力分级标准

判据	$\dfrac{R_b}{\sigma_{max}} \leqslant 4$	$4 < \dfrac{R_b}{\sigma_{max}} \leqslant 7$	$\dfrac{R_b}{\sigma_{max}} > 7$
构造地应力分级	极高地应力	高地应力	一般地应力

高初始应力地区岩体在开挖过程中出现的主要现象如表 6-3 所示。

表 6-3　高初始应力地区岩体在开挖过程中出现的主要现象

应力情况	主要现象
极高应力 $\left(\dfrac{R_b}{\sigma_{max}} \leqslant 4\right)$	软质岩：岩芯有饼化现象，开挖过程中洞壁岩体有剥离，位移极为显著，甚至发生大位移，持续时间长，不易成洞 硬质岩：开挖过程中时有岩爆发生，有块体弹出，洞壁岩体发生剥离，新生裂缝多，成洞性差
高应力 $4 < \dfrac{R_b}{\sigma_{max}} \leqslant 7$	软质岩：岩芯时有饼化现象，开挖过程中洞壁岩体位移显著，持续时间较长，成洞性差 硬质岩：开挖过程中可能出现岩爆，洞内岩体有剥离和掉块现象，新生裂缝较多，成洞性较差

通过测试，片岩隧道深埋段岩体的单轴抗压强度 $R_b = 21.37$ MPa，而水平最大主应力 $\sigma_{max} = 16.82$ MPa，其岩石强度应力比 $\dfrac{R_b}{\sigma_{max}} = \dfrac{21.37 \text{ MPa}}{16.82 \text{ MPa}} = 1.27 < 4$，属于极高构造地应力水平。

在地质历史时期，隧址区岩体经历了多期地质构造作用，岩层以弹性变形的形式储存了变形能。一旦有隧道开挖掘进，这些变形能会以变形的形式向临空区释放，宏观上表现为岩层的应力扩容膨胀。另外，岩层在洞室形成后，应力状态从三维转变为二维，在构造应力作用下，往往发生破坏从而产生非线性弹塑性变形，容易导致支护体系的宏观破坏。由于构造应力一般以水平构造应力为主，在构造应力显著地区，隧道两帮的破坏往往颇为明显，其力学机制模式如图 6-15 所示。

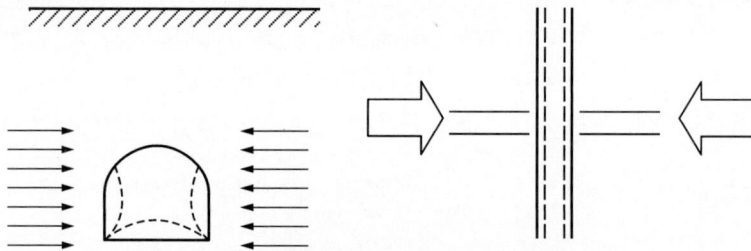

图 6-15　构造应力变形的力学机制示意图

高应力软岩隧道围岩初始应力较高，在隧道开挖后，随即发生内应力释放和回弹。隧道开挖卸荷相当于在初始应力状态上叠加相应反向拉应力，于是隧道围岩（尤其是层状岩体）在弯曲作用下发生挠曲，或沿结构面发生剪胀滑移变形，围岩发生体积膨胀变形（扩容），表现为侧墙内移（侧向张裂、片帮）、尖顶（拱顶剪裂）、底鼓和冒顶等。

Talbber 和 Kastner 等给出了侧压力系数 $\lambda \neq 1$ 时深埋圆形隧道围岩中的应力分布图形，如图 6-16 所示。

岩石的蠕变试验表明，在非侧限条件下岩石的蠕变变形遵循对数规律，其本构方程可表示为：

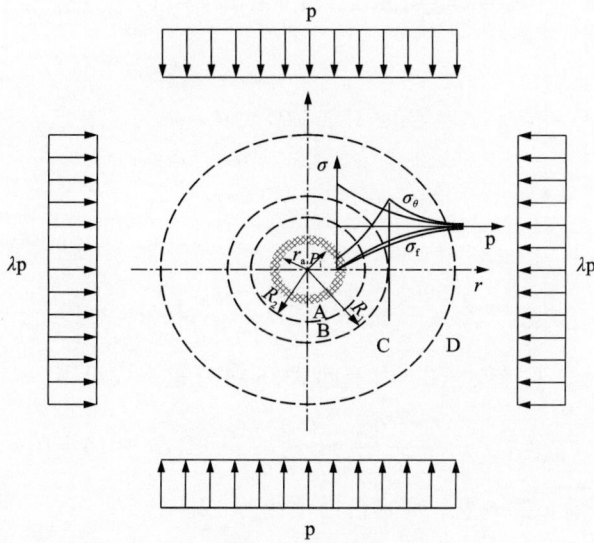

A—松动破碎区；B—塑性区；C—弹性区；D—原始应力区；P—原岩应力；λ—侧压力系数；
σ_θ—切向应力；σ_r—径向应力；r_a—隧道半径；R_1—破碎区半径；R_2—塑性区半径；P_i—支护阻力。

图 6-16　构造应力场中隧道弹塑性围岩应力状态

$$\begin{cases} \xi = \dfrac{\sigma}{\eta_c}\ln(\alpha t + 1) \\ \gamma = \dfrac{\tau}{\eta_\tau}\ln(\alpha t + 1) \end{cases} \tag{6-28}$$

式中：η_c 为抗压黏弹性系数，MPa；η_τ 为抗剪黏弹性系数，MPa；α 为与隧道围岩性质有关的材料常数。

应力和应变都用偏张量可表示为：

$$e_{ij} = \frac{S_{ij}}{2G} \tag{6-29}$$

式中：S_{ij} 为应力偏张量，$S_{ij} = \sigma_{ij} - \sigma_m\delta_{ij}$，$\sigma_m = \dfrac{\sigma_r + \sigma_\theta + \sigma_z}{3}$；$e_{ij}$ 为应变偏张量，$e_{ij} = \xi_{ij} - \xi_m\delta_{ij}$，

$\xi_m = \dfrac{\xi_r + \xi_\theta + \xi_z}{3}$；$G = \dfrac{E}{2(1+\mu)}$，$E$ 为弹性模量，μ 为泊松比。

岩石的蠕变本构的张量形式为：

$$e_{ij} = \frac{S_{ij}}{2G} + \frac{S_{ij}}{2\eta_\tau}c\ln(\alpha t + 1) \tag{6-30}$$

式中：c 为与隧道围岩性质有关的材料常数。

假设隧道围岩球张量符合弹性关系，由塑性力学可知：

$$\xi_m = \frac{(1 - 2\mu)}{E}\sigma_m \tag{6-31}$$

而
$$\sigma_m = \frac{\sigma_r + \sigma_\theta + \sigma_z}{3} = \frac{1}{3}\left[p(1+\lambda) + p(1-\lambda)\frac{2r_a^2}{r^2}\cos 2\theta\right] + \frac{1}{3}\sigma_z \quad (6-32)$$

由式(6-30)可得：

$$\begin{cases} \xi_r - \xi_m = \dfrac{\sigma_r - \sigma_m}{2G} + \dfrac{\sigma_r - \sigma_m}{2\eta_\tau}c\ln(\alpha t + 1) \\[2mm] \xi_\theta - \xi_m = \dfrac{\sigma_\theta - \sigma_m}{2G} + \dfrac{\sigma_\theta - \sigma_m}{2\eta_\tau}c\ln(\alpha t + 1) \\[2mm] \xi_z - \xi_m = \dfrac{\sigma_z - \sigma_m}{2G} + \dfrac{\sigma_z - \sigma_m}{2\eta_\tau}c\ln(\alpha t + 1) \end{cases} \quad (6-33)$$

对于平面应变问题，则有 $\xi_z = 0$，由上面式(6-33)第三式可得：

$$\xi_z = \xi_m + \frac{\sigma_z - \sigma_m}{2G} + \frac{\sigma_z - \sigma_m}{2\eta_\tau}c\ln(\alpha t + 1) = 0 \quad (6-34)$$

若式(6-33)对任意 t 都成立，则其自由项为零，即

$$\xi_m + \frac{\sigma_z - \sigma_m}{2G} = 0 \quad (6-35)$$

联立式(6-30)和式(6-35)可得：

$$\sigma_z = \frac{3\mu}{1+\mu}\sigma_m \quad (6-36)$$

联立式(6-19)和式(6-23)可得：

$$\sigma_m = \frac{1+\mu}{3}(\sigma_r + \sigma_\theta) = \frac{1+\mu}{3}\left[p(1+\lambda) + p(1-\lambda)\frac{2r_a^2}{r^2}\cos 2\theta\right] \quad (6-37)$$

联立式(6-34)和式(6-38)可得：

$$\xi_m = \frac{(1-2\mu)\sigma_m}{E} = \frac{(1-2\mu)(1+\mu)}{3E}\left[p(1+\lambda) + p(1-\lambda)\frac{2r_a^2}{r^2}\cos 2\theta\right] \quad (6-38)$$

联立式(6-31)和式(6-37)及式(6-38)可得：

$$\begin{aligned} \xi_r &= \frac{1+\mu}{E}\sigma_r - \frac{3\mu}{E}\sigma_m + \frac{\sigma_r - \sigma_m}{2\eta_\tau}c\ln(\alpha t + 1) \\[2mm] &= \frac{1+\mu}{2E}p(1+\lambda)\left[(1-2\mu) - \frac{r_a^2}{r^2}\right] - \\[2mm] &\quad \frac{1+\mu}{2E}p(1-\lambda)\left[\left(1 - 4\frac{r_a^2}{r^2} + 3\frac{r_a^4}{r^4}\right) + \mu\frac{4r_a^2}{r^2}\right]\cos 2\theta + \\[2mm] &\quad \frac{1+\lambda}{4\eta_\tau}p\left[1 - \frac{r_a^2}{r^2} - \frac{2(1+\mu)}{3}\right]c\ln(\alpha t + 1) - \\[2mm] &\quad \frac{1-\lambda}{4\eta_\tau}p\left[\left(1 - 4\frac{r_a^2}{r^2} + 3\frac{r_a^4}{r^4}\right) + \frac{4(1+\mu)}{3}\frac{r_a^2}{r^2}\right]c\ln(\alpha t + 1)\cos 2\theta \end{aligned} \quad (6-39)$$

联立 $\xi_r = \dfrac{\partial \mu_r}{\partial r}$ 和式(6-39)，两边同时积分，且将刚体位移忽略，得隧道围岩的黏弹性位

移为：

$$u_r = \frac{1+\mu}{2E}p(1+\lambda)\left[(1-2\mu)r + \frac{r_a^2}{r}\right] - \frac{1+\mu}{2E}p(1-\lambda)\left[\left(r + 4\frac{r_a^2}{r} - \frac{r_a^4}{r^3}\right) - \mu\frac{4r_a^2}{r}\right]\cos 2\theta +$$

$$\frac{1+\lambda}{4\eta_\tau}p\left[r + \frac{r_a^2}{r} - \frac{2(1+\mu)}{3}r\right]c\ln(\alpha t + 1) -$$

$$\frac{1-\lambda}{4\eta_\tau}p\left[\left(r + 4\frac{r_a^2}{r} - \frac{r_a^4}{r^3}\right) - \frac{4(1+\mu)}{3}\frac{r_a^2}{r}\right]c\ln(\alpha t + 1)\cos 2\theta$$

$$(6-40)$$

所以，当 $r=r_a$ 时，隧道围岩周边位移为：

$$u_r(r=r_a) = \frac{1-\mu^2}{E}p(1+\lambda)r_a - \frac{2(1-\mu^2)}{E}p(1-\lambda)r_a\cos 2\theta +$$

$$\frac{(2-\mu)(1+\lambda)}{6\eta_\tau}pr_ac\ln(\alpha t + 1) - \frac{(2-\mu)(1-\lambda)}{3\eta_\tau}pr_ac\ln(\alpha t + 1)\cos 2\theta$$

$$(6-41)$$

由式（6-41）可知，在构造应力场中，深埋软岩隧道围岩的变形可分衰减变形和稳定变形两个阶段，隧道围岩变形随时间的延续隧道围岩表面的位移增大，随着侧压力系数的增大逐渐增大。

隧道开挖后，围岩临空面一侧应力瞬时降为零，应力重分布后隧道周边围岩的应力高度集中，使围岩产生局部受拉、受剪破坏，同时，深部软岩隧道的流变性随着地应力的增加也变得更为显著，加剧了软岩隧道的变形破坏。因此，地应力作用也是导致围岩-支护破坏的重要因素。

6.2　其他因素影响下片岩隧道围岩-支护破坏机理

隧道施工中影响隧道围岩-支护结构安全的因素众多，情况复杂，除区域地质构造、工程地质条件、地形地貌及水文地质条件的影响外，施工因素及设计因素对围岩-支护结构安全也产生重要影响。特别是武当组片岩区隧道，工程地质条件复杂，围岩条件极差，各类工程地质灾害问题层出不穷，这对施工方法及支护设计方案要求更高，往往原先的施工方法及支护设计方案难以满足复杂围岩条件下的施工要求，造成施工中的众多工程灾害问题，其中二衬开裂问题在谷竹高速公路片岩区隧道施工中更是屡见不鲜。研究施工中存在的各种问题，选择合适施工及支护方案，对控制和预防二衬开裂意义重大。本节针对片岩区隧道施工和设计方案中存在的问题进行分析，对二衬开裂产生机理进行研究。

6.2.1　施工工法对软岩片岩隧道破坏的影响机理

隧道工程岩体在由开挖前的三向应力状态向开挖后的二向应力状态调整的过程中，开挖面附近原应力平衡状态破坏，多工序施工与频繁的爆破将导致岩体发生累积损伤，具体表现为岩体内微裂纹、微裂隙的激活，节理、裂隙等不良结构面的张开、延伸，物理力学性能劣化，强度降低，完整性和稳定性变差。

在隧道多工序开挖扰动导致围岩二次应力调整与频繁的爆破损伤过程中，岩体的基本力学性质发生了明显变化。从细观层面上来看，表层围岩力学性状发生明显损伤的原因，一方面是卸荷作用使原来处于密闭状态下的细微裂隙趋于张开，另一方面是洞壁环向应力的劈裂作用和施工扰动进一步加剧了原来裂隙的扩展与新裂隙的产生。从宏观层面上来看，可将围岩力学性状损伤认为是岩体弹性模量 E、黏聚力 c、内摩擦角 φ 等发生改变的过程。扰动损伤劣化在细观上表现为微观结构的变化，包括孔隙或裂隙的发展等；在宏观上则表现为岩石宏观力学性质的劣化。岩石宏观力学性质的改变是细观结构的表现，细观结构的变化是宏观力学性质变化的内在原因。理论分析与工程实践都证明岩体损伤劣化后的弹性模量 E 随破损程度的提高而降低，如图 6-17 所示。由岩石循环加载卸荷试验的应力-应变曲线可知，岩石的变形模量 E 值不断下降，表明岩石有损伤。从细观角度看，一般的岩体内部都存在一些微裂隙[图 6-18(a)]；对于每个微裂隙，接触表面上的有效法向应力小于岩体的宏观围压，但连接部位的有效法向应力却大于围岩压力[图 6-18(b)]，故岩体内部微裂隙抵抗宏观剪切屈服的"能力"有限；当岩体侧向卸荷屈服后，微裂隙趋于张开，并且应力条件恶化使得原来的微张裂隙逐渐贯通产生新的裂隙，当侧向限制较大时将产生表面较光滑的剪切裂隙[图 6-18(c)上图]，当侧向限制较小时将产生表面粗糙的劈裂裂隙[图 6-18(c)下图]。这些微裂隙的增加实际上增大了有效摩阻力，在宏观上体现为在岩石损伤过程中，有效内摩擦角的损伤较小，基本保持不变。施工扰动损伤造成的细观裂隙的扩展降低了岩体整体性，表现为弹性模量 E 与宏观黏聚力 c 的减小。岩体的物理力学性能降低会导致围岩的变形增大，塑性圈半径增大，围岩压力增大。过度的变形与较大的围岩压力会导致大变形与支护结构破坏。

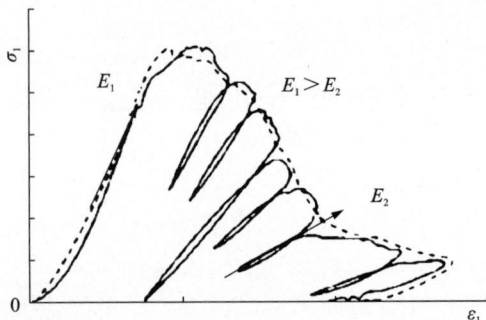

图 6-17 循环加载卸荷弹性模量损伤劣化图　　图 6-18 岩石微裂隙扩展与力学参数变化过程示意图

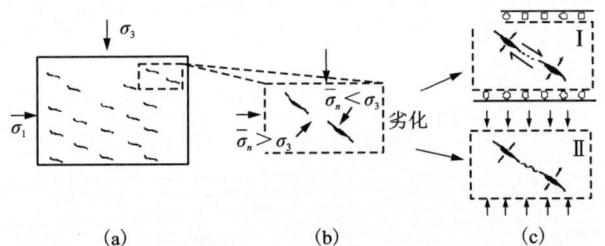

多工序施工时，各工序的开挖对围岩产生扰动与应力释放和调整，使岩体裂隙发展、汇合、贯通，节理裂隙张开，形成节理裂隙水的渗出通道。隧道在开挖时，掌子面附近岩体呈干燥状态，开挖与支护一段时间后，初期支护出现渗水现象，如图 6-19 所示，当大变形或塌方之后，节理裂隙发展、汇合、贯通、张开，使该段开挖时原本相对干燥的区段出现股状出水状态，施工现场情况也佐证了扰动对围岩存在损伤、劣化影响。

通过前文研究可知片岩容易风化、崩解，当隧道开挖后，产生临空面，以前相对密闭的岩体直接与空气接触，由于蒙脱石、云母等矿物颗粒细小，亲水性很强，当空气中的水侵入岩石的孔隙、裂隙时，细小岩粒的吸附水膜便会增厚，从而引起岩石体积的膨胀。由

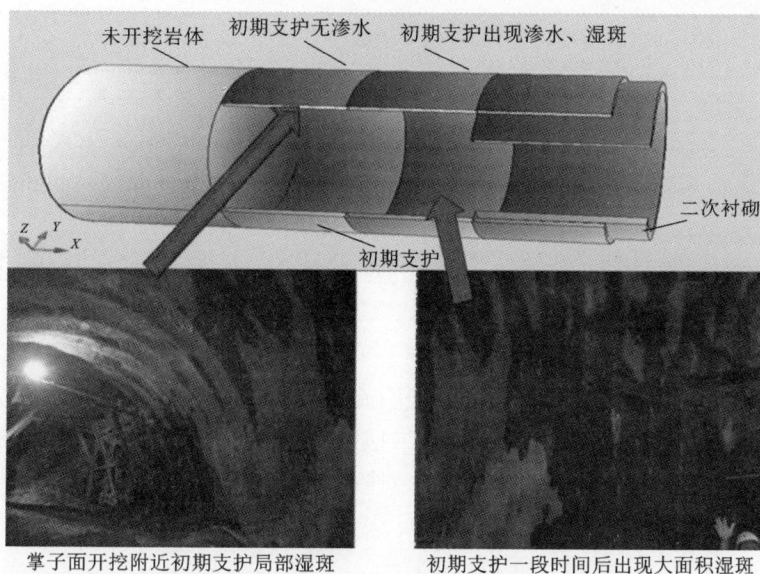

图 6-19　扰动损伤使节理裂隙贯通与渗水

于这种膨胀是不均匀的，岩石内部产生不均匀的应力，部分胶结物被稀释、软化或溶解，从而导致岩石颗粒的碎裂崩解，如图 6-20 所示，崩解后片岩各物理力学性能明显降低。

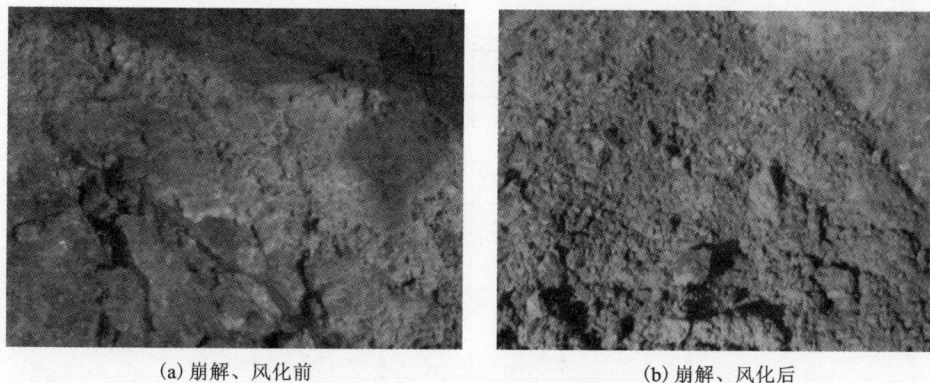

（a）崩解、风化前　　　　　　　　　　　（b）崩解、风化后

图 6-20　片岩岩体崩解、风化照片

　　多工序开挖方法造成围岩损伤破坏，完整性降低，变形及围岩压力增大，进而导致初支及二衬结构承载过大而产生破坏。谷竹高速片岩区隧道施工中使用了多种不同类型的施工方法，对以不同类型方法施工的区域围岩位移、围岩压力及松动圈范围进行了现场测试，结果如表 6-4 所示。

表 6-4　不同开挖方法现场测试结果

序号	开挖方法	水平收敛值 /mm	拱顶下沉值 /mm	初支承载值 /MPa	二衬承载值 /MPa	初支承载 比例/%	二衬承载 比例/%	松动圈 范围/m
1	两台阶法	220~240	210~240	0.12~0.35	0.65~1.85	10~20	80~90	5.0~6.0
2	弧形导坑预留核心土法	160~180	140~160	0.05~0.15	0.25~0.90	20~30	70~80	4.0~4.5
3	三台阶七步法	160~190	150~180	0.08~0.25	0.30~1.10	15~25	75~85	4.0~5.0

由表 6-4 可知，弧形导坑预留核心土法、三台阶七步法对围岩变形、围岩压力及围岩扰动的控制效果明显优于两台阶法，事实证明施工期多次出现的大变形及塌方等不良工程灾害大多发生在两台阶法施工区域，现场二衬开裂调查结果也显示，两台阶法施工区域二衬开裂问题较为严重。事实证明，施工工法对隧道围岩及支护结构安全的影响较大，对后期二衬开裂也产生重大影响。

6.2.2　爆破对软弱片岩隧道变形破坏的影响机理

钻爆法是山岭隧道掘进中一种主要的施工方法，图 6-21 为谷竹高速公路隧道全断面开挖钻爆设计图，而爆破扰动必然会对隧道围岩产生振动损伤。在一定距离内，爆炸能量对岩的抵抗能力时，就造成围岩的损伤。此外，二次爆破将会造成更大的损伤，会使得岩体或支护中已有的裂隙累积性扩展。

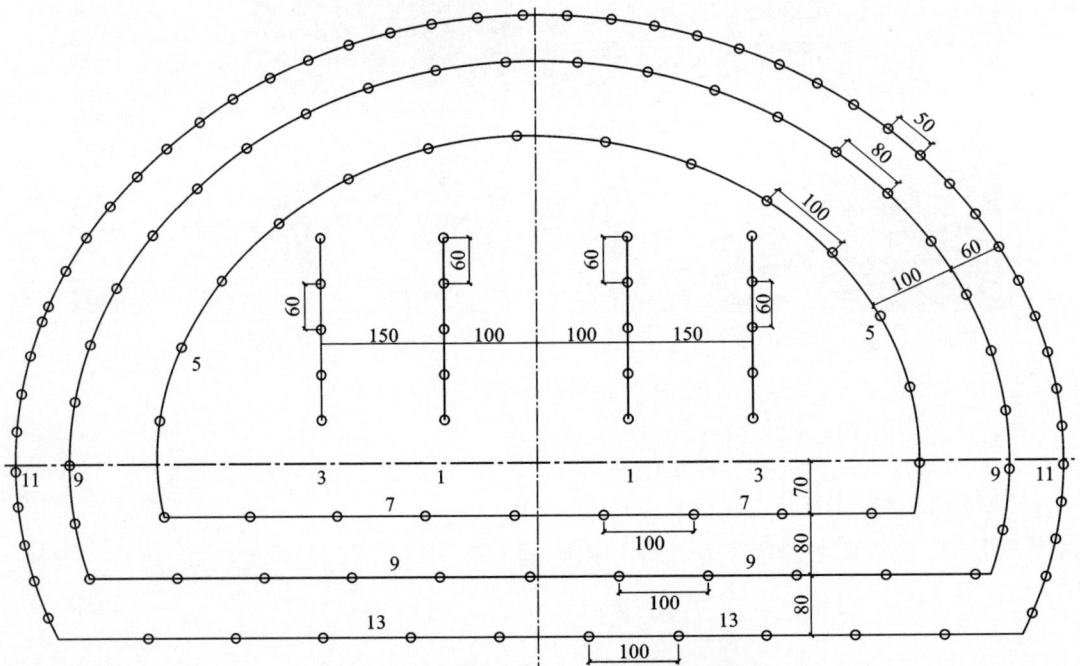

图 6-21　通省隧道全断面开挖的钻爆设计图

爆破对围岩的扰动损伤一般分为两个区域：直接破坏区和扰动损伤区。直接破坏区通常包括剥落区(即周边炮眼以外围岩的超挖部分)和破坏区(即裂隙生成及扩展区)，扰动损伤区主要是存在爆破地震动效应的区域。当爆破产生的振动速度大于围岩和初期支护的临界振动速度时，围岩和初期支护将会被破坏，从而导致围岩大变形及初期支护开裂、剥落等灾害发生，所以在变质软岩隧道爆破振动对围岩的扰动分析中采用振动速度作为指标。

1. 岩石的临界振动速度

将爆炸振动速度与岩石的应力相结合，可以分析得到岩石临界振动速度。

① 岩石动力强度计算式如下：

$$\sigma_p = \sigma_{p0}[1 + 0.12\lg V_H] = \overline{K}_D \sigma_{p0}$$

$$\sigma_c = \sigma_{c0}[1 + 0.06\lg V_H + 0.04(\lg V_H)^2 + 0.002(\lg V_H)^3] = \overline{K}_D \sigma_{c0} \quad (6\text{-}42)$$

式中：σ_p 为动抗拉强度，kg/cm^2。σ_c 为动抗压强度，kg/cm^2。σ_{p0} 为静抗拉强度，kg/cm^2。σ_{c0} 为静抗压强度，kg/cm^2。$V_H = \sigma_H/\sigma_i$，为加速速率，一般为 $1\times10^2 \sim 1\times10^4$；$\sigma_H$ 为任意加载速度($\sigma_H > 1$)，kg/cm^2；σ_i 为加载速度，取 $\sigma_i = 1\ kg/(cm^2 \cdot s)$。$\overline{K}_D$ 为动力强度提高系数，一般取 $1.24 \sim 1.28$。

因为节理裂隙等结构面的存在，在计算岩体的动力强度时，要进行折减系数为 $0.8 \sim 0.9$ 的折减变换。

② 当山体产生的静应力与地震波产生的动应力之和小于岩体的动力强度 $[\sigma_D]$ 时，隧道周边围岩才不会失稳。

$$\sigma = \sigma_{CT} + \sigma_{DT} \leqslant [\sigma_D] \quad (6\text{-}43)$$

式中：σ 为岩体的总应力，kg/cm^2；σ_{CT} 为山体静载下隧道岩体产生的静应力，kg/cm^2；σ_{DT} 为爆破地震波作用下隧道岩体产生的动应力，kg/cm^2，其由静载在地震波作用下产生振动而产生，故其可表示为

$$\sigma_{DT} = \sigma_{静载} \times K_A \quad (6\text{-}44)$$

式中：$K_A = \dfrac{a}{g}\sin \omega t$，$a$ 为隧道岩体的加速度，$kg/cm^2/s$；g 为重力加速度，m/s^2；ω 为岩体的自振频率，Hz；t 为地震波持续的时间，s。

③ 普氏理论。

围岩垂直均布压力为：

$$q = \gamma h^* \quad (6\text{-}45)$$

式中：h^* 为天然拱的角度，$h^* = \dfrac{b^*}{f}$，b^* 为天然拱的半跨径，f 为普氏岩石坚硬性系数。

图 6-22 为松散破碎岩体的普氏拱示意图。

对于有支护的洞室，其侧壁围岩塌落的最大范围为与垂直方向成 $45° - \dfrac{\varphi}{2}$ 的面，该面上相应的天然拱跨度为：

$$b^* = b_t + h\tan\left(45° - \dfrac{\varphi}{2}\right) \quad (6\text{-}46)$$

岩石的坚固性系数为：

$$f = \tan \varphi^* = \frac{\tau}{\sigma} = \frac{c + \sigma \tan \varphi}{\sigma} \quad (6\text{-}47)$$

式中：φ 为岩石内摩擦角；φ^* 为岩石似摩擦角；c 为岩石的黏聚力；τ 为岩石的抗剪强度；σ 为受剪切破坏时的正应力。

爆炸产生的动应力表示为：

$$\sigma_{DT} = \frac{1}{K_0} \frac{K_G \gamma}{g} C_e V \times 10^3 \quad (6\text{-}48)$$

将式（6-48）代入式（6-44）可得：

$$V = \frac{K_0 (K_D \sigma_{p0} - \sigma_{CT}) g}{K_G \gamma C_e} \times 10^3 \quad (6\text{-}49)$$

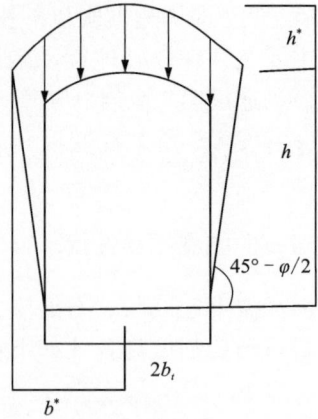

图 6-22 松散破碎岩体的普氏拱示意图

式中：K_0 为相对位置系数，当爆炸的洞室和相邻隧道垂直，受地震波入射作用时，K_0 取 2；当爆炸的洞室和相邻隧道平行，受反射作用时，K_0 取 1.41。V 为弹性阶段时质点的临界振动速度，cm/s。K_G 为动应力集中系数，隧道形状为圆形时 $K_G = 2.9$。K_D 为岩石动力强度提高系数，$K_D = (0.8 \sim 0.9) \overline{K_D}$，$\overline{K_D}$ 为岩石动力强度提高系数。σ_{p0} 为岩石静拉强度，kg/m^2。γ 为岩石容重。g 为重力加速度。C_e 为岩石介质纵波弹性波速，m/s。

2. 片岩隧道的临界振动速度

① 弹性阶段质点的临界振动速度。

由式（6-49）可计算出片岩隧道岩石的弹性临界振动速度，其中 $K_0 = 1.41$，$K_D = 0.8 \overline{K_D} = 0.8 \times 1.24 = 0.99$，$K_G = 2.9$，$g = 9.81$，$\sigma_{p0} = 1.5$ MPa $= 15$ kg/cm^2，$\gamma = 2.11$ t/m^3，$C_e = 3400$ m/s。

由普氏理论可知，侧向土压力系数为 $\eta = \dfrac{\mu}{1-\mu} = \dfrac{0.28}{1-0.28} = 0.39$，隧道周边岩体产生的静应力为 $\sigma_{CT} = \eta q$。由《公路隧道设计规范》（JTG D70—2004）可知垂直均布压力 $q = \gamma h^*$。其中，$h^* = 0.45 \times 2^{s-1} \omega$。s 为围岩的级别，谷竹高速公路隧道测试段围岩级别为Ⅳ级。$\omega = 1 + i(B-5)$，为宽度影响系数；B 为隧道的宽度，通省隧道 B 取 11.6 m；i 为 B 每增减 1 m 时的围岩压力增减率，以 $B = 5$ m 的围岩垂直均布压力为准，当 $B > 5$ m 时取 $i = 0.1$，当 $B < 5$ m 时取 $i = 0.2$，对于谷竹高速公路隧道，i 取 0.1。

所以，隧道的垂直均布压力为：

$$q = \gamma h^* = 2.11 \times 0.45 \times 2^{4-1} \times [1 + 0.1(11.6 - 5)] = 12.6 \text{ kN/cm}^2 \quad (6\text{-}50)$$

山体静载下隧道岩体产生的静应力为：

$$\sigma_{CT} = \eta q = 0.39 \times 12.6 = 4.914 \text{ kN/m}^2 \approx 0.491 \text{ kg/cm}^2 \quad (6\text{-}51)$$

于是处于弹性阶段的岩体质点的临界振动速度为：

$$V = \frac{K_0 (K_D \sigma_{p0} - \sigma_{CT}) g}{K_G \gamma C_e} \times 10^3 = \frac{1.41 \times (0.99 \times 15 - 0.491) \times 9.81}{2.9 \times 2.11 \times 3400} \times 10^3 = 9.546 \text{ cm/s}$$

$$(6\text{-}52)$$

②当隧道围岩进入弹塑性阶段时，开始出现裂隙，将式(6-52)中纵波弹性波速 C_e 换为纵波弹塑性波速 C_p 可得：

$$V = \frac{K_0(K_D\sigma_{p0} - \sigma_{CT})g}{K_G\gamma C_p} \times 10^3 \tag{6-53}$$

如果上式中的纵波弹塑性波速 C_p 无实测数据，根据相关的经验可取 $C_p = \frac{1}{2}C_e$，于是，据式（6-53）可得：$V = \dfrac{K_0(K_D\sigma_{p0} - \sigma_{CT})g}{K_G\gamma C_p} \times 10^3 = \dfrac{1.41\times(0.99\times15-0.491)\times9.81}{2.9\times2.11\times1700} \times 10^3 = 19.092$ cm/s。

③围岩处于塑性状态下时，在爆破产生的荷载作用下，裂缝会出现在受力最大、岩石强度较低或者岩体结构较薄弱的部位，围岩被裂缝切割失稳、塌落，从而对爆破荷载进行卸荷。根据理论计算，得出隧道处于塑性状态时的卸荷系数 K_z，局部塌落时 K_z 取 0.65~0.8，大面积塌落时 K_z 取 0.35~0.5。当隧道出现塌落时周边岩石的质点临界振动速度为：

$$V = \frac{K_0(K_D\sigma_{p0} - \sigma_{CT})g}{K_G\gamma C_p} \times \frac{1}{K_z} \times 10^3 \tag{6-54}$$

由式(6-54)可得，围岩处于塑性状态时的临界振动速度为：

$$V = \frac{1.41 \times (0.99 \times 15 - 0.491) \times 9.81}{2.9 \times 2.11 \times 1700} \times \frac{1}{0.8} \times 10^3 = 23.865 \text{ cm/s} \tag{6-55}$$

通过上述计算可知，围岩在弹性阶段质点的临界振动速度为 9.546 cm/s、弹塑性阶段为 19.092 cm/s、塑性阶段为 23.865 cm/s。虽然假设岩体较完整，但是在计算中以卸荷系数 K_z 进行了折减，使得实际情况与计算结果更加吻合。当爆破振动速度大于围岩和初支的临界振动速度时，会对围岩造成很大的损伤，从而导致围岩大变形及初期支护开裂、剥落等灾害的发生。实际施工爆破的振动速度均较大，因此，爆破震动对围岩及支护结构破坏较大，施工中对爆破的控制对预防后期二衬开裂意义重大。

6.2.3　设计因素对片岩隧道变形破坏的影响机理

1. 设计围岩级别的差异对隧道变形破坏的影响

公路隧道围岩级别设计参照《公路隧道设计规范》(JTG D70—2004)中的 BQ 分级方法进行围岩定级。围岩基本质量指标 BQ 应根据分级因素的定量指标值和 K_v 值按式(6-56)计算：

$$BQ = 90 + 3R_c + 250K_v \tag{6-56}$$

式中：R_c 为单轴抗压强度；K_v 为岩体完整性系数。

围岩基本质量指标修正值 $[BQ]$ 按式(6-57)计算：

$$[BQ] = BQ - 100(K_1 + K_2 + K_3) \tag{6-57}$$

式中：K_1 为地下水影响修正系数；K_2 为地应力影响修正系数；K_3 为结构面影响修正系数。

片岩区隧道实际施工过程中出现了大量的工程灾害问题，围岩变更频繁。根据现场统计，片岩区各隧道现场变更比例总体达到 70% 以上，其设计中的 Ⅲ、Ⅳ 级围岩达到近乎 100% 的变更率，严重影响了施工安全，延误施工工期，增加了工程成本。究其原因，设计中的围岩级别与实际开挖揭露出来的围岩等级严重不符，单纯地依托规范设计中的 *BQ* 围岩分级方法难以满足实际工程需要，施工中的大量变更、各类工程灾害层出不穷、二衬开裂问题遍及全线片岩隧道以及工期严重延误等，这些事实有效说明了围岩级别设计中存在的问题。

通过分析，围岩设计级别不合理主要有以下几个方面的因素：

①前期勘察设计中，对区域工程地质情况把握不足，前期勘察工作不全面，未能很好地认识武当组片岩这一类岩体。前文已说明谷竹高速片岩区隧道所处区域地质条件复杂多变，受多期构造作用影响较大。构造作用下围岩存在软弱破碎、强度低、完整性差、围岩各向异性显著、云母等矿物含量高、水发育、存在残余构造应力影响等特性，在这些特性的交互影响作用下施工中围岩-支护作用机理极为复杂，简单地依靠设计规范中的围岩分级结果难以满足这一类围岩体的施工要求。

②围岩设计中各类修正指标的选取及修正指标的取值存在问题。设计中的 *BQ* 围岩分级方法只考虑了地应力、地下水及结构面三个指标的影响。首先，通过前文的分析可知，武当组片岩中含有绢云母、蒙脱石等矿物，这些矿物的存在极大地削弱了岩体的强度及完整性，在一定程度上降低了围岩级别，现在大量的工程事实以及室内物理力学试验都有力地证明了这一点。实际围岩分级中并未考虑矿物成分这一修正指标，势必导致分级结果与实际情况偏差较大。其次，片岩区隧道存在一定的残余构造地应力作用，现场施工中多处理深不大区域出现的大变形、塌方等工程问题也正好说明了这一点，在选取地应力修正值时要考虑构造应力的影响，单纯地依托规范修正标准来确定修正值势必难以符合实际情况。另外，武当组片岩区隧道地下水较发育，在水的作用下，围岩体因为自身岩性特点易产生膨胀、软化、崩解等问题，极大地降低了围岩体的强度及完整性，且易产生大变形和过大的围岩压力。因此，在考虑地下水的影响时不能单纯地通过水量的大小及规模来确定修正指标，还要考虑水-岩之间的耦合作用。在结构面的影响上，片岩岩层极薄，各向异性显著，在考虑结构影响系数时也要酌情考虑这些因素。

③通过上述分析可知，前期勘察设计的不充分以及对武当组片岩特性的认识不足，致使设计中采用的 *BQ* 围岩分级方法存在明显问题，使得围岩分级结果与实际开挖情况明显不符，导致施工中产生一系列的工程问题。

2. 支护结构设计差异对隧道变形破坏的影响

隧道支护结构参数是遵照《公路隧道设计规范》(JTG D70—2004) 中配套的支护参数进行设计的，遵照新奥法施工理念采用初期锚喷支护、防水板及二衬(钢筋) 混凝土结合的复合式衬砌结构，隧道支护断面采用"三心圆"马蹄形结构。然而在施工过程中初期支护及二衬支护结构出现了大规模的破坏情况，例如初支掉块、变形、开裂、侵限等，二衬开裂、掉块等。

通过分析，支护结构参数设计中存在以下几个问题。

①隧道初期支护结构遵照新奥法施工理念采用锚喷支护结构，锚喷支护作为柔性支护，一定程度上可调动围岩局部变形，释放部分围岩荷载，利用围岩自承能力以降低支护结构所承担的围岩荷载，最后通过初支与围岩共同作用来确保围岩体的安全稳定。武当组片岩因其自身结构特性，具有松散破碎、强度低、完整性差、围岩自承能力低、易软化、易

崩解、易流变等特性，通过现场监测可知，围岩易产生较大的变形和较大的围岩压力，变形速率大、不收敛，围岩难以自稳，施工中的初支结构难以有效控制围岩变形。此外，通过现场松动圈测试可知，松动圈范围大多在 4.5 m 以上，初期支护中的锚杆长度为 3.5 m，锚杆难以对围岩起到悬吊和组合梁作用。这种情况往往造成初支变形过大而侵限破坏，或者围岩因变形过大使得作用在初支及二衬结构上的压力过大，从而导致初支及二衬结构破坏。

②隧道设计支护断面结构采用"三心圆"马蹄形结构。根据隧道力学计算理论可知，该断面二衬结构在均布荷载作用下不产生弯矩和拉应力，只产生轴向应力，保证了二衬支护结构的安全承载。然而实际情况是片岩隧道易挤压、膨胀、流变，加上片岩各向异性显著，围岩体作用下极易产生局部偏压作用；此外，地形地貌上埋深起伏加大以及施工中超欠挖的影响致使喷射混凝土厚度不均匀等，这些因素都会造成二衬结构承受不均匀荷载作用，使得二衬结构产生拉应力或弯矩应力作用。混凝土作为脆性材料，在受拉或受弯作用下易产生开裂破坏。

③通过上述分析可知，对围岩特性及实际工程情况考虑不足，造成了支护结构参数设计上的不合理，从而导致施工中围岩及支护结构的破坏。

通过分析上述两种情况可知，设计上的不合理也是导致隧道二衬开裂的因素之一。

6.2.4　二衬混凝土性能对隧道二衬开裂的影响机理

隧道二衬产生的裂缝，除了因外部荷载过大造成承载不足而导致开裂，二衬混凝土自身性能的改变也是导致二衬结构开裂的主要原因之一。大量研究表明，因二衬混凝土自身作用形成的裂缝占总裂缝的 80%以上，由外荷载作用引起的约占 20%。因此，隧道衬砌混凝土性能分析研究对了解衬砌裂缝机理有着十分重要的意义。

隧道二衬混凝土材料本身属于脆性材料，其特点是抗压强度较高、抗拉强度低、延伸率低、抵抗循环荷载及冲击荷载的能力差等。二衬是隧道内的重要结构部位，由于二衬施工部位特殊，混凝土不易振捣，通常混凝土施工采用泵送工艺浇筑，要求混合料具有较好的流动性和自密性，以及较小的干缩值，以保证二衬结构具有足够的强度以及良好的抗渗性、抗裂性。

针对二衬混凝土的特点及要求，试验采用了新型二衬混凝土材料，在混凝土材料中添加一定比例的粉煤灰替代水泥用量以改善二衬混凝土的性能。该新型材料从技术性能上有诸多优点：一是改善了混凝土拌和物的工作性能，提高了混凝土的泵送性和易密性，降低了混凝土的成本；二是由于粉煤灰的加入，进一步降低了混凝土中的孔隙率，提高了混凝土的防水抗渗性能；三是在掺入粉煤灰的同时，减少了单位体积中的水泥用量，延缓了混凝土的水化速度，可有效减低混凝土的干燥收缩，避免因收缩应力或温度应力导致混凝土内微裂缝的产生。为研究二衬混凝土结构性能，现场对不同配合比的二衬混凝土材料进行了试验，通过平板法塑性收缩试验和椭圆环约束收缩开裂敏感性试验，利用混凝土干缩率、砂浆脆性系数、混凝土弹强比等指标评价混凝土的抗裂性，根据试验数据，分析混凝土开裂的原因，探讨各因素的影响机理。

1. 干燥收缩抗裂性研究

本节主要是研究粉煤灰的掺入对混凝土干缩率的影响，即随着粉煤灰掺量的增加，混凝土干缩率的变化趋势以及粉煤灰掺入方式的不同对混凝土干缩率的影响。具体试验配合比如表 6-5 所示，试验结果如表 6-6、图 6-23 所示。

表 6-5　隧道二衬混凝土试验配合比

编号	水/mL	水泥/g	砂/g	碎石/g	粉煤灰/g	FA 掺量	FDN-9000	砂率/%	水灰比
C1	166	360	712	1162	0	等代 0%	2.52(0.7%)	38	0.46
C2	166	324	712	1162	36	等代 10%	2.52(0.7%)	38	0.46
C3	166	288	712	1162	72	等代 20%	2.52(0.7%)	38	0.46
C4	166	252	712	1162	108	等代 30%	2.52(0.7%)	38	0.46
D4	166	288	678	1162	101	超代 20%×1.4	2.52(0.7%)	37	0.46

表 6-6　隧道二衬混凝土干燥收缩试验结果

试件编号	不同龄期的干缩率($\times 10^{-6}$)									
	1 d	3 d	7 d	14 d	28 d	60 d	90 d	120 d	150 d	180 d
C1	58	97	156	232	266	278	287	301	316	320
C2	50	90	149	215	252	264	272	295	308	309
C3	40	80	136	200	236	253	260	269	275	280
C4	35	65	112	175	211	225	233	235	240	245
D4	52	85	146	211	245	270	290	309	322	331

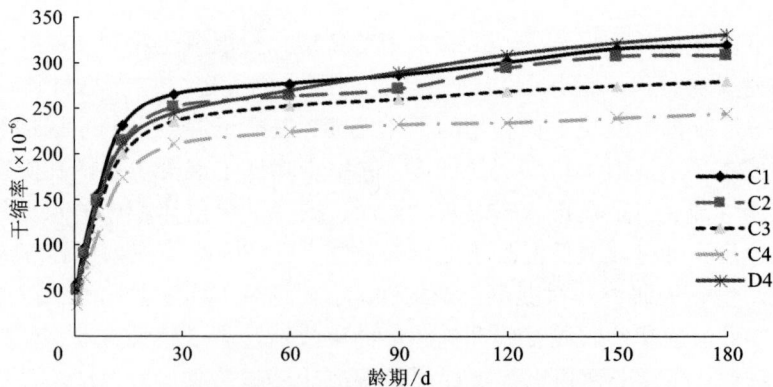

图 6-23　隧道二衬混凝土干缩率随时间变化曲线

　　从图 6-23 可以看出，粉煤灰的掺入降低了混凝土的干缩率，且随着粉煤灰等量取代量的增加，混凝土的干缩率逐渐减小，粉煤灰取代量越大，干缩率减小越明显。粉煤灰超量取代水泥时，混凝土的前期干缩率小于基准混凝土，后期干缩率大于基准混凝土。

　　关于收缩机理，目前主要有四个模型，即表面自由能、毛细管张力、层间水运动和分离压力。掺加粉煤灰使得参与水化的水泥量相对减少，单位时间内水化消耗的水分降低，因而混凝土的自收缩率减小。粉煤灰颗粒细，与水泥、集料间有良好的吸附效应和填充效应，混凝土中的毛细孔被堵塞，水分蒸发缓慢，干燥收缩率减小。如果在保持相同流动性的要求下，相对降低粉煤灰混凝土的水胶比，则可供蒸发的水分减少，即水分的变化率小，这样可进一步降低混凝土的干缩率。

2. 塑性收缩抗裂性研究

　　混凝土拌和物浇筑后至初凝期间约几个小时里，拌和物呈塑性和半流动态，各组分间由于密度不同，在重力作用下做相对运动，集料与水泥下沉、水分上浮，出现三种现象：泌水、塑性沉降和塑性收缩。

　　拌合物由于泌水产生塑性沉降，浇筑深度大时靠近顶部的拌和物运动距离更长；塑性沉降受到钢筋、预埋件等阻碍，从表面向下直至其上方产生塑性沉降裂缝。发生在混凝土凝结之前的收缩变形称为塑性收缩。在混凝土温度高或环境温度高、湿度小、风速大时，混凝土表面的水分蒸发快，当混凝土单位面积上水的蒸发率超过了泌水上升到表面的速率时，混凝土表面毛细水下降，形成凹液面，产生界面表面张力，表面张力使固体颗粒团聚，混凝土表面收缩。当混凝土处于塑性状态时，混凝土的抗拉强度很低，当表面张力大于混凝土的抗拉强度时，则产生塑性收缩裂缝。

　　平板法塑性收缩试验主要是模拟混凝土初始浇筑时的严酷环境，测定混凝土的塑性抗裂性能。试验时采用 C1、C3、D4 三组混凝土试样，试验结果如表 6-7 所示。

表 6-7　隧道二衬混凝土塑性抗裂试验结果

试件编号	初始出现裂缝时间	开裂面积/mm²	裂缝条数/根	最大裂缝宽度/mm	单根裂缝平均裂开面积 a/(mm²·根⁻¹)	单位面积上的裂缝数目 b/(根·m⁻²)	单位面积上的总裂开面积 c/(mm²·m⁻²)
C1	1：30	152	38	0.16	8.0	106	424
C3	2：00	120	14	0.22	8.6	39	335
D4	2：40	90	12	0.18	7.5	33	248

　　从实际的试件开裂情况看，空白样混凝土的裂缝很多，裂缝细而密，但最大裂缝宽度小于粉煤灰混凝土。与空白样混凝土相比，粉煤灰混凝土的裂缝数量很少，但裂缝较长，最大裂缝宽度较大。粉煤灰超量取代的混凝土塑性抗裂性要优于等量取代的混凝土。

　　掺粉煤灰的混凝土初始开裂时间要迟于空白样混凝土，粉煤灰采取超量取代配制混凝土时，初始开裂时间要迟于等量取代配制的混凝土。无论是等量取代还是超量取代，掺粉煤灰的混凝土的最大裂缝宽度要大于空白样混凝土，超量取代的混凝土最大裂缝宽度稍微小于等量取代的混凝土。无论是等量取代还是超量取代，掺粉煤灰的混凝土单根裂缝面积要大于空白样混凝土，超量取代的混凝土单根裂缝面积稍微小于等量取代的混凝土。从表中数据可以看出，掺粉煤灰的混凝土单位面积的裂缝面积要远小于空白样混凝土，粉煤灰采取超量取代配制混凝土时，裂缝面积要小于等量取代配制的混凝土。掺粉煤灰的混凝土单位面积的总裂开面积要远小于空白样混凝土，粉煤灰采取超量取代配制混凝土时，单位面积的总裂开面积要小于等量取代配制的混凝土。

在塑性抗裂试验中，粉煤灰混凝土的初始开裂时间、单位面积上的裂缝数目、单位面积上的总裂开面积三个指标要优于空白样混凝土。粉煤灰混凝土的最大裂缝宽度和单根裂缝的平均裂开面积两个指标又稍微劣于空白样混凝土。

由于掺加粉煤灰的混凝土保水性好、不易泌水、早期强度低、凝结时间长，若混凝土的水胶比过大，环境条件比较恶劣，又没采取有效的防护措施，将会产生宽而深的塑性收缩裂缝。

塑性开裂与环境条件密切相关：当混凝土受环境温度高、相对湿度小、风速大、太阳辐射强烈，以及以上几种因素的组合作用时，很容易出现塑性开裂。因此在工程应用中，应采取以下主要预防措施：混凝土凝结前，根据混凝土的表面状况，采取一次或多次表面收光的施工措施；加强养护，喷洒养护剂或覆盖湿的土工织布、草帘等；对于隧道二衬混凝土结构，要掌握好拆模时间，拆模不可过早，拆模后做好混凝土表面的保湿工作。

3. 混凝土的弹强比试验

为了提高混凝土的抗裂性能，通常采用提高混凝土的抗拉强度和极限拉伸值，减小混凝土的弹性模量及收缩变形等方法。但在一般情况下，提高混凝土的强度会导致其弹性模量增大；为了提高混凝土的极限拉伸值而增加单位水泥用量则可能导致混凝土干缩变形增大，且热变形值随之增加。因此，改善混凝土抗裂性能的另一思路应是在保证混凝土强度基本不变的情况下，尽可能降低混凝土的弹性模量，提高混凝土的极限拉伸变形能力。

测试 28 d 龄期的混凝土棱柱体抗压弹性模量（150 mm×150 mm×300 mm）和轴心抗压强度，换算成弹强比来评价混凝土的抗裂性，弹强比越低，混凝土抗裂性越好。

从表 6-8 可以看出，混凝土的弹性模量随粉煤灰掺量的增加而逐渐下降，虽然混凝土轴心抗压强度是逐渐下降的，但混凝土的弹强比是逐渐减小的，这说明随着粉煤灰掺量的增加，混凝土的抗裂性能将会提高。因此，为了提高混凝土的抗裂性能，可以适当提高混凝土中粉煤灰的掺量。

表 6-8　隧道二衬混凝土弹强比试验结果

编号	C1	C2	C3	C4	D4
弹性模量 E_c/MPa	8.35	8.21	3.94	3.13	3.79
轴心抗压强度 f_c/MPa	25.7	25.2	28.9	21.3	25.9
弹强比	1695	1671	1582	1469	1462

4. 砂浆椭圆环法约束开裂试验

采用多通道椭圆环收缩开裂试验方法研究了粉煤灰掺量和掺入方式对砂浆抗裂性能的影响。砂浆试验配合比及试验结果如表 6-9 所示。

表 6-9　砂浆试样配合比及椭圆环法约束开裂试验结果

编号	水/mL	水泥/g	河砂/g	FA 掺量	水胶比	初始开裂时间/h
M1	166	360	712	等代 0%	0.46	91
M2	166	324	712	等代 10%	0.46	96
M3	166	288	712	等代 20%	0.46	108
M4	166	252	712	等代 30%	0.46	119
M5	166	288	678	超代 20%×1.4	0.46	115

注：砂浆试样中的各参数比例同混凝土中的各组分比例。

掺加粉煤灰的椭圆环裂缝发生的时间迟于空白样混凝土试件，且随着粉煤灰掺量的增加，开裂时间逐渐延迟，说明掺加粉煤灰可改善混凝土的变形，延长砂浆初始开裂时间。粉煤灰超量取代的混凝土裂缝发生时间迟于等量取代的混凝土试件，可能是由于超量取代的混凝土试件早期强度高于等量取代的混凝土试件。

5. 水泥胶砂的脆性系数

水泥胶砂抗压强度与抗折强度的比值，又称水泥胶砂的脆性系数。用水泥胶砂的脆性系数来反映混凝土的抗裂性能，脆性系数越小，胶砂的抗拉性能越好，相应混凝土的抗裂性越好。用脆性系数，而不用直接进行抗拉试验得到的抗拉强度来反映粉煤灰对混凝土抗拉性能的影响更具有合理性，主要是脆性系数反映了钢筋混凝土结构构件的实际受力特点，钢筋混凝土构件主要作为受弯或受压构件，而直接作为受拉构件的情况较少，作为受弯构件，混凝土具有相应比例的抗拉强度是合理的。

水泥胶砂的脆性系数试验结果如表 6-10 所示，成型后的试样在水养条件下养护 28 d，测试其抗压强度及抗折强度，换算成脆性系数。

表 6-10　水泥胶砂的脆性系数试验结果

编号	M1	M2	M3	M4	M5
抗压强度/MPa	40.9	39.6	38.5	28.3	38.9
抗折强度/MPa	9.3	9.2	8.4	7.6	8.2
脆性系数	8.4	8.3	8.1	3.7	8.3

当粉煤灰掺量为 10% 时，与空白样试样的脆性系数相差不大；当掺量为 30% 时，脆性系数减小幅度比较大。一般随着粉煤灰掺量的增加，胶砂的脆性系数逐渐减小，可见，掺加粉煤灰能提高混凝土的抗裂性能。

6. 粉煤灰提高混凝土抗裂性的机理分析

①火山灰效应。熟料中 C2S 和 C4AF 的含量相对较高或早期强度较低，后期强度增进率较高的水泥，其极限拉应变一般较大，抗裂性较好。众所周知，粉煤灰取代部分水泥后，混凝土的早期强度降低，后期强度提升快。在强碱和硫酸盐激发剂作用下，粉煤灰发生水化反应，消耗掉大量的氢氧化钙晶体，生成硅酸凝胶和稳定的纤维状的硫铝酸钙晶体。凝胶体比结晶体具有更好的韧性，纤维状的硫铝酸钙晶体可能较氢氧化钙晶体具有更良好的抗拉性能。

②微集料效应。微细的粉煤灰可显著改善界面过渡区的微结构，消除或减少界面区的原生微裂缝，消减应力集中现象，提高混凝土的抗拉能力。

③减水效应。粉煤灰颗粒细且具有一定的减水效果，因此掺粉煤灰的混凝土具有良好的流动性、黏聚性和保水性。粉煤灰混凝土外观比较黏稠，在运输和浇灌过程中不易分层离析，但在动力作用下易于流动，因此其均匀性好、易振捣密实、密实性高，有利于改善应力状态。可见，掺加粉煤灰能提高混凝土的抗拉强度和抗裂能力。

④粉煤灰的形态效应可以产生减水势能，有利于减少混凝土的单位用水量，在保证混凝土强度的前提下，减少水泥用量，降低混凝土的绝对升温和混凝土中温度裂缝发生的概率，同时还有致密作用。

6.2.5 其他影响因素对隧道二衬开裂的影响机理

影响隧道二衬结构开裂的因素除上述内容外，还包括施工组织设计不合理（施工工序不合理、施工步骤循环更替不及时等）、施工工艺和施工质量控制不足（施工环节不到位、二衬拆模过早、浇筑不及时、振捣不均匀以及施工中的其他不规范行为等）、工程材料劣损、人为因素及环境因素的影响、外来动荷载的影响等，这些因素都会对围岩及支护结构造成影响，进而导致二衬结构开裂。

▶ 6.3 本章小结

谷竹高速公路片岩区隧道自施工以来曾多次发生工程地质灾害，其中以隧道二衬开裂问题尤为显著。然而二衬作为隧道支护的重要组成部分，在隧道施工期起着重要的安全保护作用。同时，二衬作为永久性的防护结构，对确保隧道运营过程中的安全、长久具有重要的安全保障作用。因此，研究片岩区隧道二衬开裂机理，对确保隧道二衬结构的安全稳定意义重大。本章从区域地质条件、围岩特性、地形地貌、水文地质条件、地应力、设计因素、施工因素及其他因素等方面进行综合分析，逐步深入分析研究了谷竹高速公路片岩区隧道二衬开裂机理，具体研究内容总结如下：

①对片岩区隧道所在区域的区域地质构造情况进行了分析研究，研究已知区域地质构造作用下，隧址区围岩具有松散破碎、含水量大、强度低、完整性差、存在残余构造应力、云母矿物含量高等特性。隧址区岩体在各种工程地质条件的交互影响下，围岩极易产生塌方、大变形及涌水等不良工程现象。不良的工程地质灾害作用及构造作用交互影响，对隧道的施工及支护结构安全产生重要影响，从而导致隧道二衬结构开裂。

②对片岩区隧道围岩-支护作用机制以及围岩特性进行了研究分析，结合片岩矿物成分试验研究得知片岩具有软化、膨胀、松散和流变等特性；结合片岩物理力学实验以及对片岩结构面特性的分析研究可知，片岩具有松散破碎、强度低、易流变、各向异性显著等特性。片岩的物理力学性质决定了片岩隧道具有易产生塑性流变、塑性区域范围较大、易形成侧向挤压、形成偏压和局部应力集中等不良力学行为。众多不良工程特性交互影响下，围岩结构产生破坏，导致过大的变形和围岩压力作用在支护结构上，最终导致二衬结构因承担过大荷载而产生开裂。

③对片岩区隧道地下水作用影响进行了分析，对地下水与围岩之间的作用机制进行了研究，研究表明岩体中地下水的影响主要表现在以下两个方面。一是地下水对岩体产生润滑、软化、泥化、结合水强化及冲刷运移等物理作用，同时又与岩体之间不断进行着离子交换、溶解、水化、水解、氧化还原等化学作用。地下水与岩体之间的物理、化学、力学作用可以从细观上改变岩土体的矿物组成与结构，使其产生孔隙、溶蚀裂隙、发生软化等，增大其孔隙率，影响其渗透率与孔隙压力，进而改变其强度和刚度等宏观力学性质。地下水对裂隙结构面产生的物理化学作用，降低了岩体的物理力学性质。二是地下水通过力学作用，改变了岩体应力场的分布，导致岩体发生裂隙结构面的扩展和渗透变形。地下水对岩体的力学作用主要表现为静水压力、动水压力及孔隙水压力等，这些力的叠加作用可能使岩体结构面发生劈裂扩展和剪切变形，提高了空隙度和连通性。地下水通过改变、削弱围岩的物理力学性质，加速围岩体的破坏，从而诱发和加剧二衬结构的开裂。

④对片岩区隧道地应力情况进行了分析研究，地应力测试和现场围岩压力监测情况表明，研究区域为高地应力区，残余构造应力作用影响较为明显，构造应力作用加剧了软岩隧道的变形破坏。因此地应力作用也是导致围岩-支护破坏的重要影响因素。

⑤对施工因素作用的影响进行了分析，并对开挖方法和爆破振动的影响进行了研究。结合现场实验和分析监测统计结果可知，不同开挖方法对隧道围岩的扰动效果存在明显差异。结合相关爆破理论，对片岩隧道围岩和初支的临界振动速度进行了计算，当实际施工爆破振动的速度大于临界振动速度时，会对围岩造成很大的损伤，将会导致围岩大变形以及初期支护开裂、剥落等灾害的发生。实际施工爆破的振动速度均较大。因此，爆破振动对围岩及支护结构破坏较大，施工中对爆破的控制对预防后期二衬开裂意义重大。

⑥对设计因素存在的问题进行了分析，对其中围岩定级以及支护结构参数的确定存在的问题进行了研究。前期勘察设计中对片岩特性认识不足，导致围岩分级时修正指标及修正值的确定存在偏差，进而导致设计的围岩级别与实际情况不符合；另外，对部分区域的

支护参数的选取与实际围岩情况不匹配。大量现场事实表明，围岩级别及支护参数设计不合理也是导致隧道二衬结构开裂的主要原因之一。

⑦对二衬开裂的其他影响因素也进行了归纳，例如施工管理控制不合理、施工质量控制不足、材料劣损劣化、环境因素以及车辆动荷载的影响等。

第 7 章

二衬裂缝扩展规律及安全评价研究

隧道衬砌结构产生裂缝会影响隧道结构安全和耐久性，针对已产生裂缝的隧道衬砌结构，应采取相应措施来保证结构安全。然而要确定合理的处置措施就需确定不同规模裂缝的扩展规律及趋势，并据此对衬砌裂缝作出合理的安全评价。衬砌结构裂缝的扩展规律趋势与裂缝所处位置、长度、深度、宽度以及结构的受力形态密切相关，这些因素直接决定了裂缝的后期扩展规律及结构的安全稳定。除此之外，选择合理的二衬裂缝评价方法，对隧道衬砌结构作出正确的评价，并在此基础上针对不同的裂缝类型制订有效、合理、经济的治理方案，对确保隧道安全施工及后期安全运营有着重要的理论和现实意义。本章以谷竹高速公路片岩区隧道为例，基于断裂力学和隧道力学基本理论，研究分析不同部位、不同规模裂缝的扩展状态及对结构安全性的影响。同时，在目前国内已有隧道裂缝等级的定性及定量评定标准的基础上，结合片岩隧道衬砌裂缝扩展规律的研究结果，探讨适合谷竹片岩隧道衬砌裂缝等级的评定标准，并在此基础上针对不同等级的裂缝提出相应的治理措施，以保障隧道施工及后期运营的安全稳定。

▶ 7.1 隧道衬砌裂缝扩展规律数值计算理论基础

7.1.1 隧道衬砌开裂形式

通过现场开裂调查分析，隧道衬砌裂缝按隧道走向主要有纵向裂缝、环向裂缝及斜向裂缝三种。隧道纵向裂缝分布最广，比例最高，也是最常见的隧道裂缝形式，其他两类裂缝相对较少。隧道衬砌结构实力形态复杂多变，可能受到轴应力、剪应力、弯矩应力等的影响。从断裂力学研究角度来看，根据所受外力的不同，裂缝可以分为张开型（Ⅰ型）、滑开型（Ⅱ型）、撕开型（Ⅲ型）三种模式，如图 7-1 所示。衬砌结构中裂纹可能是Ⅰ、Ⅱ、Ⅲ单一裂缝类型，也可能是多种裂纹耦合作用的复合型裂纹。

7.1.2 带裂缝隧道衬砌强度因子计算

衬砌结构的应力强度因子用于表征裂纹尖端附近应力的强弱程度，是判断裂纹是否进入失稳阶段的一个重要指标。在三种不同类型的裂缝形式中，以Ⅰ型最危险，促进脆性断裂的倾向最大。隧道衬砌主要承受的是弯矩和轴力的作用，所以衬砌裂缝多属于张开型（Ⅰ型）Griffith 裂缝。

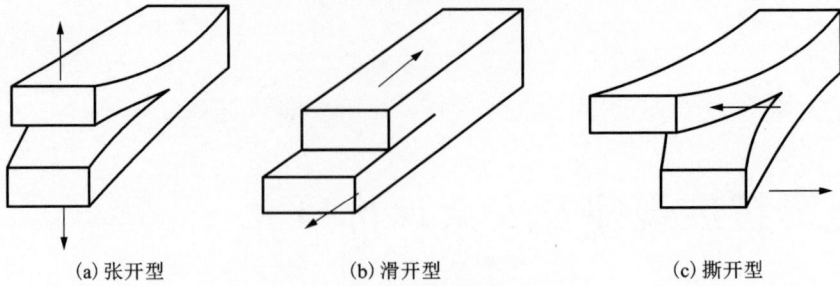

(a) 张开型   (b) 滑开型   (c) 撕开型

图 7-1 裂纹体受载和变形类型

根据弹性问题的解析函数方法，可求得线弹性断裂力学中 I 型裂纹尖端奇异场。以裂缝尖端为坐标原点，以裂缝走向为 z 轴，建立坐标系如图 7-2 所示，裂缝尖端处的位移场描述如式(7-1)。

$$\begin{cases} u = \dfrac{K_{\mathrm{I}}}{8G}\sqrt{\dfrac{2r}{\pi}}\left[(2x-1)\cos\dfrac{\theta}{2} - \cos\dfrac{3\theta}{2}\right] \\ v = \dfrac{K_{\mathrm{I}}}{8G}\sqrt{\dfrac{2r}{\pi}}\left[(2x+1)\sin\dfrac{\theta}{2} - \sin\dfrac{3\theta}{2}\right] \end{cases} \tag{7-1}$$

式中：x 为材料弹性系数，平面应变状态下 $x = 3-4\mu$；G 为材料的剪切模量；μ 为材料的泊松比；K_{I} 为裂缝尖端应力强度因子。

令式(7-1)中 $\theta = \pi$，对于平面应变问题可得裂缝尖端附近垂直位移为：

$$v = \frac{4(1-\mu^2)}{\sqrt{2\pi}E}K_{\mathrm{I}}\sqrt{r} \tag{7-2}$$

上式取极限 $r \to 0$，得到应力强度因子 K_{I} 为：

$$K_{\mathrm{I}} = \lim_{r \to 0}\left[\frac{\sqrt{2\pi}Ev}{4(1-\mu^2)\sqrt{r}}\right] \tag{7-3}$$

设 v^* 为裂缝尖端附近用有限单元法求出的位移值，令：

$$K_{\mathrm{I}}^* = \frac{\sqrt{2\pi}Ev^*}{4(1-\mu^2)\sqrt{r}} \tag{7-4}$$

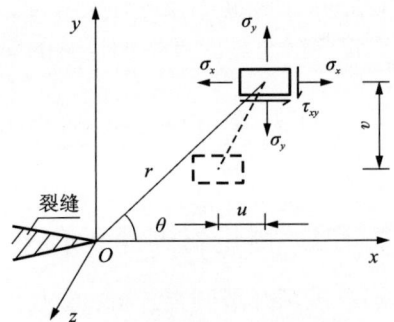

图 7-2 裂缝尖端位移及应力场

以 K_{I}^* 为纵坐标，r 为横坐标，将有关点绘出，用最小二乘法处理，通过这些点绘出一条最佳拟合直线，此直线与纵坐标的交点即为应力强度因子的估计值。本书在 ANSYS 中通过编制 APDL 命令流，先通过数值计算得到裂缝尖端的位移场，然后提取该点的位移分量，代入式(7-4)，计算得出张开型裂缝尖端应力强度因子。

7.1.3　带裂缝隧道衬砌裂缝扩展判断准则

应力强度因子的大小可以表明裂缝尖端附近应力场的强与弱。通过相关试验发现，随着外部应力的增大，应力强度因子 K_I 也在增大。当应力场的强度增大到某一数值之后，即使外部应力不再增加，裂缝也会迅速扩展从而导致构件的破坏。因此，在一定条件下，应力强度因子 K_I 都有一个临界值，这个临界值称为 I 型裂缝的断裂韧度，记作 K_{IC}，当 $K_I \leqslant K_{IC}$ 时，裂缝是稳定的。与混凝土的强度类似，K_{IC} 反映了混凝土材料的特性，是一个常数，可由混凝土断裂试验来测定，其值一般在 $0.3 \sim 1.0 \ \mathrm{MPa/m^{1/2}}$。对于重点工程，应由试验来确定 K_{IC} 的值，当缺乏试验条件或者是一般工程，可由下列经验公式确定为：

$$K_{IC} = 0.028k \times f_{cu} \tag{7-5}$$

式中：f_{cu} 为混凝土立方体抗压强度；k 为考虑尺寸效应的影响系数，一般取 1；K_{IC} 为 I 型裂缝的断裂韧度。

令 $f = K_{IC}/K_I$，则 f 为带裂缝隧道衬砌的承载能力安全系数，大于 1 表示裂缝不会继续扩展，是稳定的，这是张开型（I 型）裂缝的稳定性判据。

混凝土断裂韧度 K_{IC} 反映了材料自身特性，与混凝土配合比、强度及龄期等有关，其值可以通过试验测试得到。常用的测试方法有三点（或四点）弯曲梁法、紧凑拉伸试件法、直接拉伸试件法、双悬臂梁试件法、双扭转试件法等。本书偏于安全考虑，参考其他学者研究成果及结合经验计算公式，取值 $K_{IC} = 0.700 \ \mathrm{MPa/m^{1/2}}$ 来判断衬砌结构上裂缝的扩展趋势。

▶ 7.2　衬砌裂缝扩展规律分析的有限元计算

7.2.1　衬砌裂缝模型的建立

①本节模拟计算以拱顶、拱腰及边墙三类不同偏压条件下隧道衬砌拱顶、拱腰及边墙部位的裂缝为分析对象，分析不同工况下裂纹的扩展情况及趋势。由于隧道是细长结构，因此模拟计算中将空间问题简化为平面应变问题，研究衬砌结构不同工况下裂缝的扩展规律。

②在前文模型基础上，直接建立带裂缝的二维衬砌结构模型。裂缝在模型上表示为两条相交的线段。

③采用荷载-结构法模拟围岩与衬砌间的相互作用，衬砌结构外荷载依据相关设计规范中的公式计算及根据现场监测数据确定。

7.2.2　带裂缝的二衬结构强度因子及安全系数计算

1. 计算工况设定

本节根据裂缝所处位置、深度及宽度模拟不同的计算工况。模拟针对拱顶、拱腰及边墙不同的偏压条件下不同部位的裂缝进行分析，设计计算工况如表 7-1 所示。

表 7-1　裂缝不同深度及宽度的计算工况

深度 a/cm	宽度 b/mm				
	1 mm	2 mm	3 mm	4 mm	5 mm
3	1	2	3	4	5
6	6	7	8	9	10
9	11	12	13	14	15
12	16	17	18	19	20
15	21	22	23	24	25

不同部位裂缝的有限元模型如图 7-3 和图 7-4 所示。

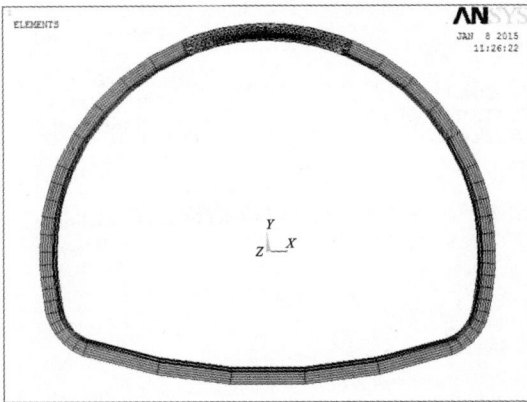

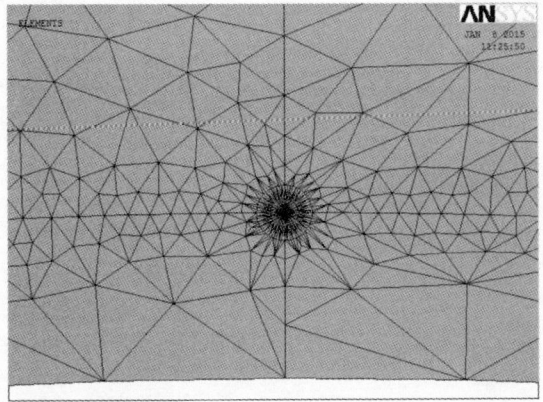

图 7-3　拱顶裂缝有限元模型图

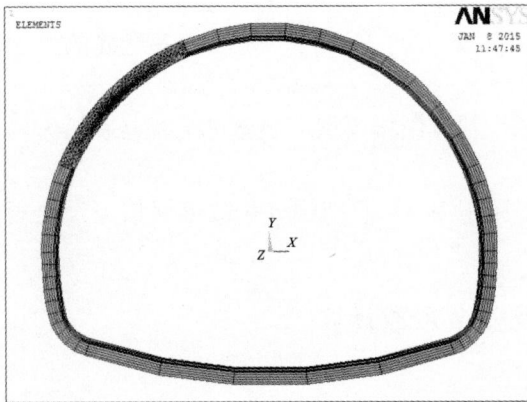

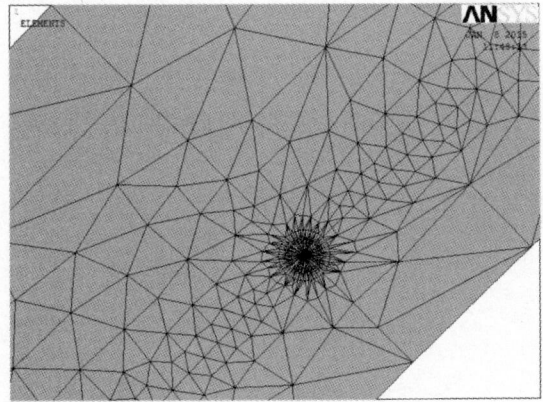

图 7-4　拱腰裂缝有限元模型图

2. 计算结果分析

（1）拱顶偏压情况下计算结果分析

根据模拟计算所得结果，不同部位、不同工况下衬砌裂缝尖端应力强度因子计算结果如表 7-2 ~ 表 7-4 所示，应力强度因子与裂缝深度及宽度间的相互关系如图 7-5 ~ 图 7-7 所示。

表 7-2　拱顶偏压下拱顶裂缝应力强度因子计算结果

裂缝深度 a/cm	不同裂缝宽度下的应力强度因子				
	1 mm	2 mm	3 mm	4 mm	5 mm
3	2.93462×10^5	2.93462×10^5	2.93462×10^5	2.93462×10^5	2.93462×10^5
6	3.40560×10^5	3.40610×10^5	3.40642×10^5	3.40708×10^5	3.40774×10^5
9	5.07380×10^5	5.07412×10^5	5.07437×10^5	5.07489×10^5	5.07513×10^5
12	6.20860×10^5	6.20887×10^5	6.20906×10^5	6.20945×10^5	6.20986×10^5
15	1.09660×10^6	1.09664×10^6	1.09667×10^6	1.09671×10^6	1.09677×10^6

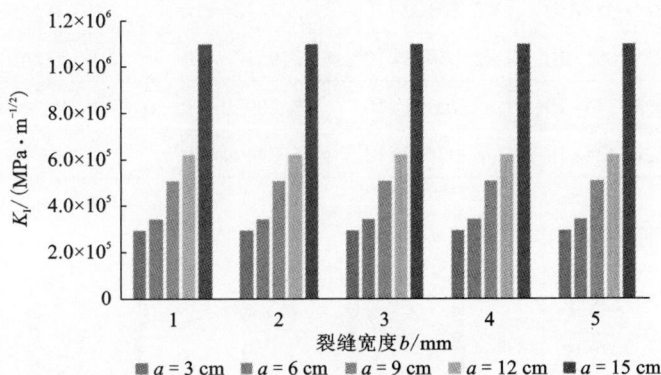

图 7-5　拱顶偏压下拱顶处裂缝尖端应力强度因子随裂缝宽度的变化规律

表 7-3　拱顶偏压下拱腰裂缝应力强度因子计算结果

裂缝深度 a/cm	不同裂缝宽度下的应力强度因子				
	1 mm	2 mm	3 mm	4 mm	5 mm
3	2.27697×10^5	2.27697×10^5	2.27697×10^5	2.27697×10^5	2.27697×10^5
6	2.63706×10^5	2.63756×10^5	2.63788×10^5	2.63854×10^5	2.63920×10^5
9	3.74926×10^5	3.74958×10^5	3.74983×10^5	3.75035×10^5	3.75059×10^5
12	4.47408×10^5	4.47435×10^5	4.47454×10^5	4.47493×10^5	4.47534×10^5
15	6.72057×10^5	6.72093×10^5	6.72127×10^5	6.72168×10^5	6.72222×10^5

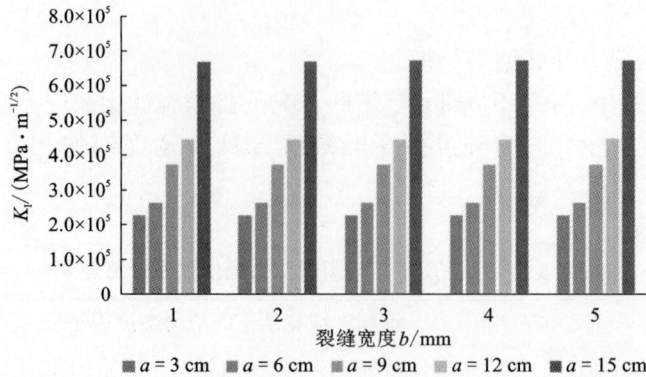

图 7-6　拱顶偏压下拱腰处裂缝尖端应力强度因子随裂缝宽度的变化规律

表 7-4　拱顶偏压下边墙裂缝应力强度因子计算结果

裂缝深度 a/cm	不同裂缝宽度下的应力强度因子				
	1 mm	2 mm	3 mm	4 mm	5 mm
3	1.95163×10^5	1.95163×10^5	1.95163×10^5	1.95163×10^5	1.95163×10^5
6	2.16052×10^5	2.16102×10^5	2.16134×10^5	2.16200×10^5	2.16266×10^5
9	2.95051×10^5	2.95083×10^5	2.95108×10^5	2.95160×10^5	2.95184×10^5
12	3.70874×10^5	3.70901×10^5	3.70920×10^5	3.70959×10^5	3.71000×10^5
15	5.07424×10^5	5.07460×10^5	5.07494×10^5	5.07535×10^5	5.07589×10^5

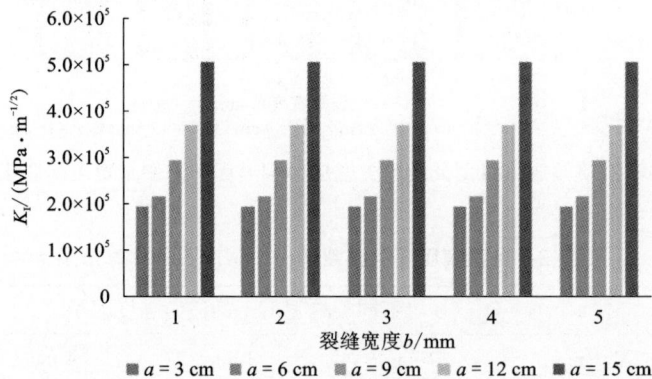

图 7-7　拱顶偏压下边墙处裂缝尖端应力强度因子随裂缝宽度的变化规律

　　从表 7-2~表 7-4 以及图 7-5~图 7-7 可以看出：裂缝宽度为 1~5 mm 时，在同一裂缝深度情况下，应力强度因子变化不大，变化起伏极小，在拱顶、拱腰及边墙不同部位处裂缝强度因子变化呈现的规律相同，表明裂缝宽度对裂缝扩展影响较小；在同一宽度范围内，应力强度因子随裂缝深度增加明显增大，裂缝深度对裂缝扩展规律影响重大。

分析不同宽度及深度组合情况下的裂缝应力强度影响因子 K_I 可知：裂缝存在于拱顶，裂缝深度为 3~12 cm 时，K_I 值为 0.293~0.621 MPa/m$^{1/2}$，均小于断裂韧度 K_{IC}，裂缝扩展处于安全稳定阶段；当裂缝深度达到 15 cm 时，K_I 达到 1.100 MPa/m$^{1/2}$，大于 K_{IC} = 0.700 MPa/m$^{1/2}$，裂缝将出现失稳扩展。裂缝存在于拱腰，裂缝深度为 3~15 cm 时，K_I 值为 0.228~0.672 MPa/m$^{1/2}$，均小于断裂韧度 K_{IC}，裂缝扩展处于安全稳定阶段。裂缝存在于边墙，裂缝深度为 3~15 cm 时，K_I 值为 0.195~0.507 MPa/m$^{1/2}$，均小于断裂韧度 K_{IC}，裂缝扩展处于安全稳定阶段。

鉴于裂缝宽度对裂缝强度因子影响不大，对比不同部位、不同深度裂缝的 K_I 值大小，裂缝宽度为 1 mm 情况下不同深度、不同位置裂缝 K_I 结果如图 7-8 所示。由图可知：裂缝存在于拱顶处时，K_I 值最大，拱顶偏压作用促进拱顶裂缝的扩展；裂缝存在于拱腰处时，K_I 值居中，拱顶偏压作用对拱腰裂缝的扩展有一定的抑制作用；裂缝存在边墙处时，K_I 值最小，拱顶偏压作用对边墙裂缝的扩展起到抑制作用，阻碍裂缝进一步扩展。偏压作用有利于偏压部位裂缝扩展，扩展趋势最明显，对其他部位的裂缝起到一定程度的抑制作用。

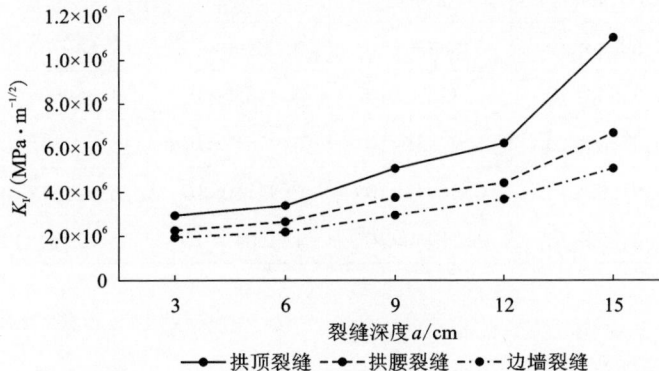

图 7-8 拱顶偏压下不同部位不同深度情况下裂缝尖端 K_I 值变化规律

（2）拱腰偏压情况下计算结果分析

根据模拟计算所得结果，不同部位、不同工况下衬砌裂缝尖端应力强度因子计算结果如表 7-5~表 7-7 所示，应力强度因子与裂缝深度及宽度间的相互关系如图 7-9~图 7-11 所示。

表 7-5 拱腰偏压下拱顶裂缝应力强度因子计算结果

裂缝深度 a/cm	不同裂缝宽度下的应力强度因子				
	1 mm	2 mm	3 mm	4 mm	5 mm
3	$2.03137×10^5$	$2.03197×10^5$	$2.03292×10^5$	$2.03447×10^5$	$2.03487×10^5$
6	$2.95978×10^5$	$2.96098×10^5$	$2.96218×10^5$	$2.96338×10^5$	$2.96458×10^5$
9	$3.86918×10^5$	$3.86968×10^5$	$3.87018×10^5$	$3.87078×10^5$	$3.87158×10^5$
12	$4.63578×10^5$	$4.63678×10^5$	$4.63768×10^5$	$4.63908×10^5$	$4.64048×10^5$
15	$5.73698×10^5$	$5.73768×10^5$	$5.73988×10^5$	$5.74098×10^5$	$5.74228×10^5$

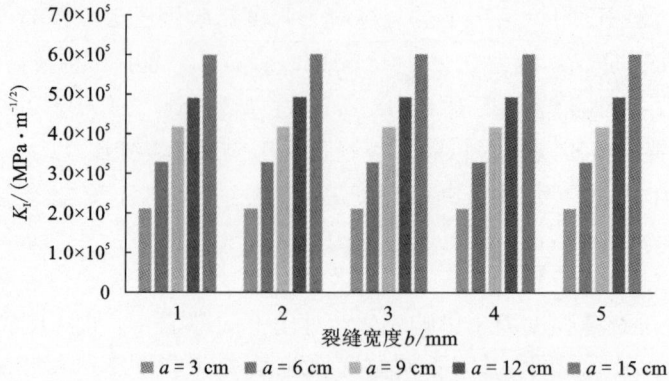

图7-9　拱腰偏压下拱顶处裂缝尖端应力强度因子随裂缝宽度的变化规律

表7-6　拱腰偏压下拱腰裂缝应力强度因子计算结果

裂缝深度 a/cm	不同裂缝宽度下的应力强度因子				
	1 mm	2 mm	3 mm	4 mm	5 mm
3	$3.68780×10^5$	$3.68830×10^5$	$3.68890×10^5$	$3.68970×10^5$	$3.69060×10^5$
6	$4.35540×10^5$	$4.35670×10^5$	$4.35830×10^5$	$4.35900×10^5$	$4.35980×10^5$
9	$5.97380×10^5$	$5.97532×10^5$	$5.97617×10^5$	$5.97739×10^5$	$5.97852×10^5$
12	$6.91860×10^5$	$6.91951×10^5$	$6.92110×10^5$	$6.92157×10^5$	$6.92268×10^5$
15	$1.21850×10^6$	$1.21960×10^6$	$1.22040×10^6$	$1.22110×10^6$	$1.22170×10^6$

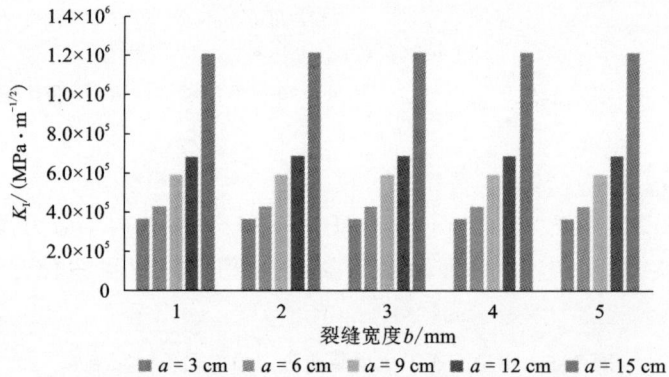

图7-10　拱腰偏压下拱腰处裂缝尖端应力强度因子随裂缝宽度的变化规律

表7-7　拱腰偏压下边墙裂缝应力强度因子计算结果

裂缝深度 a/cm	不同裂缝宽度下的应力强度因子				
	1 mm	2 mm	3 mm	4 mm	5 mm
3	$2.03137×10^5$	$2.03197×10^5$	$2.03292×10^5$	$2.03447×10^5$	$2.03487×10^5$
6	$2.95978×10^5$	$2.96098×10^5$	$2.96218×10^5$	$2.96338×10^5$	$2.96458×10^5$

续表7-7

裂缝深度 a/cm	不同裂缝宽度下的应力强度因子				
	1 mm	2 mm	3 mm	4 mm	5 mm
9	$3.86918×10^5$	$3.86968×10^5$	$3.87018×10^5$	$3.87078×10^5$	$3.87158×10^5$
12	$4.63578×10^5$	$4.63678×10^5$	$4.63768×10^5$	$4.63908×10^5$	$4.64048×10^5$
15	$5.73698×10^5$	$5.73768×10^5$	$5.73988×10^5$	$5.74098×10^5$	$5.74228×10^5$

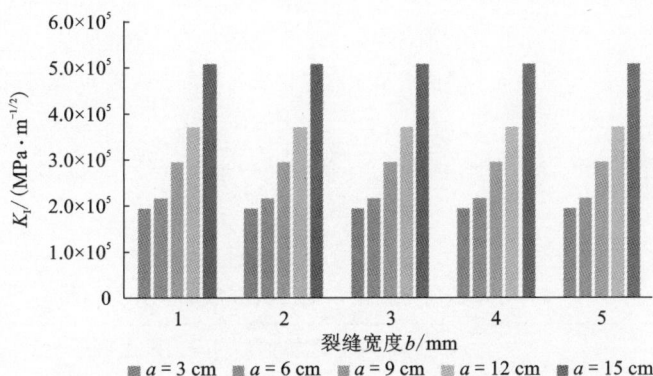

图 7-11 拱腰偏压下边墙处裂缝尖端应力强度因子随裂缝宽度的变化规律

从表 7-5~表 7-7 以及图 7-9~图 7-11 可以看出：裂缝宽度为 1~5 mm 时，在同一裂缝深度情况下，应力强度因子变化不大，变化起伏极小，在拱顶、拱腰及边墙不同部位处裂缝强度因子变化呈现的规律相同，表明裂缝宽度对裂缝扩展影响较小；在同一宽度范围内，应力强度因子随裂缝深度增加明显增大，裂缝深度对裂缝扩展规律影响重大。

分析不同宽度及深度组合情况下的裂缝应力强度影响因子 K_I 可知：裂缝存在于拱顶，裂缝深度为 3~15 cm 时，K_I 值为 0.216~0.612 MPa/m$^{1/2}$，均小于断裂韧度 K_{IC} = 0.700 MPa/m$^{1/2}$，裂缝扩展处于安全稳定阶段。裂缝存在于拱腰，裂缝深度为 3~12 cm 时，K_I 值为 0.369~0.692 MPa/m$^{1/2}$，均小于断裂韧度 K_{IC}，裂缝扩展处于安全稳定阶段，强度因子已接近临界状态；当裂缝深度达到 15 cm 时，K_I 值达到 1.219 MPa/m$^{1/2}$，大于 K_{IC} = 0.700 MPa/m$^{1/2}$，裂缝将出现失稳扩展。裂缝存在于边墙，裂缝深度为 3~15 cm 时，K_I 值为 0.203~0.574 MPa/m$^{1/2}$，均小于断裂韧度 K_{IC}，裂缝扩展处于安全稳定阶段。

鉴于裂缝宽度对裂缝强度因子影响不大，对比不同部位、不同深度裂缝的 K_I 值大小，裂缝宽度为 1 mm 情况下不同深度、不同位置裂缝 K_I 结果如图 7-12 所示。由图可知：裂缝存在于拱腰处时，K_I 值最大，拱腰处偏压作用促进拱腰处裂缝的扩展；裂缝存在于拱顶和边墙处时，K_I 值相差不大，拱顶处略大于边墙处。偏压作用有利于偏压部位裂缝扩展，扩展趋势最明显，对其他部位的裂缝起到一定程度的抑制作用。

（3）边墙偏压情况下计算结果分析

根据模拟计算所得结果，不同部位、不同工况下衬砌裂缝尖端应力强度因子计算结果

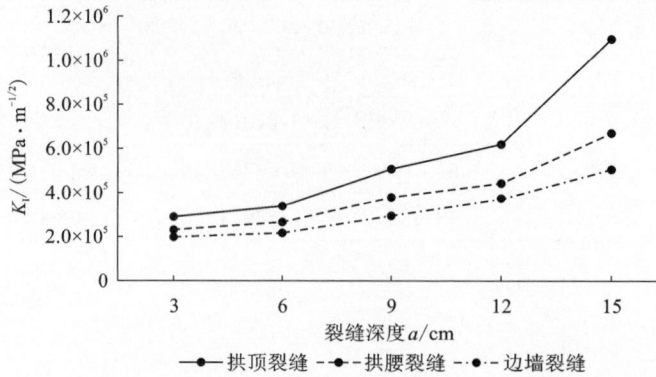

图 7-12 拱腰偏压下不同位置及深度变化情况下裂缝尖端 K_I 值变化规律

如表 7-8 ~ 表 7-10 所示, 应力强度因子与裂缝深度及宽度间的相互关系如图 7-13 ~ 图 7-15 所示。

表 7-8 边墙偏压下拱顶裂缝应力强度因子计算结果

裂缝深度 a/cm	不同裂缝宽度下的应力强度因子				
	1 mm	2 mm	3 mm	4 mm	5 mm
3	$2.27278×10^5$	$2.27423×10^5$	$2.27568×10^5$	$2.27713×10^5$	$2.27858×10^5$
6	$2.48167×10^5$	$2.48217×10^5$	$2.48249×10^5$	$2.48315×10^5$	$2.48381×10^5$
9	$3.27166×10^5$	$3.27198×10^5$	$3.27223×10^5$	$3.27275×10^5$	$3.27299×10^5$
12	$4.02989×10^5$	$4.03016×10^5$	$4.03035×10^5$	$4.03074×10^5$	$4.03115×10^5$
15	$5.39539×10^5$	$5.39575×10^5$	$5.39609×10^5$	$5.39650×10^5$	$5.39704×10^5$

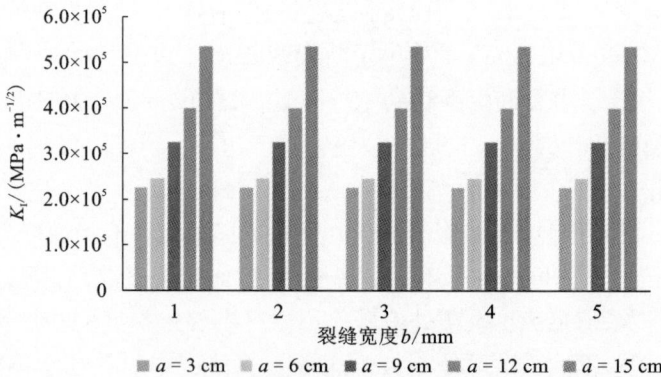

图 7-13 边墙偏压下拱顶处裂缝尖端应力强度因子随裂缝宽度的变化规律

表 7-9　边墙偏压下拱腰裂缝应力强度因子计算结果

裂缝深度 a/cm	不同裂缝宽度下的应力强度因子				
	1 mm	2 mm	3 mm	4 mm	5 mm
3	2.15352×10⁵	2.15502×10⁵	2.15652×10⁵	2.15802×10⁵	2.15952×10⁵
6	2.51361×10⁵	2.51411×10⁵	2.51443×10⁵	2.51509×10⁵	2.51575×10⁵
9	3.62581×10⁵	3.62613×10⁵	3.62638×10⁵	3.62690×10⁵	3.62714×10⁵
12	4.35063×10⁵	4.35090×10⁵	4.35109×10⁵	4.35148×10⁵	4.35189×10⁵
15	6.59712×10⁵	6.59748×10⁵	6.59782×10⁵	6.59823×10⁵	6.59877×10⁵

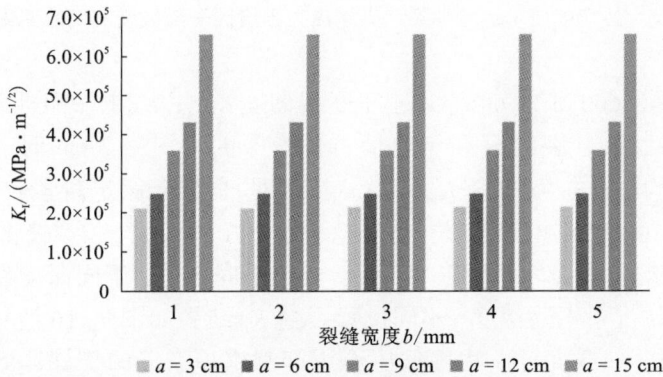

图 7-14　边墙偏压下拱腰处裂缝尖端应力强度因子随裂缝宽度的变化规律

表 7-10　边墙偏压下边墙裂缝应力强度因子计算结果

裂缝深度 a/cm	不同裂缝宽度下的应力强度因子				
	1 mm	2 mm	3 mm	4 mm	5 mm
3	3.34585×10⁵	3.34715×10⁵	3.34845×10⁵	3.34975×10⁵	3.35105×10⁵
6	3.81683×10⁵	3.81733×10⁵	3.81765×10⁵	3.81831×10⁵	3.81897×10⁵
9	5.48503×10⁵	5.48535×10⁵	5.48560×10⁵	5.48612×10⁵	5.48636×10⁵
12	6.61983×10⁵	6.62010×10⁵	6.62029×10⁵	6.62068×10⁵	6.62109×10⁵
15	1.13772×10⁶	1.13776×10⁶	1.13779×10⁶	1.13783×10⁶	1.13789×10⁶

　　从表 7-8～表 7-10 以及图 7-13～图 7-15 可以看出：裂缝宽度为 1～5 mm 时，在同一裂缝深度情况下，应力强度因子变化不大，变化起伏极小，在拱顶、拱腰及边墙不同部位处裂缝强度因子变化呈现的规律相同，表明裂缝宽度对裂缝扩展影响较小；在同一宽度范围内，应力强度因子随裂缝深度增加明显增大，裂缝深度对裂缝扩展规律影响重大。

　　分析不同宽度及深度组合情况下的裂缝应力强度影响因子 K_I 可知：裂缝存在于拱顶，裂缝深度为 3～15 cm 时，K_I 值为 0.227～0.540 MPa/m$^{1/2}$，均小于断裂韧度 K_{IC} = 0.700 MPa/m$^{1/2}$，裂缝扩展处于安全稳定阶段。裂缝存在于拱腰，裂缝深度为 3～15 cm

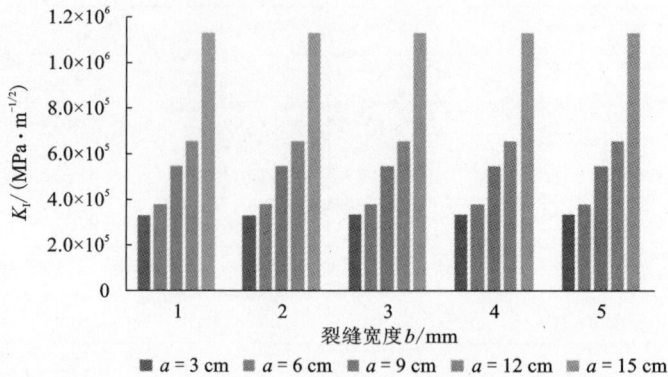

图 7-15　边墙偏压下边墙处裂缝尖端应力强度因子随裂缝宽度的变化规律

时，K_I 值为 0.215~0.660 MPa/m$^{1/2}$，均小于断裂韧度 K_IC，裂缝扩展处于安全稳定阶段，强度因子已接近临界状态。裂缝存在于边墙，裂缝深度为 3~12 cm 时，K_I 值为 0.335~0.662 MPa/m$^{1/2}$，均小于断裂韧度 K_IC，裂缝扩展处于安全稳定阶段；当裂缝深度达到 15 cm 时，K_I 值达到 1.138 MPa/m$^{1/2}$，大于 $K_\mathrm{IC}=0.700$ MPa/m$^{1/2}$，裂缝将出现失稳扩展。

鉴于裂缝宽度对裂缝强度因子影响不大，对比不同部位、不同深度裂缝的 K_I 值大小，裂缝宽度为 1 mm 情况下不同深度、不同位置裂缝 K_I 结果如图 7-16 所示。由图可知：裂缝存在于拱顶处时，K_I 值最小，边墙偏压作用抑制拱顶裂缝的扩展；裂缝存在于拱腰处时，K_I 值居中，边墙偏压作用对拱腰裂缝的扩展有一定的抑制作用；裂缝存在于边墙处时，K_I 值最大，拱顶偏压作用促进边墙裂缝的扩展。偏压作用有利于偏压部位裂缝扩展，扩展趋势最明显，对其他部位的裂缝起到一定程度的抑制作用。

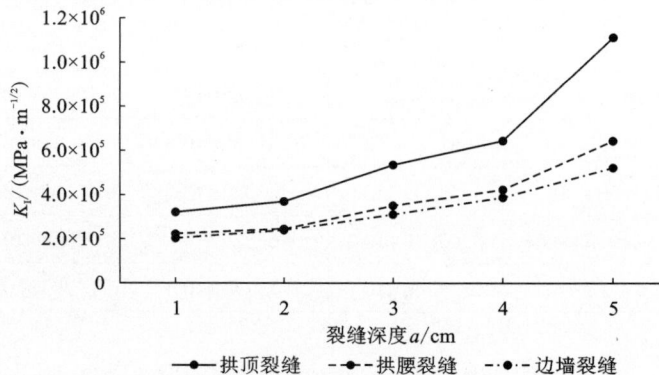

图 7-16　边墙处偏压下不同位置及深度变化情况下裂缝尖端 K_I 值变化规律

3. 裂缝扩展规律分析

本节通过模拟拱顶、拱腰及边墙三种不同偏压作用下不同位置、不同规模裂缝的扩展情况，对不同条件下裂缝的扩展规律进行了分析研究，得到以下结论：

①裂缝尖端强度因子 K_{I} 随裂缝宽度变化较小,在裂缝宽度影响作用下各工况下的规律一致,裂缝宽度的大小对裂缝的扩展影响不大。

②裂缝尖端强度因子 K_{I} 随裂缝深度的增加而增大,在裂缝深度的影响作用下各工况下的规律基本一致。

③不同的偏压工况作用下,偏压产生位置的裂缝尖端强度因子 K_{I} 明显大于其他部位;偏压作用有利于偏压部位裂缝扩展,且扩展趋势最明显,对其他部位的裂缝起到一定程度的抑制作用。

④偏压作用下,偏压处裂缝深度为 3~12 cm,强度因子 K_{I} 小于断裂韧度 K_{IC},裂缝扩展处于安全稳定阶段;当裂缝深度达到 15 cm 时,强度因子 K_{I} 大于断裂韧度 K_{IC};裂缝深度达到 12 cm 时,强度因子 K_{I} 接近断裂韧度 K_{IC} 取值,考虑到一定的安全储备,把裂缝深度 12 cm 界定为衬砌结构是否发生失稳开裂的临界值。

7.2.3　二衬结构裂缝扩展规律分析研究

前文已对不同偏压条件下不同工况类型裂缝的强度因子 K_{I} 及扩展情况进行了分析和研究,可知偏压作用有利于偏压部位裂缝扩展,且扩展趋势最明显,对其他部位的裂缝起到一定程度的抑制作用。同时,把裂缝深度 12 cm 界定为衬砌结构是否发生失稳开裂的临界值。为了全面了解裂缝扩展的动态规律,本节研究不同偏压条件下,偏压区域不同裂缝深度情况下裂缝在不同阶段的动态扩展情况。

1. 工况设定

本节根据前文分析结果选取了拱顶偏压作用下拱顶处裂缝、拱腰偏压作用下拱腰处裂缝及边墙偏压作用下边墙处裂缝三种类型裂缝进行分析。鉴于考虑 12 cm 深度作为裂缝失稳开裂的临界深度,针对不同的裂缝类型分别选取了深度为 6 cm、12 cm、15 cm 三种情况,并针对每一种情况选取裂缝扩展过程中 a、b、c、d 四个时段的裂缝扩展情况进行分析。

2. 裂缝扩展规律计算结果分析

(1)拱顶偏压情况下拱顶处裂缝扩展计算结果分析

通过对拱顶部裂缝 6 cm、12 cm、15 cm 三种深度扩展情况的分析,选取裂缝扩展过程中 a、b、c、d 四个时段的裂缝扩展情况,具体扩展情况如图 7-17~图 7-19 所示。

由图 7-17~图 7-19 可知:结构上的裂缝产生后都有一个扩展的过程,裂缝深度为 6 cm、12 cm 时,裂缝形成后先快速扩展,随后扩展速率降低,最后趋于稳定,停止扩展。裂缝深度达到 12 cm 时,裂缝近乎贯穿整个结构,因此把裂缝深度 12 cm 界定为结构失稳开裂破坏的临界深度是合理的。裂缝深度达到 15 cm 时,结构裂缝贯通,结构开裂失稳破坏。

(2)拱腰偏压情况下拱腰处裂缝扩展计算结果分析

通过对拱腰部裂缝 6 cm、12 cm、15 cm 三种深度扩展情况的分析,选取裂缝扩展过程中 a、b、c、d 四个时段的裂缝扩展情况,具体扩展情况如图 7-20~图 7-22 所示。

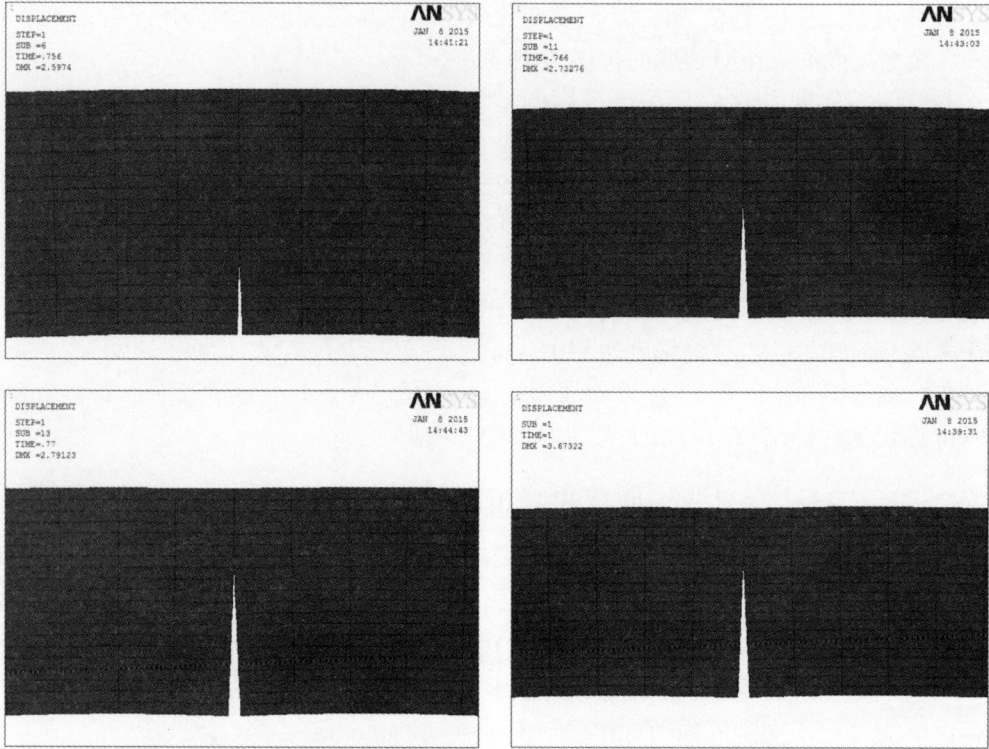

图 7-17　拱顶部裂缝深度 6 cm 不同阶段的裂缝扩展情况

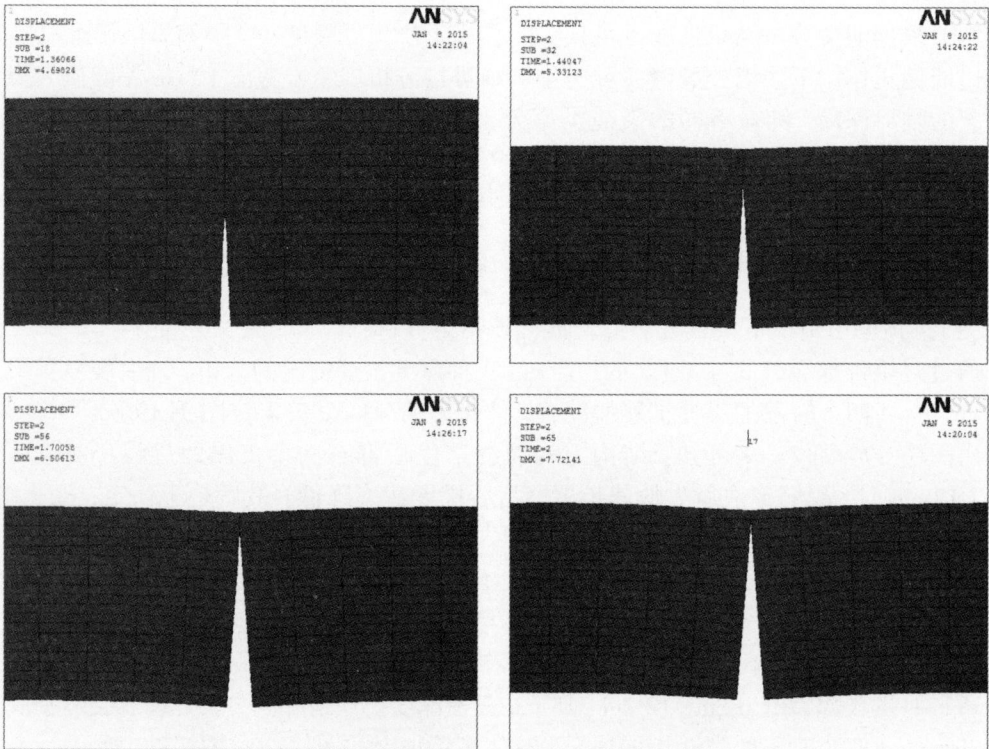

图 7-18　拱顶部裂缝深度 12 cm 不同阶段的裂缝扩展情况

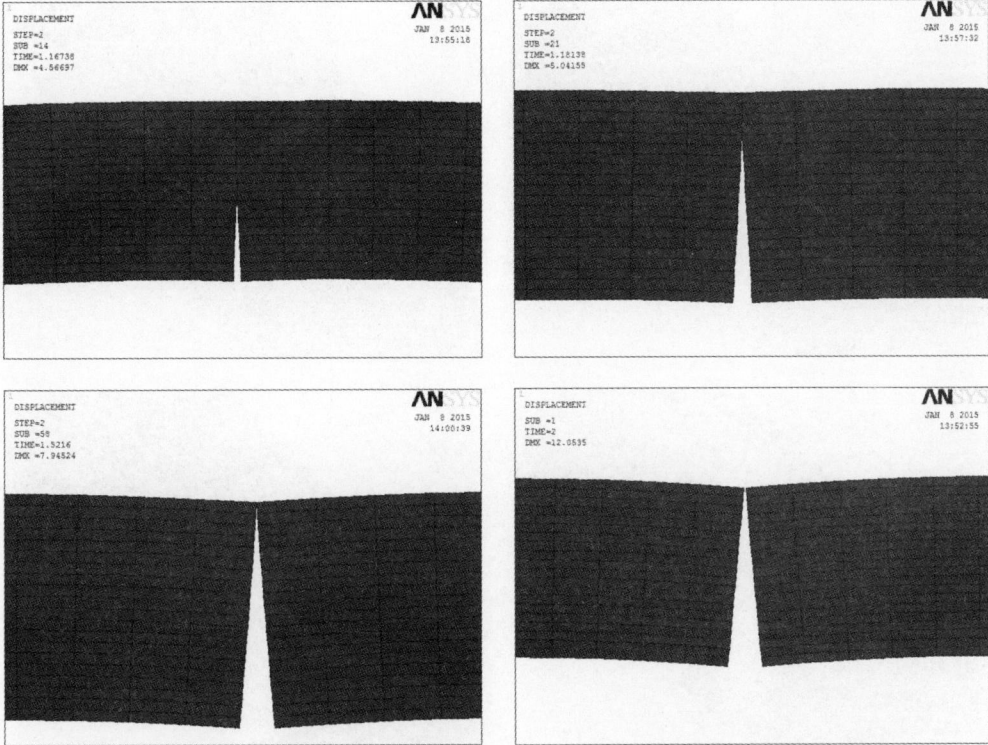

图 7-19　拱顶部裂缝深度 15 cm 不同阶段的裂缝扩展情况

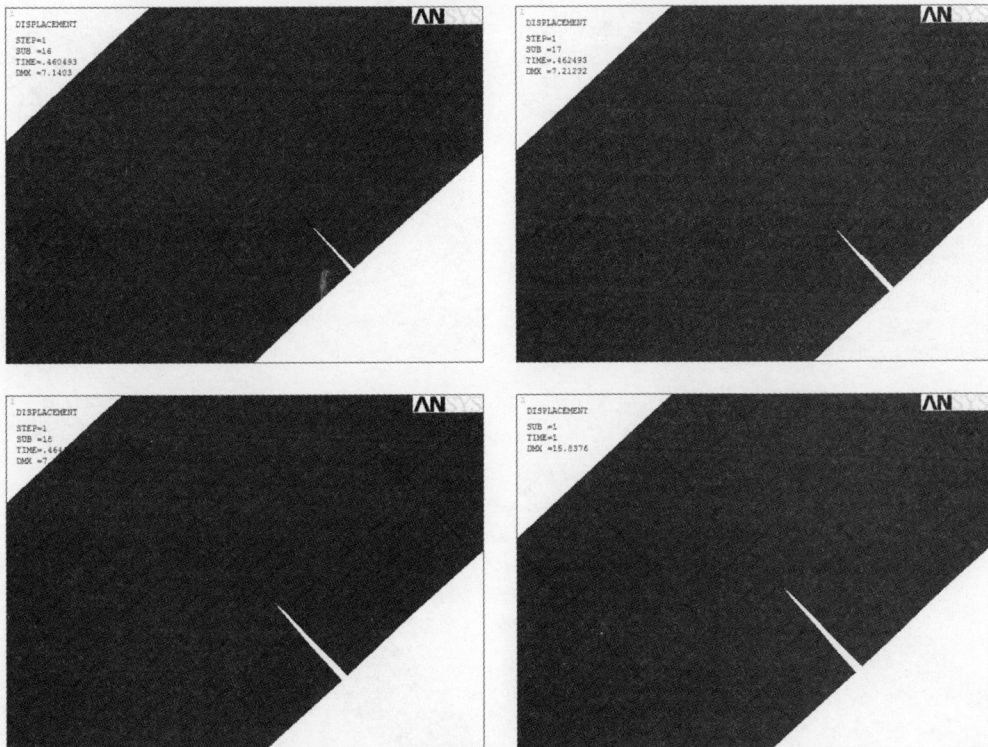

图 7-20　拱腰部裂缝深度 6 cm 不同阶段的裂缝扩展情况

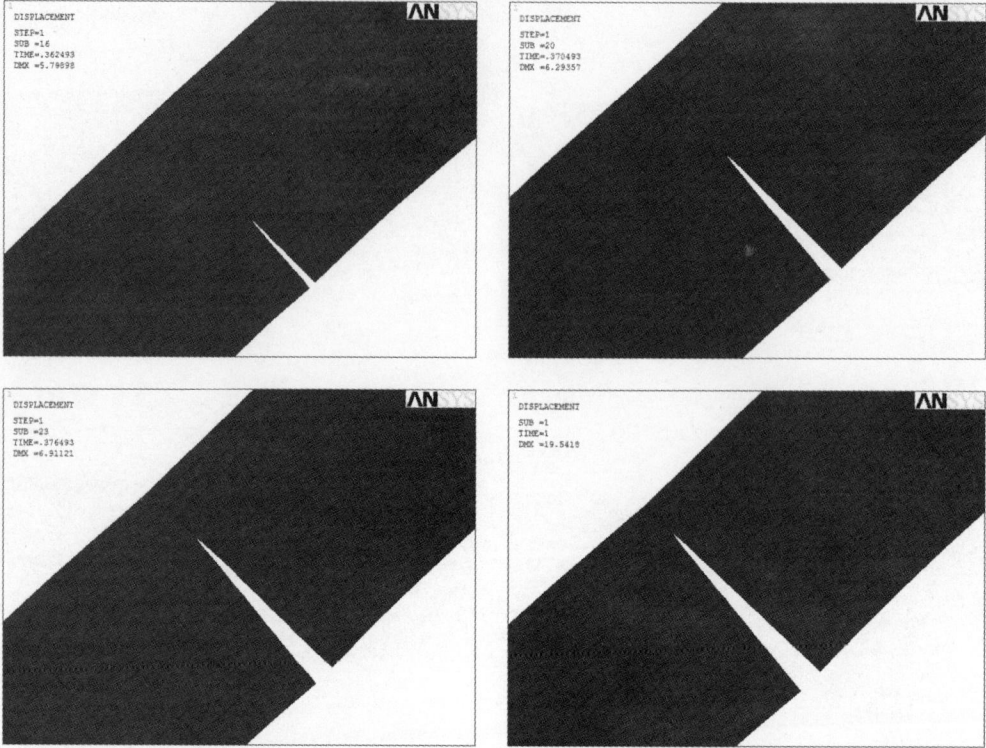

图 7-21　拱腰部裂缝深度 12 cm 不同阶段的裂缝扩展情况

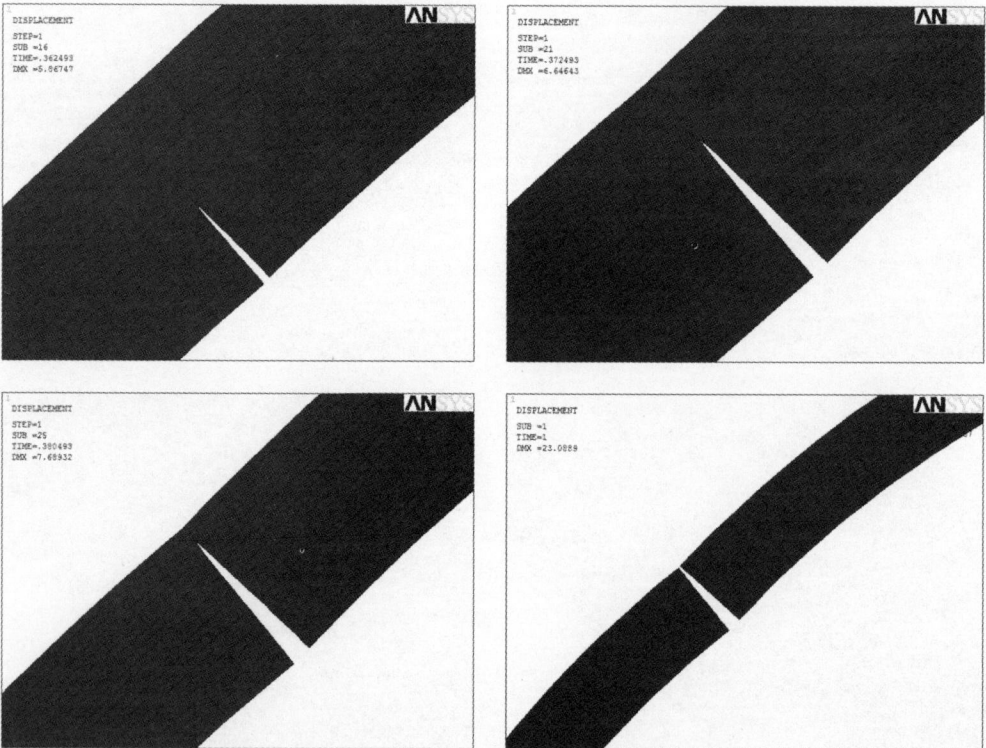

图 7-22　拱腰部裂缝深度 15 cm 不同阶段的裂缝扩展情况

由图 7-20~图 7-22 可知：裂缝扩展规律与拱顶处一致，结构上的裂缝产生后都有一个扩展的过程，裂缝深度为 6 cm、12 cm 时，裂缝形成后先快速扩展，随后扩展速率降低，最后趋于稳定，停止扩展。裂缝深度达到 12 cm 时，裂缝近乎贯穿整个结构，因此把裂缝深度 12 cm 界定为结构失稳开裂破坏的临界深度是合理的。裂缝深度达到 15 cm 时，结构裂缝贯通，结构开裂失稳破坏。

▶ 7.3　隧道二衬裂缝病害安全评定标准及分类

谷竹高速公路片岩区隧道二衬开裂问题极为严重，二衬开裂问题对隧道施工期及运营期的安全产生严重威胁，因此对二衬裂缝病害及衬砌结构的安全作出评价意义重大。隧道衬砌结构及裂缝的安全评价是在衬砌结构裂缝调查、检测结果以及裂缝扩展规律分析研究的基础上，通过一系列对衬砌裂缝进行判定和安全评价的标准和方法，对隧道裂缝及结构的安全等级进行评定，最终根据评定的结果提出合理的处理措施。衬砌裂缝及结构安全性合理的安全等级评定，有助于减少隧道施工及运营中的事故发生，减少事故造成的损失。鉴于裂缝成因的复杂多变，裂缝指标的选取对最终的结果影响重大。本章为确保裂缝安全评价的合理性，参照目前衬砌裂缝安全评价中既有的规范标准，结合前文实际的模拟计算结果加以修正，对裂缝安全级别进行评价，并在此基础上对不同级别裂缝类型提出了相应的处治措施。

7.3.1　隧道衬砌裂缝的定性评定标准

针对隧道衬砌裂缝安全评价，国内外存在多个安全评价规范。我国《公路隧道养护技术规范》(JTG H12—2015) 中，衬砌裂缝的定性评定标准如表 7-11 所示。

表 7-11　衬砌裂缝的定性等级评定

评定等级	裂缝状态	安全程度	措施
AAA	裂缝密集，有剪切裂缝，且扩展速度快	不安全	立即采取紧急措施
AA	裂缝较密集，有一定扩展趋势	偏不安全	尽快采取措施
A	有裂缝，有一定扩展趋势	较安全	准备采取措施
B	有裂缝，无扩展趋势	安全	监测

7.3.2　隧道衬砌裂缝的定量评定标准

隧道衬砌裂缝的定量评定标准基于衬砌裂缝长度、宽度及深度划分裂缝等级。我国《铁路工务技术手册　隧道》中，将衬砌裂缝按宽度定量分为四级，如表 7-12 所示。

表 7-12　衬砌裂缝的宽度等级评定

等级	大	中	小	毛
裂缝宽度 b/mm	$b>20$	$2<b\leqslant 20$	$0.3<b\leqslant 2$	$b\leqslant 0.3$

我国《公路隧道养护技术规范》(JTG H12—2015)给出了按裂缝长度和宽度对衬砌裂缝进行定量评定的标准。首先根据裂缝有无扩展情况将衬砌裂缝分为扩展裂缝及无法确定是否为扩展裂缝两类,然后根据裂缝长度和宽度给出了这两种情况下的衬砌裂缝评定标准,如表 7-13 及表 7-14 所示。

表 7-13　有扩展性的衬砌裂缝评定标准

裂缝宽度 b/mm	等级	
	裂缝长度 $L>5$ m	裂缝长度 $L\leq5$ m
$b>3$	AAA、AA	AA、A
$b\leq3$	A	A

表 7-14　不能确定有扩展性的衬砌裂缝评定标准

裂缝宽度 b/mm	等级		
	裂缝长度 $L>10$ m	5 m<裂缝长度 $L\leq10$ m	裂缝长度 $L\leq5$ m
$b>5$	AAA、AA	AA、A	AA、A
$3<b\leq5$	AA	AA、A	A
$b\leq3$	A、B	A、B	A、B

表 7-13 及表 7-14 的开裂是以水平方向或剪切裂为主,对于横向裂缝,将评定分类相应地降低一个等级。当宽为 0.3~0.5 mm 以上裂缝,其分布密度大于 200 cm/m^2 时,可提高一个评定等级或采用评定分类中的较高者。

7.3.3　定量与定性相结合的评定标准

我国《铁路桥隧建筑物劣化评定标准　隧道》(TB/T 2820.2—1997)中,给出了定量和定性相结合的评定方法,将衬砌裂缝分为五个等级,定量时综合考虑衬砌裂缝的长度和宽度,如表 7-15 所示。

表 7-15　我国铁路隧道衬砌裂缝评定标准

等级		裂缝状态	措施
A	AA	长度 $L>10$ m,宽度 $b>5$ mm,衬砌变形继续发展,拱部开裂呈块状,有可能掉落	立即采取措施
	A1	5 m<$L\leq10$ m,$b>5$ mm,开裂使衬砌呈块状,有可能崩塌和剥落	尽快采取措施
B		$L<5$ m,3 mm$\leq b\leq5$ mm,裂缝有发展,但速度不快	加强监视,必要时采取措施
C		$L<5$ m 且 $b<3$ mm	加强检查,正常维修
D		一般龟裂或无发展状态	正常保养及巡检

从表 7-12 和表 7-15 中可以看出，《铁路工务技术手册　隧道》依据裂缝宽度划分裂缝等级；《公路隧道养护技术规范》(JTG H12—2015)综合考虑裂缝的长度及宽度划分裂缝等级；《铁路桥隧建筑物劣化评定标准　隧道》(TB/T 2820.2—1997)中，依据裂缝长度及宽度，并综合考虑结构开裂外观特征及衬砌变形情况划分裂缝等级，其划分方法相比前两者更加全面及明晰。

7.3.4　片岩区隧道衬砌裂缝的评定标准

针对隧道裂缝安全评价的规范和标准虽然多种多样，但大都是定性的评价或者以裂缝长度和宽度为标准进行的定量评价，对衬砌裂缝深度的判定标准目前研究较少，《公路隧道养护技术规范》(JTG H12—2015)及其他规范并未给出判定标准。实际情况中裂缝深度对裂缝扩展以及结构安全影响重大，甚至对结构是否安全以及裂缝是否扩展起到决定性作用，因此，对衬砌裂缝深度评价指标进行探讨十分必要。

本节结合前文关于不同深度情况下裂缝强度因子 K_I 的变化规律以及不同裂缝深度情况下结构裂缝的扩展规律，综合我国普通铁路隧道裂缝评定标准，在裂缝评定标准中增加一项裂缝深度的评价指标，对原有的规范标准进行修正，以此作为谷竹高速片岩区隧道衬砌裂缝评价标准。

前文已对不同裂缝深度情况下裂缝强度因子 K_I 的变化规律以及不同裂缝深度情况下结构裂缝的扩展规律进行了分析和研究，界定了 12 cm 深度为结构破坏临界深度，本书计算中二衬厚度 D 为 45 cm，因此以该深度作为结构贯通破坏临界深度。修正后的评价标准如表 7-16 所示。

表 7-16　谷竹高速公路片岩区隧道二衬裂缝评定标准

等级		裂缝状态	措施
A	AA	长度 $L>10$ m，宽度 $b>5$ mm，深度 $d\geqslant0.267D$（D 为隧道直径），衬砌变形继续发展，拱部开裂呈块状，有可能掉落	立即采取措施
	A1	5 m$<L\leqslant10$ m，$b>5$ mm，$0.2D\leqslant d<0.267D$，开裂使衬砌呈块状，有可能崩塌和剥落	尽快采取措施
B		$L<5$ m，3 mm$\leqslant b\leqslant5$ mm，$0.133D\leqslant d<0.2D$，裂缝有发展，但速度不快	加强监视，必要时采取措施
C		$L<5$ m，$b<3$ mm，$0.067D\leqslant d<0.133D$	加强检查，正常维修
D		一般龟裂或无发展状态	正常保养及巡检

通过前文的分析研究已知，裂缝宽度对二衬裂缝扩展及结构安全的影响不大，因此，对实际裂缝进行安全评价时，以裂缝长度和宽度为主。在其他因素一定的情况下，裂缝过长或者过深时可酌情考虑提升一个等级。

▶ 7.4 隧道二衬裂缝防治研究

公路隧道二衬裂缝是工程中常见的病害，国内外众多专家学者对隧道二衬开裂防治工作开展了许多研究，在现场施工过程中也积累了大量经验。为了确保隧道施工期和运营期安全稳定，提高隧道结构的可靠性，保证隧道具备足够的使用年限，满足设计要求，就要根据隧道衬砌裂缝的不同类型和特征有针对性地采取预防和治理措施。合理的防治措施既能确保隧道结构的安全性，又能降低工程成本。本节通过整理归纳国内外研究成果和经验，对隧道衬砌裂缝的预防与治理措施提出相应的处理意见。

7.4.1 隧道二衬裂缝预防措施

前文对二衬开裂形成机理做了较为全面的分析研究，包括现场调查、室内外试验、数值分析以及理论研究，总的来说隧道裂缝形成是因为围岩外荷载作用以及混凝土结构自身劣化损伤作用，导致衬砌结构承载不足而产生开裂破坏。

通过总结国内外研究成果和经验可知，对待隧道二衬应遵循"以防为主、及时治理、综合治理、防治结合"原则。因此，本书通过研究，针对隧道衬砌结构开裂的不同原因，提出以下几点预防措施。

①工程设计方面。在前期的工程地质勘探阶段做足准备工作，地质调绘、物探、钻探、室内外试验等多种手段结合，确保获取的资料尽可能接近实际情况。同时，尽可能准确地获取区域工程地质与水文地质资料，确保在设计阶段对围岩作出准确的定级，确定合理的支护参数。本书在研究中发现设计围岩级别出现偏差、支护参数选取不合理以及对区域工程地质条件把握不足等，是隧道二衬结构大规模产生开裂的主要原因。因此，在工程设计阶段充分了解工程区域地质条件，合理准确地制订设计方案，对确保建设阶段隧道工程安全、节约工程成本、缩短工程工期等方面意义重大。

②隧道施工方面。在施工过程中要加强对地表及隧道内的地质巡查工作，对于工程地质条件复杂的区域，要加强监控和超前地质预报工作，及时预警预报。对于揭露出的围岩条件与设计情况出现偏差的区域，及时与相关部门沟通，做好围岩变更工作，制订出合适的支护方案，选择合理的施工方法和施工工序。在施工过程中尽可能采用先进的施工设备和施工方法，凿岩爆破时选取合理的凿岩爆破参数，控制爆破，减少对围岩的扰动和破坏，尽可能保证围岩的完整性。在施作初期支护结构时，及时支护，及时封闭。在施作二衬结构时，控制混凝土结构配合比，提高混凝土衬砌的抗裂、抗渗性能；浇筑二衬混凝土时，加强振捣，保证混凝土的密实性。开挖过程中严格控制超欠挖，保证二衬结构厚度的均匀性。严禁二衬拆模过早，保证二衬结构的早期强度。同时，加强施工组织管理，建立健全质量管理体制，加强施工工艺控制，提高施工技术及管理水平。

③二衬混凝土材料改善。研究表明，二衬结构自身劣损也是导致二衬开裂的主要原因。二衬混凝土收缩和温度的影响是二衬结构自身劣损的主要原因，因此在施工中要严格控制混凝土材料的配合比，特别是水灰比。国内外大量的研究表明，在混凝土材料中添加适当比例的膨胀剂等外加剂，可有效降低二衬混凝土温缩和失水收缩，提高二衬的抗裂缝能力。另外，在混凝土材料中添加一定比例的其他材料对改良混凝土结构特性也有较好的

效果。本书研究中，采用一定比例的粉煤灰材料替代水泥用量，混凝土干缩、抗裂性能等试验结果表明新的混凝土配合比材料对改善混凝土性能效果明显。近年来，国内外在二衬中添加的外加剂有膨胀剂、聚丙烯纤维、钢纤维等。添加膨胀剂具有成本低、施工工艺简单、效果显著等优点，值得推广。

7.4.2　隧道二衬裂缝治理措施

隧道二衬裂缝按照二衬结构受力机理可分为结构性损伤裂缝和非结构性裂缝，按照裂缝产生和发展过程可以分为稳定裂缝和不稳定裂缝。裂缝产生的原因主要有围岩劣损导致结构承担过大的围岩压力、施工中工艺技术的影响以及混凝土材料等。隧道二衬裂缝治理首先要对出现的裂缝进行调查、监测，分析其产生的原因，判断是否为结构性损伤，再根据裂缝发育程度，制订具体治理措施。对治理后的隧道，在运营阶段还应当定期进行监测，保证结构使用安全。

隧道二衬裂缝产生的原因多样，有时往往是多种因素综合作用引起的。在了解二衬裂缝成因、裂缝特性以及对结构的危害程度后，针对不同类型的裂缝应采取对应的整治措施。对地质灾害、渗漏水、腐蚀等其他病害，要进行综合整治。本书借鉴国内外已有研究成果和经验，并结合本研究成果，针对不同类型二衬裂缝，对不同类型的隧道衬砌裂缝提出了几条处理措施和建议。

1. 衬砌结构补强法

（1）直接涂抹法

裂缝宽度小于 0.3 mm 的微裂缝，裂缝形态上无明显的滑动、移位及渗水迹象，这一类裂缝对结构力学性能和稳定性的影响不大，不会影响结构安全和正常使用。对这一类裂缝可采用直接涂抹法进行处理，建议用水泥基渗透结晶型材料或环氧树脂混凝土修补。在夏季露天施工时，当现场温度较高时，宜选择在早、晚温度低的条件下施工，以防止涂抹材料过快干燥失水；在冬季施工，气温较低时，应该采取一定的防冻措施，对于坑洼凹陷处，涂料涂抹不宜过厚，否则易引起开裂。

涂抹后必须加强养护，涂层初凝后宜用喷雾式，喷水养护防止洒水时涂层被破坏。同时，防护过程中应避免雨淋、霜冻、日晒、风吹、污水冲刷及 5 ℃ 以下的低温。露天施工用湿草袋覆盖较好，如果使用塑料膜作为保护层，必须注意架开，以保证涂层的通风。现场涂抹法施工情况如图 7-23 所示。

（2）凿槽嵌补法

如衬砌混凝土裂缝宽度为 0.3 ~ 2.0 mm，且无明显的剪切错动渗水迹象，

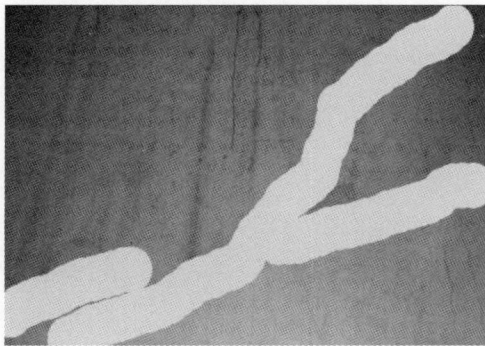

图 7-23　直接涂抹法施工情况

可采用凿槽嵌补法修补。用小扁凿沿裂缝凿开一道沟槽，槽宽 2~5 cm，槽深应根据裂缝深度确定，最大深度不得超过衬砌厚度的 2/3，用钢丝刷清除缝内浮碴，并用高压风或吸

尘器吹或吸干净缝内尘土，保证缝内无水、干燥。在缝的两侧面和底面涂刷底胶，用配制好的接缝材料进行填缝，并捣固密实。用防水砂浆或其他材料将裂缝表面抹平，并进行合理的养护。如裂缝有渗水或明显错动迹象，除采用凿槽嵌缝外，还应进行锚固注浆。

（3）套衬补强法

对于隧道衬砌裂缝宽度为 2~5 mm，裂缝密度较大，但无明显错动的情况，采用套衬补强法。套衬补强即在原隧道衬砌外侧再施作一道混凝土或钢筋混凝土衬砌。套衬补强增加了衬砌混凝土厚度，改变了衬砌截面中性轴的位置，提高了衬砌结构的整体强度和刚度，故隧道结构稳定性得到加强。由于套衬具有一定厚度，所以只适合在隧道净空允许的条件下使用。

（4）碳纤维补强法

碳纤维补强法是利用碳纤维材料对隧道衬砌裂缝进行修补和补强的方法。该方法适用于裂缝宽度不大，较为稳定，且隧道不是因为衬砌背后出现空洞而引起裂缝的情况，特别是裂缝出现渗漏水时，采用碳纤维加固是很好的方法。

碳纤维材料是柔性的，即使被加固结构的表面不是非常平整，也可以达到99%的有效粘贴率，或即使粘贴后发现表面局部有气泡，也很容易修补，只要用注射器将树脂注入气泡中，将空气排出就可以了，能确保隧道加固施工质量效果。用碳纤维粘贴法进行隧道衬砌的修复和加固补强时，要对隧道衬砌结构受力情况及裂缝发展状况进行认真调查，综合各种方法进行处理，才能有效保证隧道加固的质量。

施工工艺流程：对混凝土基层进行打磨、清理→配制并涂刷底层树脂→配制环氧树脂砂浆并对不平整处进行修复处理（即刮找平胶）→配制并涂刷浸渍树脂或粘贴树脂液、粘贴碳纤维布→配制并涂刷浸渍树脂或粘贴树脂液→碳纤维布表面处理→表面防护处理。

（5）喷射钢纤维混凝土技术

此方法与套衬补强法较相似，但由于混凝土中添加了钢纤维，所需喷射的混凝土厚度要大大小于套衬补强法所增加的衬砌厚度，对二衬强度的贡献也较前一种方法大。

喷射钢纤维混凝土是借助喷射机械，利用压缩空气或其他动力，将一定比例配合的拌和料通过管道输送并以高速喷射到受喷面上凝结硬化。钢纤维混凝土作为一种新型的补强材料，代替以往的网喷混凝土加固裂损隧道衬砌，其具有较高的力学性能和良好的耐久性，特别是对混凝土、砖石、钢材有很高的黏结强度，可以在结合面上传递拉应力和剪应力。钢纤维在混凝土中呈三维分布状态，其增强效果具有各向同性的特点，对于断裂、错位处于复杂应力状态的隧道结构是一种理想的补强材料，也是一种理想的支护和衬砌形式。

（6）黏钢加固衬砌法

黏钢加固技术的核心是用钢板代替钢筋，采用具有良好黏结性能的高强建筑结构胶，把钢板牢固黏结在隧道二衬表面，增加钢筋隧道二衬的配筋，达到提高其承载力的目的。采用黏钢技术加固，必须对所要加固的隧道衬砌进行加固设计计算，并绘制详细的黏钢加固设计图。加固设计前，要测定混凝土实际强度等级，当小于 C15 时，不宜用此法加固。

黏钢加固的工艺流程：混凝土表面打磨除尘、保持洁净→钢板除锈后用丙酮除污→混凝土粘贴表面和钢板同时涂胶并紧固加压→固化→检验→防腐处理→交付使用。

2. 注浆补强法

(1)局部锚固注浆法

对于裂缝宽度为 2~5 mm，产生滑移或渗水的情况，主要采用锚固注浆法进行修补。锚固注浆法主要是将带有裂缝的混凝土块体通过锚杆进行加固，固定在稳定的岩体上，以限制裂缝进一步发展。同时，为了增强锚杆抗拔力，建议使用中空螺纹锚杆，并进行灌浆。

(2)衬砌背后空洞及周围地层注浆

注浆技术通常用于加固地基和隧道周围的地层，作用原理主要是通过填充、渗透、挤压和黏结作用使原来松散的岩土体胶结成整体，形成强度高、防渗和化学稳定性好的固结体，可提高地基和围岩地层的承载力。注浆可以填充拱背(墙背)空隙，约束衬砌变形，固结稳定衬砌背后松散围岩，填充衬砌裂缝孔隙。对衬砌背后空洞及周围地层注浆的另一作用是可阻塞渗水通道，可防止在流动水作用下，隧道周围的岩土体发生水土流失的现象，以及可降低地下水中侵蚀性介质的含量，以提高衬砌结构的耐久性。因此，对衬砌背后空洞注浆是比较常用的方法。

注浆填充拱背空隙，是改善衬砌受力状态、提高衬砌承载能力的一项必要措施。用于注浆的浆液一般是纯水泥浆或水泥砂浆，在压力作用下进入松散岩土体中的裂隙或孔隙，形成不规则的脉状结石，进而形成网状骨架，使岩土体胶结成整体，同时使其渗透性降低。注浆一般有劈裂注浆和超前导管注浆。劈裂注浆的机理是在注浆压力作用下，向注浆孔压入浆液，以便克服初始地应力和抗拉强度，使地层在垂直于小主应力的平面上发生劈裂，使浆液充填裂缝。在密实度均匀的土体中，浆液将均匀扩散，从而将扩散半径范围内的土体压密并胶结在一起，同时将扩散半径外一定范围内的土体压密，由此形成加固带。

浆液配比及注浆压力是控制注浆效果的关键因素，浆液的配制应考虑注浆对象的可塑性及裂隙的特性。如岩体注浆主要是对破碎岩体的裂隙进行注浆，要求能产生黏结力，以达到稳定围岩和堵塞水流通道的目的；土体注浆则要求浆液在土体内均匀扩散，在注浆孔周围满足设计扩散半径的要求，因此二者应采用不同特性的浆液。注浆压力是控制浆液流动和扩散的主要因素，是浆液流动、充填、压密注浆对象的动力，因此压力大小应根据注浆对象和浆液浓度确定。

隧道注浆耗费水泥量较大，为了节省水泥和投资，可以选用水泥粉煤灰砂浆、水泥沸石粉砂浆、水泥黏土砂浆等可灌性、抗渗性、耐腐蚀性较好的经济材料。

3. 衬砌局部开裂处理方法

(1)拱墙局部裂损部位的治理

如二衬混凝土拱、墙出现局部拉裂、压溃、掉块或出现宽度为 5~10 mm 的裂缝，可采用局部凿除补强法。根据围岩稳定情况或原初期支护破坏情况，可打锚杆、挂网、喷射混凝土。衬砌局部强采用的混凝土力学特性对修复效果影响很大，一般可采用膨胀混凝土。为了提高混凝土的抗裂性和防水性，可掺入适量钢纤维或聚丙烯纤维以及防水剂、抗裂剂等混凝土外加剂，以提高修复部分结构混凝土的黏结性、抗裂性能和防水效果。由于钢纤维在混凝土中纵横交错均匀分布，大大提高了喷层的抗拉、抗压、抗弯强度和耐久性及喷层与岩层的黏结力，减少了喷层收缩裂纹的产生，提高了喷层的抗渗性，增强了防水效果。

根据挪威、加拿大等国的测试，钢纤维喷射混凝土的抗压强度一般可达到 60~70 MPa，最高达 100 MPa，单轴抗拉强度为 4~5 MPa，抗压强度为 8~10 MPa，黏结力提高 50%，耐久性增大 5~10 倍，韧性提高 10~50 倍，抗冲击能力提高 8~30 倍，这些指标均已超过钢筋网素喷混凝土，而且它还能够提供比后者更高的承载能力，成本增加不多，特别适用于松软、破碎、大变形和承受动载作用的围岩和产生拉、压或剪切破坏的隧道二衬修补。

（2）底板的稳定处理

底板既是传力结构又是受力结构，底板不稳定直接影响仰拱的稳定性。易风化、泥化的泥质岩类隧底排水不良，铺底容易损坏，产生翻浆冒泥病害，是运营线较常见的一种病害。此类问题一般采用改建加深侧沟或增建深侧沟、更换铺底的方法来整治。如果为黏土质泥岩或为有膨胀特性的页岩，宜增设仰拱，以防止边墙下沉、内移和隧底隆起。加深排水沟，疏干地下水，可消除底板软化现象，对已软化的底板可采取置换或注浆加固的方式处理。

4. 拆除重建法

如由严重地质水文灾害、火灾等导致隧道二衬结构性损坏，隧道二衬拱、墙的某一段或某一局部混凝土上出现多条纵向、环向或斜向裂缝，互相交叉，形成网状分布裂缝，且主要裂缝的宽度在 10 mm 以上，有可能造成混凝土局部坍塌、掉块，应采用拆除重建法进行整治。

7.4.3 谷竹高速片岩区隧道二衬裂缝分类

前文对裂缝安全等级及裂缝防治措施进行了系统全面的分析研究，现参照裂缝安全评价方法和处治措施对谷竹高速公路隧道二衬裂缝不同类型的处理方法进行归类，不同类别处治建议如表 7-17 所示。

表 7-17　谷竹高速公路片岩区隧道二衬裂缝评定标准

等级		裂缝状态	措施
A	AA	长度 L>10 m，宽度 b>5 mm，深度 d≥0.267D，衬砌变形继续发展，拱部开裂呈块状，有可能掉落	拆除重建法、衬砌局部开裂处理方法
	A1	5 m<L≤10 m，b>5 mm，0.2D≤d<0.267D，开裂使衬砌呈块状，有可能崩塌和剥落	衬砌局部开裂处理方法、注浆补强法
B		L<5 m，3 mm≤b≤5 mm，0.133D≤d<0.2D，裂缝有发展，但速度不快	衬砌局部开裂处理方法、注浆补强法
C		L<5 m，b<3 mm，0.067D≤d<0.133D	注浆补强法、衬砌结构补强法
D		一般龟裂或无发展状态	衬砌结构补强法、正常保养

7.5　本章小结

本章基于断裂力学应力强度因子理论，应用 ANSYS 有限元软件对不同偏压条件下不同部位、不同规模裂缝扩展规律和特征进行了分析研究，总结归纳了现有的针对隧道衬砌裂缝的定性和定量的安全评价标准，在此基础上提出谷竹高速公路隧道二衬裂缝评价标准，并对不同类型的裂缝提出了预防和处理建议，具体研究成果如下。

①基于断裂力学应力强度因子理论，应用 ANSYS 有限元软件对不同偏压条件下不同部位、不同规模裂缝扩展规律和特征进行了分析研究，研究表明：裂缝尖端强度因子 K_I 随裂缝宽度变化较小，在裂缝宽度影响作用下各工况下的规律一致，裂缝宽度的大小对裂缝的扩展影响不大；裂缝尖端强度因子 K_I 随裂缝深度增加而增大，在裂缝深度的影响作用下各工况下的规律基本一致；不同的偏压工况作用下，偏压产生位置的裂缝尖端强度因子 K_I 明显大于其他部位；偏压作用有利于偏压部位裂缝扩展，扩展趋势最明显，对其他部位的裂缝起到一定程度的抑制作用。偏压作用下，偏压处裂缝深度为 3~12 cm 时，强度因子 K_I 小于断裂韧度 K_{IC}，裂缝扩展处于安全稳定阶段；当裂缝深度达到 15 cm 时，强度因子 K_I 大于断裂韧度 K_{IC}；裂缝深度达到 12 cm 时，强度因子 K_I 接近断裂韧度 K_{IC} 取值，考虑到一定的安全储备，把裂缝深度 12 cm 界定为衬砌结构是否发生失稳开裂的临界值。

②对不同偏压情况下，产生偏压部位不同深度的裂缝的动态扩展趋势进行了研究，验证了裂缝深度 12 cm 作为衬砌结构是否发生失稳开裂的临界深度值的合理性。

③对现有的隧道衬砌裂缝定性和定量评价方法进行了归纳和总结，并在此基础上，结合前文裂缝扩展规律数值计算研究，增加了裂缝深度这一评价指标，对原有规范进行了修正，提出了适合谷竹高速公路隧道二衬裂缝的安全评价标准。

④借鉴国内外二衬裂缝处理的研究成果和经验，并结合现场实际调研和本书的研究成果，提出了隧道衬砌裂缝的预防与治理建议。

第 8 章

隧道二衬结构安全性评价案例分析

▶ 8.1　数值计算分析原理及评价依据

8.1.1　荷载结构法计算原理

1. 计算方法

目前，公路隧道的结构设计计算方法，按衬砌与地层相互作用方式的不同，分为荷载结构法和地层结构法。《公路隧道设计规范 第一册 土建工程》(JTG 3370.1—2018)中规定，深埋隧道中的整体式衬砌、浅埋隧道中的整体式或复合式衬砌及明洞衬砌等宜采用荷载结构法计算。深埋隧道中复合式衬砌的二衬也可采用荷载结构法计算。同时，根据《公路隧道设计细则》(JTG/T D70—2010)中的规定，当隧道支护结构在稳定洞室过程中起主要作用、承担外部荷载较明确、自重荷载可能控制结构强度时，宜采用荷载–结构模型进行内力计算，并对其极限状态进行校核。明洞结构、棚洞结构、浅埋隧道衬砌结构、IV～VI级围岩深埋地段衬砌结构及特殊地质条件下的衬砌结构等，应进行支护结构内力计算及强度校核。

本节采用荷载结构法，结合《公路隧道设计规范 第一册 土建工程》(JTG 3370.1—2018)中的相关规定，对隧道二衬的内力进行计算评价。对于未配筋断面，按照素混凝土进行验算；配筋断面按照实际配筋面积进行验算。

2. 基本未知量与基本方程

取衬砌结构结点的位移为基本未知量。由最小势能原理或变分原理可得系统整体求解时的平衡方程为：

$$[K]\{\delta\} = \{P\} \tag{8-1}$$

式中：$\{\delta\}$ 为由衬砌结构结点位移组成的列向量，即 $\{\delta\} = [\delta_1 \quad \delta_2 \quad \cdots \quad \delta_m]^T$；$\{P\}$ 为由衬砌结构结点荷载组成的列向量，即 $\{P\} = [P_1 \quad P_2 \quad \cdots \quad P_m]^T$；$[K]$ 为衬砌结构的整体刚度矩阵，为 $m \times m$ 阶方阵，m 为体系接点自由度的总个数。

矩阵 $\{P\}$、$[K]$ 和 $\{\delta\}$ 可由单元的荷载矩阵 $\{P\}^e$、单元的刚度矩阵 $[K]^e$ 和单元的位移向量矩阵 $\{\delta\}^e$ 组成，故在采用有限元方法进行分析时，需先划分单元，建立单元刚度矩阵

$[K]^e$ 和单元荷载矩阵 $\{P\}^e$。

隧道承重结构轴线的形状为弧形时，需用折线单元模拟曲线。划分单元时，只需确定杆件单元的长度。杆件厚度 d 即为承重结构的厚度，杆件宽度取为 1 m。相应的杆件横截面积为 $A = d \times 1 (\mathrm{m}^2)$，抗弯惯性矩为 $I = \dfrac{1}{12} \times 1 \times d^3 (\mathrm{m}^4)$，弹性模量 $E (\mathrm{kN/m}^2)$ 取为（钢筋）混凝土的弹性模量。对于钢筋混凝土，还应考虑配筋对弹性模量的贡献。

3. 单元刚度矩阵

设梁单元在局部坐标系下的结点位移为 $\{\bar{\delta}\} = [\bar{u}_i, \bar{v}_i, \bar{\theta}_i, \bar{u}_j, \bar{v}_j, \bar{\theta}_j]^{\mathrm{T}}$，对应的结点力为 $\{\bar{f}\} = [\bar{X}_i, \bar{Y}_i, \bar{M}_i, \bar{X}_j, \bar{Y}_j, \bar{M}_j]^{\mathrm{T}}$，则有：

$$\{\bar{f}\} = [\bar{K}]^e \{\bar{\delta}\} \tag{8-2}$$

式中：$[\bar{K}]^e$ 为梁单元在局部坐标系下的刚度矩阵。

$$[\bar{k}]^e = \begin{bmatrix} \dfrac{EA}{l} & 0 & 0 & -\dfrac{EA}{l} & 0 & 0 \\[2mm] 0 & \dfrac{12EI}{l^3} & \dfrac{6EI}{l^2} & 0 & -\dfrac{12EI}{l^3} & \dfrac{6EI}{l^2} \\[2mm] 0 & \dfrac{6EI}{l^2} & \dfrac{4EI}{l} & 0 & -\dfrac{6EI}{l^2} & \dfrac{2EI}{l} \\[2mm] -\dfrac{EA}{l} & 0 & 0 & \dfrac{EA}{l} & 0 & 0 \\[2mm] 0 & -\dfrac{12EI}{l^3} & -\dfrac{6EI}{l^2} & 0 & \dfrac{12EI}{l^3} & -\dfrac{6EI}{l^2} \\[2mm] 0 & \dfrac{6EI}{l^2} & \dfrac{2EI}{l} & 0 & -\dfrac{6EI}{l^2} & \dfrac{4EI}{l} \end{bmatrix} \tag{8-3}$$

式中：l 为梁单元的长度；A 为梁的截面积；I 为梁的惯性矩；E 为梁的弹性模量。

对整体结构而言，各单元采用的局部坐标系均不相同，故在建立整体矩阵时，需将按局部坐标系建立的单元刚度矩阵 $[\bar{K}]^e$ 转换成结构整体坐标系中的单元刚度矩阵 $[K]^e$。

4. 地层抗力的作用模式

地层弹性抗力由下式给出：

$$F_n = K_n \cdot U_n \tag{8-4}$$

$$F_s = K_s \cdot U_s \tag{8-5}$$

其中：

$$K_n = \begin{cases} K_n^+ & U_n \geq 0 \\ K_n^- & U_n < 0 \end{cases} \tag{8-6}$$

$$K_s = \begin{cases} K_s^+ & U_s \geq 0 \\ K_s^- & U_s < 0 \end{cases} \tag{8-7}$$

式中：F_n、F_s 分别为法向、切向弹性抗力；K_n、K_s 为相应的围岩弹性抗力系数，且 K^+、K^- 分别为压缩区和拉伸区的抗力系数，通常令 $K_n^- = K_s^- = 0$。

杆件单元确定后，即可确定地层弹簧单元，它只设置在杆件单元的结点上。地层弹簧单元可沿整个截面设置，也可只在部分结点上设置。沿整个截面设置地层弹簧单元时，计算过程中需用迭代法作变形控制分析，以判断出抗力区的确切位置。

8.1.2 评价指标

根据《公路隧道设计规范 第一册 土建工程》(JTG 3370.1—2018)中 9.1.1 条规定，隧道结构应按破损阶段法验算构件截面的强度。结构抗裂有要求时，对混凝土构件应进行抗裂验算，对钢筋混凝土构件应验算其裂缝宽度。本报告中对构件安全性以截面强度(安全系数)是否满足规范要求进行评价。

8.1.3 安全系数计算依据

1. 安全系数取值要求

根据《公路隧道设计规范 第一册 土建工程》(JTG 3370.1—2018)，计算中混凝土和钢筋混凝土构件安全系数的相关规定如下：按破损阶段验算构件截面的强度时，应根据不同的荷载组合，分别采用不同的安全系数，并应不小于表 8-1 和表 8-2 中的数值；验算施工阶段的强度时，安全系数可采用表中"永久荷载+基本可变荷载+其他可变荷载"栏内的数值乘以折减系数 0.9。

表 8-1 混凝土和砌体结构各种荷载组合的强度安全系数

破坏原因	不同荷载组合的强度安全系数					
	混凝土			砌体		
	永久荷载+基本可变荷载	永久荷载+基本可变荷载+其他可变荷载	永久荷载或永久荷载+偶然荷载	永久荷载+基本可变荷载	永久荷载+基本可变荷载+其他可变荷载	永久荷载+偶然荷载
混凝土或砌体达到抗压极限强度	2.4	2.0	1.8	2.7	2.3	2.0
混凝土达到抗拉极限强度	3.6	3.0	2.7	—	—	—

表 8-2 钢筋混凝土结构各种荷载组合的强度安全系数

破坏原因	不同荷载组合的强度安全系数		
	永久荷载或永久荷载+基本可变荷载	永久荷载+基本可变荷载+其他可变荷载	永久荷载+偶然荷载
钢筋达到极限强度或混凝土达到抗压或抗剪极限强度	2.0	1.7	1.5
混凝土达到抗拉极限强度	2.4	2.0	1.8

2. 混凝土构件安全系数计算方法

混凝土和砌体矩形截面及偏心受压构件的抗压强度应按式(8-8)计算。

$$KN \leqslant \varphi \alpha R_a bh \tag{8-8}$$

式中：R_a 为混凝土或砌体的抗压极限强度，MPa；K 为安全系数；N 为轴向力，kN；b 为截面宽度，m；h 为截面厚度，m；φ 为构件纵向弯曲系数，对于隧道衬砌、明洞拱圈及墙背紧密回填的边墙，可取 $\varphi = 1$；α 为轴向力的偏压影响系数。

根据抗裂要求，混凝土矩形截面偏压受压构件的抗拉强度应按式(8-9)计算。

$$KN \leqslant \frac{1.75 R_l bh}{\dfrac{6e_0}{h} - 1} \tag{8-9}$$

式中：R_l 为混凝土抗拉极限强度；其他符号意义同前。

3. 钢筋混凝土构件安全系数计算方法

钢筋混凝土矩形截面大偏心受压构件($x \leqslant 0.55 h_0$)如图 8-1 所示，其截面强度应按下式计算。

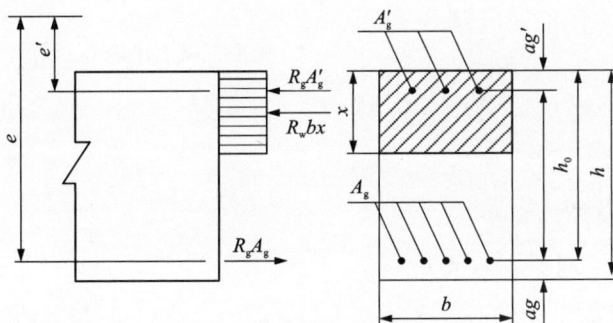

图 8-1　大偏心受压构件截面图

$$KN \leqslant R_w bx + R_g(A'_g - A_g) \tag{8-10}$$

或：

$$KNe \leqslant R_w bx \left(h_0 - \frac{x}{2} \right) + R_g A'_g (h_0 - a') \tag{8-11}$$

此时，中性轴位置按下式确定：

$$R_g(A_g e \mp A_g e') = R_w bx \left(e - h_0 + \frac{x}{2} \right) \tag{8-12}$$

当轴向力 N 作用于钢筋 A_g 与 A'_g 的重心之间时，上式左边的第二项取正号，反之取负号。

如计算中考虑受压钢筋，则混凝土受压区的高度应符合下式的要求：

$$x \geqslant 2a' \tag{8-13}$$

否则，按下式计算：

$$KNe' \leq R_g A_g (h_0 - a') \qquad (8-14)$$

式(图)中：N 为轴向力；e、e' 为钢筋 A_g、A'_g 的重心至轴向力作用点的距离；K 为安全系数，按《公路隧道设计规范 第一册 土建工程》(JTG 3370.1—2018)表 9.2.4-2 采用；R_g 为受拉钢筋的屈服强度；R_w 为钢筋混凝土弯曲抗压极限强度标准值，$R_w = 1.25R_a$，R_a 按《公路隧道设计规范 第一册 土建工程》(JTG 3370.1—2018)表 5.2.2 取值；A_g、A'_g 为受拉区和受压区钢筋的截面面积；a、a' 为自钢筋 A_g、A'_g 的重心分别至截面最近边缘的距离；h 为截面高度；h_0 为截面的有效高度，$h_0 = h - ax$，x 为混凝土受压区的高度。

实际的初始偏压距计算：

$$e_i = e_0 + e_a \qquad (8-15)$$

式中：e_i 为实际的初始偏压距；e_0 为轴向力对截面重心的偏压距，$e_0 = M/N$；e_a 为附加偏压距，e_a 为 $h_0/30$ 及 20 mm 两值中的大者。

钢筋混凝土矩形截面的小偏心受压构件($x > 0.55h_0$)，如图 8-2 所示。其截面强度均应按下式计算：

$$KNe \leq 0.5R_a bh^2 + R_g A'_g (h_0 - a') \qquad (8-16)$$

当轴向力 N 作用于钢筋 A_g 的重心与钢筋 A'_g 的重心之间时，应符合下列要求：

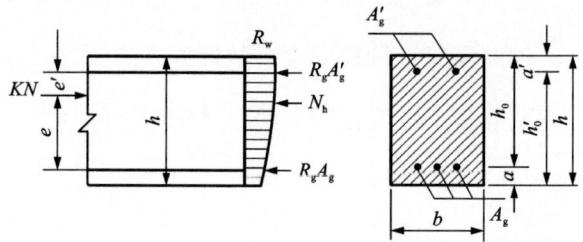

图 8-2　钢筋混凝土小偏心受压构件截面强度计算图

$$KNe' \leq 0.5R_a bh_0^2 + R_g A_g (h'_0 - a) \qquad (8-17)$$

式中符号意义同前。

8.1.4　计算模型

对于荷载结构法，图 8-3 计算模型中，二衬结构采用板单元模拟，支护结构与围岩的相互作用采用仅受压的法向弹簧单元模拟。

8.1.5　计算荷载

释放荷载分担比例的确定是根据《公路隧道设计细则》(JTG/T D70—2010)的规定：采用荷载结构法计算时，双车道及三车道分离式隧道采用复合式衬砌结构时，初期支护与二衬的支护承载比例可参照表 8-3。

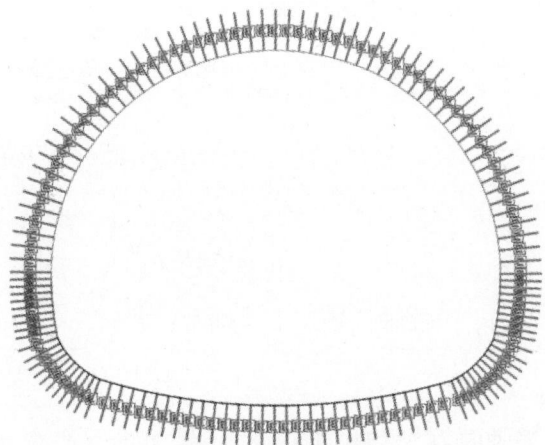

图 8-3　二衬承载模型

表 8-3　复合式衬砌的初期支护与二衬承载比例　　　　　　　单位：%

围岩级别	初期支护承载比例		二衬承载比例	
	双车道隧道	三车道隧道	双车道隧道	三车道隧道
Ⅰ、Ⅱ	100	100	安全储备	安全储备
Ⅲ	100	≥80	安全储备	≥20
Ⅳ	≥70	≥60	≥30	≥40
Ⅴ	≥50	≥40	≥50	≥60
Ⅵ	≥30	≥30	≥80	≥85
浅埋地段	≥50	30~50	≥60	60~80

结合上表以及隧道的具体情况，拟选取 Ⅴ 级围岩二衬承担 50% 的荷载、Ⅵ 级围岩二衬承担 30% 的荷载、Ⅲ 级围岩二衬承担 20% 的荷载，针对二衬设计（或设计变更）和二衬厚度实际检测情况进行验算，分析二衬结构的安全性。

根据所分析断面的相关情况并考虑深浅埋，应用《公路隧道设计规范 第一册 土建工程》（JTG 3370.1—2018）（以下简称《规范》）计算围岩压力分布。计算荷载仅考虑围岩压力及隧道结构自重，即荷载组合为围岩压力 + 衬砌自重 + 地层弹簧。

1. 深埋隧道荷载计算方法

《规范》6.2.1 条规定，隧道结构自重可按结构设计尺寸及材料标准重度计算，结构附加恒载应按实际情况计算。

《规范》6.2.2 条规定，深埋隧道松散荷载垂直均布压力及水平均布压力，在不产生显著偏压及膨胀力的围岩条件下，可按下列公式计算。

①围岩垂直均布压力按下式计算：

$$q = \gamma h \tag{8-18}$$

$$h = 0.45 \times 2^{S-1} \omega \tag{8-19}$$

式中：q 为垂直均布压力，kN/m^2；γ 为围岩重度，kN/m^3；h 为围岩压力计算高度，m；S 为围岩级别，按 1、2、3、4、5、6 整数取值；ω 为宽度影响系数，$\omega = 1 + i(B-5)$；B 为隧道宽度，m；i 为隧道宽度每增减 1 m 时的围岩压力增减率，以 $B = 5$ m 的围岩垂直均布压力为准，按表 8-4 取值。

表 8-4　围岩压力增减率 i 取值表

隧道宽度 B/m	$B<5$	$5 \leq B<14$	$14 \leq B<25$	
围岩压力增减率 i	0.2	0.1	考虑施工过程分导洞开挖	0.07
			上下台阶法或一次性开挖	0.12

②围岩水平均布压力按表 8-5 确定。

表 8-5　围岩水平均布压力

围岩级别	Ⅰ、Ⅱ	Ⅲ	Ⅳ	Ⅴ	Ⅵ
水平均布压力 e	0	$<0.15q$	$(0.15\sim0.3)q$	$(0.3\sim0.5)q$	$(0.5\sim1.0)q$

2. 浅埋隧道围岩压力计算方法

《规范》附录 D.0.1 规定，深埋和浅埋隧道的分界可按荷载等效高度值，并结合地质条件、施工方法等因素综合判定。按荷载等效高度的判定式为：

$$H_p = (2 \sim 2.5)h_q \tag{8-20}$$

式中：H_p 为浅埋隧道分界深度，m；h_q 为荷载等效高度，m。

$$h_q = \frac{q}{\gamma} \tag{8-21}$$

式中：q 为深埋隧道垂直均布压力，kN/m²；γ 为围岩容重，kN/m³。

在钻爆法或浅埋暗挖法施工的条件下，Ⅳ～Ⅵ级围岩取

$$H_p = 2.5h_q \tag{8-22}$$

Ⅰ～Ⅲ类围岩取

$$H_p = 2h_q \tag{8-23}$$

《规范》附录 D.0.2 规定，浅埋隧道围岩压力按下述两种情况分别计算：

①埋深 H 小于或等于等效荷载高度 h_q 时，垂直压力视为均布：

$$q = \gamma H \tag{8-24}$$

式中：q 为均布垂直压力，kN/m²；γ 为隧道上覆围岩重度，kN/m³；H 为隧道埋深，指隧道顶至地面的距离，m。

侧向压力 e 按均布考虑时，其值为：

$$e = \gamma\left(H + \frac{1}{2H_t}\right)\tan^2\left(45 - \frac{\varphi_c}{2}\right) \tag{8-25}$$

式中：e 为侧向均布压力，kN/m²；H_t 为隧道高度，m；φ_c 为围岩计算摩擦角，(°)。

②埋深大于 h_q、小于或等于 H_p 时，为便于计算，假定岩土体中形成的破裂面是一条与水平成 β 角的斜直线，如图 8-4 所示。$EFHG$ 岩土体下沉，带动两侧三棱岩土体（如图中 FDB 及 ECA）下沉，整个岩土体 $ABCD$ 下沉时，又要受到未扰动岩土体的阻力；斜直线 AC 或 BD 是假定的破裂面，分析时考虑内聚力 c，并采用了计算摩擦角 φ_c；另一滑面 FH 或 EG 并非破裂面，因此，滑面阻力要小于破裂面 AC、BD 的阻力，若该滑面的摩擦角为 θ，则 θ 值应小于 φ_c 值。无实测资料时，θ 可按表 8-6 采用。

表 8-6　各级围岩的 θ 值

围岩级别	Ⅰ、Ⅱ、Ⅲ	Ⅳ	Ⅴ	Ⅵ
θ 值	$0.9\varphi_c$	$(0.7\sim0.9)\varphi_c$	$(0.5\sim0.7)\varphi_c$	$(0.3\sim0.5)\varphi_c$

由图 8-4 可知，隧道上覆岩体 $EFHG$ 的重力为 W，两侧三棱岩体 FDB 或 ECA 的重力

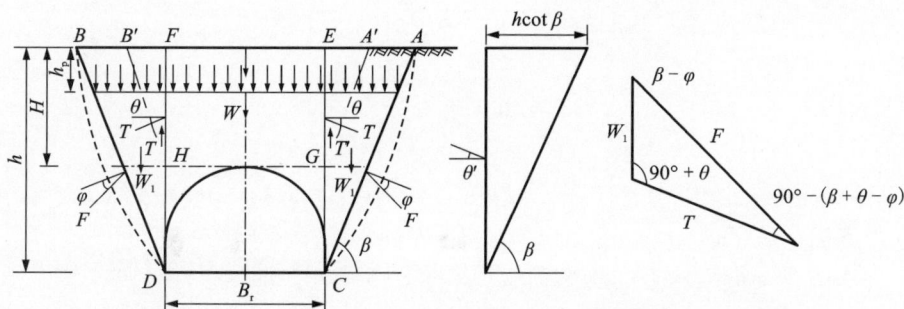

图 8-4 埋深大于 h_q、小于或等于 H_p 时浅埋隧道荷载计算模式

为 W_1，未扰动岩体对整个滑动土体的阻力为 F，当 $EFHG$ 下沉，两侧受到的阻力为 T 或 T'，作用于 HG 面上的垂直压力总值 $Q_浅$ 为：

$$Q_浅 = W - 2T' = W - 2T\sin\theta \tag{8-26}$$

三棱体自重为：

$$W_1 = \frac{1}{2}\gamma h \frac{h}{\tan\beta} \tag{8-27}$$

式中：γ 为围岩容重，kN/m^3；h 为隧道底部到地面的距离，m；β 为破裂面与水平面的夹角，(°)。

由图 8-4，据正弦定理可得：

$$\frac{T}{\sin(\beta - \varphi_c)} = \frac{W_1}{\sin[90° - (\beta - \varphi_c + \theta)]} \tag{8-28}$$

即

$$T = \frac{\sin(\beta - \varphi_c)}{\sin[90° - (\beta - \varphi_c + \theta)]}W_1 \tag{8-29}$$

从而

$$T = \frac{1}{2}\gamma h^2 \frac{\lambda}{\cos\theta} \tag{8-30}$$

式中：λ 为侧压力系数。

$$\lambda = \frac{\tan\beta - \tan\varphi_c}{\tan\beta[1 + \tan\beta(\tan\varphi_c - \tan\theta) + \tan\varphi_c\tan\theta]} \tag{8-31}$$

$$\tan\beta = \tan\varphi_c + \sqrt{\frac{(\tan^2\varphi_c + 1)\tan\varphi_c}{\tan\varphi_c - \tan\theta}} \tag{8-32}$$

式中符号意义同前。

至此，极限最大阻力 T 值可求得。得到 T 值后，代入式 (8-26) 可求得作用在 HG 面上的总垂直压力 $Q_浅$：

$$Q_浅 = W - 2T\sin\theta = W - \gamma h^2\lambda\tan\theta \tag{8-33}$$

由于 GC、HD 与 EG、EF 相比往往较小，而且衬砌与岩土体之间的摩擦角也不同，前面分析时均按 θ 计，当中间岩土块下滑时，由 FH 及 EG 面传递，考虑压力稍大时对结构也偏于安全，因此，摩阻力不计隧道部分而只计洞顶部分，即在计算中用埋深 H 代替 h，这样

式(8-33)可写为:

$$Q_浅 = W - \gamma H^2 \lambda \tan \theta \tag{8-34}$$

由于

$$W = B_t H \gamma \tag{8-35}$$

故

$$Q_浅 = B_t H \gamma - \gamma H^2 \lambda \tan \theta = \gamma H (B_t - H \lambda \tan \theta) \tag{8-36}$$

式中：B_t 为隧道宽度，m。

换算为作用在支护结构上的均布荷载，如图8-5所示，即

$$q_浅 = \frac{Q_浅}{B_t} = \gamma H \left(1 - \frac{H}{B_t} \lambda \tan \theta\right) \tag{8-37}$$

式中：$q_浅$ 为作用在支护结构上的均布荷载，kN/m^2；其他符号意义同前。

作用在支护结构两侧的水平侧压力为：

$$\begin{cases} e_1 = \gamma H \lambda \\ e_2 = \gamma h \lambda \end{cases} \tag{8-38}$$

式中符号意义同前。

侧压力视为均布压力时：

$$e = \frac{1}{2}(e_1 + e_2) \tag{8-39}$$

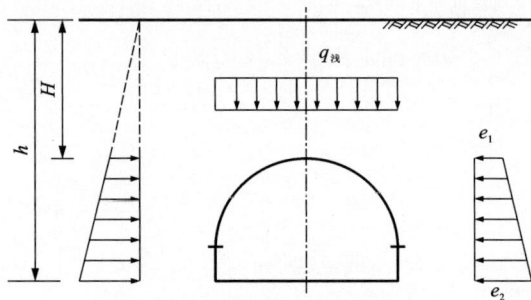

图8-5 均布荷载示意图

8.2 船顶隘隧道衬砌结构安全评价

8.2.1 隧道设计情况

A1 船顶隘隧道设计衬砌支护参数及衬砌分布情况如表8-7及表8-8所示。

表8-7 A1 船顶隘隧道设计衬砌支护参数表

围岩级别		衬砌类型	初期支护				二衬
			锚杆	喷射混凝土	钢筋网	钢拱架	拱圈
削竹式	明洞	FSM	—	—	—	—	60 cm 厚 C30 防水钢筋混凝土
普通段	III	FS3	注浆锚杆 $L=2.5$ m	10 cm C25 喷射混凝土	$\phi 8$ @ 20 cm×20 cm	—	35 cm 厚 C30 防水素混凝土
深埋段	IV	FS4b	注浆锚杆 $L=3.0$ m	21 cm C25 喷射混凝土	$\phi 6$ @ 20 cm×20 cm	I14 工字钢 纵距 1.0 m	40 cm 厚 C30 防水素混凝土
浅埋段	IV	FS4a	注浆锚杆 $L=3.0$ m	23 cm C25 喷射混凝土	$\phi 6$ @ 20 cm×20 cm	I16 工字钢 纵距 1.0 m	40 cm 厚 C30 防水素混凝土

续表8-7

围岩级别		衬砌类型	初期支护				二衬
			锚杆	喷射混凝土	钢筋网	钢拱架	拱圈
深埋段	V	FS5b	注浆锚杆 $L=3.5$ m	23 cm C25 喷射混凝土	$\phi6$ @ 20 cm×20 cm	I16 工字钢 纵距 0.75 m	45 cm 厚 C30 防水钢筋混凝土
浅埋段	V	FS5a	注浆锚杆 $L=3.5$ m	25 cm C25 喷射混凝土	$\phi6$ @ 20 cm×20 cm	I18 工字钢 纵距 0.75 m	45 cm 厚 C30 防水钢筋混凝土
紧急 停车带	Ⅲ	FSJ3	注浆锚杆 $L=3.0$ m	23 cm C25 喷射混凝土	$\phi8$ @ 20 cm×20 cm	I16 工字钢 纵距 1.0 m	45 cm 厚 C30 防水素混凝土

表 8-8　A1 船顶隘隧道衬砌具体分布情况表

隧道名称	衬砌类型及长度	分布里程桩号
A1 船顶隘 隧道左线 (1992 m)	FSM(15 m)	ZK1+977~ZK1+992
	FS5a(217 m)	ZK1+760~ZK1+977
	FS5b(154 m)	ZK0+570~ZK0+644；ZK0+950~ZK1+030
	FS4a(90 m)	ZK1+670~ZK1+760
	FS4b(406 m)	ZK0+090~ZK0+210；ZK0+390~ZK0+570； ZK0+644~ZK0+670；ZK0+910~ZK0+950； ZK1+030~ZK1+070
	FS3(979.5 m)	ZK0+050.5~ZK0+090；ZK0+210~ZK0+390； ZK0+670~ZK0+690.5；ZK0+730.5~ZK0+910； ZK1+070~ZK1+340.5；ZK1+380.5~ZK1+670
	FSJ3(130.5 m)	ZK0+000~ZK0+050.5；ZK0+690.5~ZK0+730.5； ZK1+340.5~ZK1+380.5
A1 船顶隘 隧道右线 (1982 m)	FSM(15 m)	YK1+967~YK1+982
	FS5a(205 m)	YK1+762~YK1+967
	FS5b(178 m)	YK0+542~YK0+630；YK0+950~YK1+040
	FS4a(92 m)	YK1+670~YK1+762
	FS4b(402 m)	YK0+090~YK0+210；YK0+390~YK0+542； YK0+630~YK0+680；YK0+910~YK0+950； YK1+040~YK1+080
	FS3(970 m)	YK0+040~YK0+090；YK0+210~YK0+390； YK0+720~YK0+910；YK1+080~YK0+330； YK1+370~YK1+670
	FSJ3(120 m)	YK0+000~YK0+040；YK0+680~YK0+720； YK0+330~YK0+370

8.2.2 隧道检测情况

1. 船顶隘隧道检测结果

2020 年 4 月 9 日，相关检测人员对船顶隘隧道运营期土建结构，即洞门、洞口、衬砌等进行了检查，具体结果如下。

洞口：左线、右线进出洞口山体未发现滑动、岩石崩塌等病害征兆；未发现边坡、碎落台、护坡道存在缺口、冲沟、潜流、涌水、沉陷、塌落等现象。

洞门：左线、右线进出洞门未发现有衬砌裂缝、衬砌脱落和渗漏水等问题。

衬砌：分别对隧道的衬砌裂缝、衬砌渗漏水等方面进行了检查，检查结果如下所示。

（1）衬砌裂缝

左线、右线衬砌裂缝病害情况统计如表 8-9、表 8-10 所示。

表 8-9　船顶隘隧道左线衬砌裂缝情况表

序号	设计(运营)桩号	病害部位	病害类型	病害描述
1	ZK1+835	右边墙	斜向裂缝	右边墙 1 处斜向裂缝，从拱脚向上延伸约 3 m，裂缝宽度约 0.2 mm
2	ZK1+783.4	右边墙	竖向裂缝	右边墙 1 处竖向裂缝，从拱脚向上延伸约 3 m，裂缝宽度约 0.1 mm
3	ZK1+688.5	右边墙	竖向裂缝	右边墙 1 处竖向裂缝，从拱脚向上延伸约 5 m，裂缝宽度约 0.2 mm

表 8-10　船顶隘隧道右线衬砌裂缝情况表

序号	设计(运营)桩号	病害部位	病害类型	病害描述
1	YK0+295	右边墙	竖向裂缝	右边墙 1 处竖向裂缝，从拱脚向上延伸约 4 m，裂缝宽度约为 0.4 mm，无渗水痕迹
2	YK0+330	左边墙	竖向裂缝	左边墙 1 处竖向裂缝，从拱脚向上延伸 3 m，裂缝宽度约为 0.6 mm，无渗水痕迹
3	YK0+422	左边墙	竖向裂缝	左边墙 1 处竖向裂缝，从拱脚向上延伸约 3 m，裂缝宽度约为 0.2 mm，无渗水痕迹
4	YK1+645	左边墙	竖向裂缝	左边墙 1 处竖向裂缝，从拱脚向上延伸约 4 m，裂缝宽约 0.4 mm
5	YK1+669	右边墙	竖向裂缝	右边墙 1 处竖向裂缝，从拱脚向上延伸约 3 m，裂缝宽约 0.2 mm
6	YK1+930	左边墙	竖向裂缝	左边墙 1 处竖向裂缝，从拱脚向上延伸 4 m
7	YK1+940	左边墙	竖向裂缝	左边墙 1 处竖向裂缝，从拱脚向上延伸约 4 m，宽约 0.2 mm

续表8-10

序号	设计(运营)桩号	病害部位	病害类型	病害描述
8	YK1+950	左边墙	竖向裂缝	左边墙1处竖向裂缝,从拱脚向上延伸约4 m,宽约0.2 mm,无渗水痕迹
9	YK1+965	左边墙	斜向裂缝	左边墙1处斜向裂缝,从拱脚向上延伸约5 m,宽约0.2 mm,无渗水痕迹
10	YK1+974	右边墙	竖向裂缝	右边墙1处竖向裂缝,从拱脚向上延伸约3 m,宽约0.2 mm,无渗水痕迹
11	YK1+977	左边墙	斜向裂缝	左边墙1处斜向裂缝,从拱脚斜向上延伸约3 m,宽约0.5 mm,无渗水痕迹

(2)衬砌渗漏水

左线、右线衬砌渗漏水病害情况统计如表8-11、表8-12所示。

表8-11　船顶隘隧道左线衬砌渗漏水情况表

序号	设计(运营)桩号	病害部位	病害类型	病害描述
1	ZK1+990	左边墙	点渗水	出口段地面渗水积水,左边墙渗水
2	ZK1+720	右边墙	点渗水	预埋件处点状渗水,有白色矿物析出
3	ZK1+640~650	左边墙	点渗水	左边墙3处渗水,有白色矿物析出
4	ZK1+607	左边墙	点渗水	左边墙1处渗水,有白色矿物析出
5	ZK1+257~244	右边墙	点渗水、积水	右边墙5处渗水,下部有积水,渗水情况较严重
6	ZK1+233.6	右边墙	点渗水、积水	右边墙1处渗水,下部有积水
7	ZK1+221.5	右边墙	点渗水	右边墙1处渗水
8	ZK1+171.7	左边墙	点渗水	左边墙1处渗水,有白色矿物析出,距拱脚高度约为1.8 m
9	ZK1+165	左边墙	点渗水	左边墙灭火器箱下部渗水,有白色矿物析出
10	ZK1+078	左边墙	点渗水	左边墙1处渗水
11	ZK1+071	左边墙	点渗水	左边墙灭火器箱下部有轻微渗水
12	ZK0+613	左边墙	点渗水	左边墙1处渗水,有白色矿物析出
13	ZK0+610	左边墙	点渗水	左边墙灭火器箱下部有渗水痕迹,有白色矿物析出

表8-12　船顶隘隧道右线衬砌渗漏水情况表

序号	设计(运营)桩号	病害部位	病害类型	病害描述
1	YK0+070	左边墙	线渗水	左边墙1处施工缝处渗水,有白色矿物析出
2	YK0+650~655	右边墙	点渗水	右边墙1处下部渗水,有白色矿物析出,无可见水

续表8-12

序号	设计(运营)桩号	病害部位	病害类型	病害描述
3	YK0+672	右边墙	点渗水	右边墙1处灭火器箱下部渗水,有白色矿物析出,无可见水
4	YK0+842~845	右边墙	点渗水	桩号范围内右边墙下底部3处渗水,有白色矿物析出,无可见水
5	YK1+040.7	左边墙	点渗水	人行横通道边墙渗水,有积水,有白色矿物析出
6	YK1+045	左边墙	点渗水	左边墙配电箱下部有渗水痕迹,有白色矿物析出,无可见水
7	YK1+080	右边墙	点渗水	右边墙1处渗水,边墙下部有积水
8	YK1+645	左边墙	点渗水	左边墙1处渗水痕迹,有白色矿物析出,无可见水
9	YK1+815	左边墙	点渗水	左边墙1处点状渗水,距拱脚高度约60 cm,有白色矿物析出
10	YK1+820	右边墙	点渗水	右边墙1处点状渗水,距拱脚高度约100 cm,有白色矿物析出
11	YK1+836~830	右边墙	点渗水	右边墙3处点状渗水,有白色矿物析出
12	YK1+930	左边墙	点渗水	左边墙距拱脚高度1.4 m处有渗水痕迹,有少量白色矿物析出
13	YK1+940	左边墙	点渗水	左边墙距拱脚高度20 cm处有渗水痕迹,有少量白色矿物析出

(3)路面

左线、右线路面病害情况统计如表8-13、表8-14所示。

表8-13　船顶隘隧道左线路面病害情况表

序号	设计(运营)桩号	病害部位	病害描述
1	ZK1+420	左侧	左侧路面有坑洞,坑洞面积约0.01 m²,坑洞深度约10 cm
2	ZK1+080	路面	路面地表渗水、积水,病害范围长约4 m、宽约2 m

表8-14　船顶隘隧道右线路面病害情况表

序号	设计(运营)桩号	病害部位	病害描述
1	YK0+630	路面	路面有渗水痕迹,有白色矿物析出,无可见水
2	YK1+030	右侧	路面右侧凹陷,有渗水痕迹,病害范围宽约10 m、长约3 m
3	YK1+080	路面	路面出现隆起,有积水

（4）检修道

左线、右线检修道病害情况统计如表 8-15、表 8-16 所示。

表 8-15　船顶隘隧道左线检修道病害情况表

序号	设计（运营）桩号	病害部位	病害描述
1	ZK0+710	左侧	检修道盖板未盖
2	ZK0+695	左侧	检修道盖板未盖
3	ZK0+690	左侧	检修道盖板未盖
4	ZK0+190	左侧	检修道盖板破损

表 8-16　船顶隘隧道右线检修道病害情况表

序号	设计（运营）桩号	病害部位	病害描述
1	YK1+040.7	左侧	人行横通道盖板缺失
2	YK1+250	左侧	检修道盖板破损

（5）排水系统

左线、右线排水系统未见明显病害现象。

（6）吊顶及各种预埋件

隧道吊顶及各种预埋件未见明显病害现象。

（7）内装饰

左线、右线内装饰病害情况统计如表 8-17、表 8-18 所示。

表 8-17　船顶隘隧道左线内装饰病害情况表

序号	设计（运营）桩号	病害部位	病害类型	病害描述
1	ZK1+980	右边墙	涂料脱落	右边墙 1 处涂料脱落，面积约为 0.3 m²
2	ZK1+980~930	左、右边墙	涂料脱落	左、右边墙涂料大面积脱落
3	ZK1+210~184	右边墙	涂料脱落	桩号范围内右边墙涂料大面积脱落
4	ZK1+184~150	左、右边墙	涂料脱落	桩号范围内两侧边墙涂料大面积脱落
5	ZK1+140~120	右边墙	涂料脱落	桩号范围内，右边墙涂料大面积脱落
6	ZK0+965~945	右边墙	涂料脱落	桩号范围内右边墙上涂料大面积脱落
7	ZK0+880~825	右边墙	涂料脱落	桩号范围内右边墙上涂料大面积脱落
8	ZK0+710~720	右边墙	涂料脱落	桩号范围内右边墙上涂料大面积脱落
9	ZK0+665~655	右边墙	涂料脱落	桩号范围内右边墙上涂料大面积脱落
10	ZK0+545~535	右边墙	涂料脱落	桩号范围内右边墙上涂料大面积脱落
11	ZK0+350~310	左边墙	涂料脱落	桩号范围内左边墙上涂料大面积脱落
12	ZK0+303~293	左边墙	涂料脱落	桩号范围内左边墙上涂料大面积脱落

表 8-18 船顶嵅隧道右线内装饰病害情况表

序号	设计(运营)桩号	病害部位	病害类型	病害描述
1	YK0+240	右边墙	涂料脱落	右边墙1处涂料轻微脱落, 面积约为0.1 m²
2	YK0+600~610	左边墙	涂料脱落	桩号范围内左边墙上涂料脱落
3	YK0+658	左边墙	涂料脱落	左边墙1处涂料轻微脱落, 面积约为0.1 m²
4	YK1+415	右边墙	涂料脱落	原裂缝已修补, 右边墙涂料脱落
5	YK1+450	右边墙	涂料脱落	原裂缝已修补, 右边墙涂料脱落
6	YK1+495~505	右边墙	涂料脱落	右边墙涂料脱落, 面积约为0.2 m²
7	YK1+522~530	左边墙	涂料未修补完好	左边墙涂料修补后仍有部分脱落
8	YK1+550	左边墙	涂料未修补完好	左边墙涂料修补后仍有部分脱落
9	YK1+590~620	右边墙	涂料未修补完好	右边墙涂料修补后仍有部分脱落

(8)标志、标线、轮廓标

标志、标线、轮廓标未见明显病害现象。

2. 检测结果分析

(1)检测结果汇总

船顶嵅隧道左线、右线各段病害的分布情况如表 8-19~表 8-22 所示。

表 8-19 船顶嵅隧道左线检测结果一览表 1

序号	设计(运营)桩号	衬砌类型	裂缝	渗漏水	路面	检修道
1	ZK1+992~ZK1+977	FSM	—	1处点渗水	—	—
2	ZK1+977~ZK1+760	FS5a	1处斜向裂缝、1处竖向裂缝	—	—	—
3	ZK1+760~ZK1+670	FS4a	1处竖向裂缝	1处点渗水	—	—
4	ZK1+670~ZK1+380.5	FS3	—	4处点渗水	1处路面坑洞	—
5	ZK1+380.5~ZK1+340.5	FSJ3	—	—	—	—
6	ZK1+340.5~ZK1+070	FS3	—	11处点渗水	1处路面积水	—
7	ZK1+070~ZK1+030	FS4b	—	—	—	—
8	ZK1+030~ZK0+950	FS5b	—	—	—	—
9	ZK0+950~ZK0+910	FS4b	—	—	—	—
10	ZK0+910~ZK0+730.5	FS3	—	—	—	—
11	ZK0+730.5~ZK0+690.5	FSJ3	—	—	—	2处检修道盖板未盖

续表8-19

序号	设计(运营)桩号	衬砌类型	裂缝	渗漏水	路面	检修道
12	ZK0+690.5~ZK0+670	FS3	—	—	—	1处检修道盖板未盖
13	ZK0+670~ZK0+644	FS4b	—	—	—	—
14	ZK0+644~ZK0+570	FS5b	—	2处点渗水	1处路面坑洞	—
15	ZK0+570~ZK0+390	FS4b	—	—	—	—
16	ZK0+390~ZK0+210	FS3	—	—	—	—
17	ZK0+210~ZK0+090	FS4b	—	—	—	1处检修道盖板破损
18	ZK0+090~ZK0+050.5	FS3	—	—	—	—
19	ZK0+050.5~ZK0+000	FSJ3	—	—	—	—

表 8-20　船顶隘隧道左线检测结果一览表 2

序号	设计(运营)桩号	衬砌类型	排水系统	吊顶及各种预埋件	内装饰	标志、标线、轮廓标
1	ZK1+992~ZK1+977	FSM	—	—	2处涂料脱落	—
2	ZK1+977~ZK1+760	FS5a	—	—	1处涂料脱落	—
3	ZK1+760~ZK1+670	FS4a	—	—	—	—
4	ZK1+670~ZK1+380.5	FS3	—	—	—	—
5	ZK1+380.5~ZK1+340.5	FSJ3	—	—	—	—
6	ZK1+340.5~ZK1+070	FS3	—	—	3处涂料脱落	—
7	ZK1+070~ZK1+030	FS4b	—	—	—	—
8	ZK1+030~ZK0+950	FS5b	—	—	1处涂料脱落	—
9	ZK0+950~ZK0+910	FS4b	—	—	2处涂料脱落	—
10	ZK0+910~ZK0+730.5	FS3	—	—	1处涂料脱落	—
11	ZK0+730.5~ZK0+690.5	FSJ3	—	—	1处涂料脱落	—
12	ZK0+690.5~ZK0+670	FS3	—	—	—	—
13	ZK0+670~ZK0+644	FS4b	—	—	1处涂料脱落	—
14	ZK0+644~ZK0+570	FS5b	—	—	—	—
15	ZK0+570~ZK0+390	FS4b	—	—	1处涂料脱落	—
16	ZK0+390~ZK0+210	FS3	—	—	2处涂料脱落	—
17	ZK0+210~ZK0+090	FS4b	—	—	—	—
18	ZK0+090~ZK0+050.5	FS3	—	—	—	—
19	ZK0+050.5~ZK0+000	FSJ3	—	—	—	—

表 8-21　船顶隘隧道右线检测结果一览表 1

序号	设计(运营)桩号	衬砌类型	裂缝	渗漏水	路面	检修道
1	YK1+982~YK1+967	FSM	1处竖向裂缝、1处斜向裂缝	—	—	—
2	YK1+967~YK1+762	FS5a	3处竖向裂缝、1处斜向裂缝	7处点渗水	—	—
3	YK1+762~YK1+670	FS4a	1处竖向裂缝	—	—	—
4	YK1+670~YK1+370	FS3	1处竖向裂缝、2处裂缝已修	1处点渗水	—	—
5	YK1+370~YK1+330	FSJ3				
6	YK1+330~YK1+080	FS3				1处检修道盖板破损
7	YK1+080~YK1+040	FS4b	—	3处点渗水	1处隆起积水	1处人行通道盖板缺失
8	YK1+040~YK0+950	FS5b	—	—	1处凹陷	
9	YK0+950~YK0+910	FS4b		—		
10	YK0+910~YK0+720	FS3		3处点渗水		
11	YK0+720~YK0+680	FSJ3				
12	YK0+680~YK0+630	FS4b		2处点渗水		
13	YK0+630~YK0+542	FS5b		1处渗水		
14	YK0+542~YK0+390	FS4b	1处竖向裂缝			
15	YK0+390~YK0+210	FS3	2处竖向裂缝			
16	YK0+210~YK0+090	FS4b				
17	YK0+090~YK0+040	FS3	—	1处线渗水		
18	YK0+040~YK0+000	FSJ3				

表 8-22　船顶隘隧道右线检测结果一览表 2

序号	设计(运营)桩号	衬砌类型	排水系统	吊顶及各种预埋件	内装饰	标志、标线、轮廓标
1	YK1+982~YK1+967	FSM	—	—	—	—
2	YK1+967~YK1+762	FS5a	—	—	—	—
3	YK1+762~YK1+670	FS4a	—	—	脱落涂料已修补	—
4	YK1+670~YK1+370	FS3	—	—	3处涂料脱落、3处涂料修补后仍部分脱落	—
5	YK1+370~YK1+330	FSJ3	—	—	—	—

续表8-22

序号	设计(运营)桩号	衬砌类型	排水系统	吊顶及各种预埋件	内装饰	标志、标线、轮廓标
6	YK1+330～YK1+080	FS3	—	—	—	1处反光标缺失
7	YK1+080～YK1+040	FS4b	—	—	—	—
8	YK1+040～YK0+950	FS5b	—	—	—	—
9	YK0+950～YK0+910	FS4b	—	—	—	—
10	YK0+910～YK0+720	FS3	—	—	—	—
11	YK0+720～YK0+680	FSJ3	—	—	—	—
12	YK0+680～YK0+630	FS4b	—	—	1处涂料轻微脱落	—
13	YK0+630～YK0+542	FS5b	—	—	1处涂料脱落	—
14	YK0+542～YK0+390	FS4b	—	—	—	—
15	YK0+390～YK0+210	FS3	—	—	1处涂料脱落	—
16	YK0+210～YK0+090	FS4b	—	—	—	—
17	YK0+090～YK0+040	FS3	—	—	—	—
18	YK0+040～YK0+000	FSJ3	—	—	—	—

　　由表 8-19～表 8-22 可知，船顶隘隧道的病害情况为：共发现裂缝 14 处，其中斜向裂缝 3 处、竖向裂缝 11 处，共发现衬砌表面隆起 1 处；共发现 36 处渗水，其中点渗水 35 处、线渗水 1 处；共发现路面坑洞 1 处，路面积水 1 处，路面隆起、积水 1 处，路面凹陷 1 处，路面渗水 1 处；共发现涂料脱落 23 处；共发现反光标缺失 1 处；共发现检修道破损 2 处；共发现人行通道盖板缺失 1 处；共发现 3 处检修道盖板未盖。

　　(2)病害原因分析

　　衬砌开裂：本次检查发现，该隧道存在 14 处裂缝，衬砌开裂多为混凝土水化热及干缩或养护不当等原因造成。

　　衬砌渗漏：本次检查发现，该隧道存在 36 处渗水，其中点渗水 35 处、线渗水 1 处。

　　衬砌线状、点状渗：混凝土的施工质量较差，存在缺陷；渗水处或附近的防水板受到破坏。

　　其他：施工质量不符合要求，人为破坏，等等。

3. 评定结果

　　船顶隘隧道左线、右线土建结构技术状况的评定结果如表 8-23、表 8-24 所示。

表 8-23　船顶隘隧道左线土建结构技术状况评定表

洞门、洞口技术状况评定		检测项目	位置	状况值	权重	检测项目	位置	状况值	权重
		洞口	进口	0	15	洞门	进口	0	5
			出口				出口		

序号	设计(运营)桩号	衬砌形式	状况值							
			衬砌破损	渗漏水	路面	检修道	排水设施	吊顶	内装饰	标志标线
1	ZK1+992~ZK1+977	FSM	1	0	0	0	0	1	0
2	ZK1+977~ZK1+760	FS5a	1	0	0	0	0	1	0
3	ZK1+760~ZK1+670	FS4a	1	0	0	0	0	0	0
4	ZK1+670~ZK1+380.5	FS3	1	2	0	0	0	0	0
5	ZK1+380.5~ZK1+340.5	FSJ3	0	0	0	0	0	0	0
6	ZK1+340.5~ZK1+070	FS3	1	2	0	0	0	2	0
7	ZK1+070~ZK1+030	FS4b	0	0	0	0	0	0	0
8	ZK1+030~ZK0+950	FS5b	0	0	0	0	0	1	0
9	ZK0+950~ZK0+910	FS4b	0	0	0	0	0	2	0
10	ZK0+910~ZK0+730.5	FS3	0	0	0	0	0	1	0
11	ZK0+730.5~ZK0+690.5	FSJ3	0	0	1	0	0	1	0
12	ZK0+690.5~ZK0+670	FS3	0	0	1	0	0	0	0
13	ZK0+670~ZK0+644	FS4b	0	0	0	0	0	1	0
14	ZK0+644~ZK0+570	FS5b	1	2	0	0	0	0	0
15	ZK0+570~ZK0+390	FS4b	0	0	0	0	0	1	0
16	ZK0+390~ZK0+210	FS3	0	0	0	0	0	2	0
17	ZK0+210~ZK0+090	FS4b	0	0	1	0	0	0	0
18	ZK0+090~ZK0+050.5	FS3	0	0	0	0	0	0	0
19	ZK0+050.5~ZK0+000	FSJ3	0	0	0	0	0	0	0
$\max(JGCI_{ij})$			1	2	1	0	0	2	0
权重 w_i			40	15	2	6	10	2	5

$$JGCI = 100\left[1 - \frac{1}{4}\sum_{i=1}^{n}\left(JGCI_i \times \frac{\omega_i}{\sum_{i=1}^{n}\omega_i}\right)\right] \qquad 81 \qquad 土建结构评定类别 \qquad 2$$

表 8-24　船顶隘隧道右线土建结构技术状况评定表

洞门、洞口技术状况评定			检测项目	位置	状况值	权重	检测项目	位置	状况值	权重
			洞口	进口	0	15	洞门	进口	0	5
				出口				出口		

序号	设计(运营)桩号	衬砌形式	状况值							
			衬砌破损	渗漏水	路面	检修道	排水设施	吊顶	内装饰	标志标线
1	YK1+982~YK1+967	FSM	1	0	0	0	0	0	0	0
2	YK1+967~YK1+762	FS5a	1	0	0	0	0	0	0	0
3	YK1+762~YK1+670	FS4a	1	0	0	0	0	0	0	0
4	YK1+670~YK1+370	FS3	1	0	0	0	0	0	2	0
5	YK1+370~YK1+330	FSJ3	0	0	0	0	0	0	0	0
6	YK1+330~YK1+080	FS3	0	0	0	1	0	0	0	1
7	YK1+080~YK1+040	FS4b	1	2	1	0	0	0	0	0
8	YK1+040~YK0+950	FS5b	0	0	0	0	0	0	0	0
9	YK0+950~YK0+910	FS4b	0	0	0	0	0	0	0	0
10	YK0+910~YK0+720	FS3	1	0	0	0	0	0	0	0
11	YK0+720~YK0+680	FSJ3	0	0	0	0	0	0	0	0
12	YK0+680~YK0+630	FS4b	1	0	0	0	0	0	1	0
13	YK0+630~YK0+542	FS5b	0	1	0	0	0	0	1	0
14	YK0+542~YK0+390	FS4b	1	0	0	0	0	0	0	0
15	YK0+390~YK0+210	FS3	1	0	0	0	0	0	1	0
16	YK0+210~YK0+090	FS4b	0	0	0	0	0	0	0	0
17	YK0+090~YK0+040	FS3	1	0	0	0	0	0	0	0
18	YK0+040~YK0+000	FSJ3	0	0	0	0	0	0	0	0
max($JGCI_{ij}$)			1	2	1	0	0	2	1	
权重 w_i			40	15	2	6	10	2	5	
$JGCI = 100\left[1 - \dfrac{1}{4}\sum\limits_{i=1}^{n}\left(JGCI_i \times \dfrac{\omega_i}{\sum\limits_{i=1}^{n}\omega_i}\right)\right]$			79.75				土建结构评定类别			2

船顶隘隧道左线土建结构的定期检查技术状况评定类别为 2 类，船顶隘隧道右线土建结构的定期检查技术状况评定类别为 2 类，即隧道土建结构存在轻微破损，现阶段趋于稳定，对交通安全不会有影响，应对结构破损部位进行监测或检查，必要时实施保养维修。

依据船顶隘隧道定检结果对其土建结构进行专项检测,结果如下:A1 船顶隘隧道左线 ZK1+760~ZK1+985 段二衬钢筋数实测值为 1122 根(设计 1125 根);A1 船顶隘隧道左线 ZK0+815 断面左拱腰二衬厚度实测值为 24.7 cm(设计 35.0 cm)、ZK1+135 断面拱顶二衬厚度实测值为 20.0 cm(设计 35.0 cm)、ZK1+730 断面拱顶二衬厚度实测值为 25.2 cm(设计 40.0 cm),此 3 个断面均存在二衬厚度不足现象;A1 船顶隘隧道右线 YK1+090 断面左拱腰二衬厚度实测值为 23.6 cm(设计 35.0 cm)、YK1+160 断面右拱腰二衬厚度实测值为 23.9 cm(设计 35.0 cm)、YK1+175 断面拱顶二衬厚度实测值为 25.2 cm(设计 35.0 cm)、YK1+190 断面拱顶二衬厚度实测值为 20.4 cm(设计 35.0 cm),这 4 个断面均存在二衬厚度不足现象。

8.2.3 计算断面选取

根据江西省船广高速公路工程项目合同段交工验收工程质量检测意见及第三方检测资料,隧道左线 ZK1+760~ZK1+985 区段二衬结构存在二衬钢筋实测数不符合设计要求(配筋量不足)的问题,隧道左线 ZK0+815 断面、左线 ZK1+135 断面、左线 ZK1+730 断面、右线 YK1+090 断面、右线 YK1+160 断面、右线 YK1+175 断面和右线 YK1+190 断面存在二衬实测厚度不符合要求的问题。

具体计算断面如下:

①隧道左线 ZK1+760~ZK1+985 段长 25 m,Ⅴ级围岩,FS5a 型衬砌形式。钢筋实测 1122 根,与设计要求 1125 根钢筋存在差异。钢筋间距设计值为 20 cm,实测值为 20 cm,钢筋间距的检测结果与设计值一致。该区段为浅埋区段,埋深为 0.887~47.8 m,计算断面选取 ZK1+960,埋深为 15.76 m。

②隧道左线 ZK0+815 断面左拱腰处,Ⅲ级围岩,FS3 衬砌形式。二衬实测厚度为 24.7 cm,比设计要求厚度 35 cm 少 29.43%。该断面为深埋区段,埋深为 212.30 m。

③隧道左线 ZK1+135 断面拱顶处,Ⅲ级围岩,FS3 衬砌形式。二衬实测厚度为 20.0 cm,比设计要求厚度 35 cm 少 42.86%。该断面为深埋区段,埋深为 156.31 m。

④隧道左线 ZK1+730 断面拱顶处,Ⅳ级围岩,FS4a 衬砌形式。二衬实测厚度为 25.2 cm,比设计要求厚度 40 cm 少 37.00%。该断面为深埋区段,埋深为 58.23 m。

⑤隧道右线 YK1+090 断面左拱腰处,Ⅲ级围岩,FS3 衬砌形式。二衬实测厚度为 23.6 cm,比设计要求厚度 35 cm 少 32.57%。该断面为深埋区段,埋深为 163.24 m。

⑥隧道右线 YK1+160 断面右拱腰处,Ⅲ级围岩,FS3 衬砌形式。二衬实测厚度为 23.9 cm,比设计要求厚度 35 cm 少 31.71%。该断面为深埋区段,埋深为 165.81 m。

⑦隧道右线 YK1+175 断面拱顶处,Ⅲ级围岩,FS3 衬砌形式。二衬实测厚度为 25.2 cm,比设计要求厚度 35 cm 少 28.00%。该断面为深埋区段,埋深为 170.31 m。

⑧隧道右线 YK1+190 断面拱顶处,Ⅲ级围岩,FS3 衬砌形式。二衬实测厚度为 20.4 cm,比设计要求厚度 35 cm 少 41.71%。该断面为深埋区段,埋深为 180.45 m。

8.2.4 计算参数

计算参数的选取参考 A1 船顶隘隧道设计资料图纸和《公路隧道设计规范 第一册 土建工程》(JTG 3370.1—2018)中建议的取值范围进行取值。

1.断面参数

断面详细参数见设计图纸。

2.断面计算参数

FS3 型衬砌形式：左线 ZK0+815、ZK1+135；右线 YK1+090、YK1+160、YK1+175、YK1+190 断面。

FS4a 型衬砌形式：左线 ZK1+730 断面。

FS5a 型衬砌形式：左线 ZK1+960 断面。

详细参数如表 8-25～表 8-27 所示。

表 8-25　船顶隘隧道断面衬砌材料参数

衬砌形式	二衬类型	弹性模量 E/GPa	重度 Γ/(kN·m^{-3})	面积 A/m^2	转动惯量 I_z/m^4
FS3 型	模筑混凝土	30.0	23.0	0.35	0.00357292
FS4a 型				0.40	0.00533333
FS5a 型	模筑钢筋混凝土	31.29	25.0	0.45	0.00759375

注：FS5a 型衬砌 HRB400 钢筋设计间距为 20 cm，直径为 18 mm，配筋面积为 2543.4 mm^2，配筋率为 0.57%。

表 8-26　船顶隘隧道围岩基本信息参数

围岩级别	重度(容重)Γ/(kN·m^{-3})	泊松比 μ	计算摩擦角/(°)	弹性抗力系数 K/(MPa·m^{-1})
Ⅲ	24.5～26.5	0.25～0.3	60～70	500～1200
Ⅳ	22.5～24.5	0.3～0.35	50～60	200～500
Ⅴ	17.0～22.5	0.35～0.45	40～50	100～200

表 8-27　船顶隘隧道二衬缺陷处材料参数

断面	衬砌缺陷及部位		弹性模量 E/GPa	重度 Γ/(kN·m^{-3})	面积 A/m^2	转动惯量 I_z/m^4
ZK1+960	钢筋实测数偏差		31.21	25.0	0.450	0.00759375
ZK0+815	厚度不足	左拱腰	30.0	23.0	0.247	0.00125577
ZK1+135	厚度不足	拱顶	30.0	23.0	0.200	0.00066667
ZK1+730	厚度不足	拱顶	30.0	23.0	0.252	0.00133358
YK1+090	厚度不足	左拱腰	30.0	23.0	0.236	0.00109535
YK1+160	厚度不足	右拱腰	30.0	23.0	0.239	0.00113766
YK1+175	厚度不足	拱顶	30.0	23.0	0.252	0.00133358
YK1+190	厚度不足	拱顶	30.0	23.0	0.204	0.00070747

3. 荷载

计算参数如表 8-28 所示。

表 8-28　船顶隘隧道计算参数表

围岩级别	θ/φ (计算 θ 时的系数)	侧压力系数
Ⅲ	0.9	0.150
Ⅳ	0.8	0.225
Ⅴ	0.6	0.400

围岩压力如表 8-29 所示。

表 8-29　船顶隘隧道围岩压力表　　　　　　　　　单位：kN/m²

围岩级别及衬砌形式	顶部垂直均布压力	水平侧压力			
		左上	右上	左下	右下
Ⅲ级、FS3	77.85	11.68	−11.68	11.68	−11.68
Ⅴ级、FS4a	136.32	30.67	−30.67	30.67	−30.67
Ⅴ级、FS5a	255.22	102.09	−102.09	102.09	−102.09

8.2.5　根据二衬检测情况的隧道安全性评价

结合《公路隧道设计细则》(JTG/T D70—2010) 中的规定以及船顶隘隧道的具体情况，取Ⅲ级围岩二衬承担 20% 的荷载，Ⅳ级围岩二衬承担 30% 的荷载，Ⅴ级围岩二衬承担 50% 的荷载进行验算。

1. 左线 ZK1+960 断面二衬安全性评价分析

（1）根据设计参数的计算结果

隧道左线 ZK1+760~ZK1+985 段长 25 m，Ⅴ级围岩，FS5a 型衬砌形式，该区段为浅埋区段，埋深为 0.887~47.8 m。根据设计参数，左线 ZK1+960 断面所得结果如图 8-6 及表 8-30 所示。

表 8-30　左线 ZK1+960 断面根据设计参数计算二衬内力值及最小安全系数

FS5a 型衬砌形式	位置	弯矩值 $M/(\mathrm{kN \cdot m^{-1}})$	轴力值 N/kN	安全系数	规范要求安全系数
	拱顶部位	110.82	1126.86	6.05	2.4

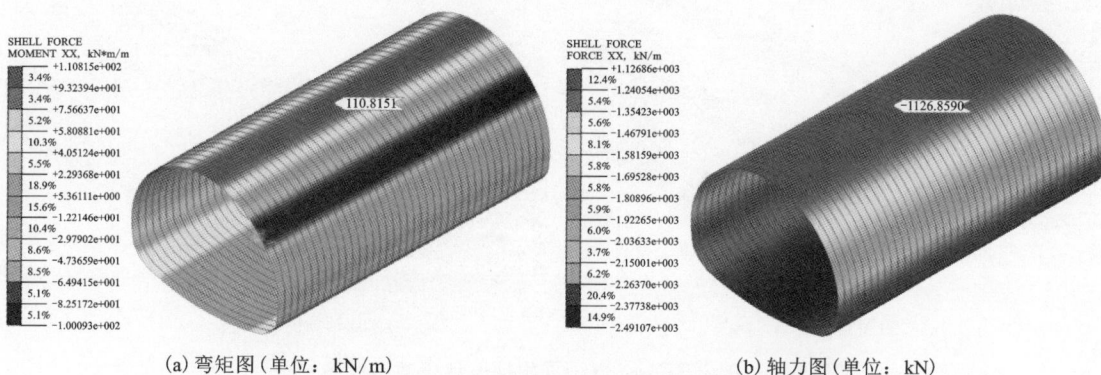

(a) 弯矩图(单位：kN/m)　　　　　　　　　　(b) 轴力图(单位：kN)

图 8-6　左线 ZK1+960 断面根据设计参数的计算结果

（2）ZK1+960 断面二衬实测安全性评价

左线 ZK1+760~985 段长 25 m，钢筋实测 1122 根，与设计要求 1125 根存在差异，钢筋间距设计值为 20 cm，实测值为 20 cm，钢筋间距的检测结果与设计值一致，二衬存在钢筋量不足的情况，在此情况下左线 ZK1+960 断面计算结果如图 8-7 及表 8-31 所示。

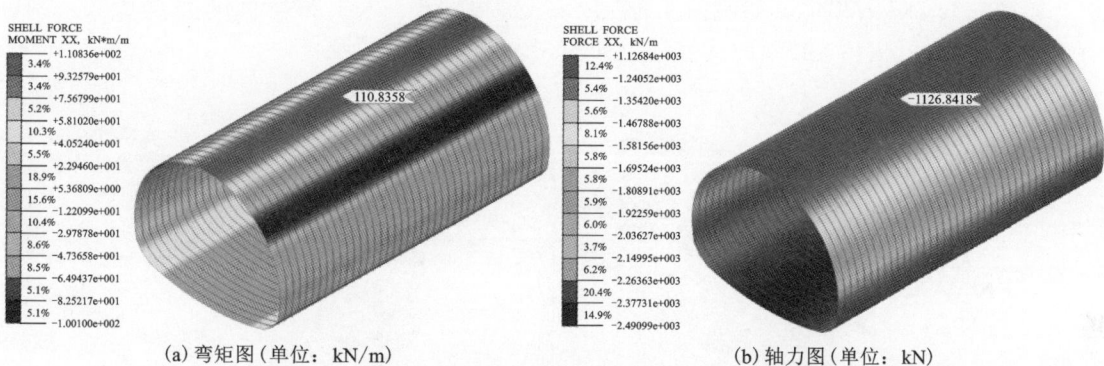

(a) 弯矩图(单位：kN/m)　　　　　　　　　　(b) 轴力图(单位：kN)

图 8-7　左线 ZK1+960 断面根据检测情况的计算结果

表 8-31　左线 ZK1+960 断面根据检测结果计算二衬内力值及最小安全系数

左线 ZK1+	位置	弯矩值 $M/(\text{kN}\cdot\text{m}^{-1})$	轴力值 N/kN	安全系数	规范要求安全系数
960 断面	拱顶部位	110.84	1126.84	5.93	2.4

2. 左线 ZK1+730 断面计算参数二衬安全性评价分析

（1）根据设计参数的计算结果

左线 ZK1+730 断面设计情况为 Ⅳ 级围岩、FS4a 型衬砌形式。该断面隧道埋深为 58.23 m，为深埋区段。根据设计参数，左线 ZK1+730 断面所得结果如图 8-8 及表 8-32 所示。

(a) 弯矩图(单位：kN/m)

(b) 轴力图(单位：kN)

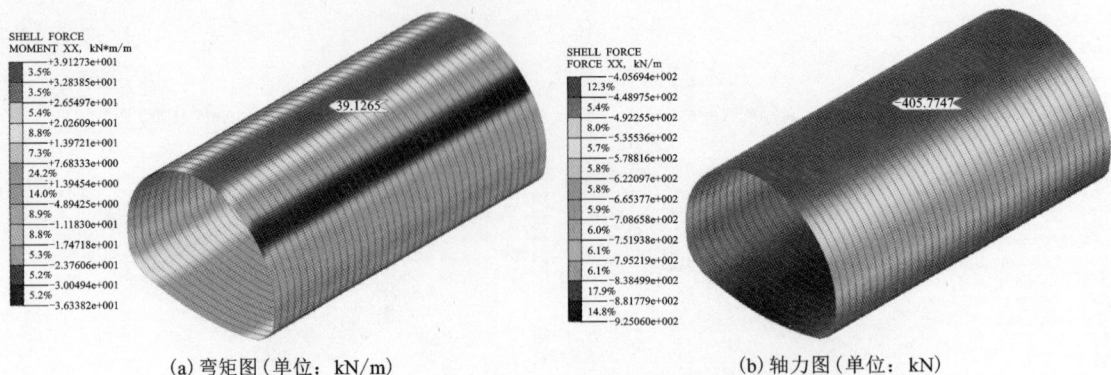

图 8-8　左线 ZK1+730 断面根据设计参数的计算结果

表 8-32　左线 ZK1+730 断面根据设计参数计算二衬内力值及安全系数

FS4a 型 衬砌形式	位置	弯矩值 $M/(kN \cdot m^{-1})$	轴力值 N/kN	安全系数	规范要求安全系数
	拱顶部位	39.13	405.77	8.02	3.6

（2）ZK1+730 断面二衬实测安全性评价

隧道左线 ZK1+730 断面检测情况为拱顶位置厚度偏小(拱顶二衬实测厚度为 25.2 cm)，在此情况下左线 ZK1+730 断面计算结果如图 8-9 及表 8-33 所示。

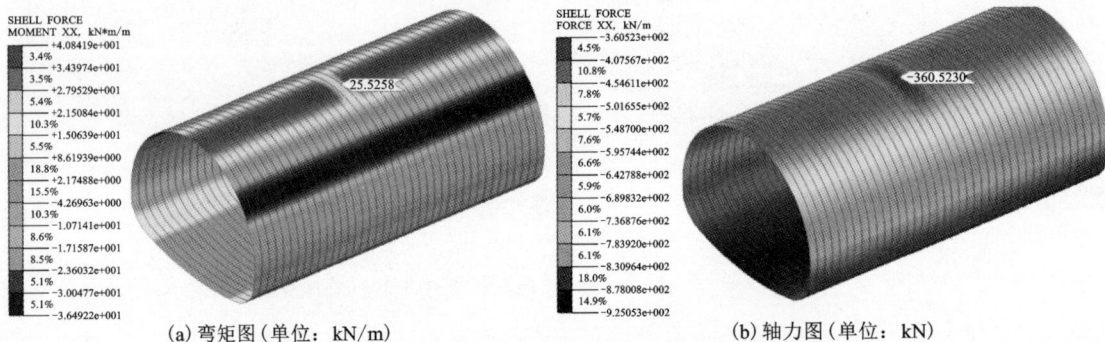

(a) 弯矩图(单位：kN/m)

(b) 轴力图(单位：kN)

图 8-9　左线 ZK1+730 断面根据检测情况的计算结果

表 8-33　左线 ZK1+730 断面根据检测结果计算二衬内力值及最小安全系数

左线 ZK1+ 730 断面	位置	弯矩值 $M/(kN \cdot m^{-1})$	轴力值 N/kN	安全系数	规范要求安全系数
	拱顶部位	25.53	360.52	3.73	3.6

3. FS3 型衬砌形式二衬安全性评价分析

（1）根据设计参数的计算结果

左线 ZK0+815 断面、ZK1+135 断面，右线 YK1+090 断面、YK1+160 断面、YK1+

175 断面、YK1+190 断面这 6 个断面设计情况为Ⅲ级围岩、FS3 型衬砌形式。其隧道埋深分别为 212.30 m、156.31 m、163.24 m、165.81 m、170.31 m、180.45 m，根据设计参数计算所得结果如图 8-10 及表 8-34 所示。

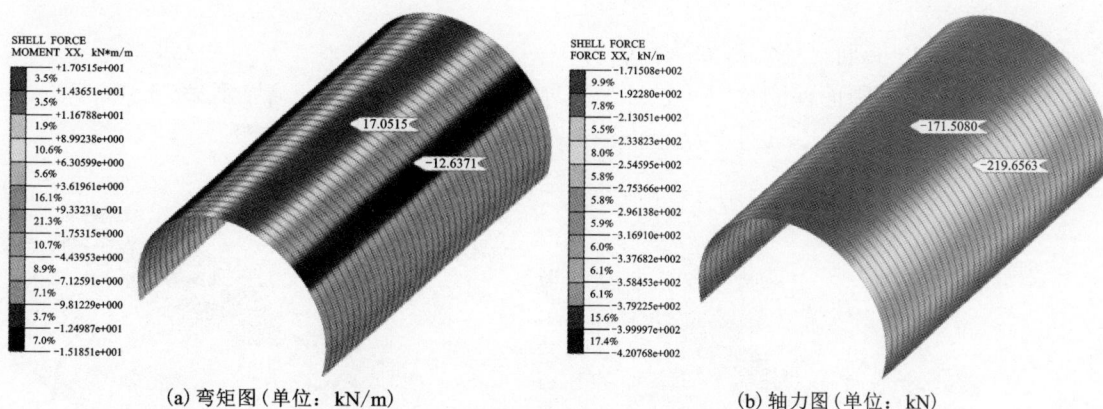

(a) 弯矩图（单位：kN/m）　　　　　　　　　(b) 轴力图（单位：kN）

图 8-10　FS3 型衬砌根据设计参数的计算结果

表 8-34　FS3 型衬砌根据设计参数计算二衬内力值及安全系数

	位置	弯矩值 $M/(\text{kN} \cdot \text{m}^{-1})$	轴力值 N/kN	安全系数	规范要求安全系数
FS3 型 衬砌形式	拱顶部位	17.05	171.51	11.15	3.6
	右拱腰部位	12.64	219.65	29.55	3.6
	左拱腰部位	12.64	219.65	29.55	3.6

（2）ZK0+815 断面二衬实测安全性评价

左线 ZK0+815 断面检测情况为左拱腰位置厚度偏小（左拱腰测线实测厚度为 24.7 cm），在此情况下左线 ZK0+815 断面计算结果如图 8-11 及表 8-35 所示。

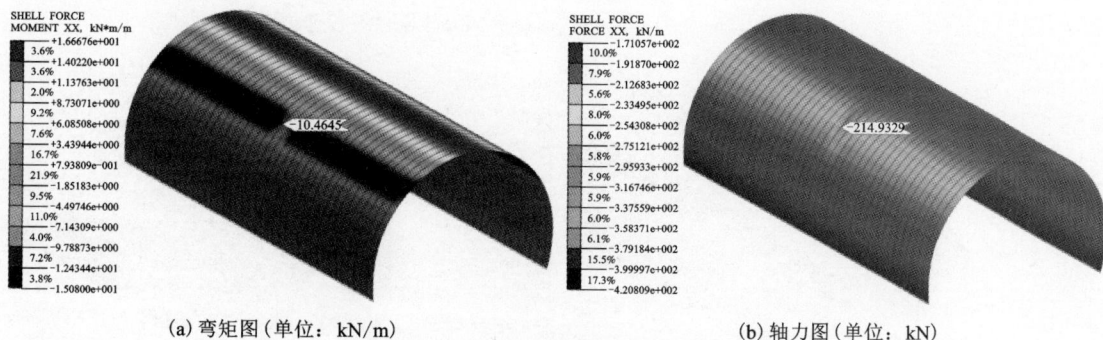

(a) 弯矩图（单位：kN/m）　　　　　　　　　(b) 轴力图（单位：kN）

图 8-11　左线 ZK0+815 断面根据检测情况的计算结果

表 8-35　左线 ZK0+815 断面根据检测结果计算二衬内力值及最小安全系数

左线 ZK0+ 815 断面	位置	弯矩值 $M/(\text{kN} \cdot \text{m}^{-1})$	轴力值 N/kN	安全系数	规范要求安全系数
	左拱腰部位	10.46	214.93	4.74	3.6

（3）ZK1+135 断面二衬实测安全性评价

左线 ZK1+135 断面检测情况为拱顶位置厚度偏小（拱顶测线实测厚度为 20.0 cm），在此情况下左线 ZK1+135 断面计算结果如图 8-12 及表 8-36 所示。

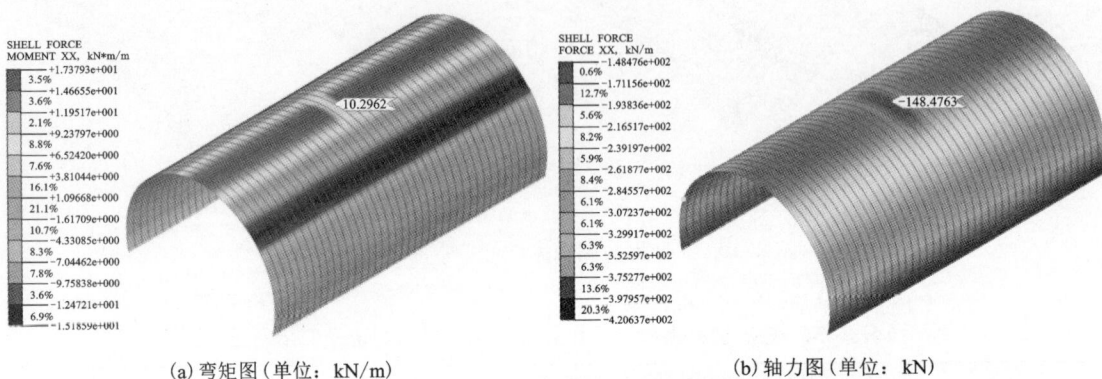

(a) 弯矩图（单位：kN/m）　　　　　(b) 轴力图（单位：kN）

图 8-12　左线 ZK1+135 断面根据检测情况的计算结果

表 8-36　左线 ZK1+135 断面根据检测结果计算二衬内力值及最小安全系数

左线 ZK1+ 135 断面	位置	弯矩值 $M/(\text{kN} \cdot \text{m}^{-1})$	轴力值 N/kN	安全系数	规范要求安全系数
	拱顶部位	10.30	148.47	3.71	3.6

（4）YK1+090 断面二衬实测安全性评价

右线 YK1+090 断面检测情况为左拱腰位置厚度偏小（左拱腰测线实测厚度为 23.6 cm），在此情况下右线 YK1+090 断面计算结果如图 8-13 及表 8-37 所示。

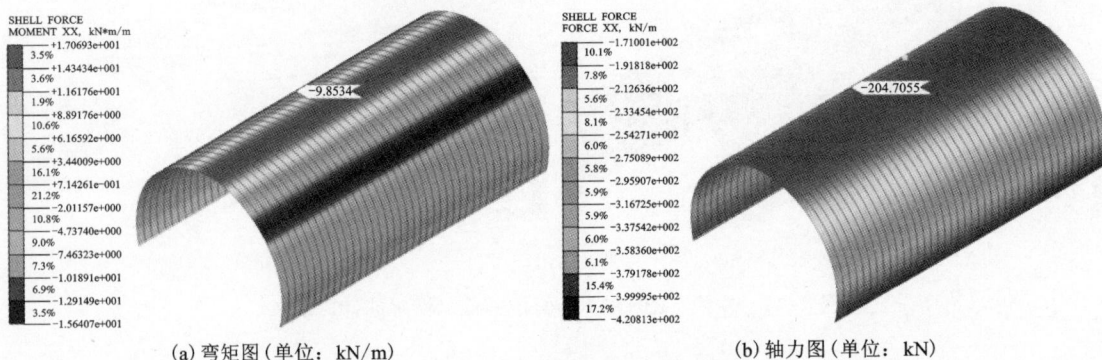

(a) 弯矩图（单位：kN/m）　　　　　(b) 轴力图（单位：kN）

图 8-13　右线 YK1+090 断面根据检测情况的计算结果

表 8-37　右线 YK1+090 断面根据检测结果计算二衬内力值及最小安全系数

右线 YK1+090 断面	位置	弯矩值 $M(kN \cdot m^{-1})$	轴力值 N/kN	安全系数	规范要求安全系数
	左拱腰部位	9.85	204.71	4.06	3.6

（5）YK1+160 断面二衬实测安全性评价

右线 YK1+160 断面检测情况为右拱腰位置厚度偏小（右拱腰测线实测厚度为 23.9 cm），在此情况下右线 YK1+160 断面计算结果如图 8-14 及表 8-38 所示。

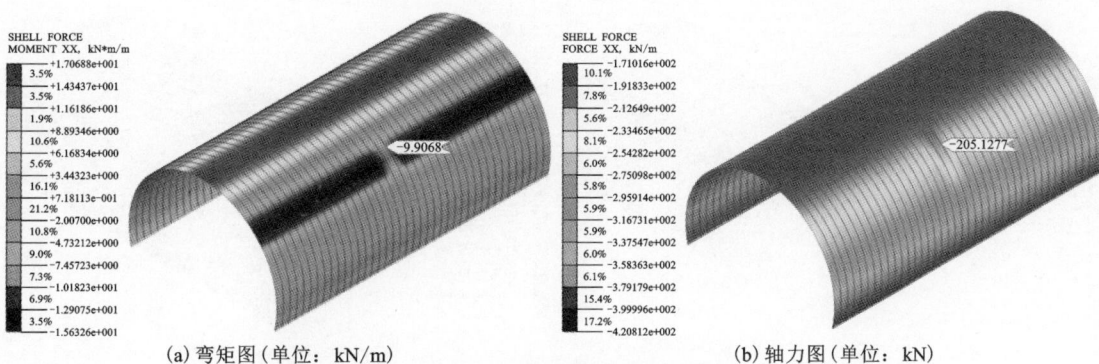

(a) 弯矩图（单位：kN/m）　　(b) 轴力图（单位：kN）

图 8-14　右线 YK1+160 断面根据检测情况的计算结果

表 8-38　右线 YK1+160 断面根据检测结果计算二衬内力值及最小安全系数

右线 YK1+160 断面	位置	弯矩值 $M/(kN \cdot m^{-1})$	轴力值 N/kN	安全系数	规范要求安全系数
	右拱腰部位	9.51	205.13	4.28	3.6

（6）YK1+175 断面二衬实测安全性评价

右线 YK1+175 断面检测情况为拱顶位置厚度偏小（拱顶测线实测厚度为 25.2 cm），在此情况下右线 YK1+175 断面计算结果如图 8-15 及表 8-39 所示。

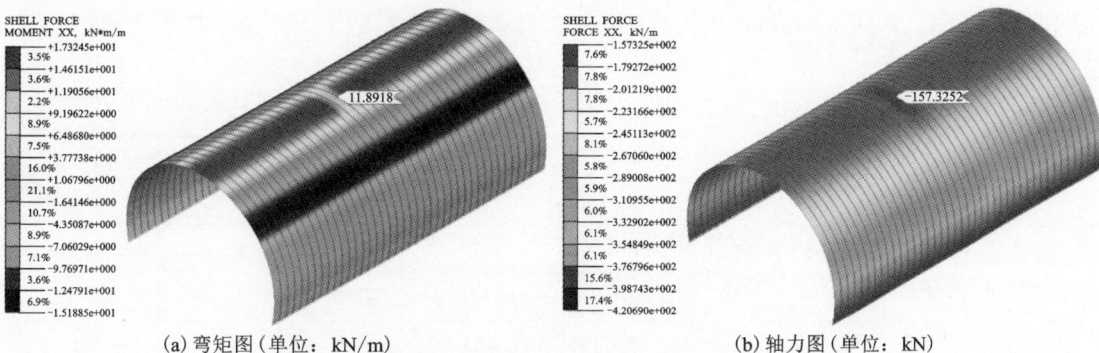

(a) 弯矩图（单位：kN/m）　　(b) 轴力图（单位：kN）

图 8-15　右线 YK1+175 断面根据检测情况的计算结果

表 8-39　右线 **YK1+175** 断面根据检测结果计算二衬内力值及最小安全系数

右线 YK1+175 断面	位置	弯矩值 $M/(\text{kN}\cdot\text{m}^{-1})$	轴力值 N/kN	安全系数	规范要求安全系数
	拱顶部位	11.89	157.33	4.41	3.6

（7）YK1+190 断面二衬实测安全性评价

右线 YK1+190 断面检测情况为拱顶位置厚度偏小（拱顶测线实测厚度为 20.4 cm），在此情况下右线 YK1+190 断面计算结果如图 8-16 及表 8-40 所示。

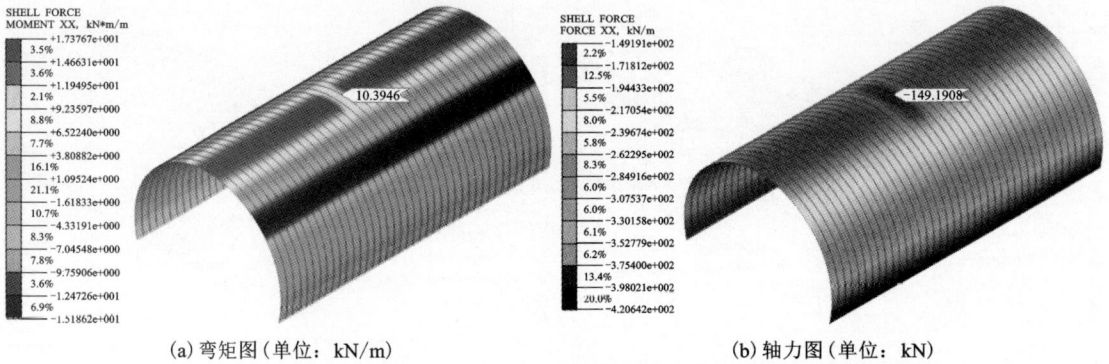

(a) 弯矩图（单位：kN/m）　　　　　　　　(b) 轴力图（单位：kN）

图 8-16　右线 **YK1+190** 断面根据检测情况的计算结果

表 8-40　右线 **YK1+190** 断面根据检测结果计算二衬内力值及最小安全系数

右线 YK1+190 断面	位置	弯矩值 $M/(\text{kN}\cdot\text{m}^{-1})$	轴力值 N/kN	安全系数	规范要求安全系数
	拱顶部位	10.39	149.19	3.90	3.6

8.2.6　稳定性验算结果分析

现对船顶隘隧道左线 ZK1+960 断面、左线 ZK1+730 断面、左线 ZK0+815 断面、左线 ZK1+135 断面、右线 YK1+090 断面、右线 YK1+160 断面、右线 YK1+175 断面及右线 YK1+190 断面，分别考虑设计和检测工况的二衬结构安全系数进行汇总，如表 8-41 所示。

表 8-41　船顶隘隧道二衬内力值及最小安全系数汇总表

检测桩号	位置	弯矩值 /($\text{kN}\cdot\text{m}^{-1}$)	轴力值 /kN	配筋面积 /mm²	安全系数	规范要求安全系数
左线 ZK1+960 断面	设计参数	拱顶部位	110.82	1126.86	2543.40	6.05	2.4
	检测结果	拱顶部位	110.84	1126.84	2034.72	5.93	2.4
左线 ZK1+730 断面	设计参数	拱顶部位	39.13	405.77	—	8.02	3.6
	检测结果	拱顶部位	25.53	360.52	—	3.73	3.6

续表8-41

检测桩号		位置	弯矩值 /(kN·m⁻¹)	轴力值 /kN	配筋面积 /mm²	安全系数	规范要求 安全系数
左线 ZK0+ 815 断面	设计参数	左拱腰部位	12.64	219.65	—	29.55	3.6
	检测结果	左拱腰部位	10.46	214.93	—	4.74	3.6
左线 ZK1+ 135 断面	设计参数	拱顶部位	17.05	171.51	—	11.15	3.6
	检测结果	拱顶部位	10.30	148.47	—	3.71	3.6
右线 YK1+ 090 断面	设计参数	左拱腰部位	12.64	219.65	—	29.55	3.6
	检测结果	左拱腰部位	9.85	204.71	—	4.06	3.6
右线 YK1+ 160 断面	设计参数	右拱腰部位	12.64	219.65	—	29.55	3.6
	检测结果	右拱腰部位	9.51	205.13	—	4.28	3.6
右线 YK1+ 175 断面	设计参数	拱顶部位	17.05	171.51	—	11.15	3.6
	检测结果	拱顶部位	11.89	157.32	—	4.41	3.6
右线 YK1+ 190 断面	设计参数	拱顶部位	17.05	171.51	—	11.15	3.6
	检测结果	拱顶部位	10.39	149.19	—	3.90	3.6

注：表中所列位置及安全系数值为区段断面最小安全系数所在部位及其安全系数值。

由表 8-41 可知，根据船顶隘隧道二衬检测情况，在隧道实际检测二衬钢筋数未能满足设计要求及实际检测二衬厚度未能满足设计要求时，由于二衬的结构刚度及抗拉压性能的变化，衬砌结构整体安全性有所降低。

根据验算结果可知，左线 ZK1+760~ZK1+985 区段 ZK1+960 断面依据检测结果计算所得的安全系数为 5.93、左线 ZK0+815 断面左拱腰处依据检测结果计算所得的安全系数为 4.74、左线 ZK1+135 断面拱顶处依据检测结果计算所得的安全系数为 3.71、左线 ZK1+730 断面拱顶处依据检测结果计算所得的安全系数为 3.73、右线 YK1+090 断面左拱腰处依据检测结果计算所得的安全系数为 4.06、右线 YK1+160 断面右拱腰处依据检测结果计算所得的安全系数为 4.28、右线 YK1+175 断面拱顶处依据检测结果计算所得的安全系数为 4.41、右线 YK1+190 断面拱顶处依据检测结果计算所得的安全系数为 3.90。

▶ 8.3　文会隧道衬砌结构安全评价

8.3.1　隧道设计情况

A4 文会隧道设计衬砌支护参数及衬砌分布情况如表 8-42 及表 8-43 所示。

表 8-42　A4 文会隧道设计衬砌支护参数表

围岩级别		衬砌类型	初期支护				二衬
			锚杆	喷射混凝土	钢筋网	钢拱架	拱圈
削竹式	明洞	FSM	—	—	—	—	60 cm 厚 C30 防水钢筋混凝土
普通段	Ⅲ	FS3	注浆锚杆 $L=2.5$ m	10 cm C25 喷射混凝土	$\phi 8$ @ 20 cm×20 cm	—	35 cm 厚 C30 防水素混凝土
深埋段	Ⅳ	FS4b	注浆锚杆 $L=3.0$ m	23 cm C25 喷射混凝土	$\phi 6$ @ 20 cm×20 cm	I14 工字钢 纵距 1.0 m	40 cm 厚 C30 防水素混凝土
浅埋段	Ⅳ	FS4a	注浆锚杆 $L=3.0$ m	23 cm C25 喷射混凝土	$\phi 6$ @ 20 cm×20 cm	I16 工字钢 纵距 1.0 m	40 cm 厚 C30 防水素混凝土
浅埋偏压段	Ⅴ	FS5c	注浆锚杆 $L=3.5$ m	25 cm C25 喷射混凝土	$\phi 6$ @ 20 cm×20 cm	I18 工字钢 纵距 0.60 m	45 cm 厚 C30 防水钢筋混凝土
深埋段	Ⅴ	FS5b	注浆锚杆 $L=3.5$ m	23 cm C25 喷射混凝土	$\phi 6$ @ 20 cm×20 cm	I16 工字钢 纵距 0.75 m	45 cm 厚 C30 防水钢筋混凝土
浅埋段	Ⅴ	FS5a	注浆锚杆 $L=3.5$ m	25 cm C25 喷射混凝土	$\phi 6$ @ 20 cm×20 cm	I18 工字钢 纵距 0.75 m	45 cm 厚 C30 防水钢筋混凝土
紧急停车带	Ⅲ	FSJ3	注浆锚杆 $L=3.0$ m	23 cm C25 喷射混凝土	$\phi 6$ @ 20 cm×20 cm	I16 工字钢 纵距 1.0 m	45 cm 厚 C30 防水素混凝土

表 8-43　A4 文会隧道衬砌具体分布情况表

隧道名称	衬砌类型及长度	分布里程桩号
A4 文会隧道 左线（1100 m）	FSM（81 m）	ZK15+920～ZK15+976；ZK17+005～ZK17+030
	FS5a（79 m）	ZK15+976～ZK16+055
	FS5b（90 m）	ZK16+490～ZK16+580
	FS5c（59 m）	ZK16+946～ZK17+005
	FS4a（341 m）	ZK16+055～ZK16+210；ZK16+760～ZK16+946
	FS4b（223.8 m）	ZK16+190～ZK16+446.2；ZK16+580～ZK16+760
	FS3（196.2 m）	ZK16+210～ZK16+406.2
	FSJ3（40 m）	ZK16+406.2～ZK16+446.2

续表8-43

隧道名称	衬砌类型及长度	分布里程桩号
A4 文会隧道 右线（1065 m）	FSM（71 m）	YK15+930~YK15+986；YK16+980~YK16+995
	FS5a（69 m）	YK15+986~YK16+055
	FS5b（90 m）	YK16+490~YK16+580
	FS5c（58 m）	YK16+922~YK16+980
	FS4a（305 m）	YK16+055~YK16+238；YK16+800~YK16+922
	FS4b（260 m）	YK16+450~YK16+490；YK16+580~YK16+800
	FS3（172 m）	YK16+238~YK16+410
	FSJ3（40 m）	YK16+410~YK16+450

8.3.2 隧道检测情况

1. 文会隧道检测结果

2020 年 4 月 9 日至 4 月 10 日，检测人员对文会隧道运营期土建结构，即洞门、洞口、衬砌等进行了检查，具体结果如下。

洞口：左线、右线进出洞口山体未发现滑动、岩石崩塌等病害征兆；未发现边坡、碎落台、护坡道存在缺口、冲沟、潜流、涌水、沉陷、塌落等现象。

洞门：左线进出口及右线进口洞门未发现有衬砌裂缝、衬砌脱落和渗漏水等问题。右线出口洞门有贯穿裂缝，裂缝宽度约为 0.6 mm；明洞侧墙有 3 条裂缝，裂缝长度约为 2 m，裂缝宽度约为 0.3 mm。

衬砌：分别对文会隧道的衬砌裂缝、衬砌渗漏水等方面进行了检查，下面所示为结果。

（1）衬砌裂缝

左线、右线衬砌裂缝病害统计情况如表 8-44、表 8-45 所示。

表 8-44 文会隧道左线衬砌裂缝情况汇总表

序号	设计（运营）桩号	病害部位	病害类型	病害描述
1	ZK16+989.3	右边墙	竖向裂缝	在右边墙距检修道 1 m 位置处，宽约 0.3 mm，长约 1.5 m
2	ZK16+845	右边墙	竖向裂缝	从拱脚起向上延伸，已修复，无继续发展，修复长度约 3 m
3	ZK16+771	左边墙	竖向裂缝	从拱脚起向上延伸，缝宽约 0.3 mm，长约 2.5 m
4	ZK16+682	右边墙	竖向裂缝	从拱脚起向上延伸，缝宽约 0.3 mm，长约 2.5 m
5	ZK16+574	右边墙	竖向裂缝	从拱脚起向上延伸至拱腰，缝宽约 0.4 mm，长约 4.5 m

续表8-44

序号	设计（运营）桩号	病害部位	病害类型	病害描述
6	ZK16+551.5	右边墙	竖向裂缝	从拱脚起向上延伸，缝宽约 0.4 mm，长约 4 m
7	ZK16+539.2	右边墙	竖向裂缝	从拱脚起向上延伸，缝宽 0.4 mm，长约 4.5 m
8	ZK16+531.9	右边墙	竖向裂缝	从拱脚起向上延伸，缝宽约 0.4 mm，长约 4.5 m
9	ZK16+328.3	左边墙	竖向裂缝	从拱脚起向上延伸，缝宽约 0.3 mm，长约 4.5 m
10	ZK16+094.1	右边墙	竖向裂缝	从拱脚起向上延伸，缝宽约 0.4 mm，长约 4 m
11	ZK16+082.5	左边墙	斜向裂缝	在距拱脚 1.5 m 位置处斜向上发展，缝宽约为 0.1 mm，长约 2.5 m
12	ZK16+046.7	右边墙	斜向裂缝	在距拱脚 1.5 m 位置处斜向上发展，缝宽约 0.3 mm，长约 4 m
13	ZK16+018.4	右边墙	竖向裂缝	从拱脚起向上延伸，缝宽约 0.5 mm，长约 5.5 m
14	ZK16+006.9	左边墙	竖向裂缝	从拱脚起向上延伸，缝宽约 0.1 mm，长约 2.5 m
15	ZK15+973.3	左边墙	斜向裂缝	两条平行的斜向裂缝，已修复，未继续发展，长约 3.5 m
16	ZK15+967.4	右边墙	斜向裂缝	从拱脚起向上延伸，缝宽约 0.3 mm，长约 3 m
17	ZK15+954.5	右边墙	斜向裂缝	从拱脚起向上延伸，缝宽约 0.5 mm，长约 5 m

表 8-45 文会隧道右线衬砌裂缝情况汇总表

序号	设计（运营）桩号	病害部位	病害类型	病害描述
1	YK15+938.8	左边墙	竖向裂缝	从拱脚起向上延伸，缝宽约 0.2 mm，长约 3 m
2	YK16+006	左边墙	竖向裂缝	从拱脚起向上延伸，已修补，后继续开裂，缝宽约 0.2 mm，长约 3 m
3	YK16+013	右边墙	纵向裂缝	从起拱线附近横向发展，缝宽 0.2 mm，长约 1 m
4	YK16+021	右边墙	斜向裂缝	从拱脚起向上延伸，已修补，后继续开裂，缝宽约 0.2 mm，长约 3 m
5	YK16+022	左边墙	竖向裂缝	从拱脚起向上延伸，两侧有修补，缝宽约 0.2 mm，长约 4 m
6	YK16+030	左边墙	竖向裂缝	从拱脚起向上延伸，已修补，后继续开裂，缝宽约 0.3 mm，长约 6 m
7	YK16+030	右边墙	斜向裂缝	从拱脚起向上延伸，已修补，后继续开裂，缝宽约 0.2 mm，长约 4 m
8	YK16+039.3	左边墙	斜向裂缝	从拱脚起向上延伸，已修补，后继续开裂，缝宽约 0.3 mm，长约 3 m
9	YK16+042	右边墙	斜向裂缝	从拱脚起向上延伸，已修补，后继续开裂，缝宽约 0.2 mm，长约 5 m

续表8-45

序号	设计(运营)桩号	病害部位	病害类型	病害描述
10	YK16+046.9	左边墙	斜向裂缝	从拱脚起向上延伸,已修补,后继续开裂,缝宽约0.2 mm,长约3 m
11	YK16+054	右边墙	竖向裂缝	从拱脚起向上延伸,已修补,后继续开裂,缝宽约0.3 mm,长约5 m
12	YK16+075	右边墙	竖向裂缝	从拱脚起向上延伸,已修补,后继续开裂,缝宽约0.2 mm,长约2 m
13	YK16+078	右边墙	竖向裂缝	从拱脚起向上延伸,已修补,后继续开裂,缝宽约0.3 mm,长约5 m
14	YK16+090	右边墙	竖向裂缝	从拱脚起向上延伸,已修补,后继续开裂,缝宽约0.3 mm,长约5 m,有渗水痕迹
15	YK16+094	左边墙	竖向裂缝	从拱脚起向上延伸,已修补,后继续开裂,缝宽约0.2 mm,长约3 m
16	YK16+102	左边墙	竖向裂缝	从拱脚起向上延伸,缝宽约0.3 mm,长约2 m
17	YK16+140	左边墙	竖向裂缝	从拱脚起向上延伸,已修补,后继续开裂,缝宽约0.3 mm,长约5 m
18	YK16+200	右边墙	竖向裂缝	从拱脚起向上延伸,已修补,后继续开裂,缝宽约0.5 mm,长约5 m
19	YK16+259	左边墙	竖向裂缝	从拱脚起向上延伸,已修补,后继续开裂,缝宽约0.3 mm,长约6 m
20	YK16+270	右边墙	竖向裂缝	从拱脚起向上延伸,已修补,后继续开裂,缝宽约0.3 mm,长约4 m
21	YK16+295	左边墙	竖向裂缝	从拱脚起向上延伸,已修补,后继续开裂,缝宽约0.5 mm,长约5 m
22	YK16+303	左边墙	斜向裂缝	从拱脚起向上延伸,已修补,后继续开裂,缝宽约0.3 mm,长约3 m
23	YK16+306	右边墙	竖向裂缝	从拱脚起向上延伸,已修补,后继续开裂,缝宽约0.3 mm,长约6 m
24	YK16+343	右边墙	竖向裂缝	从拱脚起向上延伸,已修补,未继续发展,长约5 m
25	YK16+365	右边墙	竖向裂缝	从拱脚起向上延伸,已修补,后继续开裂,缝宽约0.3 mm,长约4 m
26	YK16+505	左、右边墙	竖向裂缝	从拱脚两侧起向上延伸至拱顶,已修补,后继续开裂,缝宽约0.3 mm
27	YK16+515	左、右边墙	竖向裂缝	从拱脚两侧起向上延伸至拱顶,已修补,后继续开裂,缝宽约0.3 mm

续表8-45

序号	设计(运营)桩号	病害部位	病害类型	病害描述
28	YK16+528	右边墙	竖向裂缝	从拱脚起向上延伸至拱顶，已修补，后继续开裂，缝宽约0.4 mm
29	YK16+538	左、右边墙	竖向裂缝	从拱脚起向上延伸至拱顶，已修补，后继续开裂，缝宽约0.4 mm
30	YK16+541	左边墙	竖向裂缝	从拱脚起向上延伸，已修补，后继续开裂，缝宽约0.3 mm，长约6 m
31	YK16+552	右边墙	竖向裂缝	从拱脚向上延伸至拱顶，拱腰至拱脚段已修补，后继续开裂，缝宽约0.5 mm
32	YK16+562	左、右边墙	竖向裂缝	从拱脚两侧向上延伸至拱顶，已修补，后继续开裂，缝宽约0.4 mm
33	YK16+575	右边墙	竖向裂缝	从拱脚两侧向上延伸至拱顶，缝宽约0.3 mm，长约7 m
34	YK16+580	左边墙	纵向裂缝	从拱脚向上1.4 m处延伸至右侧施工缝处，已修补，后继续开裂，缝宽0.3 mm，长约4 m
35	YK16+585	左边墙	纵向裂缝	从施工缝拱脚向上1.5 m处向右侧延伸，已修补部分，后继续开裂，缝宽约0.5 mm，长约7 m
36	YK16+608	左边墙	纵向裂缝	从拱脚向上1.2 m处向右侧延伸，已修补，后继续开裂，缝宽约0.2 mm，长约6 m
37	YK16+670	右边墙	竖向裂缝	从拱脚向上延伸，缝宽约0.3 mm，长约5 m
38	YK16+709	左边墙	竖向裂缝	从拱脚向上延伸，缝宽约0.2 mm，长约3 m
39	YK16+719	右边墙	竖向裂缝	从拱脚起向上延伸，已修补，后继续开裂，缝宽约0.3 mm，长约5 m
40	YK16+738	左边墙	纵向裂缝	从拱脚向上1.4 m处向右侧延伸，已修补，后继续开裂，缝宽约0.3 mm，长约5 m
41	YK16+799	左边墙	竖向裂缝	从拱脚起向上延伸，缝宽约0.4 mm，长约3 m
42	YK16+826	右边墙	竖向裂缝	从拱脚起向上延伸，已修补，后继续开裂，缝宽约0.3 mm，长约5 m
43	YK16+827	左边墙	竖向裂缝	从拱脚起向上延伸，已修补，后继续开裂，缝宽约0.3 mm，长约3 m
44	YK16+852	右边墙	竖向裂缝	从拱脚起向上延伸，已修补，未继续发展，缝宽约0.3 mm，长约2 m
45	YK16+865	左边墙	竖向裂缝	从拱脚起向上延伸，已修补，后继续开裂，缝宽约0.6 mm，长约4 m

续表8-45

序号	设计(运营)桩号	病害部位	病害类型	病害描述
46	YK16+890	左边墙	斜向裂缝	从拱脚起向上延伸,已修补,后继续开裂,缝宽约 0.3 mm,长约 3 m
47	YK16+908	右边墙	斜向裂缝	从拱脚起向上延伸,已修补,未继续发展,缝宽约 0.3 mm,长约 2 m
48	YK16+945	右边墙	竖向裂缝	从拱脚起向上延伸,缝宽约 0.3 mm,长约 4 m,高约 1.7 m 范围内有渗水痕迹
49	YK16+943~ YK16+948	右边墙	纵向裂缝	从拱脚起向上 1.2 m 处向右延伸,缝宽约 0.2 mm,长约 5 m,有点状渗水痕迹
50	YK16+948	左边墙	竖向裂缝	从拱脚起向上延伸,已修补,后继续开裂,缝宽约 0.3 mm,长约 3 m
51	YK16+960	左边墙	竖向裂缝	从拱脚起向上延伸,缝宽约 0.2 mm,长约 2 m
52	YK16+981	左边墙	竖向裂缝	从配电箱向上延伸,已修补,后继续开裂,缝宽约 0.2 mm,长约 2 m
53	YK16+992	右边墙	竖向裂缝	从配电箱向上延伸,已修补,后继续开裂,缝宽约 0.2 mm,长约 3 m,有线状渗水痕迹
54	YK16+995	右边墙	斜向裂缝	从拱脚起向上延伸,缝宽约 0.2 mm,长约 3 m,有线状渗水痕迹

(2)衬砌渗漏水

文会隧道左线、右线衬砌渗漏水病害情况统计如表 8-46、表 8-47 所示。

表 8-46 文会隧道左线衬砌渗漏水情况表

序号	设计(运营)桩号	病害部位	病害类型	病害描述
1	ZK16+094.6	左边墙	线渗水	左侧配电箱下部,倾斜状渗水痕迹宽约 20 cm,有白色矿物析出
2	ZK16+090.7	左边墙	线渗水	左侧灭火器箱下部,倾斜状渗水痕迹宽约 10 cm
3	ZK16+046.7	右边墙	线渗水	右侧边墙有渗水斜向裂缝,距墙脚1.5 m,裂缝长约 4 m,有白色矿物析出
4	ZK15+954.5	右边墙	线渗水	从拱脚起向上延伸的斜向裂缝,缝宽约 0.5 mm,长约 6 m,有白色矿物析出

表 8-47 文会隧道右线衬砌渗漏水情况表

序号	设计(运营)桩号	病害部位	病害类型	病害描述
1	YK15+947	左拱脚	表面浸渗	拱脚表面浸渗，面积约为 0.05 m²
2	YK15+954	拱顶	点滴水	拱顶滴水，在路面形成小范围浸渗，面积约为 0.3 m²
3	YK15+974	左边墙	点渗水	施工缝处点状渗水，从拱脚向上约 2 m，表面有水渍，析出白色矿物
4	YK15+992	左边墙	点渗水	拱脚向上 3 m 处点状渗水，有白色矿物析出
5	YK16+010	右边墙	点渗水	灭火器箱下部渗水，拱脚向上 30 cm 处
6	YK16+013	右边墙	线渗水	右边墙横向裂缝线状渗水，拱脚向上 2 m 处，长度约 1 m，有白色矿物析出
7	YK16+058	右边墙	点渗水	灭火器箱下部渗水，从拱脚向上 0.5 m 处，有白色矿物析出
8	YK16+090	右边墙	点渗水	拱脚向上 20 cm 处，点状渗水，有白色矿物析出
9	YK16+363	右边墙	点渗水	灭火器箱下部点状渗水
10	YK16+922	左边墙	点渗水	配电箱下部渗水，有白色矿物析出
11	YK16+938	右边墙	点渗水	位于预埋件下部，拱脚向上 60 cm 处，点状渗水，有白色矿物析出
12	YK16+945	右边墙	点渗水	拱脚向上 2 m 处，点状渗水，有白色矿物析出
13	YK16+943~+948	右边墙	点渗水	拱脚向上 1.2 m 处及 1.5 m 处，3 处点状渗水，有白色矿物析出
14	YK16+992	右边墙	线渗水	拱脚向上 2 m 处有一点状渗水，拱脚向上 1 m 处有一处长约 20 cm 的线状渗水，均有白色矿物析出

（3）路面

文会隧道左线、右线路面未见明显病害现象。

（4）检修道

文会隧道左线检修道未见明显病害现象，右线检修道病害情况如表 8-48 所示。

表 8-48 文会隧道右线检修道病害情况表

序号	设计(运营)桩号	病害部位	病害描述
1	YK16+184	左侧	检修道电缆沟盖板破损 1 处
2	YK16+436	右侧	检修道电缆沟盖板破损 1 处
3	YK16+450	右侧	检修道电缆沟盖板破损 1 处

（5）排水系统

文会隧道右线排水系统未见明显病害现象，左线排水系统病害情况如表 8-49 所示。

表 8-49 文会隧道左线排水系统病害情况表

序号	设计（运营）桩号	病害部位	病害描述
1	ZK16+570	右侧	排水沟井盖堵塞
2	ZK16+190.4	左侧	排水沟井盖堵塞
3	ZK16+138.5	左侧	排水沟井盖堵塞

（6）吊顶及各种预埋件

文会隧道吊顶及各种预埋件正常，未见明显病害现象。

（7）内装饰

文会隧道左线内装饰正常，未见明显病害现象；右线内装饰病害情况如表 8-50 所示。

表 8-50 文会隧道右线内装饰病害情况表

序号	设计（运营）桩号	病害部位	病害类型	病害描述
1	YK15+935	左边墙	涂料脱落	边墙沿裂缝两侧涂料脱落，约 0.2 m^2
2	YK15+947	左边墙	涂料脱落	涂料已修补，后起鼓脱落，约 0.6 m^2
3	YK16+008	右边墙	涂料脱落	涂料脱落，约 0.2 m^2
4	YK16+019	右边墙	涂料脱落	涂料脱落，约 0.1 m^2
5	YK16+021	右边墙	涂料脱落	涂料已修补，后继续脱落，约 0.2 m^2
6	YK16+024	右边墙	涂料脱落	涂料已修补，后继续脱落，约 0.2 m^2

（8）标志、标线、轮廓标

文会隧道未发现标志、标线、轮廓标病害情况。

2. 检测结果分析

（1）检测结果汇总

文会隧道各段病害的分布情况如表 8-51、表 8-52 所示。

表 8-51 文会隧道检测结果一览表 1

序号	设计(运营)桩号	衬砌类型	衬砌裂损	衬砌渗漏水	路面	检修道	线别
1	ZK15+920~ZK15+976	FSM	3 处斜向裂缝	1 处线渗水	—	—	左线
2	ZK15+976~ZK16+055	FS5	1 处斜向裂缝, 2 处竖向裂缝	1 处线渗水	—	—	
3	ZK16+055~ZK16+210	FS4	1 处斜向裂缝, 1 处竖向裂缝	2 处线渗水	—	—	
4	ZK16+210~ZK16+406.2	FS3	1 处竖向裂缝	—	—	—	
5	ZK16+406.2~ZK16+446.2	FSJ3	—	—	—	—	
6	ZK16+446.2~ZK16+490	FS4		—	—	—	
7	ZK16+490~ZK16+580	FS5	4 处竖向裂缝	—	—	—	
8	ZK16+580~ZK16+760	FS4	1 处竖向裂缝	—	—	—	
9	ZK16+760~ZK16+946	FS4	2 处竖向裂缝	—	—	—	
10	ZK16+946~ZK17+005	FS5	1 处纵向裂缝	—	—	—	
11	ZK17+005~ZK17+030	FSM	—	—	—	—	
12	YK15+930~YK15+986	FSM	1 处竖向裂缝	1 处表面浸渍, 1 处点状滴水, 1 处点渗水	—	—	右线
13	YK15+986~YK16+055	FS5	4 处竖向裂缝, 5 处斜向裂缝, 1 处纵向裂缝	2 处点状渗水, 1 处线渗水	—	—	
14	YK16+055~YK16+238	FS4	7 处竖向裂缝	2 处点渗水	—	1 处盖 板破损	
15	YK16+238~YK16+410	FS3	6 处竖向裂缝, 1 处斜向裂缝	1 处点渗水	—	—	
16	YK16+410~YK16+450	FSJ3	—	—	—	2 处盖 板破损	
17	YK16+450~YK16+490	FS4		—	—	—	
18	YK16+490~YK16+580	FS5	8 处竖向裂缝, 1 处纵向裂缝	—	—	—	
19	YK16+580~YK16+800	FS4	4 处竖向裂缝, 3 处纵向裂缝	—	—	—	
20	YK16+800~YK16+922	FS4	4 处竖向裂缝, 2 处斜向裂缝	1 处点渗水	—	—	
21	YK16+922~YK16+980	FS5	3 处竖向裂缝, 1 处纵向裂缝	6 处点渗水	—	—	
22	YK16+980~YK16+995	FSM	2 处竖向裂缝, 1 处斜向裂缝	1 处线渗水	—	—	

表 8-52 文会隧道检测结果一览表 2

序号	设计(运营)桩号	衬砌类型	排水系统	吊顶及各种预埋件	内装饰	标志、标线、轮廓标	线别
1	ZK15+920~ZK15+976	FSM	—	—	—	—	
2	ZK15+976~ZK16+055	FS5	—	—	—	—	
3	ZK16+055~ZK16+210	FS4	2 处排水沟井盖堵塞	—	—	—	
4	ZK16+210~ZK16+406.2	FS3	—	—	—	—	
5	ZK16+406.2~ZK16+446.2	FSJ3	—	—	—	—	
6	ZK16+446.2~ZK16+490	FS4	—	—	—	—	左线
7	ZK16+490~ZK16+580	FS5	1 处排水沟井盖堵塞	—	—	—	
8	ZK16+580~ZK16+760	FS4	—	—	—	—	
9	ZK16+760~ZK16+946	FS4	—	—	—	—	
10	ZK16+946~ZK17+005	FS5	—	—	—	—	
11	ZK17+005~ZK17+030	FSM	—	—	—	—	
12	YK15+930~YK15+986	FSM	—	—	2 处涂料脱落	—	
13	YK15+986~YK16+055	FS5	—	—	4 处涂料脱落	—	
14	YK16+055~YK16+238	FS4	—	—	—	—	
15	YK16+238~YK16+410	FS3	—	—	—	—	
16	YK16+410~YK16+450	FSJ3	—	—	—	—	
17	YK16+450~YK16+490	FS4	—	—	—	—	右线
18	YK16+490~YK16+580	FS5	—	—	—	—	
19	YK16+580~YK16+800	FS4	—	—	—	—	
20	YK16+800~YK16+922	FS4	—	—	—	—	
21	YK16+922~YK16+980	FS5	—	—	—	—	
22	YK16+980~YK16+995	FSM	—	—	—	—	

由表 8-51、表 8-52 可知, 文会隧道的病害情况为: 共发现 3 处检修道电缆沟盖板破损; 共发现 3 处排水沟井盖堵塞; 共发现 6 处涂料脱落; 共发现 21 处渗水, 其中 13 处点渗水、6 处线渗水、1 处表面浸渗、1 处点状滴水; 共发现 71 处裂缝, 其中 50 处竖向裂缝、14 处斜向裂缝、7 处纵向裂缝。

(2)病害原因分析

衬砌开裂: 本次检查发现有 71 处裂缝, 衬砌开裂多为混凝土水化热及干缩或养护不当等原因造成。

衬砌渗漏：防排水系统不完善、混凝土施工接缝不严、开挖对地下水的影响，本次检查发现该隧道存在 21 处渗水，其中 13 处点渗水、6 处线渗水、1 处表面浸渗，1 处点状滴水。

衬砌线状、点状渗水：①混凝土的施工质量较差；②渗水处或附近的防水板受到破坏。

其他：施工质量不符合要求，人为破坏，等等。

3. 评定结果

文会隧道左线、右线土建结构技术状况的评定结果如表 8-53、表 8-54 所示。

表 8-53 文会隧道左线土建结构技术状况评定表

洞门、洞口技术状况评定			检测项目	位置	状况值	权重	检测项目	位置	状况值	权重
			洞口	进口	0	15	洞门	进口	0	5
				出口				出口		

序号	设计(运营)桩号	衬砌类型	状况值							
			衬砌破损	渗漏水	路面	检修道	排水设施	吊顶	内装饰	标志标线
1	ZK15+920~ZK15+976	FSM	2	0	0	0	0	0	0	0
2	ZK15+976~ZK16+055	FS5	2	0	0	0	0	0	0	0
3	ZK16+055~ZK16+210	FS4	1	0	0	0	1	0	0	0
4	ZK16+210~ZK16+406.2	FS3	1	0	0	0	0	0	0	0
5	ZK16+406.2~ZK16+446.2	FSJ3	0	0	0	0	0	0	0	0
6	ZK16+446.2~ZK16+490	FS4	0	0	0	0	0	0	0	0
7	ZK16+490~ZK16+580	FS5	1	0	0	0	1	0	0	0
8	ZK16+580~ZK16+760	FS4	1	0	0	0	0	0	0	0
9	ZK16+760~ZK16+946	FS4	2	0	0	0	0	0	0	0
10	ZK16+946~ZK17+005	FS5	2	0	0	0	0	0	0	0
11	ZK17+005~ZK17+030	FSM	0	0	0	0	0	0	0	0
$\max(JGCI_{ij})$			2	0	0	0	1	0	0	0
权重 w_i			40	15	2	6	10	2	5	
$JGCI = 100\left[1 - \dfrac{1}{4}\sum_{i=1}^{n}\left(JGCI_i \times \dfrac{\omega_i}{\sum\limits_{i=1}^{n}\omega_i}\right)\right]$			78.5				土建结构评定类别		2	

表 8-54　文会隧道右线土建结构技术状况评定表

洞门、洞口技术状况评定			检测项目	位置	状况值	权重	检测项目	位置	状况值	权重
			洞口	进口	0	15	洞门	进口	1	5
				出口				出口		

序号	设计(运营)桩号	衬砌类型	状况值							
			衬砌破损	渗漏水	路面	检修道	排水设施	吊顶	内装饰	标志标线
1	YK15+930~YK15+986	FSM	2	0	0	0	0	0	1	0
2	YK15+986~YK16+055	FS5	2	0	0	0	0	0	1	0
3	YK16+055~YK16+238	FS4	1	0	1	0	0	0	0	0
4	YK16+238~YK16+410	FS3	2	0	0	0	0	0	0	0
5	YK16+410~YK16+450	SJ3	0	0	1	0	0	0	0	0
6	YK16+450~YK16+490	FS4	0	0	0	0	0	0	0	0
7	YK16+490~YK16+580	FS5	2	0	0	0	0	0	0	0
8	YK16+580~YK16+800	FS4	2	0	0	0	0	0	0	0
9	YK16+800~YK16+922	FS4	2	0	0	0	0	0	0	0
10	YK16+922~YK16+980	FS5	2	0	0	0	0	0	0	0
11	YK16+980~YK16+995	FSM	1	0	0	0	0	0	0	0
max($JGCI_{ij}$)			2	0	1	0	0	0	1	0
权重 w_i			40	15	2	6	10	2	5	
$JGCI = 100\left[1 - \dfrac{1}{4}\sum\limits_{i=1}^{n}\left(JGCI_i \times \dfrac{\omega_i}{\sum\limits_{i=1}^{n}\omega_i}\right)\right]$			77.8				土建结构评定类别			2

文会隧道左线土建结构的定期检查技术状况评定类别为 2 类,右线土建结构的定期检查技术状况评定类别为 2 类,即隧道土建结构存在轻微破损,现阶段趋于稳定,对交通安全不会有影响,应对结构破损部位进行监测或检查,必要时实施保养维修。

依据文会隧道定检结果对其土建结构进行专项检测,结果如下:A4 文会隧道右线 YK16+095 断面拱顶二衬厚度实测值为 25.9 cm(设计 40.0 cm)、YK16+100 断面左拱腰二衬厚度实测值为 25.9 cm(设计 40.0 cm),这两个断面均存在二衬厚度不足现象。

8.3.3　计算断面选取

根据江西省船广高速公路工程项目合同段交工验收工程质量检测意见及第三方检测资料,隧道右线 YK16+095 断面和 YK16+100 断面存在二衬实测厚度不符合设计要求的问题。

具体计算断面如下：

①隧道右线 YK16+095 断面拱顶处，Ⅳ级围岩，FS4a 衬砌形式。二衬实测厚度为 25.9 cm，比设计要求厚度 40 cm 少 35.25%。该断面为深埋区段，埋深为 60.31 m。

②隧道右线 YK16+100 断面左拱腰处，Ⅳ级围岩，FS4a 衬砌形式。二衬实测厚度为 25.9 cm，比设计要求厚度 40 cm 少 35.25%。该断面为深埋区段，埋深为 64.74 m。

8.3.4　计算参数

计算参数的选取参考 A4 文会隧道设计资料图纸和《公路隧道设计规范 第一册 土建工程》(JTG 3370.1—2018)中建议的取值范围进行取值。

1. 断面参数

断面详细参数见设计图纸。

2. 断面计算参数

Ⅳ级围岩、FS4a 衬砌形式，右线 YK16+095 断面和右线 YK16+100 断面计算参数如表 8-55~表 8-57 所示。

表 8-55　文会隧道断面衬砌材料参数

断面	衬砌形式	二衬类型	弹性模量 E/GPa	重度 Γ/(kN·m^{-3})	面积 A/m^2	转动惯量 I_z/m^4
YK16+095	FS4a	模筑混凝土	30.0	23.0	0.40	0.00533333
YK16+100						

表 8-56　文会隧道围岩基本信息参数

断面	围岩级别	重度(容重) Γ/(kN·m^{-3})	泊松比 μ	计算摩擦角/(°)	弹性抗力系数 K/(MPa·m^{-1})
YK16+095	Ⅳ	22.5~24.5	0.3~0.35	50~60	200~500
YK16+100					

表 8-57　文会隧道二衬缺陷处材料参数

断面	衬砌缺陷及部位		弹性模量 E/GPa	重度 Γ/(kN·m^{-3})	面积 A/m^2	转动惯量 I_z/m^4
YK16+095	厚度不足	拱顶	30.0	23.0	0.259	0.00144783
YK16+100	厚度不足	左拱腰	30.0	23.0	0.259	0.00144783

3. 荷载

计算参数如表 8-58 所示。

表 8-58　文会隧道计算参数表

围岩级别	θ/φ（计算 θ 时的系数）	侧压力系数
Ⅳ	0.8	0.225

围岩压力如表 8-59 所示。

表 8-59　文会隧道围岩压力表　　　　　　　　　单位：kN/m²

围岩级别及	顶部垂直均布压力	水平侧压力			
衬砌形式		左上	右上	左下	右下
Ⅳ级、FS4a	136.52	30.72	-30.72	30.72	-30.72

8.3.5　根据二衬检测情况的隧道安全性评价

结合《公路隧道设计细则》（JTG/T D70—2010）中的规定以及文会隧道的具体情况，取Ⅳ级围岩二衬承担 30% 的荷载进行验算。

1. 右线 YK16+095 断面计算参数二衬安全性评价分析

（1）根据设计参数的计算结果

隧道右线 YK16+095 断面为Ⅳ级围岩，FS4a 衬砌形式。该区段为深埋区段，埋深为60.31 m。根据设计参数及在计算参数选取规范范围中间值的情况下，右线 YK16+095 断面所得结果如图 8-17 及表 8-60 所示。

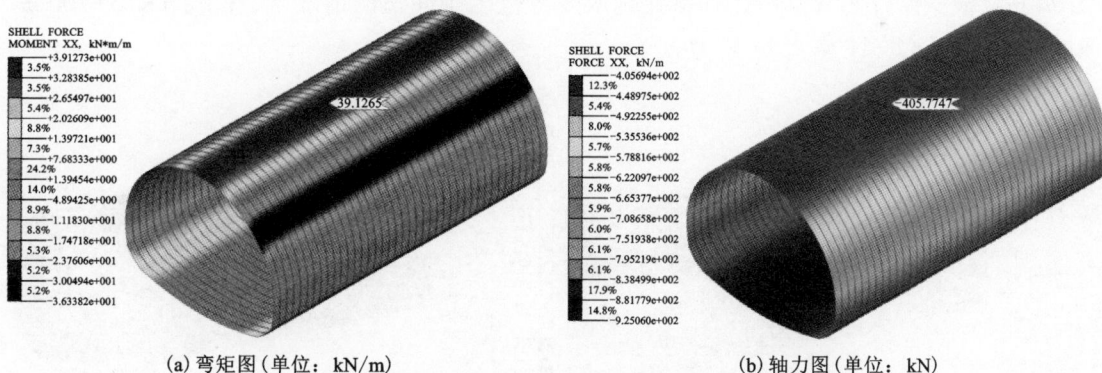

（a）弯矩图（单位：kN/m）　　　　　　　　　（b）轴力图（单位：kN）

图 8-17　右线 YK16+095 断面根据设计参数的计算结果

表 8-60　右线 YK16+095 断面根据设计参数计算二衬内力值及最小安全系数

FS4a 型	位置	弯矩值 $M/(\text{kN} \cdot \text{m}^{-1})$	轴力值 N/kN	安全系数	规范要求安全系数
衬砌形式	拱顶部位	39.13	405.77	8.02	3.6

（2）YK16+095 断面二衬实测安全性评价

右线 YK16+095 断面检测情况为拱顶位置厚度偏小（拱顶二衬实测厚度为 25.9 cm），在此情况下右线 YK16+095 断面计算结果如图 8-18 及表 8-61 所示。

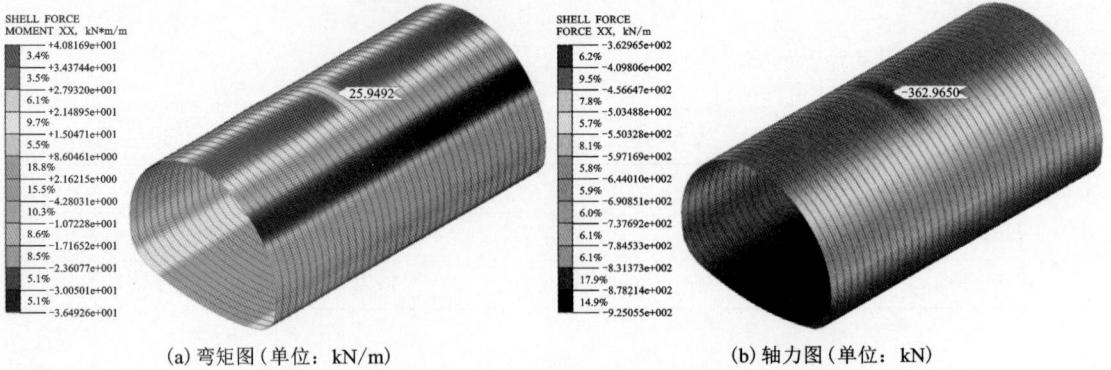

（a）弯矩图（单位：kN/m）　　　　　（b）轴力图（单位：kN）

图 8-18　右线 YK16+095 断面根据检测情况的计算结果

表 8-61　右线 YK16+095 断面根据检测结果计算二衬内力值及最小安全系数

右线 YK16+	位置	弯矩值 $M/(\text{kN} \cdot \text{m}^{-1})$	轴力值 N/kN	安全系数	规范要求安全系数
095 断面	拱顶部位	25.95	362.97	3.98	3.6

2. 右线 YK16+100 断面计算参数二衬安全性评价分析

（1）根据设计参数的计算结果

隧道右线 YK16+100 断面为 Ⅳ 级围岩，FS4a 衬砌形式。该区段为深埋区段，埋深为 64.74 m。根据设计参数及在计算参数选取规范范围中间值的情况下，右线 YK16+100 断面所得结果如图 8-19 及表 8-62 所示。

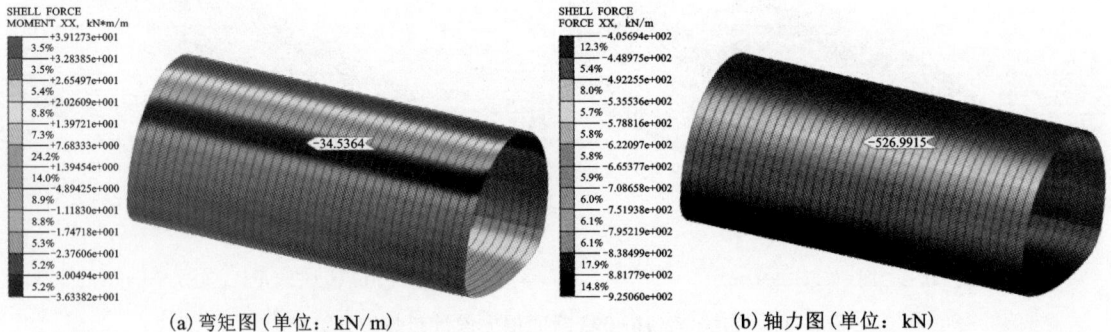

（a）弯矩图（单位：kN/m）　　　　　（b）轴力图（单位：kN）

图 8-19　右线 YK16+100 断面根据设计参数的计算结果

表 8-62　右线 YK16+100 断面根据设计参数计算二衬内力值及安全系数

FS4a 型	位置	弯矩值 $M/(\text{kN} \cdot \text{m}^{-1})$	轴力值 N/kN	安全系数	规范要求安全系数
衬砌形式	左拱腰部位	34.54	526.99	14.29	3.6

（2）YK16+100 断面二衬实测安全性评价

隧道右线 YK16+100 断面检测情况为左拱腰位置厚度偏小（左拱腰二衬实测厚度为 25.9 cm），在此情况下右线 YK16+100 断面计算结果如图 8-20 及表 8-63 所示。

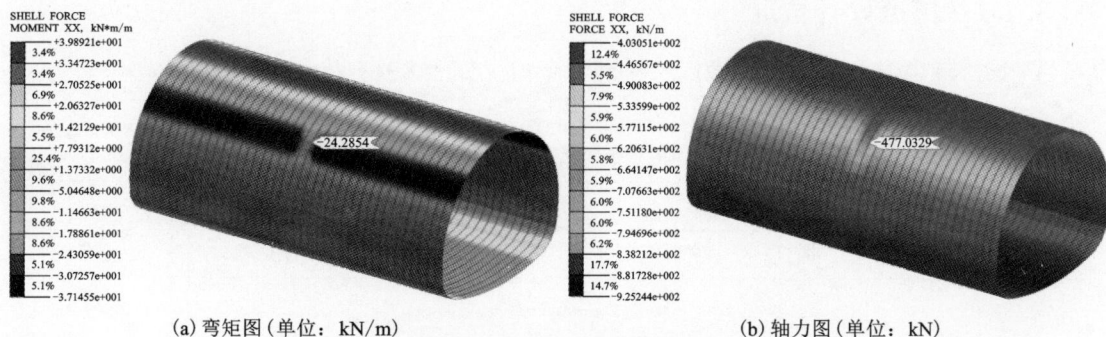

(a) 弯矩图（单位：kN/m）　　　　　　　　　　　(b) 轴力图（单位：kN）

图 8-20　右线 YK16+100 断面根据检测情况的计算结果

表 8-63　右线 YK16+100 断面根据检测结果计算二衬内力值及最小安全系数

右线 YK16+100 断面	位置	弯矩值 $M/(\text{kN} \cdot \text{m}^{-1})$	轴力值 N/kN	安全系数	规范要求安全系数
	左拱腰部位	24.29	477.03	4.13	3.6

8.3.6　稳定性验算结果分析

现对文会隧道右线 YK16+095 断面及右线 YK16+100 断面，分别考虑设计和检测工况的二衬结构安全系数进行汇总，如表 8-64 所示。

表 8-64　文会隧道二衬内力值及最小安全系数汇总表

检测桩号		位置	弯矩值/(kN · m⁻¹)	轴力值/kN	安全系数	规范要求安全系数
右线 YK16+095 断面	设计参数	拱顶部位	39.13	405.77	8.02	3.6
	检测结果	拱顶部位	25.95	362.97	3.98	3.6
右线 YK16+100 断面	设计参数	左拱腰部位	34.54	526.99	14.29	3.6
	检测结果	左拱腰部位	24.29	477.03	4.13	3.6

注：表中所列位置及安全系数值为区段断面最小安全系数所在部位及其安全系数值。

由表 8-64 可知，根据文会隧道二衬检测情况，在隧道实际检测二衬厚度未能满足设计要求时，由于二衬的结构刚度及抗拉压性能的变化，衬砌结构整体安全性有所降低。

根据验算结果可知，右线 YK16+095 断面拱顶处依据检测结果计算所得的安全系数为 3.98、右线 YK16+100 断面左拱腰处依据检测结果计算所得的安全系数为 4.13。

8.4 长桥隧道衬砌结构安全评价

8.4.1 隧道设计情况

A4 长桥隧道设计衬砌支护参数及衬砌分布情况如表 8-65 及表 8-66 所示。

表 8-65 A4 长桥隧道设计衬砌支护参数表

围岩级别		衬砌类型	初期支护				二衬
			锚杆	喷射混凝土	钢筋网	钢拱架	拱圈
削竹式	明洞	FSM	—	—	—	—	60 cm 厚 C30 防水钢筋混凝土
浅埋段	IV	FS4c	注浆小导管 $L=5.0$ m	23 cm C25 喷射混凝土	$\phi6$ @ 20 cm×20 cm	I14 工字钢 纵距 1.0 m	45 cm 厚 C30 防水钢筋混凝土
深埋段	IV	FS4b	注浆锚杆 $L=3.0$ m	23 cm C25 喷射混凝土	$\phi6$ @ 20 cm×20 cm	I14 工字钢 纵距 1.0 m	40 cm 厚 C30 防水素混凝土
裂隙段	V	FS5d	注浆小导管 $L=5.0$ m	25 cm C25 喷射混凝土	$\phi6$ @ 20 cm×20 cm	I18 工字钢 纵距 0.50 m	55 cm 厚 C30 防水钢筋混凝土
浅埋偏压段	V	FS5c	注浆锚杆 $L=3.5$ m	25 cm C25 喷射混凝土	$\phi6$ @ 20 cm×20 cm	I18 工字钢 纵距 0.60 m	45 cm 厚 C30 防水钢筋混凝土
深埋段	V	FS5b	注浆锚杆 $L=3.5$ m	23 cm C25 喷射混凝土	$\phi6$ @ 20 cm×20 cm	I16 工字钢 纵距 0.75 m	45 cm 厚 C30 防水钢筋混凝土
浅埋段	V	FS5a	注浆锚杆 $L=3.5$ m	25 cm C25 喷射混凝土	$\phi6$ @ 20 cm×20 cm	I18 工字钢 纵距 0.75 m	45 cm 厚 C30 防水钢筋混凝土

表 8-66 A4 长桥隧道衬砌具体分布情况表

隧道名称	衬砌类型及长度	分布里程桩号
A4 长桥隧道 左线（995 m）	FSM（90 m）	ZK14+520~ZK14+590；ZK15+495~ZK15+515
	FS5c（125 m）	ZK15+370~ZK15+495；ZK15+190~ZK15+370
	FS5d（290 m）	ZK14+590~ZK14+700
	FS4c（310 m）	ZK14+700~ZK15+010
	FS4b（180 m）	ZK15+010~ZK15+190

续表8-66

隧道名称	衬砌类型及长度	分布里程桩号
A4长桥隧道右线(920 m)	FSM(80 m)	YK14+550~YK14+600；YK15+440~YK15+470
	FS5a(30 m)	YK15+360~YK15+390
	FS5b(50 m)	YK15+310~YK15+360
	FS5c(50 m)	YK15+390~YK15+440
	FS5d(230 m)	YK14+600~YK14+710；YK15+190~YK15+310
	FS4b(175 m)	YK15+015~YK15+190
	FS4c(305 m)	YK14+710~YK15+015

8.4.2 隧道检测情况

1.长桥隧道检测结果

2020 年 4 月 9 日，检测人员对长桥隧道运营期土建结构，即洞门、洞口、衬砌等进行了检查，具体结果如下：

洞口：左线、右线进出洞口山体未发现滑动、岩石崩塌等病害征兆；未发现边坡、碎落台、护坡道存在缺口、冲沟、潜流、涌水、沉陷、塌落等现象。

洞门：左线、右线进出洞门未发现有衬砌裂缝、衬砌脱落和渗漏水等问题。

衬砌：分别对隧道的衬砌裂缝、衬砌渗漏水等方面进行了检查，如下所示。

（1）衬砌裂缝

长桥隧道左线、右线衬砌裂缝病害情况统计如表8-67、表8-68所示。

表 8-67 长桥隧道左线衬砌裂缝情况表

序号	设计(运营)桩号	病害部位	病害类型	病害描述
1	ZK15+464	右边墙	斜向裂缝	右边墙1处斜向裂缝，裂缝长度约为5 m，裂缝宽度约为0.2 mm
2	ZK15+450.7	右边墙	竖向裂缝	右边墙1处竖向裂缝，裂缝长度约为3 m，裂缝宽度约为0.2 mm
3	ZK15+446.2	左边墙	竖向裂缝	左边墙1处竖向裂缝，裂缝长度约为2 m，裂缝宽度约为0.2 mm
4	ZK15+439.5	左边墙	竖向裂缝	左边墙1处竖向裂缝，裂缝长度约为3 m，裂缝宽度约为0.2 mm
5	ZK15+430.2	左边墙	竖向裂缝	左边墙预埋消防箱部位1处竖向裂缝，长度约为1 m，裂缝宽度约为0.2 mm
6	ZK15+425	左边墙	竖向裂缝	左边墙1处竖向裂缝，裂缝长度约为2 m，裂缝宽度约为0.2 mm

续表8-67

序号	设计(运营)桩号	病害部位	病害类型	病害描述
7	ZK15+410.7	左边墙	竖向裂缝	左边墙1处竖向裂缝,裂缝长度约为2 m,缝宽约为0.3 mm
8	ZK15+391.6	左边墙	竖向裂缝	左边墙1处竖向裂缝,裂缝长度延伸约4 m,缝宽约为0.2 mm

表8-68　长桥隧道右线衬砌裂缝情况表

序号	设计(运营)桩号	病害部位	病害类型	病害描述
1	YK15+075	右边墙	竖向裂缝	右边墙1处竖向裂缝,延伸长度约3 m,无渗漏水,裂缝宽度约0.3 mm
2	YK15+145	右边墙	竖向裂缝	右边墙1处竖向裂缝,延伸长度约5 m,无渗漏水,裂缝宽度约1.2 mm
3	YK15+313	右边墙	竖向裂缝	右边墙1处竖向裂缝,延伸长度约2 m,无渗漏水,裂缝宽度约0.2 mm
4	YK15+336	右边墙	竖向裂缝	右边墙1处竖向裂缝,延伸长度约4 m,无渗漏水,裂缝宽度约0.4 mm
5	YK15+360	右边墙	竖向裂缝	右边墙1处竖向裂缝,延伸长度约2 m,无渗漏水,裂缝宽度约0.2 mm
6	YK15+372	右边墙	竖向裂缝	右边墙1处竖向裂缝,延伸长度约2 m
7	YK15+374	左边墙	竖向裂缝	左边墙1处竖向裂缝,延伸长度约3 m,无渗漏水,裂缝宽度约0.2 mm
8	YK15+393	左边墙	斜向裂缝	左边墙1处斜向裂缝,由预埋件向下延伸,长度约1 m,裂缝宽度约0.2 mm
9	YK15+398	左边墙	分叉裂缝	左边墙1处分叉裂缝,裂缝长度约7 m,无渗水痕迹,宽度约0.3 mm
10	YK15+411	左边墙	竖向裂缝	左边墙1处竖向裂缝,延伸长度约4 m,裂缝宽度约0.2 mm
11	YK15+419	左边墙	竖向裂缝	左边墙1处竖向裂缝,延伸长度约5 m,宽度约为0.2 mm
12	YK15+435	左边墙	竖向裂缝	左边墙2处平行竖向裂缝,延伸长度约为2 m,宽度约0.2 mm
13	YK15+430	右边墙	纵向裂缝	右边墙1处纵向裂缝,延伸长度约10 m,裂缝宽度约0.2 mm

(2)衬砌渗漏水

长桥隧道左线、右线衬砌渗漏水病害情况统计如表8-69、表8-70所示。

表 8-69　长桥隧道左线衬砌渗漏水情况表

序号	设计(运营)桩号	病害部位	病害类型	病害描述
1	ZK15+464	右边墙	点渗水	右边墙距拱脚 40 cm 处有点状渗水痕迹
2	ZK15+450.7	右边墙	点渗水	右边墙距拱脚 1.5 m 处有点状渗水痕迹
3	ZK15+446.2	左边墙	点渗水	左边墙距拱脚 1 m 处有点状渗水痕迹
4	ZK15+439.5	左边墙	点渗水	左边墙距拱脚 1.2 m 处有点状渗水痕迹
5	ZK15+430.2	左边墙	点渗水	左边墙预埋消防设备箱处点状渗水
6	ZK15+425	左边墙	点渗水	左边墙距拱脚 2 m 处有点状渗水痕迹
7	ZK15+419.4	施工缝	点渗水	施工缝处渗水结晶，长度约为 4 m
8	ZK15+410.7	左边墙	点渗水	左边墙距拱脚 1.5 m 高度有 1 处点状渗水痕迹
9	ZK15+391.6	左边墙	点渗水	左边墙距拱脚 3 m 高度有点状渗水痕迹
10	ZK15+384.5	左边墙	点渗水	左边墙 1 处消防栓下部渗水结晶
11	ZK15+370.7	左边墙	点渗水	左边墙 1 处施工缝距拱脚 2 m 处点状渗水
12	ZK15+258	右边墙	面渗水	右边墙 1 处面状渗水，表面有湿渍，高度约 2 m，长度约 2.5 m
13	ZK15+245.3	右边墙	点渗水	拱脚向上延伸 2 m 左右，渗水部位高度约 2 m，有白色矿物析出
14	ZK15+240.6	右边墙	点渗水	右边墙 1 处点状渗水，可见白色析出物，下部有积水
15	ZK15+132	左边墙	点渗水	左边墙预埋消防设备箱处表面渗水，有可见水，且有白色矿物析出

表 8-70　长桥隧道右线衬砌渗漏水情况表

序号	设计(运营)桩号	病害部位	病害类型	病害描述
1	YK14+585	右边墙	线渗水	右边墙 1 处施工缝处线渗水，环向有湿渍，距拱脚高度约 5 m 处渗水
2	YK14+603	右边墙	线渗水	右边墙 1 处线渗水，距拱脚高度 50 cm 处渗水，长度约为 2 m，有白色矿物析出
3	YK15+372	右边墙	点渗水	右边墙 1 处有点状渗水痕迹
4	YK15+393	左边墙	点渗水	左边墙 1 处有点状渗水痕迹，有白色矿物析出
5	YK15+411	左边墙	点渗水	左边墙 1 处有点状渗水痕迹
6	YK15+419	左边墙	点渗水	左边墙距拱脚 3 m 高度有 1 处点状渗水痕迹，有白色矿物析出

续表8-70

序号	设计(运营)桩号	病害部位	病害类型	病害描述
7	YK15+430	左边墙	线渗水	左边墙1处线状渗水,距拱脚1.7 m高度有白色矿物析出
8	YK15+435	左边墙	点渗水	左边墙1处点渗水痕迹,距拱脚2 m高度有白色矿物析出

（3）路面

隧道右线路面未见明显病害现象。隧道左线路面病害情况如表8-71所示。

表8-71　长桥隧道左线路面病害情况表

序号	设计(运营)桩号	病害部位	病害描述
1	ZK15+290	右侧	右侧路面有两个坑洞,间距约为2 m,坑洞面积约0.01 m²,坑洞深度约10 cm

（4）检修道

隧道右线检修道未见明显病害现象。隧道左线检修道病害情况如表8-72所示。

表8-72　长桥隧道左线检修道病害情况表

序号	设计(运营)桩号	病害部位	病害描述
1	ZK15+300	左侧	左侧1处检修道盖板缺失

（5）排水系统

隧道左线、右线排水系统未见明显病害现象。

（6）吊顶及各种预埋件

隧道吊顶及各种预埋件正常,未见明显病害现象。

（7）内装饰

隧道内装饰未见明显病害现象。

（8）标志、标线、轮廓标

隧道右线未发现标志、标线、轮廓标明显病害情况。隧道左线标志、标线、轮廓标病害情况如表8-73所示。

表8-73　长桥隧道左线标志、标线、轮廓标病害情况表

序号	设计(运营)桩号	病害部位	病害描述
1	ZK15+391.6	左侧	左侧1处反光标污染

2. 检测结果分析

(1) 检测结果汇总

本次检测长桥隧道各段病害的分布情况如表 8-74、表 8-75 所示。

表 8-74　长桥隧道检测结果一览表 1

序号	设计(运营)桩号	衬砌类型	裂缝	渗漏水	路面	检修道	线别
1	ZK14+520~ZK14+590	FSM	—	—	—	—	左线
2	ZK14+590~ZK14+700	FS5	—	—	—	—	
3	ZK14+700~ZK15+010	FS4	—	—	—	—	
4	ZK15+010~ZK15+190	FS4	—	1 处点渗水	—	—	
5	ZK15+190~ZK15+370	FS5	—	1 处面渗水、2 处点渗水	1 处路面坑洞	1 处检修道盖板缺失	
6	ZK15+370~ZK15+495	FS5	1 处斜向裂缝、7 处竖向裂缝	2 处施工缝渗水、9 处点渗水	—	—	
7	ZK15+495~ZK15+515	FSM	—	—	—	—	
8	YK14+550~YK14+600	FSM	—	1 处线渗水	—	—	右线
9	YK14+600~YK14+710	FS5	—	1 处线渗水	—	—	
10	YK14+710~YK15+015	FS4	—	—	—	—	
11	YK15+015~YK15+190	FS4	2 处竖向裂缝	—	—	—	
12	YK15+190~YK15+310	FS5	—	—	—	—	
13	YK15+310~YK15+360	FS5	1 处斜向裂缝、2 处竖向裂缝	—	—	—	右线
14	YK15+360~YK15+390	FS5	2 处竖向裂缝	1 处点渗水	—	—	
15	YK15+390~YK15+440	FS5	1 处斜向裂缝、3 处竖向裂缝、1 处分叉裂缝、1 处纵向裂缝	5 处点渗水	—	—	

表 8-75 长桥隧道左线检测结果一览表 2

序号	设计(运营)桩号	衬砌类型	排水系统	吊顶及各种预埋件	内装饰	标志、标线、轮廓标	线别
1	ZK14+520~ZK14+590	FSM	—	—	—	—	左线
2	ZK14+590~ZK14+700	FS5	—	—	—	—	
3	ZK14+700~ZK15+010	FS4	—	—	—	—	
4	ZK15+010~ZK15+190	FS4	—	—	—	—	
5	ZK15+190~ZK15+370	FS5	—	—	—	—	
6	ZK15+370~ZK15+495	FS5	—	—	—	1 处反光标脏污	
7	ZK15+495~ZK15+515	FSM	—	—	—	—	
8	YK14+550~YK14+600	FSM	—	—	—	—	右线
9	YK14+600~YK14+710	FS5	—	—	—	—	
10	YK14+710~YK15+015	FS4	—	—	—	—	
11	YK15+015~YK15+190	FS4	—	—	—	—	
12	YK15+190~YK15+310	FS5	—	—	—	—	
13	YK15+310~YK15+360	FS5	—	—	—	—	
14	YK15+360~YK15+390	FS5	—	—	—	—	
15	YK15+390~YK15+440	FS5	—	—	—	—	
16	YK15+440~YK15+495	FSM	—	—	—	—	

由表 8-74、表 8-75 可知，长桥隧道的病害情况：共发现 23 处渗水，其中 2 处施工缝渗水、18 处点渗水、2 处线渗水、1 处面渗水；共发现 21 处裂缝，其中 16 处竖向裂缝、1 处纵向裂缝、3 处斜向裂缝、1 处分叉裂缝；共发现 1 处衬砌表面隆起；共发现 1 处路面坑洞；共发现 1 处检修道盖板缺失；共发现 1 处反光标脏污。

（2）病害原因分析

衬砌开裂：本次检查发现有 21 处裂缝，衬砌开裂多为混凝土水化热及干缩或养护不当等原因造成。

衬砌渗漏：本次检查发现该隧道存在 23 处渗水，其中 2 处施工缝渗水、18 处点渗水、2 处线渗水、1 处面渗水。

衬砌线状、点状渗水：①混凝土的施工质量较差；②渗水处或附近的防水板受到破坏。

其他：施工质量不符合要求，人为破坏，等等。

3. 评定结果

长桥隧道左线、右线土建结构技术状况的评定结果如表 8-76 所示。

表 8-76 长桥隧道左线土建结构技术状况评定表

洞门、洞口技术状况评定			检测项目	位置	状况值	权重	检测项目	位置	状况值	权重
			洞口	进口	0	15	洞门	进口	0	5
				出口				出口		

序号	设计（运营）桩号	衬砌类型	状况值							
			衬砌破损	渗漏水	路面	检修道	排水设施	吊顶	内装饰	标志标线
1	ZK14+520~ZK14+590	FSM	0	0	0	0	0	0	0	0
2	ZK14+590~ZK14+700	FS5	0	0	0	0	0	0	0	0
3	ZK14+700~ZK15+010	FS4	0	0	0	0	0	0	0	0
4	ZK15+010~ZK15+190	FS4	1	0	0	0	0	0	0	0
5	ZK15+190~ZK15+370	FS5	1	2	1	0	0	0	0	0
6	ZK15+370~ZK15+495	FS5	1	0	0	0	0	0	0	1
7	ZK15+495~ZK15+515	FSM	0	0	0	0	0	0	0	0
$\max(JGCI_{ij})$			1	2	1	0	0	0	0	1
权重 w_i			40	15	2	6	10	2	5	

$$JGCI = 100\left[1 - \frac{1}{4}\sum_{i=1}^{n}\left(JGCI_i \times \frac{\omega_i}{\sum_{i=1}^{n}\omega_i}\right)\right]$$

	80.75	土建结构评定类别 : 2

表 8-77 长桥隧道右线土建结构技术状况评定表

洞门、洞口技术状况评定			检测项目	位置	状况值	权重	检测项目	位置	状况值	权重
			洞口	进口	0	15	洞门	进口	0	5
				出口				出口		

序号	设计（运营）桩号	衬砌类型	状况值							
			衬砌破损	渗漏水	路面	检修道	排水设施	吊顶	内装饰	标志标线
1	YK14+550~YK14+600	FSM	1	0	0	0	0	0	0	0
2	YK14+600~YK14+710	FS5	1	0	0	0	0	0	0	0
3	YK14+710~YK15+015	FS4	0	0	0	0	0	0	0	0
4	YK15+015~YK15+190	FS4	1	0	0	0	0	0	0	0
5	YK15+190~YK15+310	FS5	0	0	0	0	0	0	0	0
6	YK15+310~YK15+360	FS5	1	0	0	0	0	0	0	0

续表 8-77

序号	设计(运营)桩号	衬砌类型	状况值						
			衬砌破损	渗漏水	路面	检修道	排水设施	吊顶	内装饰	标志标线
7	YK15+360~YK15+390	FS5	1	0	0	0	0	0	0
8	YK15+390~YK15+440	FS5	2	0	0	0	0	0	0
9	YK15+440~YK15+495	FSM	1	0	0	0	0	0	0
max($JGCI_{ij}$)			2	0	0	0	0	0	0
权重 w_i			40	15	2	6	10	2	5
$JGCI = 100\left[1 - \dfrac{1}{4}\sum\limits_{i=1}^{n}\left(JGCI_i \times \dfrac{\omega_i}{\sum\limits_{i=1}^{n}\omega_i}\right)\right]$			80			土建结构评定类别			2

长桥隧道左线、右线土建结构的定期检查技术状况评定类别均为 2 类,即隧道土建结构存在轻微破损,现阶段趋于稳定,对交通安全不会有影响,应对结构破损部位进行监测或检查,必要时实施保养维修。

依据长桥隧道定检结果对其土建结构进行专项检测,结果如下:A4 长桥隧道左洞 ZK14+526~ZK14+700 段二衬钢筋数实测为 1154 根(设计 1157 根)、ZK15+355~ZK15+508 段二衬钢筋数实测为 755 根(设计 765 根),右线 YK14+710~YK15+015 段二衬钢筋数实测为 1520 根(设计 1525 根)、YK15+315~YK15+488 段二衬钢筋数实测为 854 根(设计 865 根),实测钢筋数不符合设计要求(配筋量不足),4 个区段均存在配筋量不足现象。

8.4.3 计算断面选取

根据江西省船广高速公路工程项目合同段交工验收工程质量检测意见及第三方检测资料,隧道左线 ZK14+526~ZK14+700、ZK15+355~ZK15+508,右线 YK14+710~YK15+015、YK15+315~YK15+488,存在二衬钢筋实测数不符合设计要求(配筋量不足)的问题。

具体计算断面如下:

①隧道左线 ZK14+526~ZK14+700 段长 174 m,区段设计情况为 V 级围岩、FS5d 衬砌类型,钢筋实测 1154 根,比设计要求 1157 根少 3 根。钢筋间距设计值为 15 cm,实测值为 15.03 cm,钢筋间距的检测结果比设计值大 0.03 cm,计算断面选取为 ZK14+640,埋深 17.87 m,为浅埋段。

②隧道左线 ZK15+355~ZK15+508 段长 153 m,区段设计情况为 V 级围岩、FS5c 衬砌类型,钢筋实测 755 根,比设计要求 765 根少 10 根。钢筋间距设计值为 20 cm,实测值为 20.3 cm,钢筋间距的检测结果比设计值大 0.3 cm,计算断面选取为 ZK15+470,埋深 14.10 m,为浅埋段。

③隧道右线 YK15+315~YK15+488 段长 173 m,区段设计情况为 V 级围岩、FS5c 衬砌类型,钢筋实测 854 根,比设计要求 865 根少 11 根。钢筋间距设计值为 20 cm,实测值为 20.3 cm,钢筋间距的检测结果比设计值大 0.3 cm,计算断面选取为 YK15+415,埋深

15.37 m，为浅埋段。

④隧道右线 YK14+710~YK15+015 段长 305 m，区段设计情况为Ⅳ级围岩、FS4c 衬砌类型，钢筋实测 1520 根，比设计要求 1525 根少 5 根。钢筋间距设计值为 20 cm，实测值为 20.06 cm，钢筋间距的检测结果比设计值大 0.06 cm，计算断面选取为 YK14+760，埋深 59.81 m，为浅埋段。

8.4.4　计算参数

计算参数的选取参考 A4 长桥隧道设计资料图纸和《公路隧道设计规范 第一册 土建工程》(JTG 3370.1—2018)中建议的取值范围进行取值。

1.断面参数

断面详细参数见设计图纸。

2.断面计算参数

Ⅴ级围岩，FS5d 衬砌类型：左线 ZK14+640 断面；Ⅴ级围岩、FS5c 衬砌类型；左线 ZK15+470 断面、右线 YK15+415 断面，Ⅳ级围岩、FS4c 衬砌形式：右线 YK14+760 断面。计算参数如表 8-78~表 8-80 所示。

表 8-78　长桥隧道断面衬砌材料参数

断面	衬砌形式	二衬类型	弹性模量 E /GPa	重度 Γ /(kN·m^{-3})	面积 A /m^2	转动惯量 I_z /m^4
ZK14+640	FS5d	模筑钢筋混凝土			0.55	0.01386458
ZK15+470	FS5c	模筑钢筋混凝土	31.29	25.0	0.45	0.00759375
YK15+415						
YK14+760	FS4c	模筑钢筋混凝土				

表 8-79　长桥隧道围岩基本信息参数

断面	围岩级别	重度(容重)Γ /(kN·m^{-3})	泊松比 μ	计算摩擦角/(°)	弹性抗力系数 K /(MPa·m^{-1})
YK14+760	Ⅳ	22.5~24.5	0.3~0.35	50~60	200~500
ZK14+640	Ⅴ	17.0~22.5	0.35~0.45	40~50	100~200
ZK15+470					
YK15+415					

表 8-80　长桥隧道二衬缺陷处材料参数

断面	衬砌缺陷及部位	弹性模量 E/GPa	重度 Γ/(kN·m^{-3})	面积 A/m^2	转动惯量 I_z/m^4
ZK14+640		31.24		0.55	0.01386458
ZK15+470	钢筋实测数偏差	31.14	25.0		
YK15+415		31.15		0.45	0.00759375
YK14+760		31.21			

3. 荷载

计算参数如表 8-81 所示。

表 8-81　长桥隧道计算参数表

围岩级别	θ/φ(计算 θ 时的系数)	侧压力系数
IV	0.8	0.225
V	0.6	0.4

围岩压力如表 8-82 所示。

表 8-82　长桥隧道围岩压力表　　　　　　　　　　单位：kN/m^2

断面	顶部垂直均布压力	水平侧压力			
		左上	右上	左下	右下
ZK14+640	282.68	113.07	−113.07	113.07	−113.07
ZK15+470	232.50	93.00	−93.00	93.00	−93.00
YK15+415	249.98	99.99	−99.99	99.99	−99.99
YK14+760	136.52	30.72	−30.72	30.72	−30.72

8.4.5　根据二衬检测情况的隧道安全性评价

结合《公路隧道设计细则》(JTG/T D70—2010)中的规定以及长桥隧道的具体情况，取 V 级围岩二衬承担 50% 的荷载进行验算，IV 级围岩二衬承担 30% 的荷载进行验算。

1. 左线 ZK14+640 断面二衬安全性评价分析

（1）根据设计参数的计算结果

左线 ZK14+526～ZK14+700 区段设计情况为 V 级围岩、FS5d 型衬砌形式。该区段隧道埋深为 8.0～40.5 m。根据设计参数，左线 ZK14+640 断面所得结果如图 8-21 及表 8-83 所示。

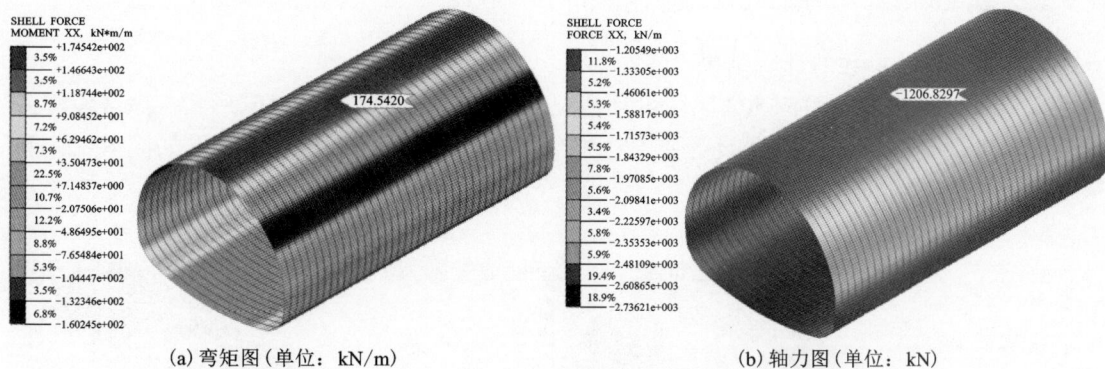

(a) 弯矩图（单位：kN/m）　　　　　　　　　　　　(b) 轴力图（单位：kN）

图 8-21　左线 ZK14+640 断面根据设计参数的计算结果

表 8-83　左线 ZK14+640 断面根据设计参数计算二衬内力值及最小安全系数

FS5d 型衬砌形式	位置	弯矩值 $M/(\text{kN} \cdot \text{m}^{-1})$	轴力值 N/kN	安全系数	规范要求安全系数
FS5d 型衬砌形式	拱顶部位	174.54	1206.83	6.68	2.4

（2）根据检测情况的计算结果

隧道左线 ZK14+526~ZK14+700 区段长 174 m，钢筋实测 1154 根，与设计要求 1157 根存在差异。钢筋间距设计值为 15 cm，实测值为 15.03 cm，钢筋间距的检测结果比设计结果大 0.03 cm，二衬存在钢筋量不足的情况。在此情况下左线 ZK14+640 断面计算结果如图 8-22 及表 8-84 所示。

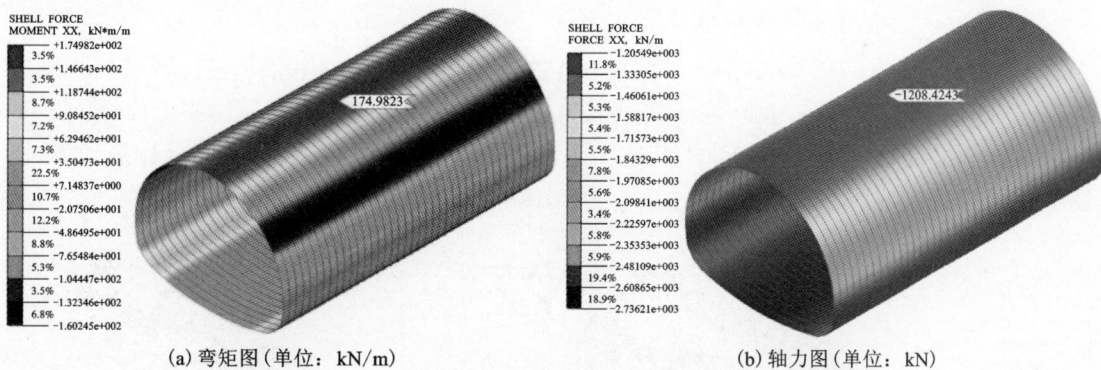

(a) 弯矩图（单位：kN/m）　　　　　　　　　　　　(b) 轴力图（单位：kN）

图 8-22　左线 ZK14+640 断面根据检测情况的计算结果

表 8-84　左线 ZK14+640 断面根据检测结果计算二衬内力值及最小安全系数

左线 ZK14+640 断面	位置	弯矩值 $M/(\text{kN} \cdot \text{m}^{-1})$	轴力值 N/kN	安全系数	规范要求安全系数
左线 ZK14+640 断面	拱顶部位	174.98	1208.42	6.59	2.4

2. 左线 ZK15+470 断面二衬安全性评价

（1）根据设计参数的计算结果

左线 ZK15+355～ZK15+508 区段设计情况为 Ⅴ 级围岩、FS5c 型衬砌形式。该区段隧道埋深为 4.82～42.32 m。根据设计参数，左线 ZK15+470 断面的计算结果如图 8-23 及表 8-85 所示。

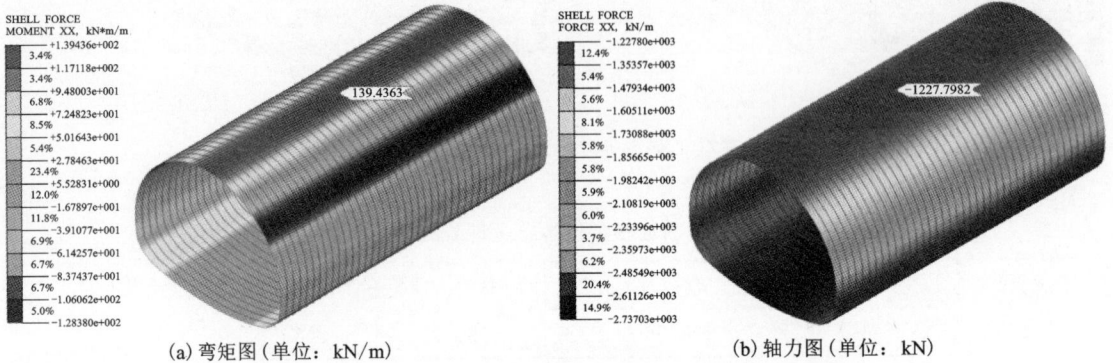

(a) 弯矩图（单位：kN/m）　　　　　(b) 轴力图（单位：kN）

图 8-23　左线 ZK15+470 断面根据设计参数的计算结果

表 8-85　左线 ZK15+470 断面根据设计参数计算二衬内力值及最小安全系数

FS5c 型衬砌形式	位置	弯矩值 $M/(\text{kN} \cdot \text{m}^{-1})$	轴力值 N/kN	安全系数	规范要求安全系数
FS5c 型衬砌形式	拱顶部位	139.44	1227.80	4.31	2.4

（2）根据检测情况的计算结果

隧道左线 ZK15+355～ZK15+508 区段长 153 m，钢筋实测 755 根，与设计要求 765 根存在差异。钢筋间距设计值为 20 cm，实测值为 20.3 cm，钢筋间距的检测结果比设计结果大 0.3 cm，二衬存在钢筋量不足的情况。在此情况下左线 ZK15+470 断面计算结果如图 8-24 及表 8-86 所示。

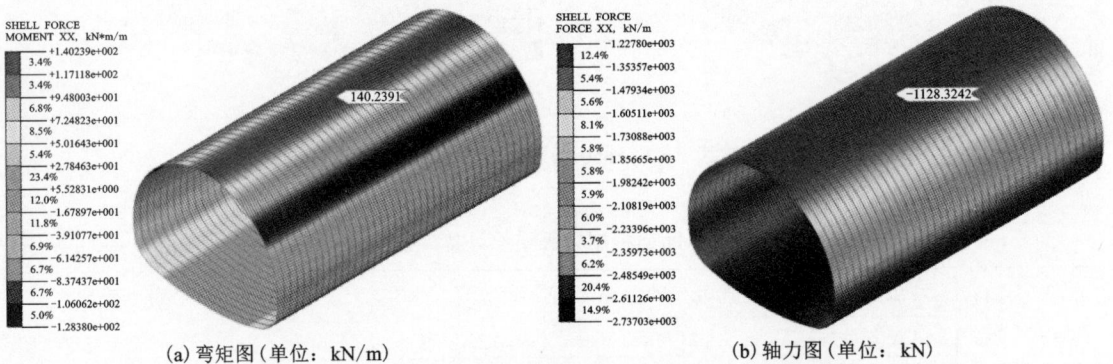

(a) 弯矩图（单位：kN/m）　　　　　(b) 轴力图（单位：kN）

图 8-24　左线 ZK15+470 断面根据检测情况的计算结果

表 8-86　左线 ZK15+470 断面根据检测结果计算二衬内力值及最小安全系数

左线 ZK15+470 断面	位置	弯矩值 $M/(\mathrm{kN \cdot m^{-1}})$	轴力值 N/kN	安全系数	规范要求安全系数
	拱顶部位	140.24	1228.32	4.28	2.4

3. 右线 YK15+415 断面二衬安全性评价

(1) 根据设计参数的计算结果

右线 YK15+315~YK15+488 区段设计情况为 V 级围岩、FS5c 型衬砌形式。该区段隧道埋深为 1.13~56.80 m，根据设计参数，右线 YK15+415 断面的计算结果如图 8-25 及表 8-87 所示。

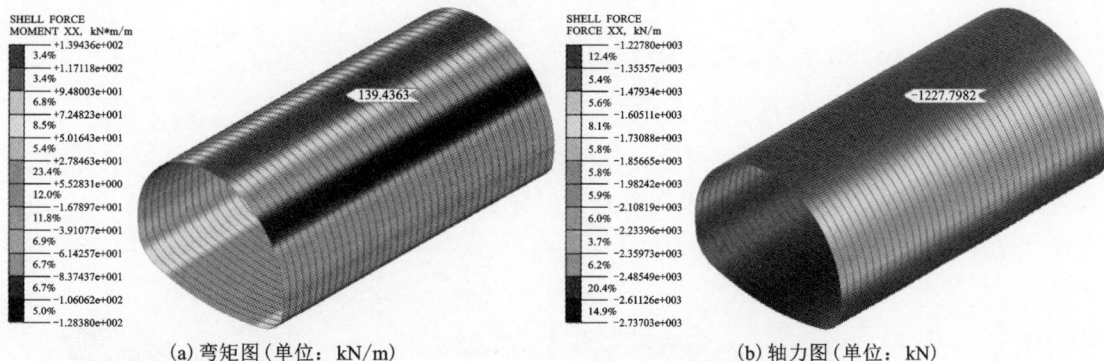

(a) 弯矩图（单位：kN/m）　　　　　(b) 轴力图（单位：kN）

图 8-25　右线 YK15+415 断面根据设计参数的计算结果

表 8-87　右线 YK15+415 断面根据设计参数计算二衬内力值及最小安全系数

FS5c 型衬砌形式	位置	弯矩值 $M/(\mathrm{kN \cdot m^{-1}})$	轴力值 N/kN	安全系数	规范要求安全系数
	拱顶部位	139.44	1127.80	4.31	2.4

(2) 根据检测情况的计算结果

隧道右线 YK15+315~YK15+488 区段长 173 m，钢筋实测 854 根，与设计要求 865 根存在差异。钢筋间距设计值为 20 cm，实测值为 20.3 cm，钢筋间距的检测结果比设计结果大 0.3 cm，二衬存在钢筋量不足的情况。在此情况下右线 YK15+415 断面计算结果如图 8-26 及表 8-88 所示。

表 8-88　右线 YK15+415 断面根据检测结果计算二衬内力值及最小安全系数

右线 YK15+415 断面	位置	弯矩值 $M/(\mathrm{kN \cdot m^{-1}})$	轴力值 N/kN	安全系数	规范要求安全系数
	拱顶部位	140.46	1228.36	4.26	2.4

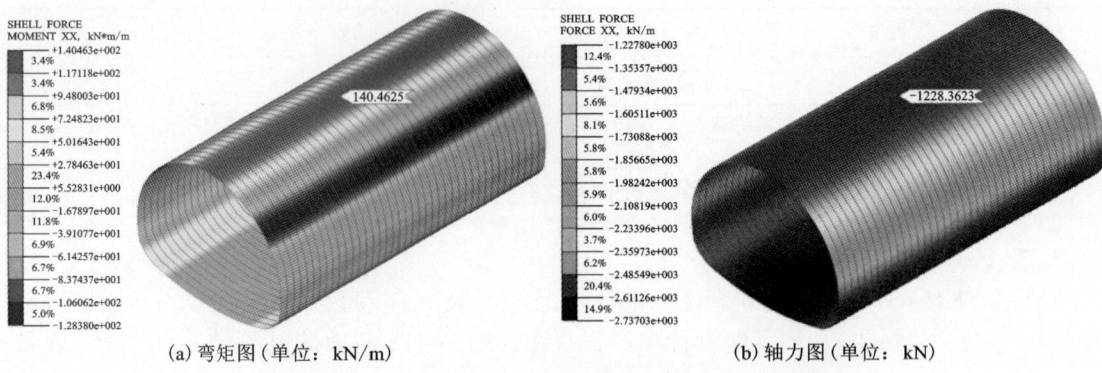

(a) 弯矩图（单位：kN/m） (b) 轴力图（单位：kN）

图 8-26 右线 YK15+415 断面根据检测情况的计算结果

4. 右线 YK14+760 断面二衬安全性评价

（1）根据设计参数的计算结果

右线 YK14+710~YK15+015 区段设计情况为 IV 级围岩、FS4c 型衬砌形式。该区段隧道埋深为 30.27~101.47 m，根据设计参数，右线 YK14+760 断面的计算结果如图 8-27 及表 8-89 所示。

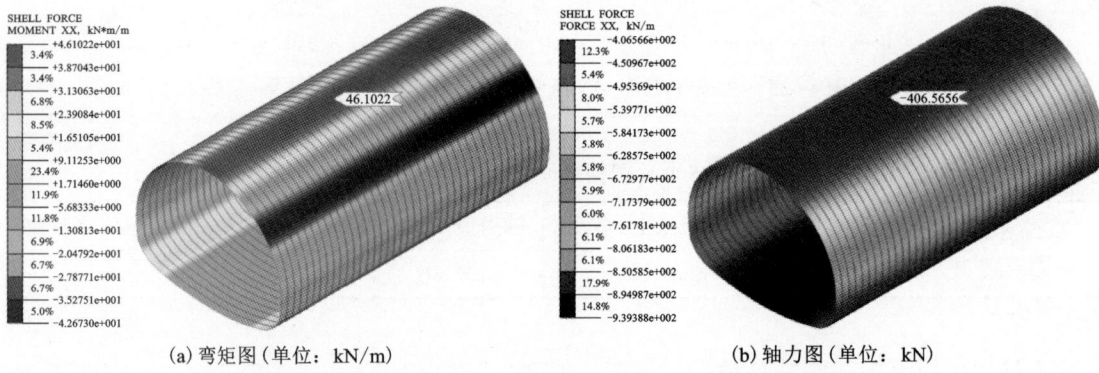

(a) 弯矩图（单位：kN/m） (b) 轴力图（单位：kN）

图 8-27 右线 YK14+760 断面根据设计参数的计算结果

表 8-89 右线 YK14+760 断面根据设计参数计算二衬内力值及最小安全系数

FS4c 型衬砌形式	位置	弯矩值 $M/(\text{kN} \cdot \text{m}^{-1})$	轴力值 N/kN	安全系数	规范要求安全系数
	拱顶部位	46.10	406.57	13.01	2.4

（2）根据检测情况的计算结果

隧道右线 YK14+710~YK15+015 区段长 305 m，钢筋实测 1520 根，与设计要求 1525 根存在差异。钢筋间距设计值为 20 cm，实测值为 20.06 cm，钢筋间距的检测结果比设计结果大 0.06 cm，二衬存在钢筋量不足的情况。在此情况下右线 YK14+760 断面计算结果如图 8-28 及表 8-90 所示。

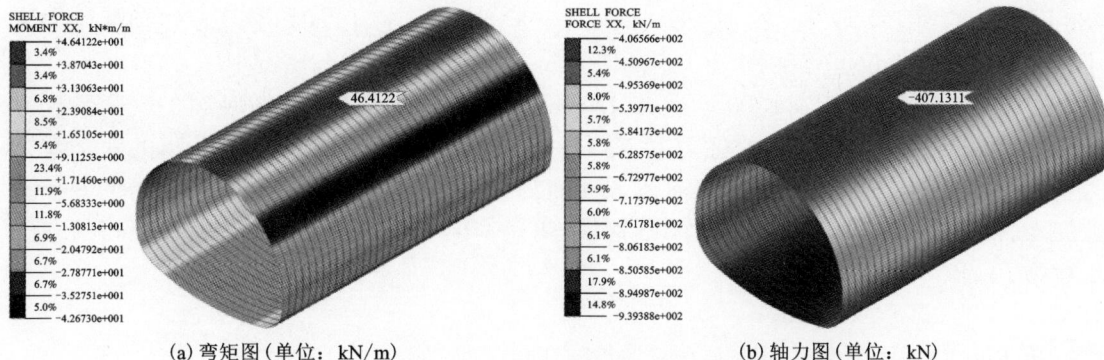

(a) 弯矩图（单位：kN/m）　　　　　　　　(b) 轴力图（单位：kN）

图 8-28　右线 YK14+760 断面根据检测情况的计算结果

表 8-90　右线 YK14+760 断面根据检测结果计算二衬内力值及最小安全系数

右线 YK14+760 断面	位置	弯矩值 $M/(kN \cdot m^{-1})$	轴力值 N/kN	安全系数	规范要求安全系数
	拱顶部位	46.41	407.13	12.96	2.4

8.4.6　稳定性验算结果分析

现对长桥隧道 4 个验算区段存在实测二衬钢筋数与设计有偏差（配筋量不足）情况的二衬结构安全系数进行汇总，如表 8-91 所示。

表 8-91　长桥隧道二衬内力值及最小安全系数汇总表

检测桩号	位置		弯矩值 /(kN·m^{-1})	轴力值 /kN	配筋面积 /mm^2	安全系数	规范要求安全系数
左线 ZK14+640 断面	设计参数	拱顶部位	174.54	1206.83	1570.0	6..68	2.4
	检测结果	拱顶部位	174.98	1208.42	1538.6	6.59	2.4
左线 ZK15+470 断面	设计参数	拱顶部位	139.44	1227.80	1271.7	4.31	2.4
	检测结果	拱顶部位	140.24	1228.32	1220.8	4.28	2.4
右线 YK15+415 断面	设计参数	拱顶部位	139.44	1227.80	1271.7	4.31	2.4
	检测结果	拱顶部位	140.46	1228.36	1195.4	4.26	2.4
右线 YK14+760 断面	设计参数	拱顶部位	46.10	406.57	1004.8	13.01	2.4
	检测结果	拱顶部位	46.41	407·13	944.51	12.96	46.41

注：表中所列位置及安全系数值为区段断面最小安全系数所在部位及安全系数值。

由表 8-91 可知，根据长桥隧道二衬检测情况，在隧道实际检测二衬钢筋数未能满足设计要求时，由于二衬的结构刚度及抗拉压性能的变化，衬砌结构整体安全性有所降低。

根据验算结果可知，Ⅴ级围岩、FS5d 型衬砌形式的左线 ZK14+526～ZK14+700 区段，Ⅴ级围岩、FS5c 型衬砌形式的左线 ZK15+355～ZK15+508 区段和右线 YK15+315～YK15+488 区段，Ⅳ级围岩、FS4c 型衬砌形式的右线 YK14+710～YK15+015 区段，拱顶部位为最小安全系数所在部位。

左线 ZK14+526～ZK14+700 区段 ZK14+640 断面依据检测结果计算所得的安全系数为 6.59，左线 ZK15+355～ZK15+508 区段 ZK15+470 断面依据检测结果计算所得的安全系数为 4.28，右线 YK15+315～YK15+488 区段 YK15+415 断面依据检测结果计算所得的安全系数为 4.26，右线 YK14+710～YK15+015 区段 YK14+760 断面依据检测结果计算所得的安全系数为 12.96。

▶ 8.5 本章小结

综合船顶隘隧道各项数据资料可知，目前船顶隘隧道裂缝和渗漏水等病害分布较少，检测缺陷不符合设计区段安全性评价标准，计算结果显示有局部区域缺陷，缺陷地区施工情况正常，并无异常情况发生。根据隧道现在的运营情况，隧道目前整体安全性良好。针对隧道后续施工、运营，提出如下两点建议：

①对二衬配筋量不足的区段(左线 ZK1+760～ZK1+985)和二衬厚度不足的断面(左线 ZK0+815 断面、左线 ZK1+135 断面、左线 ZK1+730 断面、右线 YK1+090 断面、右线 YK1+160 断面、右线 YK1+175 断面及右线 YK1+190 断面)，隧道运营期间隧道管理和养护部门应加强实施隧道的巡查、监测、检测和养护维修，以保证隧道运营安全，如发现异常情况，立即采取补强措施。

②恶劣自然条件如暴雨、地震、火灾等因素可能诱发衬砌开裂、防火层剥落等现象，运营期养护单位应编制详细的应急救援预案，同时跟踪监测隧道病害情况，保证隧道的运营安全。

综合文会隧道各项数据资料可知，目前文会隧道裂缝和渗漏水等病害分布较少，检测缺陷不符合设计区段安全性评价标准，计算结果显示有局部区域缺陷，缺陷地区施工情况正常，并无异常情况发生。根据隧道现在的运营情况，隧道目前整体安全性良好。针对隧道后续施工、运营，提出如下两点建议：

①对二衬厚度不足的右线 YK16+095 断面、右线 YK16+100 断面，隧道运营期间隧道管理和养护部门应加强实施隧道的巡查、监测、检测和养护维修，以保证隧道运营安全，如发现异常情况，立即采取补强措施。

②恶劣自然条件如暴雨、地震、火灾等因素可能诱发衬砌开裂、防火层剥落等现象，运营期养护单位应编制详细的应急救援预案，同时跟踪监测隧道病害情况，保证隧道的运营安全。

综合长桥隧道各项数据资料可知，目前长桥隧道裂缝和渗漏水等病害分布较少，检测缺陷不符合设计区段安全性评价标准，计算结果显示有局部区域缺陷，缺陷地区施工情况正常，并无异常情况发生。根据隧道现在的运营情况，隧道目前整体安全性良好。针对隧道后续施工、运营，提出如下两点建议：

①对二衬配筋量不足的区段（左线 ZK14+526~ZK14+700，左线 ZK15+355~ZK15+508，右线 YK15+315~YK15+488，右线 YK14+710~YK15+015 段），隧道运营期间隧道管理和养护部门应加强实施隧道的巡查、监测、检测和养护维修，以保证隧道运营安全，如发现异常情况，立即采取补强措施。

②恶劣自然条件如暴雨、地震、火灾等因素可能诱发衬砌开裂、防火层剥落等现象，运营期养护单位应编制详细的应急救援预案，同时跟踪监测隧道病害情况，保证隧道的运营安全。

参考文献

[1] Pinto J L. Deformability ofschistous rocks[C]. Proceedings of 2nd Conference international Science Rock Mechanics. Belgrade, 1970(1): 491-496.

[2] Behrestaghi M H N, Rao K S, Ramamurthy T. Engineering geological and geotechnical responses of schistose rocks from dam project areas in India[J]. Engineering Geology, 1996, 44(1): 183-201.

[3] Nasseri M H B, Rao K S, Ramamurthy T. Anisotropic strength and deformational behavior of Himalayan schists[J]. International Journal of Rock Mechanics and Mining Sciences, 2003, 40(1): 3-23.

[4] Liu J Y, Liao J J and Wang C D. Deformability of transversely isotroPie rocks[J]. In Proc 94 rock eng sym P Taiwan. The national Central University, Chungli, Taiwan, 1994, 101-110.

[5] Read S A L, Perrin N D, Brown I R. Measuremet and analysis of laboratory strength and deformability characteristics of schistose rocks[A]. In: Proc 6th ISRM Cong[C]. Montreal: International Society for Rock Mechanics, 1987(1): 233-238.

[6] Cassell F L. Slips in fissured clay[C]. Proc 2nd Intl. Conf. SoilMech. Vol. (2): 46-49.

[7] 单治钢, 陈国庆, 周春宏, 等. 丹巴水电站石英云母片岩力学特性及岩体质量分类[J]. 岩石力学与工程学报, 2013, 32(10): 2070-2078.

[8] 韩庚友, 王思敬, 张晓平, 等. 分级加载下薄层状岩石蠕变特性研究[J]. 岩石力学与工程学报, 2010, 29(11): 2239-2247.

[9] 崔炳伟. 断层带膨胀性软岩隧道变形特性研究[D]. 重庆: 重庆大学, 2012.

[10] 刘建, 李建朋. 谷竹高速公路原状片岩抗剪强度的水敏性研究[J]. 岩土力学, 2012, 33(6): 1719-1723.

[11] 张宇, 干泉, 余飞, 等. 基于点荷载试验武当群片岩的风化分组及强度特性研究[J]. 岩土力学, 2012, 33(S1): 229-232.

[12] 陈文玲, 赵法锁. 云母石英片岩的蠕变模型研究[J]. 西安科技大学学报, 2011, 31(3): 328-332.

[13] 陈文玲, 赵法锁, 弓虎军. 基于微观试验的云母石英片岩蠕变损伤变量研究[J]. 岩石力学与工程学报, 2011, 30(S1): 2661-2666.

[14] 陈文玲, 赵法锁, 弓虎军. 三轴蠕变试验中云母石英片岩蠕变参数的研究[J]. 岩石力学与工程学报, 2011, 30(S1): 2810-2816.

[15] 陈文玲, 赵法锁, 弓虎军. 基于微观试验的云母石英片岩三轴蠕变机制研究[J]. 岩石力学与工程学报, 2010, 29(S2): 3578-3584.

[16] 刘石, 许金余, 刘军忠, 等. 绢云母石英片岩和砂岩动态破坏过程的能量分析[J]. 地下空间与工程学报, 2011, 7(6): 1181-1185.

[17] 刘石, 许金余, 刘军忠, 等.绢云母石英片岩和砂岩的 SHPB 试验研究[J].岩石力学与工程学报, 2011, 30(9): 1864-1871.

[18] 吴景浓.地壳岩石的渗透性状及孔隙水对岩石力学性质的影响[J].华南地震, 1990(3): 77-82.

[19] 葛洪魁, 黄荣樽, 庄锦江, 等.三轴应力下饱和水砂岩动静态弹性参数的试验研究[J].石油大学学报(自然科学版), 1994(3): 41-47.

[20] 曾云.盘道岭隧洞软弱岩石浸水软化对强度和变形特性的影响[J].陕西水力发电, 1994(1): 29-33.

[21] 兰光裕.板岩的力学特征及其与超声波速的相关性分析[J].人民珠江, 1997(4): 16-19.

[22] 冯启言, 韩宝平, 隋旺华.鲁西南地区红层软岩水岩作用特征与工程应用[J].工程地质学报, 1999(3): 266-271.

[23] 刘新荣, 姜德义, 余海龙.水对岩石力学特性影响的研究[J].化工矿物与加工, 2000(5): 17-20.

[24] Chan K S, Bodner S R, Fossum A F, et al. A damage mechanics treatment of creep failure in rock salt[J]. International Journal of Damage Mechanics, 1997, 6(2): 122-152.

[25] Brignoli M, Sartori L. Incremental constitutive relations for the study of rock creep[J] International Journal of Rock Mechanics and Mining Sciences, 1993, 21(7): 1319-1322.

[26] Horsrund P, Holt R M, Sonstebo E F, et al. Tirne dependent borehole stability: laboratory studies and numerical simulation of different mechanism in shale[J]. 2nd Joint SPE/ISRM Rock Mechanics Conference: Rack Mechanics in Petroleum Engineering (EUROCK 94), 1994: 259-266.

[27] Zarman M M, Abdulraheem A, Roegiers J C. Reservoir compaction and surface subsidence in the North lea area[J]. Journal of Geology, 1995(5): 373-379.

[28] Papamichos E, Ringstad C. Modeling of partially saturated collapsible rocks[J]. In ISRM International Symposium-EUROCK 96. Rotterdam, Balkema, 1996: 221-229.

[29] Vanhoenacker K, Schoukens J, Guillaume P & Vanlanduit S. The use of multisine excitations to characterize damage in structures[J]. Mechanical Systems and Signal Processing, 2004, 18(1): 43-57.

[30] 肖树芳.泥化夹层蠕变全过程的模型及微结构的变化[J].岩石力学与工程学报, 1987(2): 113-124.

[31] 宋德彰, 孙钧.岩质材料非线性流变属性及其力学模型[J].同济大学学报(自然科学版), 1991(4): 395-401.

[32] 袁静, 龚晓南, 益德清.岩土流变模型的比较研究[J].岩石力学与工程学报, 2001(6): 772-779.

[33] 曹树刚, 边金, 李鹏.岩石蠕变本构关系及改进的西原正夫模型[J].岩石力学与工程学报, 2002(5): 632-634.

[34] Amadei B. Importance of anisotropy when estimating and measuring in situ stress in rack[J]. International Journal of Rock Mechanics and Mining Sciences, 1996, 33(3): 293325.

[35] Pomeroy C D, Hobbs D W, and Mahmoud A. The effect of weakness plane orientation on the fracture ofBarnsley hard coal by tri-axial compression[J]. International Jaurnal of Rock Mechanics and Mining Sciences, 1971, 8: 227-238.

[36] Liao J J, Yang M T, Hsieh H Y. Direct tensile behavior of a transversely isotropic rock[J]. International Journal of Rock Mechanics and Mining Sciences, 1997, 34(5): 837-849.

[37] Liao J J, Hu T B, Chang C W. Determination of dynamic elastic constants of transversely isotropic rocks using a single cylindrical specimen[J]. International Journal of Rock Mechanics and Mining Sciences, 1997, 34(7): 1045-1054.

［38］Tao C, King M S. Shear-wave velocity and Q anisotropy in rocks: Alahoratary study［J］. International Journal of Rock Mechanics and Mining Science&Geomechanics Abstracts, 1990, 27(5): 353-361.

［39］Homand F, Morel E, Henry J P, et al. Characterization of the module of elasticity of an anisotropic rock using dynamic and static methods ［J］. International Journal of Rock Mechanics and Mining Science&Geomechanics Abstracts, 1993, 3fl(5): 527-535.

［40］Peter BAttewell&Michael R Sandford. Intrinsic shear strength of a brittle, anisotropic rock-I: experimental and mechanical interpretation ［J］. International Journal of Rock Mechanics and Mining Science&Geomechanics Abstracts, 1974, 11(11): 423-430.

［41］Peter BAttewell&Michael R Sandford, Intrinsic shear strength of a brittle, anisotropic rock-II: textural data acquisition and processing［J］. International Journal of Rock Mechanicsand Mining Science&Geomechanics Abstracts, 1974, 11(11): 431-438.

［42］Attewell P B. Triaxial anisotropy of wave velocity and elastic moduli in slate and their axial concordance with fabric and tectonic symmetry ［J］. International Journal of Rock Mechanics and Mining Science&Geomechanics Abstracts, 1970, 7(2): 193-194.

［43］Brown ET, Richards LR, Barr MV Shear strength characteristics of theDelabole slates［C］. Proc Conference on Rock Engineering (Newcastle-upon-Tyne, 4-7 April 1977), P33-51.

［44］Chen R J J. Anisotropy of X ray absorption in a slate: Effects on the fabric and march strain determination ［J］. Geophysics Research, 1991, 96(B4): 6099-6105.

［45］Cliffe K A, Tilling D, Jefferies NL&Lineham T R. Are experimental study of flow and transport in fractured slate［J］. Journal of Contaminant Hydrology, 1993, 13(1-4): 73-90.

［46］Morel E, Hamrnade A, Duveau G, et al. Characterization of a slate behavior and proposal of a yield anisotropic model ［C］. SYMP ON ROCK CHARACTERIZATION (EUROCK 92), Chester, 1992: 88-92.

［47］Heggheim T, Madl M V, et al. A chemical induced enhanced weakening of chalk by Seawater［J］. Journal of petroleum science and engineering, 2004, 46(3): 171-184.

［48］Rimes R, Haghighi H, et al. Chalk-fluid interactions with glycol and brines［J］. Tectonophysics, 2003, 370(1-4): 213-226.

［49］Wagner W. Geological problems in the exploitation and optimization of rock excavation in roofing slate mining［J］. Mainzer Geowissenschaftliche Mitteilungen, 1994, 23: 39-50.

［50］曾纪全, 胡卸文. 岩体力学各向异性试验研究［J］. 水电工程研究, 2001(2): 8-12.

［51］许强, 黄润秋. 岩体强度的各向异性研究［J］. 水文地质工程地质, 1993, 20(6): 3.

［52］陈沅江. 岩石流变的本构模型及其智能辨识研究［D］. 长沙: 中南大学, 2003.

［53］Kaplan M F. Strain and stresses of Concrete atInition of Cracking and Near Failure［C］. LACI. No. 2, 1963.

［54］Bernardino, Chiaia, Alessandro, et al. Evaluation of crack width in FRC structures and application to tunnel linings［J］. Materials and Structures, 2009, 42(3): 33.

［55］Richards J A. Inspection maintenance and repair of tunnels: International lessons and practice ［J］. Tunneling and Underground space Technology, 1998, 13(4): 369-375.

［56］WEI H E, WU Z S. Compressive failure mechanism of deformed concrete tunnel linings due to a vertically concentrated load［J］. Structural Engineering/Earthquake Engineering, 2005(22): 73-84.

［57］Nanakorn P, Horii H. A fracture-mechanics-based design method for SFRC tunnel linings［J］. Tunneling and Underground Space Technology, 1996(11): 39-43.

[58] Singh B, Goel R K, Jethwa J, et al. Support pressure assessment in arched underground openings through poor rock masses[J]. Engineering Geology, 1997, 48(2): 59-81.

[59] 蒲春平, 夏才初, 李永盛, 等. 隧道的温度应力及由其引起的裂缝开展规律的研究[J]. 中国公路学报, 2000(2): 78-81.

[60] 戴成元, 韩汀. 隧道混凝土衬砌裂缝成因分析及扩展规律研究[J]. 岩土工程界, 2005(12): 71-73.

[61] 郑国江, 林永贵, 吴启勇. 公路连拱隧道拱部纵向裂缝原因研究[J]. 中南公路工程, 2006(5): 114-115, 120.

[62] 宋瑞刚, 张顶立. "接触问题"引起的隧道病害分析[J]. 中国地质灾害与防治学报, 2004(4): 72-75, 84.

[63] 张玉军, 李治国. 带裂纹隧道二次衬砌承载能力的平面有限元计算分析[J]. 岩土力学, 2005(8): 1201-1206.

[64] 潘洪科, 杨林德, 黄慷. 公路隧道偏压效应与衬砌裂缝的研究[J]. 岩石力学与工程学报, 2005(18): 3311-3315.

[65] 冯晓燕. 隧道病害分级和衬砌裂损整治技术研究[D]. 北京: 北京交通大学, 2002.

[66] 刘海京. 公路隧道健康诊断计算模型研究[D]. 上海: 同济大学, 2007.

[67] 方孝伍. 水工涵闸工程混凝土裂缝成因与抗裂技术研究[D]. 南京: 河海大学, 2004.

[68] 徐琳. 隧道二次衬砌裂缝分析与治理[J]. 公路交通科技, 2003(6): 66-68.

[69] 张小萍, 张伟东. 混凝土材料性能对其裂缝影响试验研究[J]. 东莞理工学院学报, 2003(2): 29-32.

[70] 王铁梦. 工程结构裂缝控制[M]. 北京: 中国建筑工业出版社, 2000.

[71] 刘智, 张金峰, 李庆生. 关于隧道衬砌产生裂缝的原因及防治[J]. 辽宁交通科技, 2004(2): 51-54, 64.

[72] 耿伟. 隧道复合式衬砌收缩裂缝产生原因浅析[J]. 隧道建设, 2004(2): 13-16.

[73] 傅鹤林, 郭磊, 欧阳刚杰, 等. 大跨度隧道施工力学行为及衬砌裂缝产生机理[M]. 北京: 科学出版社, 2009.

[74] 朱根桥, 沈明荣. 岩石隧道衬砌裂缝机理分析及治理措施[C]//岩石力学新进展与西部开发中的岩土工程问题——中国岩石力学与工程学会第七次学术大会论文集, 2002: 574-576.

[75] 于伟达. 基于模糊神经网络的公路隧道健康监测评估系统研究[D]. 杭州: 浙江大学, 2010.

[76] 罗勇. 隧道衬砌开裂机理及控制方法研究[D]. 成都: 西南交通大学, 2011.

[77] 冯龙飞, 杨小平, 刘庭金. 邻近深基坑地铁隧道二衬开裂原因分析[J]. 铁道建筑, 2013(11): 63-66.

[78] 李勇锋, 李涛, 徐颖, 等. 浅埋偏压软岩隧道二衬开裂力学机理研究[J]. 铁道建筑, 2013(11): 67-69.

[79] 张连成, 闫小波, 邓涛. 浅埋隧道边坡滑移与衬砌开裂病害分析[J]. 福州大学学报(自然科学版), 2011, 39(2): 281-286.

[80] 陈飞熊, 李宁, 魏俊鸿, 等. 软弱围岩中隧洞衬砌裂缝机理分析[J]. 水力发电学报, 2000(4): 72-78.

[81] 王建秀, 朱合华, 唐益群, 等. 双连拱公路隧道裂缝成因及防治措施[J]. 岩石力学与工程学报, 2005(2): 195-202.

[82] 苏生瑞, 朱合华, 李国峰. 连拱隧道衬砌病害及其处治[J]. 岩石力学与工程学报, 2003(S1):

2510-2515.

[83] 邹育麟,何川,周艺,等.重庆高速公路现役营运隧道渗漏水病害统计及成因分析[J].公路交通科技,2013,30(1):86-93,101.

[84] 杨成忠,黄明,刘新荣,等.碳纤维布用于深埋隧道衬砌裂缝的加固效果[J].解放军理工大学学报(自然科学版),2010,11(3):322-327.

[85] 陈东柱.高速铁路隧道衬砌裂缝病害及其整治措施研究[D].长沙:中南大学,2012.

[86] 周强.高速公路隧道衬砌背后空洞影响及安全性分析[D].重庆:重庆交通大学,2013.

[87] 苏生.公路隧道二次衬砌开裂机理与抗裂性试验研究[D].杭州:浙江大学,2008.

[88] 吴启勇.连拱隧道衬砌裂缝病害特征与处治技术研究[D].西安:长安大学,2005.

[89] 王金昌,李云飞,黄志义,等.变温及偏载耦合作用下公路隧道二次衬砌开裂机理分析[C]//全国水工岩石力学学术会议,2010.

[90] 肖建章,戴福初,闫弘,等.浅埋偏压堆积体围岩隧道二次衬砌开裂机理分析[J].现代隧道技术,2013,50(6):101-109.

[91] Rinks D B. The Performance of fuzzy differing cost structures[M]. Amsterdam: algorithm models for aggregate planning under North-Holland, 1982.

[92] 关宝树.隧道工程维修管理要点集[M].北京:人民交通出版社,2004.

[93] 吴成三.德国铁路隧道的无损和无接触的检查方法[J].铁道建筑,1993(3):13-15.

[94] Lee J S, Choi I Y, Lee H U, et al. barrage identification of a tunnel liner based on deformation data[J]. Tunneling and Underground Space Teclnology, 2005, 20(1): 73-80.

[95] 重庆市交通委员会.公路隧道养护技术规范:JTG H12—2015[S].北京:人民交通出版社股份有限公司,2015.

[96] INOKUMA A, INANO S. Road tunnels in Japan: Deterioration and countermeasures[J]. Tunnelling and Underground Space Technology, 1996, 11(3): 305-309.

[97] 白国权,李德宏,雷华.飞鱼泽隧道裂缝处治设计[J].现代隧道技术,2009,46(3):53-59.

[98] 王华牢,刘学增,李宁,等.纵向裂缝隧道衬砌结构的安全评价与加固研究[J].岩石力学与工程学报,2010,29(S1):2651-2656.

[99] 张昌伟.双连拱隧道二次衬砌开裂分析与整治[J].西部探矿工程,2002(5):93-94.

[100] 张义红.基于有限元法的病害隧道结构安全性评价[D].兰州:兰州交通大学,2013.

[101] 侯建斌.公路隧道病害治理研究[D].西安:长安大学,2007.

[102] 李云.既有隧道衬砌病害评估与治理决策[D].长沙:中南大学,2010.

[103] 王战兵.隧道病害处治研究[D].西安:长安大学,2004.

[104] 周念.赚宝隧道病害处治措施的研究[D].重庆:重庆交通大学,2013.

[105] 蔡学林,魏显贵,吴德超,等.武当山推覆构造结构模式[J].成都地质学院学报,1988(4):33-42.

[106] 邹浩,晏鄂川,周瑜.武当群片岩隧道围岩变形破坏机理研究[J].公路,2015,60(11):225-234.

[107] 徐卫亚,杨圣奇,杨松林,等.绿片岩三轴流变力学特性的研究(I):试验结果[J].岩土力学,2005(4):531-537.

[108] 喻伟.浅埋偏压隧道施工围岩变形与支护结构受力分析[D].重庆:重庆交通大学,2012.

[109] 张国柱.大陈隧道围岩变形预测研究[D].吉林:吉林大学,2008.

[110] 周维垣.高等岩石力学[M].北京:水利水电出版社,1990.

[111] 刘特洪,林天健.软岩工程设计理论与施工实践[M].北京:中国建筑工业出版社,2001.

[112] 何满潮，景海河，孙晓明. 软岩工程力学[M]. 北京：科学出版社, 2002：102-105.

[113] 马荣. 隧道施工过程数值仿真及支护参数优化研究[D]. 长沙：中南大学, 2008.

[114] 韩瑞庚. 地下工程新奥法[M]. 北京：科学出版社, 1987.

[115] 罗勇. 隧道衬砌开裂机理及控制方法研究[D]. 成都：西南交通大学, 2011.

[116] 陈东柱. 高速铁路隧道衬砌裂缝病害及其整治措施研究[D]. 长沙：中南大学, 2012.

[117] 苏生. 公路隧道二次衬砌开裂机理与抗裂性试验研究[D]. 杭州：浙江大学, 2008.

[118] 谷德振. 岩体工程地质力学基础[M]. 北京：科学出版社, 1979.

[119] 杨新安，黄宏伟，张禹. 软弱岩体分类及其变形规律的研究[J]. 上海铁道大学学报(自然科学版), 1997, 18(4)：113-118.

[120] 姜云. 公路隧道围岩大变形预测预报及对策研究[D]. 成都：成都理工大学, 2004.

[121] 张世雄，张松，赵克烈. 邢隆石膏矿巷道围岩松动圈的超声波测试分析[J]. 铜业工程, 2005(1)：18-21.

[122] Tien Yong Ming, Kuo Ming Chuan, Juang Charng Hsein. An experimental investigation of the failure mechanism of simulated transversely isotropic rocks[J]. International Journal of Rock Mechanics and Mining Science, 2006, 43：1163-1181.

[123] 蔡学林，魏显贵，吴德超，等. 武当山推覆构造结构模式[J]. 成都地质学院学报, 1988, 15(4)：30-36.

[124] 周瑜. 武当群片岩隧道围岩变形破坏机理研究——以通省隧道为例[D]. 武汉：中国地质大学, 2012.

[125] 朱伯芳. 有限单元法[M]. 北京：中国水利水电出版社, 1998.

[126] 傅鹤林，郭磊，欧阳刚杰. 大跨度隧道的施工力学行为及衬砌裂缝的产生机理[M]. 北京：科学出版社, 2009.

[127] 中华人民共和国铁道部. 铁路工务技术手册 隧道[S]. 北京：中国铁道出版社, 1997.

[128] 铁道部标准计量研究所. 铁路桥隧建筑物劣化评定标准 隧道：TB/T 2820.2—1997[S]. 北京：中国铁道出版社, 1997.

[129] 高占学. 隧道衬砌耐久性的研究[D]. 上海：同济大学, 2003.

[130] 杨新安，黄宏伟. 隧道病害与防治[M]. 上海：同济大学出版社, 2003.

[131] 冯晓燕. 隧道病害分级和衬砌裂损整治技术研究[D]. 北京：北京交通大学, 2002.

[132] 将元驹，韩素芳. 混凝土工程病害与修补加固[M]. 北京：海洋出版社, 1996.

图书在版编目(CIP)数据

软岩隧道衬砌结构开裂力学机理及防治技术研究／
孙洋等编著. —长沙：中南大学出版社，2022.9
ISBN 978-7-5487-5025-3

Ⅰ. ①软… Ⅱ. ①孙… Ⅲ. ①隧道衬砌—开裂—损伤
(力学)—研究②隧道衬砌—开裂—防治—研究 Ⅳ.
①U455.91

中国版本图书馆 CIP 数据核字(2022)第 135002 号

软岩隧道衬砌结构开裂力学机理及防治技术研究
RUANYAN SUIDAO CHENQI JIEGOU KAILIE LIXUE JILI JI FANGZHI JISHU YANJIU

孙　洋　张承客　吴江鹏　李志强　戴红涛　熊含威　胡致远　编著

□出 版 人	吴湘华	
□责任编辑	刘颖维	
□责任印制	李月腾	
□出版发行	中南大学出版社	
	社址：长沙市麓山南路	邮编：410083
	发行科电话：0731-88876770	传真：0731-88710482
□印　　装	长沙印通印刷有限公司	

□开　　本	787 mm×1092 mm 1/16	□印张 16	□字数 408 千字	
□版　　次	2022 年 9 月第 1 版	□印次 2022 年 9 月第 1 次印刷		
□书　　号	ISBN 978-7-5487-5025-3			
□定　　价	128.00 元			